大秦帝國

第三部《金戈鐵馬》下

孫皓暉 著

全新增訂版

目錄

第十一章　雄傑悲歌

第十二章　士相崢嶸

第十五章　長平大決

第十六章　秦風低徊

第九章 孤城血卜

一、古老鐵籠保全了田氏部族

齊王被殺的消息迅速傳開，三千里齊國崩潰了。

臨淄陷落，國人已經深為震撼。然則，國王帶著一班大臣與嫡系王族畢竟已經安然出逃，活著的邦國權力依然完整，庶民精壯也還只在國內逃亡，尚沒有大量流散他邦，國王只要惕厲奮發立定抗燕大旗，萬千齊人便會潮水般匯聚而來，安知不會一反危局？儘管齊人對這個國王積怨甚深，但在國破家亡的危難時刻，對燕軍的恐懼與仇恨已經迅速衝淡了往昔的怨恨。畢竟，舉國離亂之時，國王的存在就是邦國的希望。可如今，國王竟然被殺了，無人可以取代的大纛旗轟然倒地了，齊人如何不震驚萬分。更有甚者，齊王還是被齊國人在齊國的土地上千刀萬剮的。別說春秋戰國沒有過，就是三皇五帝到如今，這也是頭一遭。縱然暴虐無道如桀紂，也只是個亡國身死而已。但為君王，哪個被自已的子民一刀一刀碎割了？這亙古未聞的消息，震動了天下君王，更震坍了齊人的心神。人們茫然無措了。齊王不該殺麼？該殺！齊王該殺麼？不該殺！該殺不該殺都殺了，都城沒有了，家園沒有了，國王沒有了，大臣與王族星散了，所有的城池都不設防了，這還有齊國麼？轟然如鳥獸散，已經麻木的國人們開始了大遷徙一般的舉國逃亡，逃往邊境，逃往他國，逃往一切沒有被燕軍占領的城堡山鄉。無論逃向何方，總是不能落在為復仇而來的燕軍手裡。

田單聽到這個消息時，已經在東去的路途了。

燕軍一進濟西還沒開戰，田單已經與魯仲連分手回到了臨淄。一進府，家老便來稟報：已經督促執事、僕人將全部財貨裝載妥當，族人也已經聚在了府中園林等候，單等他一回來立即星夜離開臨淄前往大梁。可田單卻一句話也沒說，匆匆進了書房，良久不見動靜。看看暮色將至，族人不禁著急了。田氏舉族久為商旅，除了合族公產的外國店鋪，家家都是殷實富戶，走遍天下不愁生計，只要離開這即將滅頂的戰亂之地，興旺將依然伴隨著田氏。唯其如此，田氏離齊是舉族公決的既定之策，承襲族長的田單從大梁回齊，為的也是帶領族人安然轉移。

「總事，」家老輕步走了進來，「族人都等著。」

「家老，你是老齊人了。」田單回過身來，「當此之時，田氏該走麼？」

「……」白髮蒼蒼的家老愕然無語。

「擊鼓聚族！」田單斷然揮手，「我有話說。」

齊人尚武，大族聚集有軍旅法度。石亭下的大鼓一響，散亂在府中的族人迅速趕來，只在片刻之間，合族近千人在後園池邊的竹林草地間聚齊了。田單踏上池邊那座假山時，族人驚訝地睜大了眼睛。素來一身大袖長衣的田單，此刻一身棕色皮製軟甲，手中一口長劍，腳下一雙戰靴，只差一領斗篷一頂銅盔，活生生一個威嚴將軍。

「凡我族人，聽我一言，而後舉族公決。」族人驚訝疑惑之時，田單一拄長劍開口了，「田氏雖商旅之家，卻是王族支脈，齊國望族。當此邦國危難之際，田氏若離開臨淄，縱然商旅興旺舉族平順，於心何安？」

「族領之意，究竟如何？」一個族老嘶啞著聲音問。

「田單之意，」田單慷慨激昂道，「我族興亡，當等待國運而定。若齊軍戰勝，邦國無憂，田氏便可離齊。若齊軍戰敗，田氏當與邦國共存亡，與國人共患難！」

暮色蒼茫之中，族人沉默了。對於早早已經做好遷徙準備的族人來說，這實在是一個出乎意料的決斷。百年以來，自從這一支田氏從官場朝局遊離出來走上商旅之路，田氏一族就對國事保持著久遠的淡漠，六代相傳，沒有過一個人做齊國官吏。時日長了，「在商言商，國事與我無涉」成了田氏族人的傳統規矩。心無旁騖且不乏根基，精明的田氏商旅蓬蓬勃勃地發達了起來。齊威王以來，齊國總是巧妙地躲閃著中原戰國之間的恩怨糾葛，沒有在本土打過一次慘烈的大仗，國勢蒸蒸日上。及至這個齊王即位吞併宋國，齊國一時極盛，齊王還做了與秦王對等的東帝。如此一個強勢大邦，自然無須奔波商旅的田氏去關照。田氏的商旅大業，也恰恰在這時達到了極盛之期。也許當真應了那句老話，盈縮之期不可測。倏忽之間，齊國莫名其妙地亂了，事情也多了。田氏這個年輕的族長，也似乎在悄悄改變著田氏傳統，變成了一個祕密與聞天下興亡的人物。然則，儘管田單與魯仲連及孟嘗君的過從在族中人人皆知，但族人卻只將這些事看做年輕族長的名士作派，誰也沒有仔細想過會對族人族業如何如何。今日這一突兀決斷，頓時使族人對眼前這個撲朔迷離的族長清晰起來——田單不是正宗的恪守祖制的田氏商人，他要將田氏的商旅命運綁縛在邦國興亡之上，這是商旅家族的正道麼？

可田單的一番話正氣凜然無可辯駁。雖然是久在商旅，可田氏家族在商人中總保持著一種驕傲的王族老國人的氣度格局，與異國同行但說齊國，離不開一句開場白「自田氏代齊以來如何如何」。如今國難當頭，族長的話當真不合我心？

突然，一個年輕的聲音從人群中飛了出來：「族領說得對，田氏與邦國共存亡！」立即有一片後生應和：「好！留下打仗，見見戰場！」人群便哄哄嗡嗡地議論起來。

此時天色已經黑了下來，府中風燈早已經收拾了起來，族人點起了原本準備走夜路的火把，將池邊照得一片通明。坐在最前面石墩上的幾個族老連忙聚到一起低聲會商，說得一陣，幾個老人一齊站起，一齊將手中竹杖抱在了胸前。

「肅靜，聽族老說話。」田單高聲一句對著老人一拱手，「族大父（註：大父，戰國時對祖父的正式稱謂，族大父，即族中祖父輩人物）請。」

老人壯碩健旺，竹杖篤地一點跨上了池邊一方大石：「老夫等幾人商議了一番，以為田單所言極是。田氏久為商旅，畢竟王族國人。大軍壓境，國難當頭，豈能在此時一走了之？國勝則走，國敗則留，方顯田氏本色也！」

「族老議決，族人以為如何？」田單高聲問了一句。

族人火把齊舉，一片高喊：「國勝則走！國敗則留！」

「好！」田單一舉長劍，「自今日起，田氏舉族以軍法定行止。這座府邸便是合族營地，各家自成軍帳駐紮，做好起行準備，隨時聽從號令行事。」

「嗨——」池邊近千人一聲整齊吶喊。

一時之間，田單府邸變成了一座奇特的軍營，池邊草地林木假山廳堂院落，到處都紮滿了帳篷。商旅生涯原本是四海遊走的生計，旅途結帳野居更是家常便飯。各家分頭動手，各色帳篷在火把下迅速立了起來。

田單下令，原本裝好的兵器車輛全數打開，長劍分發精壯，短劍分發少年與女眷，一百副機發硬弩分發給曾經修習過強弩術的技擊之士。兵器分派完畢，田單將尋常護送商旅的三百名騎士與族人中持有長劍弓弩者混合，編成了一支六百人的「族兵」，分作六個百人隊，每隊五十名騎士、四十名長劍步卒、十名機弩手，組成一個精悍完整的戰場小單元。另外四十名機弩手配備了戰馬，與商社百騎編成一支「飛騎策應隊」，由田單親自率領。

這商社百騎與護商三百騎，都是從咸陽與大梁的齊國商社專程趕回臨淄護送遷徙的。騎士沒有一人是田氏族人，而全部是田單在既往商旅中收留的難民精壯訓練而成，騎術精湛武技高超，曾被魯仲連多次「借用」，實則一支職業騎兵。從燕軍大舉攻齊的消息傳開，田單估量情勢，要以重金遣散這些騎士。可騎士們慷慨激昂，立誓「與總事共安危」。田單反覆思忖，縱是遣散，騎士們也是無家可歸，倉促間卻到何處立身？便與騎士們商議，將他們暫時編成田氏家兵，但有機會，將其送入齊軍建功立業。騎士們大是興奮，異口同聲一句：「刀兵來臨，我等只跟定總事！」正是有了這四百名勁健騎士，田單才舉一反三，將族人精壯與騎士混編成軍，一支家兵立時成就。

成軍事定，田單立刻聚集族老並各家家長，一番細密商討，將全族分成了六支「車行部伍」：財貨糧食與老幼女眷全部上車，五十歲以下男子全部充當馭手，每部一個百人隊兩翼夾持護衛。方略商定，族老與家長們立即行動，一個時辰方過，各隊人口編排就緒。

三更之後，田單一聲令下：「所有車輛，全部安裝鐵籠！」

田氏商旅大族，合族各色載貨車輛兩千餘。此刻集中到貨倉車馬場的，卻只是六百多輛異常堅固、寬大車身車輪全被鐵皮包裹的牛車，其餘輕巧車輛全數被裁汰。尋常時日，這種車輛專一運送鐵料鹽包，由兩頭肥壯的黃牛駕拉，最是吃重且耐得顛簸馳驅。饒是如此，田單還是早早便給這種牛車打造了一件奇特物事——鐵籠。

鐵籠者，籠住車軸之鐵具也。外有一尺鐵矛狀籠頭，根部是一個厚有三寸帶有十個釘孔的圓形鐵殼，卡在車軸頂端，用十個大鐵釘牢固地釘在車軸上，與整個車軸結為一個整體。尋常商旅車隊互不相撞，鐵籠自然無用。然則若是千軍萬馬的戰車戰場，這鐵籠便可大顯功效。敵方戰車無論如何也不敢並行搶先，或撞上來翻車。究其竟，鐵籠本是春秋車戰時期的特殊「兵器」，隨著戰車的淡出，也早已經成為罕見物事。田單經管商事日久，有了一種凡事不忽視細節的習慣，在仔細謀劃有可能遇到的險境時，不期然想到了「臨淄商旅淵藪，萬商爭遷，車流搶道」的危險，於是早早打造了幾百副這種早已經被人遺忘的鐵籠。

風燈火把之下，數十名工匠一個時辰將鐵籠叮叮噹噹裝好，黑黝黝大鐵矛成排列開，襯著鐵皮包裹的車身車轅，一片鐵色青光觸目驚心。

田單一揮手：「二百輛車載人，立即分派各部伍。四百輛車裝貨：一百輛鹽鐵，兩百輛糧食乾肉，十輛藥材，其餘九十輛裝載財貨。」

「總事，」家老低聲道，「財貨原本裝了三百輛，九十輛，只怕少。」

「財貨精簡！」田單毫不猶豫，「珠玉絲綢珍寶類全部堅壁，只帶生計必需之物。」

「明白。」家老一聲答應，匆匆去了。

整整一夜，田氏部族終於收拾妥當。次日午後時分，驚人的消息傳來：觸子的四十三萬大軍在濟西全軍覆沒。當夜，臨淄城商人開始了祕密大逃亡。唯有田氏部族歸然守定府邸，捺性等待著齊軍最後一戰。三日之後，達子戰死，二十萬大軍作鳥獸散了。然則，更令都城國人震驚的是：田氏王族並一班大臣，竟連夜悄悄逃出了臨淄。就在那天夜裡，臨淄終於爆發了逃亡大潮，到天亮時分，臨淄城已經是十室九空了。也就在這天夜裡，田單痛心疾首地斷然下令：全族起程，東去即墨（註：即墨，戰國齊邑，今山東平度縣西南地帶）。

即墨，與這支田氏部族有著久遠的淵源。

作為王族支脈，田氏代齊之初，田單族祖先被分封在即墨。那時，即墨是齊國東部最大的城堡，也是齊國的東部屏障。說是屏障，主要是預防東夷侵擾。到了春秋末期，東夷經過齊桓公發端的百餘年「尊王攘夷」，大體上已經被齊國化成了農耕漁獵的齊國民戶。作為舉族為兵掠奪襲擾平原農耕的東夷，事實上已經星散解體了。正因如此，齊國東部也沒有了經常性威脅，即墨的要塞屏障地位也漸漸淡化了。領即墨封地之初，田氏部族也是舉族為兵，全力追剿殘餘的東夷部落。及至大局平息，田氏利用即墨近海之便，漸漸拓出了一種獨門生計——利用海路做海鹽商旅。即墨出海，北面可達遼東與高麗（註：戰國初期，遼東與高麗曾經被齊國奪取數十年，後歸燕國），南面可達越國琅邪，東面則可達更遠的東瀛諸島。齊國的海鹽有兩處產地，一處是臨淄北部的近海區域，另一處是齊東近海區域。而齊東海鹽，以即墨為集散地。時當田齊立國之初，對各個田氏部族的控制很是鬆散。正所謂天時地利人和無一不利，即墨田氏的海鹽生意便蓬蓬勃勃地發了起來。先是田氏商船從海路冒險向外輸送海鹽，換回遼東獸皮越國劍器等各種稀缺物事；後來則是遼東、高麗、越國、東瀛的漁船捎帶從即墨販運；再後來，諸多海船冒險前來，載著大量珍奇之物換取海鹽。趁著商旅生計的旺勢，田氏鑄造了一種自己的刀幣，上刻「節墨」兩個大字，專一用於海鹽交易結算，被商旅稱為「即墨刀」。有了即墨刀，鹽鐵生意如虎添翼，倏忽二十年之間，即墨田氏發成了最殷實的王族封地。

然則好景不長，精於經營的即墨田氏沒有料到，即墨刀給舉族帶來了厄運。

即墨刀一出，「即墨田氏囤積鹽鐵，私鑄刀幣，圖謀不軌」的風聲漸漸吹到了臨淄。不久，即墨田氏的在國族長被齊桓公田午召了去（註：齊國有兩個桓公，一為春秋齊桓公姜小白，一為戰國齊桓公田午）。桓公皺著眉頭只說了一句話：「即墨田氏擅長商旅，便去做商。土地官爵麼，讓給別個。」於是，田氏族長立即被削爵罷官，即墨封地自然也沒有了。從那時起，即墨田氏永遠離開了即墨，帶著失意的寥落踏上了商旅之路。後來，田氏王室對王族支脈的控制越來越嚴，即墨田氏離王室王族與齊國官場越來越遠了。但是，老根總是老根，無論朝野，人們只要提起田單一族，總是呼為「即墨田氏」，連田單部族的族老數落起舊事，也是一口一個「俺即墨田氏如何如何」。

小城即墨，是這支田氏的族徽，也是這支田氏的聖土。回到久遠的故鄉，也許還會為這支田氏殺出一條新路來。

出得臨淄，一片車馬汪洋。臨淄向東去海的官道素稱「天下大道」，六丈餘寬，路面夯土修築，道邊三層參天綠樹，道邊排水的壕溝抵得小諸侯國的灌溉小渠。任是何國商旅，只要走得一趟臨淄大道，莫不由衷讚歎：「齊國通海大道，冠絕天下也！」尋常時日，縱是鹽鐵生意最旺的時節，這條通海大道也從來沒有過車馬擁擠。如今迥然不同，遍野火把，遍野車馬，暗夜之中遠遠望去，根本不曉得大道在哪裡？東逃者大多是商旅大族與國人富戶，動輒大車數百馬匹上千，驟然間從臨淄及齊國西部的所有城堡湧來，直是車馬如潮人流如海，密匝匝遍布原野，卻去何處找路？縱然找到那條通海大道，又如何擠得上路面？

「總事，這卻如何是好？」久有商旅閱歷的家老束手無策了。

田單長劍一揮：「族人聽了：百騎開道，我自斷後。避開大道，直向曠野！」

發令方畢，田單身邊的六支螺號嗚嗚長吹，六隊車馬甲兵頃刻間排好了次序，又一陣螺號，田氏車馬隊轔轔啟動，兩側甲兵護衛，硬是在車馬汪洋中緩緩移向曠野。堪堪將出車馬海洋，西北方向卻突然大片車馬湧來奪道。

外圍家兵連聲呼喝：「這裡不是官道，閃開。」

「燕軍來了，快跑啊！」遍野車馬呼喊狂奔，不顧一切地壓了過來。

喀喇喇轟隆隆，兩片車馬無可避免地山一般相撞了。驟然之間，一片人喊馬嘶，橫衝直撞壓過來的車馬大片翻倒，田氏車隊隊形大亂，卻沒有一輛翻車，只驚得牛車隊的黃牛「哞哞哞」一片長吼。田單已經從後隊飛馬趕來，搖動火把大聲呼喊：「燕軍尚遠，莫得驚慌。各自分路，擁擠只能自傷！」左右家兵族人也跟著齊聲呼喊，潮水般的混亂車馬才漸漸平息下來。對方一個首領模樣的老者舉著火把查看了一番雙方車輛，連連驚歎：「噫呀！鐵籠現世了。匪夷所思！娘的，老夫俺如何沒想到這一層？」說著一拱手，「敢問貴方族領高名上姓？」一個族人不無驕傲地高聲道：「即墨田氏。不要問了，快收拾車馬。」老人喟然一聲長歎：「望族也！能出此奇策，即墨田氏氣運也。」說罷轉身高聲呼喝，「族人聽了：整頓車馬，跟定即墨田氏走！」

田單遠遠聽得明白，低聲吩咐家老：「都是逃戰，要跟者莫得阻攔。」

「車馬太多，目標大，燕軍追來如何是好？」家老立即急了起來。

「田氏與國人共患難，顧不了許多，走！」田單一揮手，螺號又嗚嗚響了起來。

如此三日，田氏車隊後跟上了浩浩蕩蕩的幾千輛牛車馬車，雖則走得慢，卻也不再遍野搶道亂闖。這一日橫渡濰水，正逢夏日大水之季，其餘部族裝載財貨的牛車馬車大部分軸斷輪折沉陷河水，財貨也大部被大水沖走，小部分過河車輛也大都是車身損壞難以行走，一時間兩岸哭喊連天。

田單鎮靜，下令給全部車軸鐵籠各綁縛二十條粗大麻繩，青壯族人與家兵全部下水，在牛車兩邊拽住繩索，藉著大水浮力將車輛半托在水面緩緩行進。雖是慢了一些，卻是一人一車未折，全數到達濰水東岸。引得兩岸狼狽不堪的人群歆羨不已，一片讚歎敬佩。再過膠水，其餘部族的車輛幾乎損毀淨盡，唯獨田氏車隊如法炮製，過水完好無損。兩道大河一過，田單的名字已是人人皆知了。

過得膠水又走得兩日，距離即墨還有三五十里，越來越密實的帳篷營地一望無邊。田單登上一個山頭瞭望，各色帳篷營地竟一直延伸到即墨東南的沽水河谷。粗略估算，少說也有二三十萬人。狼狽的難民一邊忙著野炊，一邊高聲嚷嚷著各自話題，人聲鼎沸哄哄嗡嗡，甚也聽不清楚。雖然東逃者大多是富戶商旅，可眼下卻都是衣衫襤褸灰頭土臉，全然沒有了任何禮儀講究。顯然，這是最早出逃的國人，除了些許糧食，大約所有的財貨都被幾道大水留下了。

田單看得直皺眉頭，這即墨令如何不放難民入城？如此遍地炊煙，簡直是在指引燕軍的追殺方向。思忖片刻，田單喚過家老低聲叮囑幾句，帶著兩名劍術精熟的騎士從帳篷營地間尋路直奔即墨。

即墨城正在一片驚慌混亂之中。

此時的即墨令軫子，原本是齊軍的一個車戰大將，年逾六旬，剛猛健壯不減當年。由於即墨為東方屏障，這裡始終有三五萬守軍，即或在齊湣王聚集大軍的時日，即墨的兵馬也沒有被西調。正因如此，聞得齊國西部城池守將紛紛棄城逃亡，軫子氣得咬牙切齒，發誓要在即墨與燕軍決一死戰。正在厲兵秣馬之時，難民潮鋪天蓋地湧來，軫子頓時慌了手腳。放難民入城麼，五六萬人口的即墨小城如何容納得這源源不斷的洶洶人潮？縱然是富戶逃亡自帶糧草，可這飲水、柴薪、房屋、食鹽等又如何解決？全城只有幾十口水井，只這一個難題不解決，幾十萬人便得乾渴而死。不放難民進城麼，作為齊國最後時刻的唯一一座軍備完整的要塞城池，又如何向國人說話？若城外變成了燕軍屠場，身為齊國大將，有何顏面立於人世？思忖無計，軫子日每派出四個千人隊，護送牛車給遠離河谷的難民營地送水，給斷糧的難民發放糧食藥材等應急之物。如此不到旬日，城內軍民又是大起恐慌。大戰未至，軍糧如此大量流失，若燕軍殺來如何守得住城池？牛車藥材等本是徵發城內庶民的，百姓們也慌亂起來，不是心疼物事，只是成群結隊擁到官府門前，一口聲追問即墨究竟能否守住。守不住，趕緊放百姓逃生，耗在這裡還不是等死？天天向城外運糧，那有個頭麼？到頭來還不是內外一起餓死？亂紛紛終日叫嚷，軫子急得團團亂轉，卻拿不出個妥善謀劃，一急之下突然中暑昏厥，醒來後連日高燒昏迷不省人事了。

「稟報將軍：即墨田氏的族領來了！」中軍司馬幾乎是趴在軫子耳邊喊著。

頭上搗著濕淋淋布巾，榻邊還擺著一個大冰盆，軫子依舊滿面紅潮喘息艱難。突聞「即墨田氏」，雪白的雙眉猛然一動，燒得赤紅的雙眼也豁然睜開。

「臨淄田單，拜見即墨令。」田單不能自稱即墨田氏，只以居所地自稱。

「田單……」老將軍喑啞地叫了一聲，突然神奇地霍然坐了起來，「老夫聽魯仲連說起過……快！先生為即墨一謀……」堪堪拉住田單的手，又軟在了榻邊。

「即墨令，生死存亡之際，我直言了。」田單見軍醫已經扶著老將軍躺好，一拱手高聲道，「解困之策：教老弱婦幼進城，十六歲以上五十歲以下男子全部編為民軍，駐紮城外，做即墨郊野防守。先解人潮之困，否則便是亂局。」

「好！」老將軍眼睛一亮，又霍然起身，「老夫如何想不到這兩全之策？」喘息一陣，卻又躊躇，「城外難民，多為商旅富戶，願意風餐露宿做兵麼？」

「田單願助即墨令一臂之力，說服逃難人眾。」

「好！」軫子精神大振，「中軍司馬，授先生副將之職，編成民軍。」

「不必。」田單一擺手，「同在危難，同為商旅，正好說話，官身反倒不便。」

軫子略一思忖道：「既然如此，便聽先生。老夫準備城內，先生出城。」

片刻之後，田單飛馬出城，回到沽水河谷，立即派出十多名原在商社做執事的精幹幕僚飛騎到各個難民營地邀集族領聚會。午後時分，各個帳篷營地的族領族老或騎馬或徒步絡繹不絕而來，竟有二百人之多。田單先吩咐家老，給每個族領一陶碗清酒。族長族老紛紛大坐在草地上，品嘗這此刻已經成為稀罕之物的涼甜美酒，唏噓感慨之中，有幾名執事逐一詢問記錄了各家族部族的逃難人數。及至報來一歸總，田單大是驚訝——即墨城外竟聚集了三十二萬難民！思忖一陣，田單向眾人一拱手開了口：「諸位族領同人，我乃臨淄田單。我等避戰東逃，後有燕軍追殺，前有大海攔路，財貨糧食大多失落路途，已經陷入危困之境。若不自救，則玉石俱焚也！當此之時，田單斗膽直言，為我等三十萬之眾試謀生路，不知諸位意下如何？」

「先生只管說，俺聽著了！」

「先生做齊國商社總事，大有韜略，俺們曉得！」

「田單鐵籠，即墨田氏得全，我等願聽先生謀劃！」

「謝過諸位嘉許。」田單又是一圈拱手，「方才田單入城，與即墨令共商，擬將老弱病婦幼進城養息，全部精壯男子編成民軍，駐守城外，助軫子老將軍與燕軍決一死戰！目下齊國已破，國君棄國逃亡被殺，齊西四十餘城已經陷落。然則，齊國並沒有滅亡。莒城令貂勃，業已與南下逃亡庶民結成民軍，堅守齊南。邦國興亡，匹夫尚且不惜血戰，我等盡皆昔日國人，曾經獨享騎士榮耀，難道沒有背海一戰護國謀生之心麼？」

「說得好！」一個老族長霍然站起，「為國為家都得拚，打！」

「對！俺老齊人誰沒個血性？就是沒人出頭謀劃。」

「逃也死，戰也死，莫如痛快打了！」

「學個莒城，打！」

「沒說的，打——」眾人一口聲大喊起來。

「好！」田單一擺手，「敢請各族領將成軍人數、兵器數目並各種有用物事，報給我這執事，我拿給即墨令。成軍務必要精壯男子，病弱者一律不算。」

一片叫好聲中，族領與隨帶前來的族老、族中書辦紛紛合計數目。大約半個時辰，各種數位報了上來，執事一歸總拿給田單，羊皮大紙上赫然列著一排數字：

成軍精壯　六萬八千三百餘

兵器合計　劍器五萬口　弓弩三萬張　箭十萬餘支　長矛五千餘

帳篷合計　三萬六千餘頂

車輛合計　八百三十餘輛

甲冑合計　三萬餘套

田單看得一眼，心中頓時踏實，舉著羊皮紙高聲道：「諸位請先回去整頓族人，向即墨靠近，我即刻去見老將軍。」說罷又匆忙入城。

軫子正在帶病督促吏員清點城中庶民空屋與一切可以住人的地方，聽田單將城外情勢一說，再將羊皮紙一看，雙掌一拍道：「好！這兵器居然還多了。成軍無須裝備，只少些甲冑。」田單道：「兵器原本人人都有，老弱婦幼的也都登上了。甲冑不是大事，殺敵奪來便是。」軫子大是讚歎：「先生之言，壯人膽氣也！」立即回身下令，「中軍司馬，一個時辰後開城迎接老弱婦幼。老夫自帶五千步卒出城，助先生整肅民軍。」田單連忙搖手道：「老將軍還是城內坐鎮好，只須派一員副將。」軫子道：「也好，老夫將城內先安置妥當。」

日落時分，即墨城西兩門大開，老弱婦幼二十餘萬人從原野河谷匆匆湧來，雖則腳步匆匆，卻井然有序一片沉默。留在城外的精壯男子舉著大片火把夾道相送，與親人揮別，場面分外悲壯。直到三更，二十餘萬人口才陸續進城。田單與出城副將立即著手整編民軍，一直忙碌到天亮，左中右三軍方才編好：左軍一萬五千駐守即墨西南，右軍一萬五千駐守即墨西北，中軍三萬正面紮營防守通海大道。

太陽剛剛升起，軫子正要出城查看撫慰民軍，方到西門箭樓下馬道，城頭瞭望斥候一聲高喊：「燕軍來了！三路──」接著便是低沉淒厲的螺號。軫子扯過馬韁衝上了城頭，舉目遙望，但見中央通海大道與西南西北三路煙塵遮天蔽日而來，天邊陡然豎起了一道灰黑色影壁。作為車戰將領，軫子二十多年沒有打仗，此刻雄心陡起，舉劍大喝：「步軍守城，鐵騎兩萬全數出城，與民軍聯手迎敵！」中軍司馬急傳將令，調兵號角大起，片刻間西門隆隆打開，白髮老將軫子率領兩萬騎兵衝了出來。

田單正是民軍中路大將，也已經在整頓步兵方陣，見軫子鐵騎到來，連忙大步迎上高聲道：「老將軍，我步軍方陣居中，鐵騎兩翼衝殺如何？」軫子哈哈大笑道：「倏忽之間，先生竟成大將也。好，便是這般！」手中那支車戰長矛一舉，「鐵騎兩翼展開──」

兩萬鐵騎與田單民軍堪堪列好了陣勢，燕軍已經雷霆般壓了過來。當先一面「騎」字大旗獵獵飛舞，正是遼東鐵騎主將騎劫大軍到了。大約一箭之地，遍野遼東鐵騎收隊成陣，騎劫馬鞭一指一陣大笑：「軫子老匹夫！你這車戰老卒也想與我遼東飛騎較量麼？早早獻城受縛，昌國君不定會免你一死也。」軫子鬚髮戟張長矛直指：「騎劫，老夫齊國大臣，便是戰死，也不會做降燕賊子！」騎劫大笑：「好！有骨氣。一路殺來，齊人都是爛泥軟蛋，本將軍真正憋氣。今日放馬一搏，放開整！」笑罷長劍高舉，「遼東騎士！殺──」

戰鼓隆隆動地，兩軍鐵騎如兩團紅雲，驟然裹纏在了一起。燕軍三路而來，騎劫鐵騎發動時，西南路大軍也堪堪趕到，迎住西南民軍廝殺起來。恰在此時，秦開大軍也從中央殺到，與田單中路民軍轟然相撞，整個即墨原野響徹了震天動地的殺聲。

二、塵封的兵器庫隆隆打開

午後時分，戰場終於沉寂了。

六萬民軍原本沒有任何結陣而戰的訓練，雖說人人都有些許技擊之術，並有長短不一的各色劍器，但在歷經長期嚴酷訓練的遼東大軍面前，卻顯得毫無章法。更有一個致命缺陷，手中沒有盾牌。對於結陣大戰的步卒，盾牌非但是個人搏殺的必備防護，更是結陣對抗鐵騎的堅實屏障。步卒無盾，只能有攻無守。饒是這些商旅子弟拚命搏殺，也沒有過得一個時辰便幾乎全軍覆沒。田單部族的近八百名族兵尚算訓練有素，也戰死了大半，唯餘三百騎士結陣不散，死死保著三處劍傷的田單且戰且退殺回了即墨西門。

顧不上包紮傷口，田單跌跌撞撞地衝上箭樓瞭望戰場。此刻他只有一個心願：親眼看著老將軍全身回城。可放眼望去，遍野都是燕軍的藍邊紅色戰旗，即墨鐵騎蹤跡皆無。正在田單愣怔之時，大隊燕軍鐵騎飀風般捲到城下驟然勒馬，激揚的塵柱直衝城上女牆，嗆得田單與士卒一陣猛烈地咳嗽。

「城上軍民聽了！」威猛剽悍的騎劫在馬上高喊著，「即墨騎士全軍覆沒，軫子老匹夫也被我殺了。看，這是何物？」

一個騎士用長矛挑著一顆白髮蒼蒼的頭顱，燕軍騎士一片高喊：「軫子首級在此，齊人開城降燕——」騎劫哈哈大笑，帶血的長劍直指城頭道：「齊人狗熊一窩，若不拱手降燕，爾等頭顱一齊掛上高杆！」燕軍一片吶喊：「抗我大燕者，立殺不赦！」

素來沉靜的田單怒火中燒，戟指城下嘶聲大吼：「燕人休得猖狂，即墨要為老將軍復仇。要即墨降燕，休想——」城頭原本已經湧滿驚恐無措的守軍，此刻卻萬眾一心，齊聲吶喊：「為老將軍復仇！」「即墨不降！死戰到底！」

「豎子猖獗！」城下騎劫一聲怒喝，「步軍列陣，壕橋雲梯攻城！」

正在此時，燕軍陣前一馬飛來，遙遙高喊：「昌國君將令——毋得攻城！後退十里紮營，違令者斬——」騎劫臉色頓時鐵青，狠狠罵了一聲：「鳥令！」又向城頭吼叫一聲，「爾等狗頭，多長兩日。」再轉身又是一聲大吼，「愣著釘樁？退後十里紮營！」

暮色斜陽之中，燕軍緩緩後退了。晚霞將即墨城樓染得血紅，與城外郊野無邊無際的紅衣屍體融成了一片血的海洋。天邊飛來大群大群的烏鴉禿鷲，嘎嘎啾啾地起落飛旋，濃濃的血腥味兒彌漫了即墨原野。

「田氏騎士何在！」田單嘶啞著聲音大喊了一聲。

城樓上「嗨」的一吼，擠在田單兩邊的騎士肅然成列。

「隨我出城，找回老將軍遺體！」

茫茫暮色之中，一隊輕騎飛馬出城，消散在騎兵廝殺過的廣闊戰場。天色漸漸黑了下來，星星點點的火把依然在曠野搖曳閃爍，直到三更，火把馬隊才漸漸聚攏，飛進了即墨。

馬隊將軺子老將軍的無頭遺體抬到即墨令府邸時，眼前的景象使田單愕然了——萬千火把層層圍在了府邸車馬場前，正門廊下一片白髮蒼蒼的老人，層層疊疊的人山人海，毫無聲息地肅立著。見田單馬隊到來，人們無聲地閃開了一條甬道，眼看著那具渾身浴血的無頭屍體停在了廊下一張窄小的軍榻上，人們木然地瞪著雙眼，只有粗重的喘息飄盪著，如同冬夜的寒風掠過茫茫林海。

「父老兄弟姊妹們，」田單一身血污疲憊地一拱手，「老將軍屍體回來了。」

話音未落，一個老人深深一躬：「合城軍民，擁立先生主事。」

「田單主事！田單主事！」人山人海猛然爆發出震天撼地的吼聲。

又一個老人顫巍巍頓著竹杖：「先生以鐵籠保全部族，定能出奇策守住即墨。」

「先生韜略，正當報國，萬勿推辭！」族老們異口同聲。

幾位將軍與士卒們也是一片呼喊：「先生謀勇兼備，我等願聽將令！」

望著殷殷人海，田單驟然感受到了巨大的壓力，心下不禁猛然一沉，四面拱手高聲道：「父老兄弟姊妹們，燕軍暴虐，我等須得死守即墨方有生路。然則，田單雖有些許商旅應變之才，卻從來沒有戰陣閱歷。懇請哪位將軍主事，田單定然鼎力襄助！」

「田單主事！死守即墨！」巨大的聲浪立即淹沒了田單的聲音。聲浪方息，一位將軍慷慨激昂道：「先生雖非戰將，然卻韜略過人。鐵籠得全部族，分流得全難民與即墨。大兵壓境，先生身先士卒。大戰方過，先生夤夜帶傷於燕軍營外尋回老將軍屍身。此等奇謀勇略，大義節操，俺等即墨老民人人傳頌。先生主事，俺等軍民方有戰心！否則，俺等棄城出逃各奔東西。父老兄弟們說，是也不是？」咬字極重的膠東口音聲震屋宇。

「是——」「田單不主事，俺等便跑！」頓時一陣雷鳴般聲浪滾過。

略一思忖，田單慨然拱手：「方今之時，我大齊國脈唯存膠東。國人如此推重於我，田單當為則為。縱有千難萬險，田單九死無悔！」

「田單萬歲！」「即墨萬歲！」「新令萬歲！」人群頓時狂熱地歡呼起來。

「諸位父老兄弟姊妹們。」待聲浪平息田單高聲道，「大軍圍城，即墨時時都有城破之危。要堅守即墨，自目下開始。軍民人等立即回歸營地整頓兵器，青壯男丁即刻到這位將軍處登錄整編，老民族領、閭長與難民族領、族老及千長以上將軍，請留下商討大事。」

轟然一聲，人山人海像淙淙小溪般向街巷分流而去。田單一邊下令即墨令府邸的幾名書吏確切登錄各族人口數目，一邊與族領族老將軍一一商討要立即辦理的幾件大事。

第一件，城內老民連同難民的所有房屋、財貨、糧食並諸般衣食起居器用，一律歸公統一調配；自今日始，即墨全城都是軍營，百物無一私。

田單沉重地說：「即墨無後援，已是兵家絕地。若不一體大公，只恐怕當不得數月，便會不戰自潰。田單苦心，上天可鑒。」說罷轉身，立即下令家老報出田氏目下財貨。田單部族的六百車物資本來沒有什麼損失，家老一宗宗報來，糧食、衣物、甲胄、鹽鐵、藥材、乾肉等，非但數量大，且都是應急實用之物，若一族逃難，足以支撐田氏族人遠走他鄉。眾人本來對這亙古未聞的「舉城大公」尚有躊躇，如今見田單兜底交出舉族財貨，諸般疑慮頓消，異口同聲贊同。

「我還得補上一條，」田單一臉肅然，「理亂用重典。所有財貨器用分之於兵民，憑諸位公推十名族老秉公立法，依法度配物。用之於軍，則由後軍司馬奉我將令配給。無論軍民，俱可舉發不公，但有徇私舞弊者，一律剮刑處死！」

「采——」眾人本是四海聚來，對此嚴刑峻法卻同聲喝采。

這個最大的難關一過，餘下的軍民混編、推舉將軍、加固城堡、清點府庫、建立兵器作坊等諸般事宜，人人獻策異常順當。雄雞報曉的時分，諸般大計已經商定就緒，立即分頭行事去了。

在此期間，一班吏員已經在即墨令府邸為田單安排好了中軍幕府，交由田單的家老與幾名心腹執事照料。族領將軍散去，家老用大盤捧上來一整隻臨淄烤雞，敦促田單趁熱快用，一邊忙著去請族醫來為田單療傷。田單卻擺擺手叫住了家老，喟然一歎：「族叔呵，田單有負於你老了。」說罷深深一躬。白髮如雪的家老愣怔了：「總事……你，你要老朽離開麼？」田單不禁一眶熱淚道：「族叔呵，舉城大公，人人皆兵。田單既受萬千生民之託，如何能在身邊再任私人？你老與執事們……」老人默然片刻長吁了一聲：「大公者無私，老朽曉得。總事療完傷，老朽去老丁營……」一抹眼淚，老人轉身去了。片刻之間，那名隨田單奔波列國的族醫提著藥褳跟在家老身後匆匆來了。眼看著田單清洗包紮完三處刀劍傷，族醫說了不打緊，老人深深一躬默默轉身走了。

聽著那熟悉的腳步聲漸漸遠去，田單久久不敢抬頭。老人跟了田氏三代總事，在田單父親時已是掌事總管了，數十年忠心耿耿為田氏部族立下了無數汗馬功勞，而今垂暮之年，卻要去老丁營住通榻大鋪做雜役粗活，卻教人如何忍心。

長歎一聲抹去淚水，田單一把推開烤雞匆匆出府了。太陽已經到了城頭，巡查防務之外，若無大戰，今日一定要清點完兵器庫。這是目下頭等大事。

即墨是齊國東部的一座大城，名副其實的兵家重鎮，其根基正是即墨田氏奠定的。田單作為繼任族領，對族藏典籍十分熟悉，清楚地記得《田氏營國制》中的記載：「即墨為要塞之城……城下闊於高倍，上闊於下倍；城高五丈，底闊二丈六尺，上闊一丈三尺六寸，高下闊狹以此為準……城外壕溝闊二丈，深一丈，底闊一丈。城牆夯土為體，岩石為表，東西長三里，南北闊二里。」按照如此規模，即墨幾乎是戰國兵家所謂的「千丈之城，萬戶之邑」。事實上，在田氏鎮守即墨的年月裡，即墨也確曾是除了臨淄之外的齊國第二大城。

巡視一周，田單發現即墨城雄峻依舊。只是多年太平，打仗也都在西部，居安不思危，女牆箭樓

古代城制示意圖

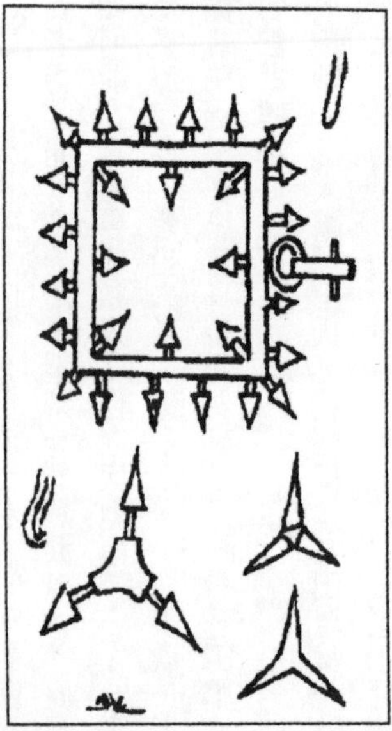

鐵菱角

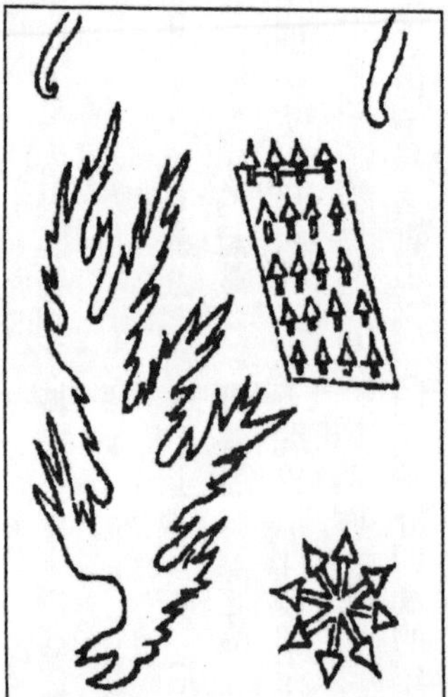

鐵蒺藜

已經多有破損，城外壕溝已經變成了一道淺淺的乾溝渠，城牆外層石條也脫落了許多，裸露出的夯土已經疏鬆得刷刷掉落了。

田單思忖一陣立即下令：「著後將軍即刻帶領三千兵卒，併發七千男丁，一日之內立即加深西門外壕溝。旬日之內，四面壕溝一律加深至建城本制。作坊土木工匠，一律上城日夜修葺。旬日之內，務使城防完好如初！」中軍司馬一聲領命，立即飛步去了。

查勘完城防，田單帶著幾名軍吏來到兵器庫。即墨兵器庫占地十畝餘，六十餘間三丈多高的巨型石板屋分東西中三列層疊矗立，三列之間是兩條六丈寬的夯土大道，可並行四列大車運送兵器，規模堪稱齊國要塞第一。而今卻是滿目蕭疏，庫房塵封鐵門鏽蝕，大道中荒草搖搖。田單不禁皺眉道：「即墨守軍不換修兵器麼？」旁邊軍器司馬紅著臉惶恐道：「此間兵器庫盡皆防守器械，即墨數十年無戰，也只換修劍矛弓箭甲胄馬具盾牌等，這裡……」吭哧著說不下去了。

「全部打開，全數清點。」

「嗨！」軍器司馬一揮手，看守府庫的軍吏領著一隊老卒連忙快步跑來，一座一座地隆隆打開了庫房。

「右列是飛兵械庫。」軍器司馬指著右邊大鐵門頂端的「飛兵」兩個大字。

田單點點頭：「是鐵蒺藜檑具等一般兵器了？」

「正是。」

「立即調來一千健旺老者，清掃庫房，清點兵器，修葺道路，務必使兵器搬運暢通。」田單說罷大步進了飛兵庫，逐一查看了大量囤積的鏽蝕器械，不禁長長一歎。

這二十間石板庫房，囤積最多的是鐵蒺藜、鐵菱角。這是拋撒在進軍要道專門扎傷馬腳截殺騎兵的小兵器。蒺藜者，帶刺之野生灌木也，遍生大江南北，是再尋常不過的野生草木。遠古時期，人們常常將山野之間的蒺藜大量採下拋撒在路面，以遲滯敵方人馬。然則臨時採摘畢竟不便，於是春秋時期便有了碎木塊製作的木蒺藜。《六韜・虎韜・軍用》載：「木蒺藜，去地二尺五寸，（布）百二十具……狹路微徑，張鐵蒺藜，其高四寸、廣八寸、長六尺以上，（路段布）千二百具。敗步騎。」鐵蒺藜，卻是戰國之世有了鐵器後的兵家發明——用鐵片打造得蒺藜狀的尖刺物。墨家長於守城，《墨子・備穴》便有了在地道進出口與城門外、河道大量設置鐵蒺藜的戰法記載。

其次便是各種檑具。檑者，拋擲殺敵之器具也。檑起源於周代，本音乃是一個「掄」字，即揮開胳膊扔出去，久而轉音成了「檑」。因其拋擲之後隆隆若雷聲滾動，漸漸正式寫成了「檑」或「雷」。《周禮・秋官・職金》疏云：「雷，守城捍禦之具。」作為兵器，檑具是居高臨下投擲殺傷之兵器的種類名稱。依據用途，實際上分為多種名目，最常用者為五種：

其一，木檑。也稱滾木，以整段粗大圓木打造，長四至六尺，直徑至少四寸，粗則不限；木上鑲嵌鐵釘鐵刺，從城牆連續推下，摧毀攻城雲梯並殺傷士兵。

其二，泥檑。以黏土調泥，每千斤泥加入豬鬃毛與馬尾毛三十斤，搗熟擀成，每檑長二三尺，直徑至少五寸。泥檑乾透之後堅硬如銅鐵，沉重如巨石，柔韌如皮質，從高空砸下縱經城牆碰撞仍然完好無損。

其三，磚檑。磚窯燒製，整段實心，長三四尺，直徑六寸餘，用於城頭拋擲。

其四，車腳檑。實際是一個巨大的獨輪，以質地堅實的硬木打造，輪中心立一帶繩孔的木柱，以粗大繩索繫之，用城頭固定的絞車放下於城牆橫滾，專門殺傷蟻附在雲梯上的攻城士兵。可用絞車收回反覆使用。

其五，夜叉檑。還有一個很是雅致的名稱，叫做「留客住」。此檑用一丈多長直徑一尺餘的頑韌濕榆木為體，榆木周身裝五寸長的鐵製倒刺或尖刀，兩端各裝直徑二尺的腳輪。兩輪帶粗大繩索，用

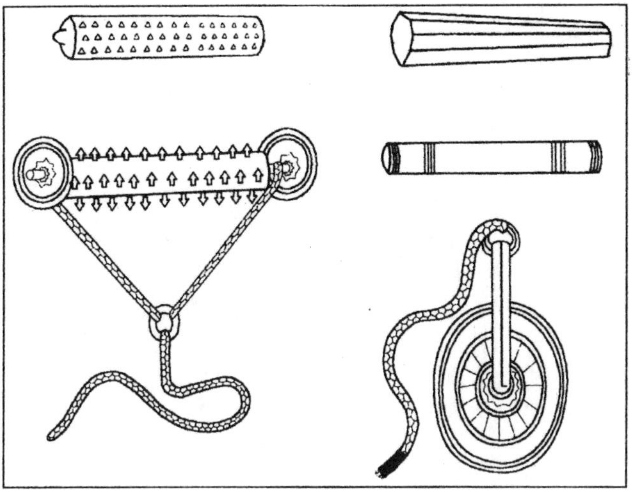

五種檑具示意圖

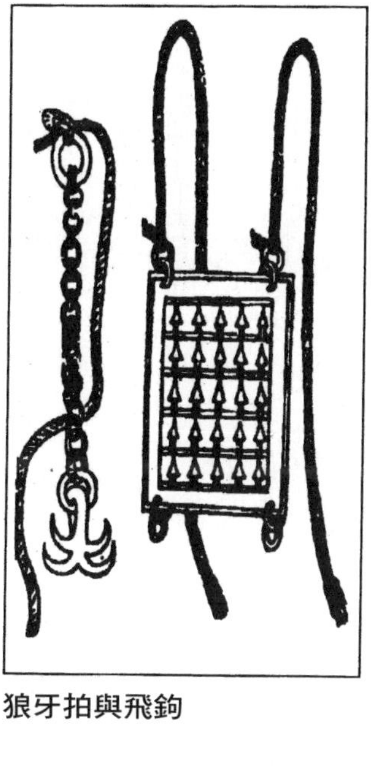

狼牙拍與飛鉤

狼牙拍使用示意圖

絞車沿城牆滾下，可將雲梯之敵碾軋鉤割盡留屍身。也可絞車收回反覆使用。因了威力驚人，所以在士卒中有「厲鬼」之名。

田氏據守即墨之時，東夷之患尚未根除，打造囤積了大量櫺具。雖多年無用，然除了木輪朽蝕，卻也大體完好。田單稍感心安，立即調來工匠日夜修復。

看完右列，軍器司馬道：「中列二十間是大器械，清理之後將軍再看如何？」

「不，目下看。」田單一抬腳走進了灰塵鐵腥撲面而來的石板庫。

第一座庫房，是城頭擊打器械狼牙拍。這狼牙拍也是頑韌榆木板為體，長五尺，寬四尺五寸，厚三四寸；板上密匝匝嵌滿狼牙釘數百個，每釘長五寸重六兩，釘頭出木三寸；四面各嵌一道利刀，刀身入木寸半；前後各有兩個鐵環，貫以粗大繩索，用絞車吊於城上，但有大型雲梯登城，高高絞起猛然從外猛拍雲梯。

與狼牙拍配合使用的器械是飛鉤，用鐵鏈連接四個粗大的鉤爪，狼牙拍拍下時，飛鉤同時擲向雲梯，將其鉤翻或拉起懸空。

第二座庫房是拒馬。拒馬者，阻攔戰馬之障礙物也。夏商周三代便有了早期拒馬，即將木柱交叉固定成架子，架子上鑲嵌帶刃帶刺之尖銳物事（銅刀或石刀）。戰國墨家將拒馬叫作「銳鑱」，《墨子》中專門有一篇〈備蛾傅〉論「銳鑱」戰法：蛾傅者，敵軍士兵飛蛾螞蟻般湧來也。當此時，沿途布銳鑱五行，行間距三尺，根部埋三尺，尖錐長尺五，可阻敵前進。戰國中期，拒馬發展為鐵矛為頭（後世稱為拒馬槍），以堅實木料為固定支架，架上再固定六到十支鐵矛，遍布敵來路，使其騎兵不能馳騁。曠野大戰，這種拒馬數量畢竟有限，很少使用。倒是城池設防，地域相對狹小，拒馬大有用處。

第三座庫房，是真正的大型器械——塞門刀車。「塞門」為用途，「刀車」為器械。究其實，是

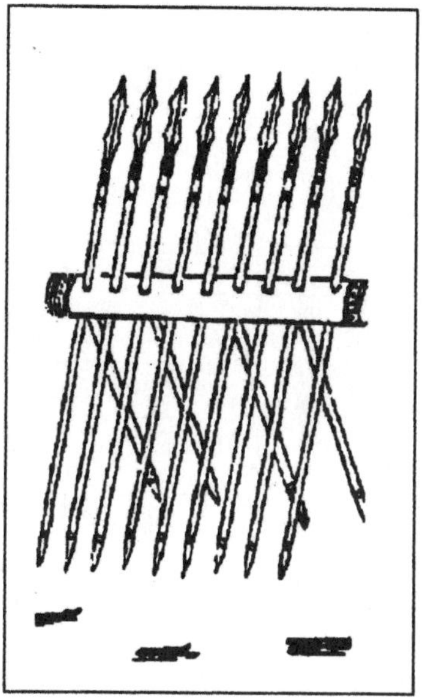

鐵矛拒馬

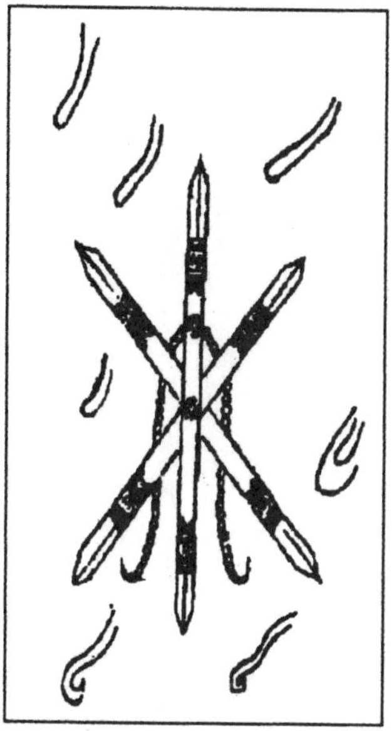

竹木矛拒馬

塞門刀車

打造得一種極為堅固的兩輪車，車體與城門幾乎等寬，尋常總在三四丈之間；車前有木架三四層，各層固定尖刀若干口，車體有長轅；敵但攻破城門，數十成百兵士猛推刀車塞住城門。《墨子・備穴》記載了這種塞門刀車的用途。對於堅守城池的長期惡戰，城門難保一次不失，這塞門刀車便是最為有用的救急兵器。

「塞門刀車有多少輛？」田單問。

「三座大庫，大約二百餘輛。」

「好，看左列。」田單覺得心中踏實了一些。

左列是各種滅火器具與火攻器具。軍器司馬說，這列庫房除了三千多桶猛火油是當年從秦國買來之外，其餘都是即墨田氏當年打造的，可惜一直都閒置著。田單心中一陣感慨，他曉得，這個軍器司馬不會知道他是當今之即墨田氏，淡淡道：「不管何人打造，只要有用便好。」軍器司馬道：「滅火器具也許用得，火攻器具難說了。」田單道：「看了再說。」又一頭扎進了灰塵鐵腥瀰漫的大石庫房。

戰國攻防，火攻已經成為主要戰法之一，防備火攻自然也成為兵家常法。《六韜・文韜》云：「熒熒不救，炎炎奈何？」說的便是撲滅攻方大火的急迫。《孫子兵法》有〈火攻〉篇，專門論述五種火攻戰法，並總而論之：「以火佐攻者明（威勢顯赫），以水佐攻者強。」《墨子・備城門》也特別記載了城門防守中的以火禦敵之法，以及撲滅敵方縱火的多種方法。在城池攻防戰中，火攻與反火攻更是基本戰法。

大庫中的滅火器具主要有四種：

其一，水袋。以不去毛的馬皮牛皮縫製成「人」形大袋，注水三四擔，袋口連接一丈多長的竹管，多置城門及要害處，若有大火，三五士卒抬起水袋猛力擠壓，竹管急噴水柱滅火。

其二，水囊。以豬牛尿脬盛水，紮緊囊口置於城頭備用，若敵軍在城下堆積柴薪放火，將大量水囊從城頭急拋砸下，囊破水出，便可滅火。

其三，唧筒。截長竹管為體，竹管頂端開孔，而後用木杆纏滿棉絮塞入竹管做可拉動的活塞；旁置大水甕，若遇大火，拉動活塞汲水然後擠壓活塞，水柱可遠射疾噴滅火。此物流播民間，成為後世孩童玩耍的「水槍」，卻是後話。

其四，麻搭。以八尺或一丈長杆，杆頭綁縛散麻絲兩斤，旁置水甕，輒遇附近大火，用麻搭蘸水撲打。

第二座石庫，是守城用的火攻器具。守城既要滅火，也要以火助守，實際是一種特殊的火攻，借火攻以殺傷來犯之敵。這種火攻器具也是四種：

其一，燕尾炬。以半乾葦草紮束成燕尾形，飽滲脂油以備。城下敵軍但以衝車等大型器械攻來，將點燃的燕尾炬大量拋下，燒毀攻城器械。

其二，飛炬。城頭設桔槔，將巨大的燕尾炬吊在桔槔杆頭。但有敵軍雲梯爬城螞蟻般攻上，立即點燃燕尾炬猛力拉動桔槔，燃燒的燕尾炬砸向搭在城牆的雲梯，可燒壞雲梯及蟻附士兵。

其三，鐵火床。用韌熟鐵打造長五六尺、闊四尺的鐵格「床架」，下裝四只鐵頁包裹的木輪，後端引出兩根鐵索，後以長鐵鏈繫牢，「床架」綁縛草火牛（用茅草紮束，灌注脂油的牛形胖大引火物）二十四束。但遇敵方攻城，點燃草火牛從城頭用桔槔或絞車放下，熊熊大火非但可大面積殺敵，且可照亮城下戰場。

其四，游火鐵箱。以熟鐵打造成吊籃形物事，長鐵索繫之，內盛硬木柴火與綑紮成束的艾蒿火。但遇敵軍在城下挖掘地道或從地道攻來，將鐵箱縋下至地道口，可燒灼煙熏穴中敵軍。

「有行爐麼？」田單一路看來，猛然想起了田氏典籍上的一則記載。

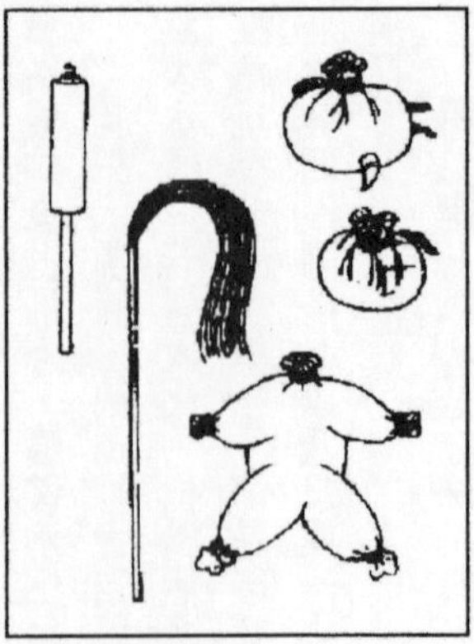

滅火器具

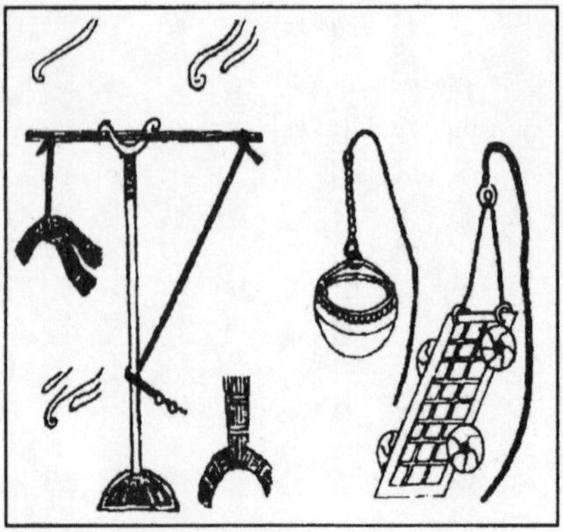

城上火攻器具

「行爐？」軍器司馬愣怔了，「末將不知，且容我查問。」說罷紅著臉快步走到幾名正在清點庫房的老軍吏面前，說得幾句，領過來一個老軍吏。

「行爐有三具，不知能否修復。」老軍吏很是惶恐。

「看看再說。」田單沒有任何指責。

隨著老軍吏來到最後一座石庫，鏽蝕的鐵門被隆隆推開，便見牆角處大布苫蓋了一片物事。老軍吏揭去足足有三寸灰塵的大布，連連咳嗽著：「這，這便是，三具，行爐。」

「煉鐵爐？」田單驚訝了，「這便是行爐麼？」

「行爐者，能推動行走之熔爐也。」老軍吏指點著，「但在城頭熔鐵，若敵軍勢猛，以大杠抬起行爐，將鐵汁沿城牆澆下，可保敵軍立退。」

田單端詳敲打一陣，斷然下令：「命鐵工立即修復，有此等神兵利器助力，方可與樂毅殊死一搏。」

「嗨！」軍器司馬擺脫了方才的尷尬，精神抖擻地大步去了。

「這是聽甕了？」田單指著靠牆擺開的一溜巨大的陶甕。

「正是，七石陶甕。」老軍吏連忙點頭，「將軍如此諳熟諸般器具，即墨之福也。」

「不。」田單搖搖頭，「我只是從《墨子》中讀到過「地聽」一法，其餘一抹黑了。」

老軍吏說，這七石陶甕是專門聽城外敵軍動靜方向的，百姓叫做「埋缸聽聲」。在內城牆根每間隔兩丈左右挖井一口，地勢高處井深一丈五六尺，低處至水下三尺，井底埋七石大甕，派耳靈之人伏在甕中諦聽，根據相鄰大甕的聲音強弱差別，斷定城外挖掘地道者的方向；也可在一個深坑內同時埋兩個間距一丈餘的大甕，讓兩人同時諦聽，根據音差定方向，軍士叫做「雙耳聽」，用之於戰，百試不爽。

「甕在水下，能聽得確實？」田單疑惑了。

「將軍有所不知。」老軍吏笑了，「土地出水，傳聲更佳，比沒水清晰多了。」

「好！」田單笑道，「我看老人家便領住地聽這一攤。」

「遵命！」老軍吏分外興奮，「多年不打仗，也忒憋悶。」

午後離開時，兵器庫已經是一片緊張忙碌了。軍器司馬被田單當場任命為兼領庫令，坐鎮兵器庫，與原先的老庫令並幾名老軍吏督促修葺。所有的鐵工木工陶工皮工等諸般工匠，都被調遣到了兵器庫。已經清除完荒草的庫間大道，搭起了一棚棚臨時作坊，爐火熊熊錘聲叮噹，分外令人感奮。

回到住處，田單立即下令中軍幕府搬出即墨令官邸，在靠近西門處選一片空地搭建幕府。中軍司馬不禁有些躊躇：「老官邸正在城中位，利於四面策應，將軍何以要搬？」田單道：「目下非常之時，死戰多在西門，此地太遠。」中軍司馬道：「這老官邸空閒下來，卻是可惜。」田單道：「即墨已是人滿為患，如何能空閒房屋？立即將老官邸辟為療傷之地，城中醫家全數集中此地，再選幾百名精幹女子運送傷兵襄助療傷。即墨只能死戰，這裡療傷只怕還小。」中軍司馬不禁肅然起敬：「幕府靠近戰場，將上好官邸留給傷兵，將軍此等胸襟，末將敬佩之至！」說完立即大步走去忙碌部署了。

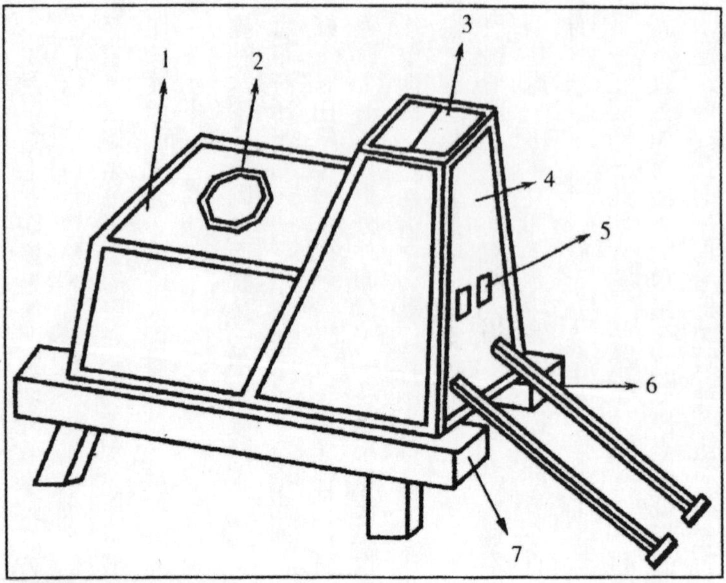

據《武經總要》復原之行爐示意圖

①爐身 ②爐口 ③木風扇 ④蓋板 ⑤活門 ⑥拉杆 ⑦木架

地聽大甕

經過一番踏勘，田單的中軍幕府搭建在西門內，距城牆只有十餘丈，幾乎只是一條大道之隔。這裡原本是民間魚市，如今四門封閉，漁民不能出海下河，自然也就成了空地。只是那被養魚水長期浸泡過的地皮，始終彌漫著風吹不散的濃濃的魚腥味，令人常常噴嚏不止。田單一陣大笑：「好好好！大戰無魚，上天給我魚味，得其所哉也！」一班軍吏原本正大皺眉頭，生怕田單不能忍受，如今見田單如此豁達，也跟著笑了起來。

旬日之後，幕府已經用土坯碎磚木料加三頂牛皮大帳搭建完畢。雖然急就章且簡陋潮濕，卻也是裡外三進，聚將廳、軍務廳、出令廳並起居寢室一應俱全。幕府落成，中軍司馬與一般軍吏立即進入軍務廳各就各位，開始處置軍務。田單則進了出令廳。這出令廳實則主將書房。田單進入書房的第一件事，便是站在那張幾乎可牆大的〈即墨城制圖〉前仔細揣摩。方看得片刻，帳外馬蹄聲疾，隨著軍吏一聲稟報：「城外斥候到——」

田單一回身，一個風塵僕僕滿臉汗水的「難民」已經站在面前：「稟報將軍：燕軍按兵不動，各軍營都在厲兵秣馬！」

「樂毅有何動靜？」

「樂毅去了畫邑！」

「畫邑？」田單心中一動，「好，繼續探聽，隨時回報。」

斥候一走，田單大步走到對面的〈齊邦山川圖〉前，盯住了臨淄西北的濟水入海處。畫邑只是一座小小的城堡，幾乎沒有任何兵家價值，唯一教齊國人知道畫邑的，是大名士王蠋住在那裡。樂毅素稱儒將，去畫邑莫非找王蠋請教學問？不，不會！烽煙連天，滅國在即，目下正是燕軍為山九仞的要緊時刻，睿智如樂毅者，豈有此等閒情逸致？如此說來，樂毅究竟有何圖謀，為何停止了對即墨的猛攻？

三、化齊方略陡起波瀾

濟水東岸近海處，一座城堡矗立在綠色的山頭，一片莊園醉臥在綠色的山谷。

時當夏日，從臨淄直到大海，田野綠茅草綠層層疊疊樹林綠，直是一片無垠的綠海。寬闊的官道出沒在綠海之中，宛如一條纖細的白線，縱是車馬轔轔旌旗連綿，也在這蒼茫綠海之中渺小成蠕動的黑點。官道通向茫茫蒼蒼的綠浪盡頭，是碧波無垠的藍色大海，天地之壯闊便濃墨重彩地揮灑開來。

在這綠海藍海相接處的山頭，一座城堡拔地而起，有幾分險峻，又有幾分突兀。這座城堡，是齊國都城臨淄的西北門戶。西周滅商，齊國初立，始封國君太公望為了防守遼東胡人海路偷襲騷擾，修建了這座開始並沒有名稱的城堡。建城之初，這裡駐守戰車二百輛（每戰車一百卒，合步軍兩萬）、隸農三千戶。進入戰國，海路威脅已經不在，齊國也日見強盛，這座城堡的駐軍越來越少，到齊宣王時期終究是全部撤除了。只有當年為守軍做糧草後援的三千戶隸農，在這裡繁衍生息下來，世代以漁獵為生。齊威王在齊國第一次變法時，將這些世代守護臨淄有功的隸農後裔，全部除去了隸籍。從此，這些漁獵戶變成了有自己土地，還可以讀書做騎士做官的國人，這片城堡土地也有了一個美麗的名字——畫邑。

畫邑者，景色如畫之地也。也有人說，這裡有一條水，以水之音叫了畫邑。感恩於國王大德，畫邑的新國人們全部以「王」為姓氏，宣示自己忠於王室的赤心。從此，齊國有了「畫邑王氏」這個新部族。倏忽幾代，畫邑王氏以漁獵之民特有的苦做奮發，蓬蓬勃勃地興旺了起來。在齊宣王後期，畫邑王氏有十多個才俊子弟進入稷下學宮，被齊人譽為「北海名士」。這茬名士之中，出了一個在齊國大大有名的賢才，叫作王蠋。王蠋天賦過人，博聞強記，年輕時周遊列國博覽百家之書，論戰學問不拘一法，一時有了「稷下雜家王」之稱。若僅僅是才名出眾，王蠋尚不足以在朝野被推崇為大賢。大賢之譽，起於王蠋做太史時的錚錚硬骨與驚人之舉。

太史爵位不高，最實際的職權是掌修國史，同時也是掌管國中文事的清要中樞。舉凡太廟、占卜、巫師、博士及典籍府庫，都以太史為統管。但為一國太史，便是「究天人之際，通古今之道」的飽學大師，國君很難動輒任免，幾乎是鐵定的世襲官爵。然則，齊湣王即位，厭煩老太史嬓的耿直孤傲，硬生生將太史嬓罷黜，力主王蠋做了新太史。齊湣王的本意，看中了王蠋的機變博學，要教他為「東海神蛟」、「天霸帝業」揣摩出一套正名之論。

王蠋到任的第三日，一個老方士來到太史府，說奉了齊王之命來與他商討諸般密事。王蠋大是惱怒，直斥方士：「爾等以妖邪之說蠱惑人心，竟敢厚顏侈談國事。來人，給我打出去！」趕走方士，王蠋立即上書齊湣王，說「齊國方士之害流布天下，是為國恥」。請求頒布王書，盡數強制隱匿於齊國海島的方士桑麻自耕，不入世自力者，一律罰做官府苦役，以絕其害。

齊湣王大是羞惱，立即下詔：罷黜王蠋，齊國永不設太史一職。

消息傳出，朝野大譁。稷下學宮千餘名士憤然上書，為「三日太史」王蠋請命。晝邑王氏更是全族出動，聯結臨淄國人聚集王宮血書請命，橫幅大布直書「請復王蠋！請誅方士！」更令國人意外的是，原先被罷黜的老太史嬓也捧著血書到宮門請命，大呼：「方士無術，戕害少童，毀我文華根基。王蠋大節昭昭，當為太史也！」

齊湣王暴怒了，立即派三千甲士遣散稷下學宮，三千甲士驅趕王宮國人，晝邑王氏一律罰苦役三月；老太史嬓貶黜莒城閒居，王蠋罰苦役三年。一場風暴過去，令齊國人驕傲的稷下學宮封閉了，素有「寬緩闊達，多智好議論」之名的齊國人緘口了，齊國風華盡失，民心冷冰冰一片荒蕪。

王蠋苦役完畢，已經成了骨瘦如柴的老人。回歸故里，晝邑人卻以迎接聖賢般的隆重鄉禮，接納了這位既給族人帶來榮耀也給族人帶來災難的才士。從此，王蠋隱居畫邑，教習族中弟子修學讀書。消息傳開，諸多國人都將弟子送來畫邑求學，王蠋感念國人對自己的崇敬護特，便也一律收留。久而久之，幽靜的畫邑有了書聲琅的山莊學堂。臨淄國人悄悄地將畫邑叫作了「小稷下」，將王蠋叫作了「大賢王」。口碑流布，王蠋成了齊國庶民的文華寄託，畫邑成了國人心目中的一片聖土。

樂毅千里奔波，從即墨大營星夜西來畫邑，是要請這個赫赫大名的王蠋出山。

五路進軍勢如破竹，燕軍在一月之內全數拿下齊國七十餘城，唯餘南部莒城與東部即墨兩城未下。按照戰國之世的軍爭傳統，齊國至此算是滅亡了。如此秋風掃落葉般的赫赫威勢，卻使燕國朝野與燕國大軍內部生出了微妙的變化。太子姬樂資與一班強硬老世族陡然振作，輕蔑地嘲笑齊人是「大言呱呱之海蛙，一擊破囊，肚腹朝天」，接連向燕昭王上書，主張「當嚴令樂毅一鼓再下兩城，並齊全境入燕，大燕立稱北帝，再南下一鼓滅趙，與強秦中原逐鹿」！燕昭王不置可否，只是將全部上書原封不動地發往樂毅軍前。大將騎劫聞訊，也帶著一班遼東將軍嗷嗷請戰，力主強攻即墨莒城，屠城震懾齊人，為大燕立威。

朝野軍營聲浪洶洶，樂毅絲毫不為所動。

多年留心齊國情勢，他已經敏銳地覺察到，即墨莒城絕非兩座尋常的要塞城堡。即墨聚集了齊國商旅與士族的精華，莒城則匯聚了臨淄南逃國人的精華。即墨能在倉促之中結成六萬餘民軍應戰，其中若無非常人物，則絕不可能。莒城難民能萬眾怒殺齊湣王，又聚在莒城令貂勃旗下死守孤城，硬是不接納楚軍淖齒駐紮「援助」，堪稱是眾志成城。貂勃無能，豈能如此深得人心？如此兩城，豈能是簡單地一鼓拿下？依遼東大軍之戰力，乘戰勝之威，樂毅相信能攻克兩城。然則以齊人之剽悍，絕地必然死戰，縱然拿下，也必是一場浴血大戰。燕軍本為復仇而來，城破之日，他如何能禁止殺得眼紅的燕軍大肆屠城？而慘烈屠城一旦發生，燕軍「仁義之師」的美名必將蕩然無存。那時節，安知三千里齊人六百萬之眾不會遍地揭竿而起？中原各國則必然會趁火打劫，發兵討伐燕國暴行，燕軍又必然陷於天下洶洶之汪洋，一切功業都將化為烏有，樂毅與燕昭王也必將成為天下笑柄。

戰國之世，列強紛爭，奪地滅國如同踩在蹺板之上，衡平不得法，則會重重地跌個仰面朝天。齊湣王背棄盟約強滅宋國，結果弄得天下側目。若非齊國自絕於天下，燕國又豈能合縱攻齊？如今燕國大功將成，又豈能逞一時之快而重蹈覆轍哉！

樂毅懇切地向燕昭王三次上書，備細論說了自己的思慮。然薊城卻保持著長長的沉默，兩個月沒有隻字回書。反覆思忖，樂毅下令騎劫對即墨進行了一次猛烈進攻，六萬大軍並加上了全部大型器械，猛攻兩日兩夜，燕軍死傷近萬，竟硬是沒有拿下即墨。經此一戰，軍營大將雖則咬牙切齒，卻也實實在在地贊同了樂毅的攻心謀略，嗷嗷吼叫的請戰聲浪總算平息了下去。大約過得半月，燕昭王的回覆王書終於到了即墨大營。樂毅記得很清楚，王書只有寥寥數語：

昌國君我卿：化齊入燕，但憑昌國君謀劃調遣，國中但有異議，本王一力當之。軍中但有躁動，聽憑昌國君處置。

顯然，朝臣們依舊有異議，燕昭王也顯然有早日拿下齊國全境的弦外之音。然則，只要國君大體首肯，樂毅還是決意按照自己的既定謀劃行事。他相信，只要在一兩年內妥善平定齊國，所有的異議都會銷聲匿跡。

樂毅的第一步棋，是說動王蠋出山做官安民，借重王蠋賢名，吸引諸多齊國名士出來做官，推行燕國新法，一步步將齊人齊地化入燕國。王蠋深受齊湣王暴虐之害，對安定齊國斷然沒有回絕之理。況且，樂毅早已經在占領臨淄時發布了嚴厲軍令：燕國兵馬不得進入畫邑三十里之內。王蠋身為名士，當能領悟燕國安定齊人的一片苦心。

「昌國君，前面便是王蠋莊園。」看護畫邑的年輕將軍揚鞭遙遙一指。

腳下一條淙淙清流，眼前兩座巍巍青山。山勢低緩，遍山松柏林林蔚蔚，彌漫出一片淡淡的松香。兩山之中的谷地裡，橫臥著一道蜿蜒的竹籬，散落著幾片低矮的木屋，聳立著一座高高的茅亭，裊裊炊煙，琅琅書聲，恍惚間世外仙山一般。

「清雅高潔，好個所在！」樂毅由衷地讚歎一句，下馬吩咐道，「車馬停留在此，只兩位將軍與抬禮士卒隨我徒步進莊。」

「昌國君，王蠋一介寒士，何須恭謹如此？還是過了這道山溪，直抵莊前了。」看護將軍顯然覺得赫赫上將軍做得過分了。

樂毅沒有說話，只板著臉看了年輕將軍一眼，逕自大步上了溪邊小石橋。看護將軍連忙一揮手：「快！跟上了！」帶著士卒抬起三只木箱趕了上來。過得石橋便是莊園，卻見那道紮在森森松柏間的竹籬並沒有門，只一條小徑通向了松林深處。看護將軍搖頭嘟囔道：「竹籬沒門，整個甚來？真道怪也。」樂毅卻肅然一躬高聲報號：「燕國樂毅拜訪先生，煩請通稟。」如此三聲，林間小道跑出一個捧著一卷竹簡的布衣少年道：「是你說話麼？我方才打盹了，將軍見諒。」樂毅笑道：「無妨。煩請小哥通稟先生，說燕國樂毅拜訪。」少年晶亮的目光一閃，卻又立即笑道：「呵，你便是樂毅了？隨我來便是，無論誰見先生，都無須通稟，未名莊人人可入。」樂毅笑道：「未名莊？好！可見先生襟懷也！」布衣少年道：「實在是沒有名字，與襟懷何干？」樂毅一陣哈哈大笑。

說話間穿過了一片松林，又穿過了一片草地，一座小山包下幾座木屋散落在眼前。依然是一圈沒有門的竹籬「圈」出了一片庭院，三三兩兩的少年弟子在庭院中漫步徜徉著高聲吟哦著，時而相互高聲論爭一陣，一片生機勃勃。樂毅不禁湧起一種由衷的欣慰，作為占領軍的統帥，他自然最高興看到被征服的齊國庶民平靜安樂如常了。然則，在樂毅想走上去與這些讀書少年說話時，偌大的庭院驟然沉寂了。少年們木然地看著突兀而來的將軍兵士，一種奇特的光芒在眼中閃爍著，默默地四散走開了。

樂毅輕輕歎息了一聲，向正中一座大木屋肅然一躬：「燕國樂毅，特來拜望先生。」

「不敢當也。」木屋中傳來一聲蒼老的回音。

「樂毅可否入內拜謁？」

「上將軍入得關山國門，遑論老夫這無門之莊？」

「大爭之世，情非得已。縱入國門，樂毅亦當遵循大道。」

「上將軍明睿也。恕老夫不能盡迎門之禮。」

「謝過先生。」樂毅一拱手進了木屋，見正中書案前肅然端坐著一個鬚髮雪白形容枯槁的老人，肅然躬下道：「樂毅拜見先生。」

「亡國之民，不酬敵國之賓。上將軍有事便說。」老人依舊肅然端坐著。

樂毅拱手作禮道：「齊王田地，暴政失國。燕國行討伐之道，願以新法仁政安定齊民。樂毅奉燕王之命，恭請先生出山，任大燕安國君之職，治理齊國舊地，以使庶民安居樂業。尚望先生幸勿推辭。」

「上將軍何其大謬也？」老人粗重地長吁了一聲，「國既破亡，老夫縱無伯夷叔齊之節，又何能認敵為友，做燕國臣子而面對齊國父老？」

「先生差矣。」樂毅坦然道，「天下興亡，唯有道者居之。誅滅暴政，弔民伐罪，更是湯文周武之大道。伯夷叔齊死守遺民之節，全然無視庶民生計，何堪當今名士之楷模？先生身遭昏聵暴政之慘虐，如何為一王室印記而拘泥若此？燕國體恤生民艱難，欲在齊國為生民造福，先生領燕國爵職，何愧之有?」

「上將軍真名士也!」老人喟然一歎,「然卻失之又一偏頗。豈不聞天下為公?王室失政,並非齊人失國也。齊國者,萬千庶民之邦國也,非田氏王室一己之齊國也。老夫忠於齊國,卻與田氏王室無關。」

「大道非辯辭而立。樂毅尚望先生三思。」

老人搖搖頭:「道不同不相為謀。言盡於此,上將軍請回。」

樂毅正要說話,卻聽門外一陣大喊:「王蠋老兒休得聒噪!若不從上將軍之命,盡殺畫邑王氏!」

老人哈哈大笑道:「豎子兇蠻,倒算得燕人本色,強如樂毅多矣!」

樂毅默然片刻,向老人慨然拱手道:「先生莫以此等狂躁之言為忤,樂毅自有軍法處置。先生既不願為官,便請安然教習弟子,燕軍斷然不會無端攪擾。告辭。」說罷大步去了。

看護將軍見樂毅沉著臉出來,搶步上前憤憤請命:「上將軍,請准末將殺了這個迂闊老士。」樂毅厲聲一喝:「大膽!回營軍法論處。」逕自大步出莊。過得草地將及松林,卻聞身後驟然哭聲大起,少年們一片哭喊隨風傳來:「老師!你不能走啊——」

樂毅猛然一陣愣怔,轉身飛步跑向木屋。

老人懸在正中的屋梁上,枯瘦的身子糾結著雪白的鬚髮,裹在大布衣衫中飄盪著。少年弟子們驚慌失措地跳腳哭著喊著,亂成了一片。樂毅大急,飛身一縱左臂圈住老人雙腿托起,右手長劍已經揮斷了梁上麻繩。及至將老人在竹榻上放平,一探鼻息,已經氣息皆無了。

樂毅對著蒼老的屍身深深一躬,木然得找不出一句妥當的詞句來。良久,他沉重地歎息了一聲,看著一圈少年弟子道:「請許樂毅厚葬先生。」

「不許燕人動我師！」少年弟子們齊齊地一聲怒喝。

在少年們冰冷的目光中，樂毅沉重地離開了晝邑。思忖一番，他下令解除了晝邑外圍的駐軍。一路想來，樂毅決意加緊「仁政化齊」方略的推行，衝淡王蠋之死有可能引發的對抗民變。

回到臨淄，樂毅立即以昌國君名義頒下五道法令：

第一道，廢除齊湣王時期的一切暴政，寬減齊人賦稅徭役。非但將齊湣王時期增加的五成重稅廢除，而且還在原有賦稅上再減三成，一舉使齊人成為天下賦稅最輕的庶民。

第二道，敬賢求才。招募齊國在野的賢才名士，授予官爵；不願為官者賜虛爵，奉為鄉賢，年俸千斛。

第三道，為老齊國正名。隆重祭祀春秋姜齊之霸主齊桓公。

第四道，以安國君大禮厚葬王蠋，賜晝邑為王蠋封地。

第五道，已經出山做官的一百餘名齊國士人，分別賜封三十里至一百里采邑，其中二十餘位名士，請准燕王在燕國賜封采邑。

五道法令連下，局面果然很快發生了變化。先是庶民百姓驚慌之情大減，原先逃戰者紛紛回到家園開始耕種。緊接著便有士子陸續前來投效，一口聲認可燕國的義兵仁政，表示願意為庶民謀一方安定。樂毅大是振奮，立即將這些士子護送到各城分別就任郡守縣令。諸事安排妥當，齊國中西部大體安定，已經是秋風蕭瑟了。

此時，即墨大營傳來驚人消息：騎劫領一班遼東大將猛攻即墨三次未克，與奉樂毅將令主張堅兵圍城的秦開一班將軍大起摩擦，幾於火拚。

樂毅心中頓時一沉，立即飛騎星夜東來。

四、孤城一片有縱橫

田單第一次嘗到了打仗的艱難。

一次城外大戰，四次守城大戰，經過前後五次慘烈大戰，即墨人口銳減一半，從二十餘萬驟然變成了十萬出頭。原先人滿為患，巷閭間到處都是密匝匝的帳篷。幾次大戰下來，這些露天帳篷營地全部沒有了，隨著蕭瑟寒涼的秋風，所有人丁都搬進了彌漫著血腥味的房屋，即墨城又恢復了當年的寬闊空曠。原先的幾萬步軍本是守城主力，可在四次大戰中生生折去了大半，只留下了六千多傷兵。城中六十歲以下的男丁全部成軍，也只有五萬左右。即墨城中的庶民，實際上只剩下幾千老人與幾萬女人孩童。田單本族人口，也從剛入城的三千餘人銳減到七八百人了。

大戰一起，全城沸騰，雖則是慘烈無比，卻也是簡單痛快甚也不想。戰事一結束，萬千事端沉甸甸一齊壓來，比打仗還棘手。僅堆滿城頭散落街巷的累累屍體如何處置，便成了目下即墨的第一大難題。雖然海風漸冷，但這幾萬具屍體日每散發出彌漫全城的腥臭，若不及早掩埋而使瘟疫流布，當真是大難在即。

在城頭望著夕陽，田單一籌莫展。小小即墨，縱是掘地三丈，又如何埋得這如山屍骨？火燒麼，哪裡來如此多的柴薪？用猛火油麼，一處不慎引發全城大火便是玉石俱焚。更何況猛火油只剩下千餘桶，一旦告罄，城防威力大大削減，豈不事與願違？

「稟報將軍！」身後響起急促沉重的腳步聲，斥候營總領已經氣喘噓噓地上了城頭，「樂毅回營，燕軍後撤二十里！」

絞車一

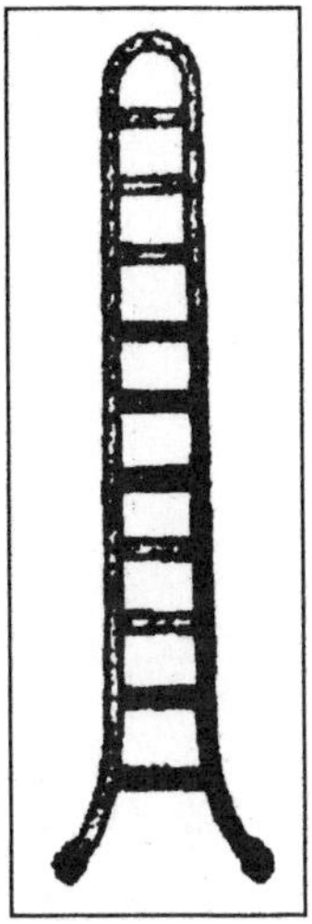

繩梯

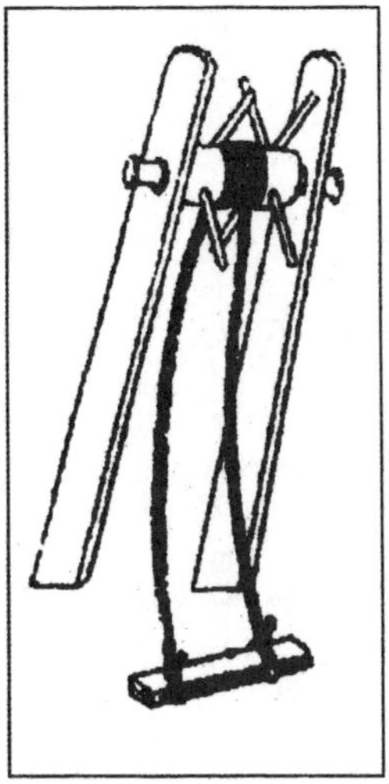

絞車二

「後撤二十里？」田單不禁驚訝了，「因由何在？」

「秦開與騎劫兩員大將自相衝突，詳情尚且不知。」

田單正在思忖之間，見暮色之中飛來一騎快馬，瞬間衝到西門之外高聲喊道：「田單將軍聽了，我上將軍有書一封——」話音落點，來騎張弓搭箭，斥候總領方喊一聲「將軍閃開」，一支粗大的白色物事已經帶著凌厲的風聲飛到眼前。田單手疾眼快，一把在空中抄住。注目一看，一方白布裹著箭桿，箭桿上綁縛著一支竹管。

「將軍小心，白布有字！」斥候總領一聲驚叫。

「少安毋躁，樂毅豈能用此等手段？」田單淡淡一笑，展開了白布，赫然兩排大字頓時湧入眼簾——血屍累積，瘟病之危，我軍後撤三日，將軍可掩埋屍體。

田單一陣驚喜，高聲喊道：「謝過上將軍！三日後再戰——」

城下鐵騎「嗨」的一聲閃電般消失了。

田單立即下令：全城軍民人等全部出動，分四路處置屍體——三千軍士城頭安置絞車繩梯，將城頭屍體直縋下城外；兩千軍士搜尋城中散落屍體搬運出城；兩萬軍士出城，於三里之外挖掘深坑，兩萬軍士搬運掩埋。

沉沉暮靄之中，即墨城頭與原野亮起了萬千火把，亙古未見的群葬開始了。齊人素來重喪禮，然在這國破家亡之時卻要將親人們囫圇成堆地塞進一個個大坑，無論是平民窮漢還是名門富人，無不是痛徹心脾。城門一打開，慘痛的哭聲立時彌漫了秋風蕭瑟的原野。城頭的幾十架絞車一支起，軍士抱起一具具屍體，一聲聲哭喊著熟悉的名字，隨著一具具屍體縋城，城頭士兵的嗓子全都哭啞了。

絞車繩梯，原本是被敵包圍時，斥候出城或接應城下信使用的。不意在這非常之時，竟被用來縋放屍體，連工匠也是倍感傷懷大放悲聲。

晝夜兩輪，全部屍體掩埋妥當。田單立即下令軍醫配置殺毒藥方，然後用殺毒草藥煮成沸水，反覆衝刷屍體留下的斑痕。如此兩三日，在一片濃鬱的草藥氣息中，這座孤城才恢復了疲憊的平靜。

田單恍然想起，那封綁縛在箭桿上的書信還沒有開啟。匆忙回到西門內幕府，走進出令室打開竹管抽出一卷羊皮紙，一片勁健字跡赫然撲來：

樂毅頓首：田單將軍困守孤城，五戰而不下，足見將軍之稟賦過人也。雖與將軍素昧平生，然卻敬佩有加。邦國危亡，將士用命，樂毅無可非議也。然則，齊王失政，庶民倒懸，將軍獨率一旅，豈能挽狂瀾於既倒？豈能還善政於庶民？曠日持久，徒然浮屍城頭，流血於野，豈有他哉？況將軍原本商旅之才，終非戰陣之將，守得片時可也，若孤城久困，糧草不濟，我縱不攻，將軍奈何？《陰符》云：賢者守時，不肖者守命。如今齊地民眾已樂從燕國新政，為將軍計，為即墨子民計，將軍若得率眾歸燕，百姓可免塗炭之難，將軍則可封君共主齊地，亦可得十萬金做天下第一大商。平生功業，只在朝夕之間，願將軍三思決之。

還有一頁羊皮紙，是樂毅在臨淄頒發的五道法令。田單素來仔細沉靜，將這五道法令細細地揣摩了一番，良久默然。他相信樂毅的誠意，也佩服樂毅在齊西推行的仁政化齊方略。無論如何，樂毅總是沒有以齊軍當年入燕的方式殺戮齊人，復仇而來的一支大軍能這般節制，雖聖賢亦不過如此，夫復何求？

然則，對於樂毅的勸降，田單實在是難以決斷。

久為商旅，走遍天下，田單對齊國的忠誠，絕不至於陷入迂腐的愚忠。在齊國沒有滅亡的時日，他全力支撐魯仲連多方斡旋挽救齊國，所付出的代價遠非一個遠離朝局的尋常商人所能夠承受。認真理論起來，齊王田地確實是亡國之君。當國十七年，齊國朝野糜爛，其恣意橫行也實在是引火焚身。如此邦國，如此王室，如此朝局，不滅才沒有天理了。事實上，逃出臨淄的那一日，他已經在內心為齊國送葬了。那時唯一的想法，是從即墨逃向海島，相機聚民謀生，或再轉逃吳越做個雲遊商旅。沒奈何諸般危難湊巧，他竟成了即墨民軍將領，且孤城奮戰了半年之久。想起來，田單自己都覺得有些不可思議。

正是這孤城血戰半載，使他對齊國命運有了新的感悟。一個最大的變化，是仗愈打愈踏實，自己的兵家才能竟神奇地揮灑出來，只要有糧草輜重後援支撐，即墨完全可以支撐下去，再相機聯絡莒城，恢復齊國並不是沒有可能。然則，恰恰是後援的虛幻，構成了實實在在的威脅。降不降燕，不在於即墨人對齊國忠不忠，而在於目下的糧草輜重所能支撐的時日。

基於商旅傳統，田單對城中的存糧存貨早已經進行了徹底的盤查，私糧私財全部充公統一調度。縱然如此，全部存糧也只有兩萬餘斛（註：斛，古代容積計量單位。春秋戰國一斛十斗，一斗十到三十斤不等。南宋以後一斛五斗），最多再支撐到明年春天；打造維修兵器的鐵料銅料也耗去大半，兵器庫中的櫺具已經用去十之七八。更急迫的是，眼看天氣轉寒，所有絲棉苧棉存貨全部搜尋出來，連同甲冑庫貯存之棉甲，也湊不夠五萬套棉甲。挺過冬日便是春荒，無糧軍自亂，這是千古鐵則，到那時還不得降燕才有生路？

「上天亡齊也！即墨奈何？」

久久佇立在寒涼的夜風之中，望著滿天星斗，田單不禁長長地歎息了一聲。

突然，城頭一陣急促的呼喝騷動，又立即平息下來。幕府大帳本來在城牆之下三五丈處，城上但有動靜，幕府便能立即覺察。此刻田單正在帳外，猛然一怔——莫非有士兵縋城投敵？正欲派中軍司馬前去查問，幾個衣衫襤褸的兵士押著兩個頭套布袋的人走了過來。

「稟報將軍：此兩人從城下密道冒出，被我拿獲，只說要見將軍才開口。」

「能進出密道，是何方神聖？」田單冷冷一笑，「拿開頭套。」

那偌大的布袋剛一扯去，田單突然一個激靈。大步上前一打量，雖是月色朦朧，那高大的身形熟悉的臉龐卻分外清晰，不禁一聲驚呼：「仲連！」

「田兄！」高大的身影一步搶前，兩人緊緊地抱在了一起，良久無語。

「快！進去說話。」田單拉起魯仲連進了破爛不堪的幕府大帳。

一進大帳，魯仲連拉過跟在身後的英武青年道：「田兄，先來認識一番，這位是莊辛，目下已是楚國左尹（註：左尹，楚國大臣職位，掌管財政，為令尹〔丞相〕之副）了！」

「啊，莊辛兄！」田單恍然拱手笑道，「稷下名士，久仰也！」

莊辛肅然拱手：「田單兄中流砥柱，實堪天下救亡楷模，莊辛敬佩之至！」

「來來來，」田單顧不得再答謝應酬，「快坐下說說，你兩人如何到得即墨？上茶，對了，再找個燎爐來，還有乾衣裳。」田單突然發現了兩人一身泥水污漬，分明是涉險而來。

「莊兄先換衣衫，我來給田兄說事。」魯仲連扒下腳上咕唧咕唧的泥水長靴，光腳大坐在草席上咕咚咚猛灌了一大碗涼茶，長吁一聲，侃侃說了起來。

與田單分手，魯仲連在薛邑滯留了將近一月。

原來，突聞五國發兵攻齊，孟嘗君驚怒交加驟然病倒，癱在榻上熱昏不醒，只是連連呼喊：「田地昏暴！亡我田齊也！」及至聯軍兩戰大勝，齊國的六十萬大軍一朝覆亡，孟嘗君病勢更加沉重了。當時，樂毅已經派軍使送來文書：只要孟嘗君作壁上觀，不鼓動齊人反燕，燕軍便不入薛邑。然則孟嘗君若突然一死，薛邑三百里肯定將落入燕軍之手；薛邑一失，齊人復國的王族根基將不復存在。情急之下，魯仲連孤身出海，在蓬萊島請出了一位老方士。匆匆回到薛邑，孟嘗君已經是奄奄一息了。老方士卻也神奇，硬是以「馭氣之術」加自己煉製的丹藥，使孟嘗君脫離了險境。魯仲連立即與馮驩在孟嘗君榻前議定了保全薛邑的方略：薛邑宣示自立，不助齊，不歸附於任何大國。實際上，為齊國抗燕軍民提供一個祕密後援基地。方略商定，魯仲連帶著孟嘗君的兩封親筆書簡，星夜南下楚國。

楚國正在一片慌亂之中。

雖說楚王芈橫對當年遭受齊湣王凌辱深為痛恨，密令淖齒鼓動齊國難民剮殺了齊湣王，但眼看著燕國五路進軍步步得手，齊國眼看當真要滅亡了，楚國君臣反而大為恐慌起來。被中原呼為「南蠻」的楚國，歷來最蔑視的，便是這個老牌貴族燕國；燕國也是天子貴胄最老諸侯的作派，歷來不與楚國南蠻來往。戰國以來，即便是蘇秦合縱時期，楚燕之間也沒有諸如相互聯姻、互派人質、互相救援等實質性邦交往來，形同陌路。兩國朝野都以為，除非橫亙在他們之間的齊魏趙三大戰國滅亡，否則遠隔萬里的楚燕兩國幾乎永遠都是風馬牛不相及。孰料世事多變，燕國一個合縱攻齊，強大得與秦國並稱「東帝」的齊國，竟匪夷所思地一朝瓦解。楚國君臣頓時驚訝得瞪起了眼睛。當初，楚國不願加入合縱攻齊，並非真正效忠齊國，而是認為合縱攻齊根本就是兒戲。當年，楚國魏國齊國分別出頭合縱攻秦，哪一次不是大敗而歸？如今一個弱燕出頭，堪堪四十萬兵馬，能滅得了擁有六十萬精兵的皇皇齊國？

楚人認為絕不可能發生的事，卻偏偏雷霆萬鈞逼近到眼前了。

若燕國迅速滅齊，最危險的當然是沒有加入合縱攻齊的楚國。燕國遼東飛騎的威力已經令天下刮目相看，楚國的半老大軍如何抵得這些生猛的遼東虎狼？吞併了齊國的燕國南下攻楚，簡直便捷極了。楚國的新都壽郢已經在淮水南岸了，燕軍若從琅邪、薛邑兩路南進，不消三五日便可進逼楚都，如之奈何？

在這惶惶之時，魯仲連到了壽郢。

魯仲連第一個說服了春申君黃歇，與春申君共同晉見楚頃襄王。這位深沉寡言的楚王只一句話：「但能安楚，吾必舉國從之！」

魯仲連也只幾句話：「楚做後援，支撐齊國抗燕軍民，拖住燕軍不能南下，天下必當再變，楚國自安。」

「齊國抗燕？」楚王大是驚訝，「七十餘城盡失，齊人何從抗燕？」

「楚王所知，但其一也。」魯仲連悠然一笑，「雖失七十餘城，然有三地，足可撐持。東有即墨，聚集齊國商旅精華二十餘萬；南有莒城，聚集齊國庶民三十餘萬；西有孟嘗君薛邑，財富根基尚在。若楚國施以援手，齊人必能復國！」

楚王哈哈大笑：「如此說來，齊國命運握在我大楚之手了？」

「唇齒相依也。」魯仲連淡淡漠漠，「楚國命運，亦在齊人之手。若無齊人浴血抗燕，今日之齊，明日之楚也。」

「魯仲連所言大是！」年輕的左尹莊辛霍然站起道，「楚國未入燕國合縱，已在五國孤立。若不救援齊國民軍，燕國吞滅齊國之日，楚國只有形影相弔坐以待斃了。」

楚王一陣思忖，終於拍案而起：「好！本王從魯仲連之策，後援齊國。」

那日，楚王當殿命左尹莊辛為援齊特使，與春申君、魯仲連共同籌劃援齊事宜。事關楚國存亡，昭氏等一班老世族破天荒地沒有出面作對。

田單眼睛一亮：「如此說來，你是海路來了？」

「田兄果然商旅孫吳。」莊辛笑道，「大海船三艘，便在之罘（註：之罘，戰國齊地，今稱芝罘，煙臺海區島嶼）島，所需物事盡有，只是要一個運貨謀劃。」

「好！」田單拍案而起，「天不滅齊，樂毅卻能奈何？」大手一揮道，「中軍司馬，立即集中三萬精壯軍士並城中全部車輛，一律做商旅便裝待命。」

「嗨！」中軍司馬立即疾步出帳。

魯仲連沉吟道：「田兄，幾萬人上路，城中豈不空虛？」

「也是天意。」田單拿過那卷羊皮紙，「樂毅正在勸降，至少三幾日不會攻城。」

魯仲連將書信瀏覽一遍，哈哈大笑道：「樂毅小視齊人也！我代田兄回了他。」

「好！」田單霍然起身，「你在這裡寫，我與莊辛兄去之罘。」

「這卻不行。」魯仲連站了起來，「頭等大事，頭一遭都得去。明日你回來坐鎮。」

一時三人換了全副甲冑，上馬疾馳東門。城內兵士車輛已經集結完畢，田單傳下將令：牛戴籠嘴馬銜枚，車軸塗油，熄滅火把，黑夜疾行。片刻間收拾妥當，東門緩緩打開，三萬人馬悄無聲息地湧出了城門。

之罘，在即墨東北方向百餘里的大海邊。海邊有座小小的要塞城堡——腄城（註：腄城，戰國齊城，秦統一後置縣，今山東福山縣），腄北三十餘里是茫茫大海。大地在海邊突然昂起了頭顱，有了一座陡峭的小山，之罘島與峻峭的山岩遙遙相望，彷彿一對喁喁私語的姊妹。於是，這海邊小山也叫了之罘山。之罘山與之罘島之間，是一道深深的海灣。歷來海盜商賈的私鹽大船，都在這道隱祕的海灣停泊。魯仲連雖非商旅，卻早聽田單備細敘說過即墨田氏當年做鹽鐵生意的這個隱祕出海口。此次海船從楚國琅邪北上，本來距嶗山（註：嶗山地名得於始皇帝之後，此前名不可考，為敘述方便，用嶗山之名）海灣最近，可因了嶗山灣是人人皆知的商船登岸處，魯仲連堅持繞道北上停泊之罘，雖然路途遠了許多，可只要隱祕安全也只好如此。為此莊辛大費了一番周折，尋覓到楚國大商猗頓家族，才找到了熟悉這條販私海路的一撥水手。半月海上顛簸，終是將三艘大海船穩穩地停泊在了之罘海灣。

田單久為商旅，與海船私貨也免不了常有來往，對此地自然是輕車熟路，根本不用嚮導。三萬人馬一夜疾行，太陽躍出海面時到了海邊。看著海灣中的船桅白帆，田單頓時精神抖擻，立即下令：軍士歇息兩個時辰，飽餐戰飯，而後一鼓作氣將海船物資全部搬運到已經是空城的腄城囤積。

天將暮色時分，三艘大海船的糧食與諸般物事，終於全部搬運完畢。海船留下了一隻小快船接應魯仲連與莊辛，趁著夜色悄然南下了。田單立即下令：三千精銳步兵祕密駐紮在腄城內留守；兩千騎兵前行肅清道路，遇有可疑人等立即捕獲；其餘人馬休整兩個時辰，夜半運送糧貨上路。

次日夜半，這支糧草輜重大軍終於安全祕密地抵達即墨，卸下的糧食物資，堆滿了即墨的三座大庫。即墨軍民頓時士氣大漲，寒衣在身，甲冑鮮明，歡呼聲響徹全城。

太陽升起的時分，一騎飛出即墨西門，直向燕軍大營而去。

五、戰地風雪　大將之心

樂毅沒有想到，王蠋之死在齊國引發的暗潮如此之大。

五道安齊法令頒布的初期，大勢確實很是緩和了一段。留在臨淄的中小官員與散落各地的士子，已經有百餘人出山做燕官了。縱然不出山者，也對「樂毅五法」頗為贊同。庶民百姓更是一片讚頌，相遇議論，皆說「田地當殺！田齊當滅！」依照傳統，興亡劇變的非常之時，總會有神祕的童謠或讖語在民間流布。可這次，竟然沒有一則童謠讖語流傳。對於素來有議論之風的齊人而言，這無疑表明了他們對樂毅的安齊法令是服膺的，至少是沒有怨言的。

可是，隨著「王蠋死節」消息的祕密流傳，情勢發生了莫名其妙的變化。

燕官們說，那些沒有出山的舊齊臣子與遺老遺少最是騷動，紛紛聚相議論：「王蠋一介布衣，尚有如此大義，不北面（註：北面，面北俯首稱臣之意，相對於「南面稱王」。古禮：王座居北面南）於燕，況我等在位食祿者乎！」緊接著，對出山燕官的詛咒，在坊間巷閭流布開來。燕官們在書房，在寢室，甚或在軺車上，動輒有箭書或匕首書飛來，突然釘在書案上榻帳上軺車傘蓋上，大體只一句話：「若不回首，共誅齊奸！」這些士子官吏原本便是試著做做燕官再說，許多人連燕國封地都沒有領受，如今陡遭國人側目，便如芒刺在背，紛紛遞來辭官書，有的索性暗自不告而辭了。樂毅反覆思忖，若強留這些人做燕官，仁政化齊的方略便會流於無形。於是，但有辭官書一律允准，且以燕王名義贈金百鎰以為生計。如此一來，燕國寬仁厚德的美譽倒是流傳開來了，但騷動鼓噪者卻也更加有了聲勢，齊西一時暗潮洶湧。

不久，驚人的消息從莒城傳來：貂勃率齊人擁立王子田法章為新齊王。

原來，莒城令貂勃頗有謀略，尋思要長期支撐下去，便要打出王室旗號感召齊人。沒有王便沒有國，這是天下公理。一旦立王，意味著齊國沒有滅亡，國人便會多方來投。他國不願燕國強大，不定也會設法後援，局面與孤城困守大不一般。圍困莒城的燕軍是秦開部將，忠實奉行樂毅的化齊方略，長困緩攻，莒城之戰事遠非即墨那般慘烈。貂勃利用燕軍允許些許商旅出入莒城之機，派出精幹斥候扮作商旅出城，開始四處尋覓王子下落。

齊湣王被殺，活下來的田氏王族早已經星散逃亡了。眼見國人洶洶，誰還敢說自己是王族子孫？貂勃自然清楚王子難覓，可他只有一個要求：只要是個王子，嫡系或旁支均可；非常之時，但立王族子孫足矣，何須定要嫡系？可即便如此，祕密斥候尋訪半年，還是一無所獲。情急之下，貂勃派出心腹幹員祕密潛入薛邑，請求孟嘗君遴選出一個兒子進入莒城立為齊王。病體支離的孟嘗君搖頭歎息道：「天意也！吾雖有子十三，盡皆庸碌，若竊為救亡之君，實則誤國，田文有何面目立於天下？」竟斷然拒絕了。

貂勃心灰意冷的時節，斥候總領卻報來一個意外消息：太史嬓府中有個不明來路的灌園少年，相貌與齊湣王有幾分相像。貂勃精神大振，立即派了一個心腹幹員以抄錄國史天象記載為由，進入太史府探察少年底細。

這個太史嬓，便是被齊湣王用王蠋換了的那個老太史。無端被罷黜，白髮蒼蒼的太史嬓回歸莒城故里，做了個田舍翁。四進庭院之中，只有那間堆滿竹簡典籍的書房，與那片兩三畝大的園林是老人最留戀的所在，整日輪換徜徉，樂此不疲。當莒城陷入難民大海時，貂勃前來問計，太史嬓只有一句話：「民為國本。丟了莒城，也不能丟棄國人。」老太史為莒城老名士，人望極高。貂勃素來敬佩，便勸老人遷到孟嘗君的薛邑去避開戰亂。太史嬓卻點著竹杖大是慷慨道：「邦國危亡，名士死節。老夫縱不能戰，亦絕不能做望風逃竄之鼠輩！」貂勃有感於老太史垂暮志節，通令軍吏：不得對太史府做任何徵發，不許任何人騷擾太史府，違令者立斬！如此太史府，在非常之時一片寧靜。在齊湣王被殺之後的一個夜裡，老太史的小女兒史緹卻突然跑進書房，說後園狗吠，有個飄來飄去的長髮身影。

太史嬓篤信天道，卻從來不信鬼神，立即拿起竹杖與舉著火把的小女兒進了後園。將到竹林，果見一個長髮身影在山石茅亭間飄忽遊動。那隻因怕傷了難民而被鐵鏈鎖在石屋中的猛犬，正不斷發出低沉的怒吼。

「你是何人？不用躲藏，過來說話。」

太史嬓平靜蒼老的聲音，彷彿有著一種磁鐵吸力，那個飄忽的身影站住了，慢慢地走了過來。火把之下，卻是一個蓬頭垢面長髮披肩的少年，雖然是一身襤褸布衣，雙眼閃爍著驚慌恐懼，依然透出一股不尋常的氣息。

「稟報老伯，」少年開口了，「我隨家人逃戰，父母都死了……」

「上天，齊人何其多難也！」太史嬓長長地歎息一聲，「你便留下，仗打完了，老夫再設法送你還鄉頂門立戶。」

「哇」的一聲，少年號啕大哭，撲倒在地連連叩頭。

老太史頓了頓竹杖：「後生莫哭，覆巢之下，豈有完卵？緹兒，帶他去換身衣裳，吃頓飽飯了。」

從此，這個少年在太史府做了灌園僕人，經管後園這片林木。既得溫飽安定，猥瑣的布衣流浪兒神奇地變成了一個英挺俊秀的少年公子。祕密斥候無意中聽得傳聞，以軍中借用太史府猛犬為名，專門到園中察看了這個少年。

三日之後，貂勃的心腹幹員從太史府歸來，稟報了探察結果——少年的相貌步態確實與死去的齊王一般無二。貂勃驚喜非常，立即夤夜祕密拜見太史嬓，備細敘說了事情的前後經過，請求太史嬓支持立王。一聽之下，太史嬓恍然醒悟，連連點杖感歎：「天意天意！若得立王，齊國有望也！」

貂勃一走，太史嬓立即喚來少僕詢問。誰知這少年一口咬定自己只是一家商旅之後，不知王室為何物。太史嬓思忖一番，將小女兒找來，說了齊國大勢與目下立王之急迫，吩咐小女兒設法盤問清楚少年的底細。小女兒聰慧美麗，沒過多久便將少年帶到了老父親面前。少年終於承認了自己是齊湣王田地的兒子，叫田法章，末了卻只一句話：「王族多難。法章願永為太史園僕，不願為王。」一旦證實王子之身，太史嬓也不著急，只日每給少年法章講述田氏齊國的歷史，反覆申明：王者只要恪守君道，勤謹治國，民眾自然擁戴，自不會落到父王田地那般下場。太史嬓又將貂勃祕密請進府中，對少年法章講述目下齊國民意與抗燕大勢。田法章少年聰穎，終於默默點頭了，卻期期艾艾地說了一句：「法章但……得為君……須……須立史緹姊姊，為后。否則，法章不王！」

太史嬓頓時驚訝了，一雙老眼對小女兒射出凌厲的光芒。

「稟報父親，女兒已經與法章做了夫妻。」十六歲的女兒一臉坦然。

「罷了罷了！」太史嬓點著竹杖滿臉脹紅，「女無媒妁而自嫁，非我之女也！徒然令人汗顏！你去，老夫終身不再見你。」

少女史緹沒有說話，只對老父深深一躬，拉著田法章去了。貂勃哈哈大笑道：「老太史何其迂闊也！王得一賢后，國得一賢丈，豈非大幸也？豈有汗顏之理？立王之日，末將再專程來恭賀！」車馬轔轔地擁著一對少年去了。

一月之後，貂勃率莒城軍民簡樸而隆重地擁立田法章為齊王。這便是後來的齊襄王。消息傳開，齊人精神大振，臨淄的舊臣子與一班遺老遺少，悄悄地以各種名目出城逃往莒城，投奔新齊王去了。

……

然則，樂毅並沒有驚慌失措。

戰國之世，王權號召力已經遠遠不如春秋之世那般神聖。說到底，已經能在各國自由遷徙的庶民百姓，還是注重實實在在的生計。哪一國穩定康寧，便往哪一國遷徙。秦國變法之後，將三晉窮苦百姓吸引過去了三百餘萬，便是明證。秦國大軍奪取魏國河內郡，奪取楚國南郡，魏人楚人都沒有反抗，因由何在，還不是秦國新法的威力？還不是與民土地、徹底廢除隸農制的威力？燕國法令雖不如秦國那般徹底，可比齊湣王的苛虐暴政卻是寬厚得人多了，若持久行之，如何不能化齊入燕？莒城雖王，然貂勃卻並非力挽狂瀾之大才，並沒有一套收復齊國人心的法令頒布，而只是忙著備戰守城。以此觀之，莒城不足慮也，新齊王不足慮也。

莒城貂勃一班人預料，立王之後，燕軍必然猛攻。樂毅卻恰恰反其道而行之，對立王視而不見，對莒城依舊圍而不攻。他堅信，齊國這班糜爛老貴族一到莒城，莒城便會陷入爭權奪利的齷齪之中；原本職爵低微的貂勃未必能穩定局面，若混亂加劇，貂勃被陷害亦未可知；若燕軍攻城，反倒是給了貂勃一個收拾局面的機會，何如寬緩圍困，且待他自亂陣腳。

即墨，只有這個即墨，才是真正的威脅。

這是樂毅的直覺，也是血戰的警覺。

一支倉促拼湊的民軍，能與遼東精銳鐵騎血戰五次仍然矗立不倒，田單之才可見一斑。更重要的是，一個個接踵而來的戰時危局，竟都被田單莫名其妙地一一化解。從初期的潮湧難民，到難民成軍，到兵器甲冑，到守城之法，到城中管制，到堆積如山的屍骨與可能引發的瘟疫，等等。樂毅善兵，深知這其中任何一個難題，都不是尋常將軍所能妥善解決的，解決這些難題，非但需要兵家才能，更需要理民才幹與非凡的冷靜、膽識與謀略。所有這些，看來在這個田單身上都神奇地匯聚到了一起。

即墨之可畏，正在於有如此一個突兀湧現的柱石人物。

目下冬天到了，這對戰時大軍又是一個嚴酷考驗。即墨孤城，僅僅是寒衣不足已經夠難了，再加上糧草不濟，田單還能有何神奇？那封勸降書簡能否打動這個非同尋常的無名人物？但為名士能才，總是要審時度勢而為之，以田單之能，莫非當真做那種明知不可而為之的愚忠烈士？不，不會……

「稟報上將軍，即墨特使到。」中軍司馬大步跨進幕府。

樂毅恍然轉身：「快！請進來。」

一個身材偉岸而又乾瘦黝黑的軍吏隨著中軍司馬大步走了進來，從懷中皮袋內抽出一支粗大的銅管雙手捧起：「末將連仲，奉田單將軍之命送來回書。」

樂毅接過銅管，啟去泥封，打開管蓋，抽出一卷羊皮紙展開，一篇勁健字跡赫然入目：

田單頓首：上將軍之書洞察時勢，令人感佩。齊王昏聵暴虐，上將軍合縱攻齊，以復當年齊軍入燕之大恨，田單亦無可非議也。然則，燕軍已下齊國七十餘城，滅大軍六十餘萬，擄掠財貨如山海之巨，致使齊國府庫皆空，齊人死傷無算。當此之時，上將軍已是功業彪炳，卻不思進退，意欲徹底化齊入燕，單竊以為失之錯謀也。田齊乃百餘年大國，歷經桓公威王宣王三次變法，國本業已穩固。雖有田地昏暴失政，然終究只十七年，國人念齊之心尚存。王蠋死節、莒城立王、燕官辭爵，上將軍寧不思之所以然乎？即墨雖孤城困守，終是國人救亡圖存之心。縱然艱危備至，田單何敢棄國人之志，而圖一己之私榮？誠如上將軍言，田單原本商旅之才，不期而做救亡之將，非有兵家之能。然自忖上合天道，下承民心，受命危難之中，若上將軍能應時退兵歸燕，全齊國而成大義，田單自當解甲歸商，永不言兵。然則，若上將軍堅執滅齊化齊，田單縱無兵家之能，亦當與上將軍一力周旋，義無反顧也！耿耿此心，尚望將軍體察。

樂毅良久默然，突兀笑道：「魯仲連別來無恙？」

自稱「連仲」的信使目光一閃，隨即抱拳一拱：「在下正是魯仲連。」

「千里駒志節高潔，深為敬佩。」樂毅拱手還禮，謙和的笑容卻迅速斂去，「足下通曉天下大勢，果真以為，齊國民心還有根基麼？」

「民心若流水，動勢也。」魯仲連一臉肅然，「上將軍目光所及，自是齊人怨聲載道，歆慕燕國寬厚新法。然則，如田單魯仲連者目光所及，卻是民心根基尚在，齊國固不當滅。其間根本，人群之差異也。上將軍注目者，不堪賦稅勞役之山鄉庶民百姓也。田單魯仲連之注目者，官吏士子商旅百工國人也。以時勢論，士商百工乃當今邦國之本，若此等人群奮起救亡，擁立新王，推出新法大政，寬減庶民重負，安知庶民之心不會回流入齊？」

「孤城一片，如何推行新法大政？」

「假以時日，孤城自會通連。」

「你是說，以即墨莒城之力，可以戰勝燕國大軍？」

「強弱互變，強可弱，弱可強。」魯仲連一句撂過了對於精通兵法的樂毅而言根本無須多說的這個道理，轉而懇切道，「上將軍內心自明，燕國朝野對仁政化齊之方略，早已多有非議。縱是燕軍大將之中，對寬圍緩攻之法亦多有憤懣。上將軍縱然遠見卓識，身陷平庸昏聵之泥沼，徒歎奈何？若一朝老燕王病故，燕國朝局逆轉，上將軍何以處之？仲連為上將軍計：不若迫使新齊王割濟西十三城而退軍，既全齊國，又成君之大業。兩全其美，何樂而不為也？」

「千里駒果然不凡，居然反客為主。」樂毅哈哈大笑道，「由此看來，田單回書當是魯仲連手筆了。你我曾有一面之交，今敢請仲連兄轉告田單：公既不降，勝負便看天意了。即墨城破之日，公毋悔也。」

「謹遵臺命！」魯仲連一拱手，「告辭。」方得轉身卻又突然回身，「田單復國之日，上將軍毋悔也。」說罷大步去了。

望著魯仲連上馬馳去，樂毅不禁陷入了深深沉思。魯仲連的一番說辭，使樂毅內心深為震驚。魯仲連對燕國太熟悉了，僅是熟悉還則罷了，更能洞察幽微剖陳利害。有此等人物，齊人抗燕便有了遠見，加上田單貂勃之善於處置兵事政務，以這兩座孤城為根基的抗燕力量，便會成為真正的勁敵。然則，真正令樂毅擔心的，倒還真不是對手的實力陡增，毋寧說，有了真正勢均力敵的對手，他倒有幾分欣慰。長驅齊國三千里如入無人之境，對於一個酷好兵家戰陣的統帥來說，也真是索然無味。真正令樂毅擔心的，恰恰是魯仲連點破的燕國朝野走勢。魯仲連身在齊國，都看破了燕國朝局潛藏的憂患，各大戰國豈能懵懂無知？

攻齊以來，燕國已經成為天下注目的焦點，各國特使雲集之地。各大國無不關注薊城與齊國戰場的一舉一動，對燕國的未來圖謀，更是備細揣摩。根本原因只有一個，燕國若能安然吞下齊國，陡然成為天下最大最強的戰國，便將一舉與秦國分庭抗禮，一舉改變戰國格局。如此大勢，哪個大國能無動於衷？對列國威脅最大的野心勃勃的齊湣王田地已經死了，齊國的府庫財貨也被瓜分了，齊國縱然復國，也再不會是那個殷實富強的「東帝」了……

「上將軍，下雪了！」幕府外傳來中軍司馬興奮的喊聲。

樂毅恍然抬頭。幕府大帳的氣窗正紛紛飄過碩大的雪花，噢，冬天到了。漫步走出令房，走過聚將廳，走出了暖烘烘的幕府轅門，樂毅看見中軍司馬正與幾個軍吏興奮地指著漫天飛揚的大雪談笑議論著。

「沒見過大雪？如此高興？」樂毅木然地板著臉低聲嘟囔了一句。

「上將軍！」中軍司馬笑道，「冬雪來得早，即墨莒城就要撐持不住了。又冷又餓，如何打仗？他們一降，這大戰便完勝了。」

「想遼東家園了？」

中軍司馬嘿嘿笑了：「打仗麼，都盼個早日凱旋。」

正在這時，突聞雪幕中馬蹄急驟，一騎如火焰般飛來。顯然，這是唯一能在軍營馳馬的斥候飛騎到了。瞬息之間飛騎已到面前，斥候翻身下馬急促拱手：「稟報上將軍：即墨民軍全部換裝皮棉甲冑，城中肉香彌漫，糧草充足！來路尚不清楚。」

樂毅沒有驚訝，思忖片刻雙眼一亮：「派出一隊飛騎探察海岸，若有祕密後援立即來報。」

「嗨！」斥候一躍上馬箭一般去了。

冰涼的雪花打著面頰，極目望去，雪霧茫茫。看來，這場入冬大雪絕非三兩日停得下來了。齊國的冬天很討厭，又濕又冷，任你是皮棉在身，只要到得曠野，便會被海風吹成涼冰冰濕漉漉的水棒子。遼東的雪天是可人的，飄飄飛雪苫蓋山川，雖然寒冷卻自有一種乾爽。這齊國的雪卻是怪異，鼓著海風肆意張揚，沉甸甸濕漉漉海鹽一般撲黏在身上，挨身便化，分明是大雪紛飛，落在身上卻是一片片水漬。大雪已經下了一個時辰，漫天雪花飛揚著交織著重疊著延續著飄落大地，轅門外的馬道卻只是濕漉漉的沒有積雪。這個齊國啊，天氣也像人一般難以捉摸也。都說齊人「貪粗好勇，寬緩闊達」，可當你越過那寬緩的平原而真實抵近齊人時，卻會發現一座座突兀奇絕的山峰橫亙眼前。不是麼？突然之間，即墨糧草充足了，寒衣上身了。這只有一個可能，即墨有了祕密後援。哪一國？不好說。然則，無論是何方祕密出手，都意味著各國作壁上觀的局面已經開始了微妙變化，開始有動靜了。因由呢？莫非他們都看到了燕國朝局之微妙，齊國抗燕之根基，而揣測樂毅未必能安然化齊入燕？更有甚者，抑或他們根本就以為燕國消受不下齊國這個大邦？果然如此，為何秦國不動聲色？按照天下格局，秦國是最應該有動靜的，而秦國但動，絕非僅僅是祕密後援。

戰國以來之傳統：但凡實力大國，在列國衝突中總要多方斡旋折衝，使戰事結局最終能為既定各大國所接受；沒有各方實力大國的協商密謀分割利市，一國要吞滅另一國幾乎是不可能的。私滅小國尚且不能，何況吞滅齊國這樣的龐然大物？齊湣王背棄五國而私吞宋國，結局便是千夫所指五國共討。燕國正是祕密合縱利市分割，才促成了合縱攻齊。滅齊大戰，唯獨最強大的秦國沒有分得任何利市，眼看齊國就要沒有了，秦國卻依然不動聲色，確實令人費解。

儘管薊城有傳聞，說當初燕國對秦王母子有恩，尤其是宣太后對樂毅「有情」，才使秦國不爭利市而援助燕國攻齊。樂毅卻嗤之以鼻。作為謀國之重臣，他從來蔑視這種以祕聞軼事解說邦國利害的荒唐說法。以秦國法令之嚴明，君臣之雄心，如何能在如此重大的邦交利市分割中，以王者一己恩怨定方略？即便當初出兵決斷有一抹回報燕國的痕跡，目下這不動聲色，也絕不意味著秦國依然「癡守舊恩」而放手教燕國滅齊。倘若果真如此，秦國還是秦國麼？這裡只有一個可能：秦國很清楚燕國朝局，很清楚齊地的抗燕大勢，更清楚他樂毅的方略與軍中大將的摩擦，從而斷定燕軍不能最終征服齊國。

若秦國斷定齊人抗燕不成氣候，則必然有兩個方略：其一，派遣戰無不勝的白起親率精銳大軍「襄助」，攻滅齊人最後根基，那時即便秦國不言，燕國能夠不分地與秦麼？其二，聯結五國，強迫燕國撤軍，保存弱齊，那時燕軍不撤行麼？如今不動聲色作壁上觀，只能是吃準了兩點：燕國朝局動盪，樂毅未必能撐持到底；齊國抗燕有望，燕軍未必能力克兩城。唯其如此，才會有這種不動聲色的方略——既維護與燕國的盟友之情，又給將來與已經喪失了爭霸實力的弱齊修好留下了餘地。

想是想得清楚了，樂毅的心卻如那灰色的天空布滿了厚厚的烏雲。

他將如何應對？撇開朝局不說，單就對齊方略而言，似乎也只能沿著「長圍久困，仁政化齊」的方略堅持下去。如果放棄這一方略轉而猛攻，以遼東大軍目下的戰力及他的精當運籌，他自信能夠完全攻克兩座孤城。可後果如何？五國眼看齊國將滅，必然聯軍干預，要麼平分齊國，要麼保存弱齊，二者必居其一。對於已經為山九仞的燕國而言，無論哪種結果都意味著屈辱與失敗。唯一能走的一條路，便是長圍久困，先化已占齊地入燕，兩座孤城則只有徐徐圖之。如此方略，可使大局始終模糊不清，各大戰國對一場結局不清的戰事，便沒有了迅速達成盟約干預的因由。縱有一兩個戰國圖謀干預，燕國也能慷慨回絕：「我軍仁政安齊，解民倒懸，橫加干預便是與大燕為敵！」

遼闊的軍營白茫茫一片，大雪依然鼓著海風無休止地從天際湧來。

六、兵不血刃　戰在人心

倏忽之間，五年過去了。

過了「地氣發」（註：地氣發，齊國曆法的第一個節氣，正月初旬）的正月，進入了第六個年頭。田單已經被這不倫不類的戰爭拖得精疲力竭了。五年前，燕軍只在離城五里之遙圍而不攻。日每太陽出山之時，總有燕軍一個千人隊開到城下散開反覆大喊：「即墨父老兄弟們，出城耕田了——」「田地荒蕪，農人痛心！」「河魚肥美，正是張網之時！」「燕軍絕不追殺田獵庶民——」如此等等喊得兩個時辰，城下埋鍋造飯，吃完了再喊，直到日薄西山方才撤去。

日復一日，即墨的農夫先吵吵著要出城一試，城頭防守的兵士也漸漸鬆懈了。田單明知這是樂毅的化堅之計，卻又無可奈何。誰能對一個年年月月日每向你表示寬厚友善的強大敵人，始終如一地視若仇讎？庶民百姓心旌搖動，田單若反其道而行之，以嚴酷軍法禁止出城，豈非正中樂毅下懷？無奈之下，第三年的清明，田單允許了百姓祭奠祖先墳墓。齊國的清明在二月中旬，比中原各國的清明早了近一個月，尚是春寒料峭的時節。田單分外謹慎，下令一萬精銳軍士夜裡進入城外壕溝埋伏，城門內更是伏兵器械齊備。從心底裡說，田單倒是希望燕軍乘機截殺庶民，甚或希望燕軍乘機猛攻。果真如此，再也不用擔心樂毅的化堅之計了。畢竟，打仗最怕的是人心渙散。

然而，當即墨人三三兩兩小心翼翼地出城後，卻發現本應早早就掩埋在荒草之中的祖先墳塋，整肅乾淨地矗立在各個陵園，四野細雨飛雪，非但沒有燕軍兵士馬隊，連燕軍大營都後退了二十里。齊人最是崇敬祖先神靈，驟然鬆弛之下，即墨百姓成群結隊湧出城來，在祖先陵前放聲大哭。

那時，田單突然心中一動，帶著一萬精銳兵士出城，隆重修建了死難於即墨之戰的二十餘萬烈士的大陵；陵前豎立了一座三丈六尺高的大青石，石上大刻八個大字──與爾同仇，烈士大成！此時的即墨人，實際上已經是逃亡難民居多了，他們的族人大部死在了即墨城下，如今得以祭奠，如何不痛徹心脾？在大陵公祭之時，萬眾痛哭失聲，「血仇血戰，報我祖先」的復仇誓言如大海怒濤一般滾過原野。

從此，本來是要守城打仗的田單，只好與樂毅展開了無休無止的心戰攻防。

春耕之時，燕軍遠遠守望，時不時還會有農家出身的士兵跑過來幫即墨農人拉犁撒種，田野裡竟洋溢出一片難得的和氣。每每在這時，即墨城會湧出一個個白髮蒼蒼的老人，嘶啞著聲音長長地呼喚：「三兒，春耕於野，你卻到哪裡去了？」「我兒歸來兮！魂魄依依──」耕田的農人驟然之間面如寒霜，冷冷推開幫忙的燕軍士兵，赳赳硬氣地走了。

五月收割，燕軍在田邊「丟棄」了許多牛車。一班農人高興地喊起來：「燕人真好！幫我牛車也！」遂用牛車拉運割下的麥子，忙碌得不亦樂乎。當此之時，恰恰有族中巫師祭拜穀神而來，一路仰天大呼：「燕人掠齊，千車萬車，回我空車，天道不容！」農人恍然羞慚，紛紛大罵著燕人賊子無恥強盜，憤憤將燕軍牛車掀翻在水溝裡。

幸虧有了奔波後援的魯仲連襄助謀劃，五年之中，田單總算一步一險地走了過來，維持得即墨人心沒有被樂毅顛散顛亂。然則，田單已經深感智窮力竭了，本當三十餘歲盛年之期，不知不覺間兩鬢如霜了。每遇魯仲連祕密歸來，田單總是喟然長歎：「匪夷所思，即墨之戰也！若再得三年，田單縱然不降，庶民百姓也要出逃了。」已經是黝黑乾瘦的魯仲連總是生氣勃勃地笑著：「田兄與當世名將相持五年，交兵則惡戰，鬥法則窮智，以孤城對十餘萬大軍而屹立不倒，正在建不世之功業，何其英雄氣短也？」田單總是疲憊地一笑：「仲連兄，我本商旅，奔波後援正當其才。你本名士，治軍理民原是正道。你我還是換換，教我透透氣如何？」魯仲連不禁哈哈大笑：「田兄差矣！挽狂瀾於既倒，遠非一個才字所能囊括。頑也韌也，心也志也，時也勢也，天意也！」田單只好無可奈何地搖搖頭。

正在春寒艱危之時，祕密斥候報來了一個驚人的消息：燕昭王封了樂毅做齊王。驚愕之餘，田單頓時心灰意冷了。用間之計再奇，遇上如燕昭王這般君主，則是弄巧成拙，搬起石頭竟砸了自己的腳。樂毅若果真稱王治齊，即墨莒城如何能撐持得下去？看來，上天當真是要田齊滅亡了。

原來，田單與魯仲連在一年前謀劃了一個反間計：通過莊辛，重金收買了一個燕國中大夫，教這個中大夫祕密上書燕王，說樂毅按兵不動，是借燕國軍威籠絡齊人，圖謀齊人擁戴樂毅自己為齊王；目下之所以尚未動手，唯顧忌家室仍在薊城也。身在病榻的燕昭王看罷上書，一時良久沉默。守在病榻旁的太子一臉緊張：「父王，樂毅既有謀逆之心，便當立即罷黜，事不宜遲！」

「豎子無謀，妄斷大事也。」燕昭王冷冷地盯了太子一眼，「立即下書，明日朝會。」

此日，舉朝臣子齊聚王宮正殿。一臉病容滿頭白髮的燕昭王，拄著一口長劍做了手杖，艱難地走到了王座前，一臉肅殺地挺身站著，一揮手，御書捧著一摞羊皮紙走到了王座下，請每個大臣拿了一張。

「奇文共賞。」燕昭王冷冷地開了口，「中大夫將丌上報祕事，諸位且看。」

大臣飛快瀏覽一遍，舉座驚愕默然，誰也不敢開口。

「將丌，你可有話說？」燕昭王嘴角抽搐出一絲難得的笑容。

一個敦厚肥矮的黝黑中年人從後排座中站起，拱手高聲道：「臣之上書，字字真實，天日可鑒，我王明察。」

「天日可鑒？」燕昭王冷笑一聲，「諸位皆是大臣，以為如何？」

「我王明鑒！」所有大臣不約而同地喊出了這句不置可否的萬能說辭。

「王心不明，臣心惴惴？」燕昭王沉重地歎息了一聲，陡然提高了聲音，「此為邦國大計，本王也不用你等費力揣測，今日便明察一番：我大燕自子之亂國以來，齊國乘虛而入，大掠大殺，毀我宗廟，燒我國都，致使數百年燕國空虛凋敝，舉目皆成廢墟。此情此景，至今猶歷歷在目也。」

聽得燕昭王蒼老嘶啞的唏噓之聲，臣子們不禁驚愕了。老國王傷痛如此實在罕見，是恨樂毅不為燕國復仇麼？正在忐忑不安之時，又聽燕昭王肅然開口：「當此之時，樂毅十年遼東練兵，十年堅韌變法，冒險犯難成合縱，一舉大破齊國，復我大仇，雪我國恥。樂毅之功，何人能及？縱然本王讓位於樂毅，亦不為過，況乎一個本來就不是燕國疆土的齊國也！昌國君樂毅但為齊王，正是燕國永久屏障，亦是燕國之福，本王之願。如此安邦定國之舉，區區一個將丌，竟敢惡意挑撥，實為不赦之罪也。來人，立斬將丌，懸首國門昭示國人！」

殿口甲士轟然一聲進殿，將面如土色的將丌架了出去。

「臣等請我王重賞上將軍，以安國人之心！」殿中又是不約而同的主張。

「立即下書，」燕昭王高聲道，「封樂毅為齊王！以王后王子全副儀仗並一百輛戰車，護送樂毅家室到齊國軍前，樂毅立即在臨淄即位稱王。」

護送儀仗尚在半途，飛車特使已經抵達臨淄。樂毅接到王命王書，一時驚詫萬分。反覆思忖，樂毅上書燕昭王，派飛騎專使星夜送往薊城。燕昭王在病榻上打開飛騎羽書，只有寥寥兩行大字：「臣明我王之心，然卻萬難從命。若有奸徒陷樂毅於不忠不義而王不能明察，樂毅唯一死報國耳！」燕昭王長吁一聲，立即下令撤銷前番王書，只堅持將樂毅家室送往齊國，同時明令朝野：再有中傷昌國君樂毅者，殺無赦！

一場神祕難測震驚燕齊兩國的風浪，便這樣平息了。燕國朝臣與老世族終於長長出了一口氣，再也沒有人議論樂毅了，連太子姬樂資都沉默了。齊國百姓則還沒來得及品咂其中滋味，樂毅稱王的風聲便煙消雲散了。說到底，對這個突然變故感觸最深的，還是田單與魯仲連。魯仲連邦交斡旋，素來被人稱為算無遺策。田單在與樂毅的長期「心戰」中，也堪稱老謀深算了。這次兩人合謀反間計，卻碰得灰頭土臉，如何不感慨百出？魯仲連哭笑不得只是搖頭：「忒煞怪了！這老姬平將死之人了，竟還這般清醒，倒是教人無話可說也。」田單一聲歎息：「天意也！你我奈何？只是如此一來，樂毅穩如泰山，即墨卻危如累卵了。」

「田兄，即墨還能撐持多久？」

「多則三年，少則年餘了。」

魯仲連咬牙切齒地揮著黝黑枯瘦的大拳頭：「撐！一定要撐持到最後。」

「我不想撐麼？」田單不禁笑了，「一得有辦法，二得有前景。少此兩條，誰卻信你？」

「前景是有！」魯仲連一拳砸在破舊的木案上，「姬平病入膏肓，我就不信姬樂資也如他老父一般神明。」

「辦法？」

魯仲連目光閃爍，突然神祕地一笑，壓低聲音在田單耳邊咕噥了一陣：「如何？」

田單疲憊地笑了：「病絕亂求醫也。只怕我不善此道，露了馬腳。」

魯仲連一臉肅然：「有尿沒尿，都得撐住尿！」

「噗」的一聲，田單一口茶噴在了對面魯仲連身上，哈哈大笑道，「好個千里駒也！這也叫謀略？有尿沒尿，撐住尿。」

次日清晨，即墨聚來大片飛鳥，成群盤旋飛舞在城門箭樓，時而又箭一般俯衝到城內巷閭，久久不散。一連三日如此，即墨城中傳開了一個神祕見聞：日出之時，每見田單將軍站上將臺，天上飛鳥便大群飛來。將軍走下將臺，飛鳥也就散了。於是，驚奇的人們紛紛向西門箭樓的士兵打問，將軍日每清晨上將臺做甚？一個士兵悄悄說了自己的親身所見：日出之前，將軍上臺求教上天指點即墨；此時，天上便有一個模糊的聲音與將軍說話；說話之時，便有大群飛鳥盤旋飛來，完全掩蓋了說話聲；說話完畢，鳥群倏忽消失。

在舉城驚訝的時日，田單在校場聚集軍民鄭重宣示：「爾等軍民聽了：天音告知田單，再有三年，即墨苦戰便將告結，齊人大勝復國！上天會給即墨降下一個仙師，指點我等如何行事。自今日始，即墨要遵天意行事，違拗天意，城毀人亡！」

「將軍萬歲！」「遵從天意！」舉城軍民的聲浪直衝雲霄。

田單帶著幾名軍吏走回幕府的路上，一個稚嫩的嗓音突然響徹街巷：「田單，吾乃仙師也——」隨著喊聲，一個總角小童赤腳從對面屋頂飄了下來，正正地落在了街心。田單念誦了一聲「天意也」，肅然拜倒在地：「仙師在上，弟子田單叩見。」總角小兒道：「田單聽了，吾只日每一句，毋得攪擾也。」說罷又是木呆呆一副小兒憨頑之相，與方才神采判若兩人。田單以隆重大禮將小兒接到了幕府，派了兩名使女侍奉起居，又請來一名老巫師護持神道。日每雞鳴之時，田單便隻身進入仙師後帳請教天意，除此之外，任何人不得靠近仙師。

即墨軍民精神大振，原本準備悄悄逃亡的百姓們頓時穩住了。畢竟，即墨已經守了五年，既然天意還有三年，再守三年何妨？此時出逃，三年後豈不禍及子孫？

清明一過，是春水化冰農田啟耕的三月。三月初九這日，即墨人正在陸續出城下田，燕軍大營卻突然開進五里進逼城下，殺氣騰騰地將出城農夫趕回城內，封鎖了即墨。按照樂毅慣例，此等重大變故必先有安民告示，至少也當陣前通令。這次突然變臉不宣而圍，年年三月被燕軍大為鼓勵的戰時春耕，自是莫名其妙地終止了。田單心知異常，立即派出斥候縋城而出祕密探察，得到的回報是：樂毅被緊急召回薊城，大將騎劫代行將令。不到一日，又接到密報：燕軍在大將秦開率領下，重新圍困莒城。田單心中一動，立即下令全城戒備，迎戰燕軍猛攻。

這天夜裡，魯仲連又一次祕密潛進了即墨。將兩隻後援海船的事匆匆交代給中軍司馬，魯仲連將田單拉到隱祕處壓低了聲音：「田兄，老燕王壽終正寢了！」

田單雙目陡然生光，長長地吁了一口氣，軟軟地靠在了土牆上。

魯仲連將田單扶到木案前，順勢坐在了那片破爛的草席上：「田兄，時機也！」

「你說，我先聽聽。」田單疲憊地喘息著。

「我意，還是反間計。」

「千里駒也？黔之驢也？」田單不禁揶揄一笑，「故伎重演，還想碰壁麼？」

「兵不厭詐！」魯仲連認真非常，「此一時也，彼一時也。姬樂資可不比老姬平。從做太子時，這安樂王子便對樂毅多有不滿，每次潑髒水，背後都少不了這小子。」

「照此說，我等要再給樂毅潑一次髒水？」

「嘿嘿，兩次。」魯仲連也笑了。

「天意也！」田單一聲歎息，「皎皎者易污。樂毅兄，田單對不住你了。」

三日之後，十名精幹文吏隨魯仲連祕密出海了。在新王即位朝局微妙的時節，薊城巷閭酒肆之間傳開了一股風聲：「臨淄燕官說了，即墨田單最怕的是猛將騎劫，根本不懼樂毅。」「齊人還說了，樂毅賣燕，做齊王之心沒死！」「那還有假，齊軍當年殺了多少燕人？樂毅如何，不報仇反倒籠絡齊人，分明不對味嘛！」隨著種種口舌流言，更有一首童謠迅速傳唱開來：

四口不滅　白木棄繩

六載逢馬　黑土自平

不消說得，一班想在新朝大展宏圖者，立即將童謠與紛紜傳聞祕密報進了王宮。

二十六歲的姬樂資，在老父王病勢沉重的兩年裡，早已經與一班新銳密謀好了新君功業對策：一旦即位，半年之內，力下全齊；三年之內，吞滅趙國稱北帝；十年之內，南下滅秦統一華夏；最多十五年，姬樂資便是天下混一的華夏大帝。長策謀定，年輕太子的心日每都在熊熊燃燒，孜孜以求地等待著昏聵無斷的老父王早日歸天。在姬樂資看來，當年擁有六十三萬大軍的齊國是天下第一強，而燕國二十萬之旅能在一月之間飀風般掃掠齊國七十餘城，燕軍自然更是天下第一雄師。若不是樂毅莫名其妙地停止進攻，最後兩城豈能數年不下？自三皇五帝春秋戰國以來，何曾有圍城五六年而不下城的打法？分明是樂毅在糊弄父王，寬厚的老父王卻信以為真，當真不可思議。

一日，上大夫劇辛正在元英殿（註：元英殿，燕國滅齊後新修宮殿，陳列齊國禮器之所。見《史記・樂毅列傳》）給幾個前往齊國勞軍的臣子講述戰場之艱難，恰恰被氣宇軒昂的姬樂資撞上了，揶揄笑道：「敢問上大夫，齊國戰場，難在何處也？」

「難在民心歸燕。」劇辛一口回了過來。

「皮之不存，毛將焉附？地若歸燕，民心安得不歸？」

「堅實化齊，水到渠成，此乃上將軍苦心也。」劇辛神色肅然。

姬樂資一陣哈哈大笑：「如此說來，湯文周武之先滅國而後收民心，卻是大錯了？當今天下，竟有超邁聖王之道乎！」

劇辛面色脹紅，急切間無言以對。

姬樂資又是一陣哈哈大笑，揚長而去了。

在姬樂資與一班昔日太子黨密議如何邁出功業第一步時，童謠巷議的密報恰恰送了進來。姬樂資抖著那方羊皮紙微微一笑：「天意也，諸位請看了。」

「四口不滅，白木棄繩。這不是說田不能滅，乃是「白木」無縛賊之法麼？」有燕山名士之稱的亞卿栗腹第一個點了出來。

「白木為何物？」有人尚在懵懂之中。

「白木棄繩，不是一個『樂』字麼？有誰？」立即有聰明者拆解。

「六載逢馬，是六年之後當馬人為將。」

「黑土是『墨』，何須說得，即墨下，齊國平。」

栗腹霍然站起：「臣請我王順應天意，用騎劫為將，力下全齊！」

「臣等贊同！」新銳大臣異口同聲。

「上下同欲者勝。」新王姬樂資信口吟誦了一句《孫子兵法》，「君臣朝野同心，何事不成？立即下書：罷黜樂毅上將軍之職，留昌國君虛爵。改任騎劫為滅齊上將軍，限期一月，平定齊國。」

「我王萬歲！」舉殿一聲歡呼。

栗腹走近王座低聲道：「此番特使，上大夫劇辛最是相宜。」

姬樂資矜持地笑了：「也好。一石二鳥，免了諸多聒噪。」

一切不可思議的事，都輕而易舉地發生了。當秉持國事的老劇辛接到這不可思議的王書與不可思議的特使差遣時，驚愕得當場昏厥了過去。悠悠醒轉，反覆思忖，沒有進宮力陳，卻當即喚來家老祕密計議半個時辰，次日清晨輕車直下東南去了。

七、齊燕皆黯淡　名將兩茫茫

樂毅剛剛回到軍中未及半月，老劇辛到了。

開春之時，燕昭王春來病發，自感時日無多，一道王書急召樂毅返國主政。可沒有等到樂毅回到薊城，燕昭王便撒手去了。葬禮之後是新王即位大典，姬樂資王冠加頂，當殿擢升了二十多名新銳大臣。樂毅劇辛兩位鼎足權臣事先毫不知情，當殿大是尷尬。思忖一番，樂毅留下一封〈辭國書〉，囑吏員送往宮中，自己星夜奔赴軍前了。樂毅明澈冷靜，眼見新王剛愎淺薄，縱然進言力陳，也只能自取其辱，抱定一個謀劃：迅速安齊，而後解甲辭官。按照他在燕國的根基，至少一兩年內新王尚不至於無端將他罷黜，而以目下大勢看來，至多只要一年，齊國便會全境安然劃入燕國。那時，平生心願已了，縱然新王挽留，樂毅也是要去了。

老劇辛黑著臉一句話：「大軍在手，樂兄但說回戈安燕，老夫做馬前先鋒！」

「天下事，幾曾盡如人願也。」樂毅長長地歎息了一聲，「劇兄，子之之亂，已使燕國生民塗炭。齊軍入侵，燕國更是一片廢墟。你我懷策入燕，襄助先王振興燕國於奄奄一息，歷經艱難燕人始安。耿耿此心，安得再加兵災於燕國？」

「姬樂資乖戾悖逆，豈非是燕國更大災難？」

「邦國興亡，原非一二人所能扭轉。」樂毅淡淡地笑著，「此時回戈，只能使姬樂資一班新貴結成死黨對抗，國必大亂。齊國若再乘機捲土重來，聯手五國分燕，你我奈何？」

劇辛默然良久，唏噓長歎一聲：「天意若此，夫復何言！」站起來一拱手，「樂兄珍重，劇辛去了。」

「劇兄且慢。」樂毅一把拉住，「非常之時，我派馬隊送你出齊歸趙。」

劇辛一聲哽咽：「樂兄，同去趙國如何？趙雍之英明，不下老燕王也。」

「也好。」樂毅笑了，「劇兄將我妻兒家室帶走，樂毅隨後便到。」

「終究還是不愚。」劇辛終於笑了，拉住樂毅使勁一搖，「我等你。走，接嫂夫人世侄去。」拉起樂毅大步出了幕府。一時忙碌，三更時分一支偃旗息鼓的馬隊悄悄出了大營，直向西方官道去了。

此日清晨卯時，幕府聚將鼓隆隆擂起。駐紮在即墨的二十三位將軍腳步匆匆地聚來，臉上顯然帶著一種莫名其妙的緊張。圍困即墨的是騎劫所部，以遼東飛騎為主力，向來是燕軍中的復仇派。幾乎在劇辛抵達的同時，薊城另一路密使也到了騎劫大營，對騎劫並一班大將祕密下了一道王書：三日之內，若樂毅不交出兵符印信，著即拿下解往薊城。騎劫原本勇猛率直，此刻卻沉吟了一陣才開口：「秦開所部唯樂毅是從。移交兵權，必是大將齊聚。秦開從莒城趕來，也得一兩日。三日拿人，有些說不過去。特使能否寬限到旬日之期？」

「不行，至多五日，此乃王命！」密使毫無退讓餘地。

騎劫一咬牙：「好，五日。諸將各自戒備，不得妄動。」

驟聞聚將鼓，一夜忐忑不安的密使立即驚得跳下軍榻，鑽進商旅篷車帶著幾名便裝騎士逃出了軍營。騎劫正趕著密使車馬的背影前來問計，不禁憤憤然罵道：「鳥！燕王用得此等鼠輩，成個鳥事！」

及至眾將急促聚來，聚將廳的帥案前兵符印信赫然在目，卻只肅然站著一個中軍司馬，竟不見素來整肅守時的上將軍。軍法：大將不就座發令，諸將不得將墩就座。這案前無帥，卻該怎處？正在一班將軍茫然無所適從的時節，聚將廳的大帷幕後悠然走出了一個兩鬢斑白的布衣老人，寬袍散髮，面帶微笑，不是樂毅卻是何人？

「諸位將軍，」樂毅站在帥案一側淡淡笑著，「樂毅疏於戰事，六載不能下齊，奉命歸國頤養。王命：騎劫為滅齊上將軍。王書在帥案。中軍司馬，即刻向上將軍交接兵符印信。」

「昌國君，」騎劫一時難堪，「莒城諸將未到，半軍交接……」

「騎劫將軍，你想他們來麼？」樂毅依舊淡淡地笑著，「但有兵符印信，自是大將職權。將軍以為如何？」

「謝過昌國君。」騎劫深深一躬，「末將行伍老卒，原本不敢為帥。」

「將軍何須多說。」樂毅擺了擺手，「我只一句叮囑：猛攻即墨可也，毋得濫殺庶民，否則後患無窮。」

「嗨！」騎劫不禁習慣性地肅然領命。

「諸位，軍中無閒人，樂毅去了。」布衣老人環拱一禮，悠然從旁邊甬道出了幕府。

「恭送昌國君！」二十多員大將愣怔片刻，一聲齊喊。密使本來當眾發布了命令的，樂毅交出兵權之後，必須由兩千騎士「護送」回燕。此時此刻，眼看著統率他們十三年帶領他們打了無數勝仗的上將軍一身布衣兩鬢白髮踽踽獨行而去，這些一腔熱血的遼東壯士酸楚難耐，誰還記得逃跑密使的命令？

幕府外軺車轔轔，待騎劫趕出幕府，布衣老人的軺車已經悠然上路了。從即墨出發去趙國，幾乎要貫穿齊國東西全境千餘里。偏是樂毅不帶一兵一卒，只軺車上一馭手，軺車後一個同樣兩鬢如霜的乘馬老僕人，一車三馬上路了。

「昌國君，」老僕走馬車側輕聲道，「還是走海路入楚再北上，來得穩妥。」

「捨近求遠，卻是為何？」樂毅笑了。

「元戎解兵，單車橫貫敵國千餘里，老朽實在不安。齊人粗猛……」老僕硬生生打住，將「連自家國王都殺了」一句吞了回去。

樂毅一陣大笑：「生死由命，人豈能料之也？若齊人聚眾殺我，化齊方略根本就是大謬，樂毅自當以身殉之，何須怨天尤人？若齊人不殺我，化齊便是天下大道。大將立政，卻不敢以身試之，豈不貽笑天下也！」

「昌國君有此襟懷，老朽汗顏。」老僕在馬上肅然一拱，「能與主君共死生，老朽之大幸也。」

樂毅淡淡一笑，對馭手吩咐道：「從容常行之速，一日五六十里，無須急趕。」馭手「嗨」地答應一聲，軺車在寬闊的官道上轔轔走馬西去。

日暮時分，將到膠水東岸。車馬歇息，樂毅吩咐在官道旁邊的一片樹林中紮起了帳篷。此地已經離開即墨六十餘里，熟悉的即墨城樓已經隱沒在暮春初夏的霞光之中了。正在帳篷前篝火燃起老僕埋鍋造飯馭手刷馬餵馬之時，突聞東邊曠野裡馬蹄聲急驟而來。樂毅久經戰陣，凝神一聽，是不到十騎的一支精悍馬隊。馭手一聲大喊：「昌國君上馬先走！末將斷後。」樂毅微微一笑，安然坐在了篝火旁的一塊大石上：「慌個甚來？沒聽見上路時說的話麼？」馭手一陣臉紅，兀自嘟囔道：「便是死，也不能教齊人欺凌。」將長劍往篝火旁一插，挽起一副強弩躲在了軺車後面。

此時，馬隊飆風般捲到。為首騎士驟然勒馬，盯著大石上被篝火映照得通紅的布衣老人，良久沒有說話。樂毅打量著丈許之遙的馬上騎士，一身破舊不堪的紅衣軟甲，一領褪色發白且摞著補丁的「紅」斗篷，束髮絲帶顯然已經顛簸抖去，灰白的長髮披散在肩頭，襯得一張黝黑的臉膛分外粗糙。

「敢問，來者可是田單將軍？」樂毅淡淡地笑了。

「足下，可是樂毅上將軍？」騎士也是淡淡一笑。

「老夫正是樂毅。」布衣老人站了起來，一聲沉重的歎息，「將軍殫精竭慮，孤城六載而巋然屹立，樂毅佩服也。為敵六載，將軍欲取樂毅之頭，原是正理。然，卻與齊人無干了。」

「昌國君差矣！」騎士一拱手，「田單聞訊趕來，是為一代名將送別。」說罷一躍下馬，向後一擺手，「拿酒來！」

樂毅爽朗大笑：「好個田單，果然英雄襟懷！老夫錯料了。樂老爹，擺大碗。」

老僕利落，眨眼在大青石上擺好了六只大陶碗。田單接過身後騎士手中酒囊，一拉繩結，依次將六只大碗斟滿，雙手捧起一碗遞給樂毅，自己又端起一碗，慨然道：「昌國君，此乃齊酒。田單代即墨父老敬將軍第一碗：戰場明大義，滅國全庶民！田單先乾。」汩汩豪飲而盡。

「庶民為天下根基。將軍若得再度入燕，亦望以此為念。」樂毅舉碗飲盡。

「田單敬將軍第二碗：用兵攻心為上，幾將三千里齊國安然化燕！」

樂毅微微一笑：「為山九仞，愧對此酒也。」

田單肅然道：「將軍開滅國之大道，雖萬世而不移，何愧之有？」

「好！飲了這碗，願滅國者皆為義兵也。」

「最後一碗，向將軍賠罪。」田單喟然一歎，「天意不期，田單一介商旅做了將軍對手，才力不逮，多有小伎損及昌國君聲望，田單慚愧也。」說罷深深一躬。

樂毅哈哈大笑，眼中閃爍著晶瑩的淚光：「兵者，詭道也。將軍用反間之計，何愧之有？同是一計，先王一舉破之，新王卻懵懂中之。慚愧者，當燕國君臣也。」唏噓哽咽間，樂毅舉起大碗一飲而盡，良久無話。

「昌國君，」田單驟然熱淚盈眶，「齊人聞將軍解職，百感俱生，大約都聚在前方，簞食壺漿聚相恭送將軍。田單不能遠送了，願昌國君珍重。」

樂毅長歎一聲：「但得人心，化齊便是大道，樂毅此生足矣！」

「田單告辭。」

「將軍且慢。」樂毅淡淡地笑著，「老夫一言，將軍姑妄聽之：齊若復國，燕齊便成兩弱，國仇亦算了結。將軍若得主政，幸勿重蹈復仇之轍。如此齊燕皆安，方可立於戰國之世。」

田單默然良久，深深一躬：「田單謹受教，告辭。」說罷飛身上馬，在夜色中向東去了。樂毅凝望著漸漸遠去的馬隊，不禁悵然一歎：「燕有樂毅，齊有田單，當真天意也。」思忖片刻，回身吩咐道，「樂老爹，明日改走海路，由楚入趙。」老僕搖著頭一聲感慨：「咳！君主偏是找難，出齊無險了，倒是不走了。」

樂毅笑道：「逢道口便飲酒，豈非醉死人了？」談笑間主僕三人圍著篝火吃飯，歇息到天交五更，上路直下琅邪海灣了。

田單從城外密道回到即墨，立即開始了緊張籌劃。

燕軍換將，定然要對即墨大肆猛攻。田單的第一件事，是嚴厲督促全城軍民連夜出動，將大批防守器械安置就位，又反覆重申了軍士輪換上城的次序，直到天亮時分方才大體就緒。多年來，由於樂毅的「寬圍」，始終處於戰時的即墨事實上極少打仗，軍民多多少少地鬆弛了下來。儘管在樂毅被罷黜的消息傳開之後，即墨軍民已經覺察到了不妙，但還是很難驟然進入第一年那種血脈僨張的死戰狀態。田單清楚地記得，在最艱難的第一年，只要軍令一下達，全城就會雷厲風行，從來沒有過需要他親自督導反覆申明的事。然則，今日卻出現了。以戰國軍旅的目光看，六年之兵無論如何都是老兵了，將軍下令士兵便能立即做到，表面上似乎都很順當。然則看在田單眼裡，他卻總覺得不放心，總覺得少了什麼最要緊的物事。

天亮回到幕府，田單立即派出祕密斥候從密道出城，緊急追回將要出海的魯仲連。

「田兄，何事如此緊急？」匆匆歸來的魯仲連很覺意外。

「人心懈怠。」田單沉著臉，「不設法解決，根本經不起燕軍連續猛攻。」

「也是。」魯仲連畢竟多有閱歷，立即明白了此中危機，「我方才出得密道，鴞叫三陣，城上才放下繩筐。頭年，可是只一聲。」

「今日備兵，民人都不出來了，只有軍士。」田單聲音沙啞，顯是喊了一夜。

魯仲連皺著眉頭思忖一陣道：「久屯不戰，燕軍也必有鬆懈。又兼樂毅驟然離軍，燕軍要猛攻，也得恢復幾日，還來得及。」

「有辦法？」田單目光驟然一亮。

「或許可行。」魯仲連詭祕地一笑，湊近田單咕噥了一陣。

田單一陣沉吟：「只是，太損了些。」

「非常之時，無所不用其極也。」魯仲連慨然拍案，「此事我來做，你只謀劃破敵之法。」

「好！」田單頓時振作，「破敵之法已有成算，我立即著手。」

此時的燕軍大帳，一片緊張忙碌。

樂毅驟然離去，所有的全局部署與諸般軍務，都留給了中軍司馬向騎劫交代。粗豪的騎劫幾曾想過做全軍統帥，看著樂毅平日裡灑脫消閒，便也以為上將軍無非就是升帳發令而已，所有軍務都有一班司馬，主將只管打仗，有何難哉！不想一接手，中軍司馬便抱來一摞需要立即處置的緊急文書，當先一封急報是莒城大將秦開的「請命處置莒城降燕者書」。下來是各營急務：糧草將軍請命軍糧如何徵發，輜重將軍請命軍器打造數量，斥候營請命如何安置祕密降燕者家室，各軍大將請命病殘傷兵統一歸燕的日期，莒城官員示好燕軍的祕密軍情羽書等，足足二十多件。

騎劫頓時惱火：「我要猛攻即墨，忒多聒噪！」

「上將軍，」中軍司馬低聲道，「昌國君對這些急務，歷來是當即處置。」

「那就先依成法處置，打完仗報我。」

「上將軍，」中軍司馬為難了，「昌國君是寬化，如今王命力克。若依成法，是背道而馳。上將軍須得有個決斷才是。」

「鳥！」騎劫罵得一聲，急得在出令廳亂轉起來，「一窩亂豬鬃，處處都得變，這可咋整！」又猛然轉身，「你說個法子，咋整？」一口遼東話又響又急。

「興亡大計，末將但奉命行事。」中軍司馬低頭一句話。

「酒囊！飯袋！」騎劫大為惱怒，「傳我將令：瑣事一概不理，只管猛攻即墨莒城。旬日之內不破城，提頭來見！」

「嗨！」中軍司馬如釋重負，連忙疾步出廳傳令去了。

於是，燕軍丟下各種亟待處置的軍務不顧，立即在此日猛攻即墨。田單魯仲連大出意料，連忙親自上城，守定西門要害，生怕稍有閃失。及至攻防兩個回合，燕軍戰力竟大不如前，各種攻城大型器械的威力也是大減。壕橋紛紛踩翻，雲梯也經不住幾塊礌石便喀嚓折斷。攻得一陣，便在城下拋下了千餘具屍體。魯仲連哈哈大笑：「田兄，騎劫這小子沒睡醒，高估他也！」田單拭著額頭汗水長吁一聲：「如此敵手，天意也。」

騎劫猛攻不下，當即升帳聚將，要立斬三員大將。二十多個將軍無不大急，眾口一聲：「枉殺無辜，我等不服！」這些將軍原本都是騎劫舊部，今日眾口一詞，騎劫不禁怒火上衝，高聲喝道：「攻城不力，大滅燕軍威風，不殺咋整！」飛騎大將道：「上將軍明察，昌國君主軍之日，可曾如此打仗？末將之見，歇兵旬日，整頓軍馬器械並諸般軍務，而後再戰。」話音落點，眾將轟然贊同。騎劫無可奈何，只好氣咻咻下令歇兵休戰。

這日晚上，斥候營總領來報：一個商人出城來降。騎劫立即下令，將齊商帶進幕府大帳。

「如何此時降燕？」騎劫黑臉粗聲，目光淩厲地盯住了布衣商人。

商人從容道：「在下有一策獻上，可使燕軍破城。然則，也有一事相求。」

「說，何事？」

「危邦不居。在下唯求千金一車，遠走他鄉經商。」

「准你。說破城之策。」

「齊人最是尊崇祖先，敬重鬼神。樂毅當年以清明許祭，買得齊人敵意大減。將軍若反其道而行之，全數開掘郊野墳塋，暴屍揚骨，齊人必心志潰亂，即墨一鼓可下也。」

「見利忘義，商人本色也！」騎劫哈哈大笑，轉身下令，「賜千金，雙馬快車一輛，立即護送先生出齊。」

次日清晨，燕軍出動三萬步兵，全部掘開了即墨城外的陵園墳塋，將全部慘白的屍骨堆成了一座小山。即墨庶民軍士早已經聞訊聚滿城頭，一片哭聲震動四野。正午時分，燕軍給白骨小山澆上了五百多桶猛火油，一支火把丟進，頓時濃煙滾滾火光熊熊，濃烈的腥臭氣息在衝天煙火中彌漫了整個即墨城頭。

「老根沒了！即墨降燕！」城下燕軍一片嬉笑高喊。

大火一起，即墨城頭亂成一片。人們捶胸頓足號啕大哭，老人當場昏死過去三十餘人，軍民人等無不血脈僨張鬚髮直豎，亂紛紛吼成一片：「開城出戰！殺光燕人！」「血洗燕國！」「剮殺騎劫！復我血仇！」幸虧田單親自守住了城門，魯仲連在城頭哭喊勸阻，即墨軍民才沒有衝出城廝殺。即

火牛示意圖

墨人的仇恨怒火終於最徹底地燃燒起來了。連日之間，城頭成了祭奠祖先的神臺，萬千白布血書掛滿了城頭女牆，絡繹不絕的請戰庶民日夜圍在幕府外哭喊請戰，連女子孩童都自發編成了死戰千人隊，尖厲地呼喊著要殺光燕人。

田單立即快速行動，第一道命令是徵發全城耕牛。一聲令下，一個時辰間在校軍場齊刷刷聚集了兩千多頭耕牛。經過遴選，留下了一千二百多頭壯猛健牛，其餘弱牛全部宰殺燉肉。田單下令：三日之內，每個軍士務必吞下二十斤牛肉，不許哭喊，養足精神出戰。

即墨工匠全部出動，給每頭健牛用皮帶紮束兩支長大的鐵矛，牛身綁縛一大片怪誕的黑紅大布，牛角綁縛兩把鋒利的尖刀，牛尾紮一束細密的破衣剪成的布條。屆時布條滲滿猛火油點燃，健牛便成了兇猛無匹的踹營大軍。與此同時，兩萬精壯軍士編成了長矛軍與厚背大刀長劍軍，五千騎兵編成了掩殺軍；其餘五萬多庶民無分男女老幼，全部按照家族編成了三支復仇軍，屆時分別從地道殺出。

三日之後，正是月黑風高的四月二十八。即墨軍民在萬千火把下雲集校軍場，田單一身鐵甲手持長劍走上了將臺：「即墨軍民父老聽了：燕人滅我邦國，掠我財富，掘我祖陵，大火焚燒我祖先屍骨，此仇不共戴天！今日復仇雪恥之戰，我要以火牛陣大破燕軍！教燕人葬身火海，報我祖先——」

「殺光燕人！報我祖先！」震天動地的吼聲響徹全城。

田單下令：「火牛陣與兩萬步軍我自統領，出西門。五千鐵騎由魯仲連統率，出北門。其餘民軍由公推之族領統率，出地道。戰鼓之前，全軍肅靜噤聲。依次就位，祕密開城！」

月黑風高的子夜，即墨的城門與地道口悄悄地打開了，黑壓壓的大軍悄無聲息地瀰漫出來，從壕溝外逼近到燕軍大營里許之外，列成了叢林般的陣勢。遼闊的燕軍大營依舊是軍燈閃爍，一片安然。

突然之間，戰鼓隆隆而起，即墨大軍驚雷般炸開。千餘隻健牛猛甩著燃燒的尾巴，哞哞吼叫著排山倒海般衝進了燕軍大營，衝垮了鹿砦扯翻了軍帳踩過了酣睡的軍兵，牛頭長矛尖刀肆意挑穿奔突逃竄的所有物事，連綿大火立即在遼闊的軍營蔓延成一片火海。火牛身後是潮水般怒吼呼嘯的即墨壯士，大營兩側的原野上則是奔突截殺的即墨鐵騎，再後便是即墨民軍無邊無際的火把海洋。

大駭之下，騎劫的十萬大軍驟然之間土崩瓦解了。

天亮時分，燕軍餘部已經倉皇西逃。清理戰場，燕軍屍體竟有六萬餘具。騎劫也在亂軍中被殺，屍體在燕軍幕府外三丈之遙，肚腹大開膛晾著，雙眼圓睜大嘴張開，一副無比驚懼的猙獰面容。分明是剛剛出帳尚未廝殺，便被火牛尖刀開膛破腹了。

魯仲連哈哈大笑：「田兄，一鼓作氣，收復齊國！」

「便是這般！」田單一揮手，「傳令三軍城外造飯，飯後立即追殺！」

樂毅離軍，齊人之心大傷，正在擔心燕軍反覆，即墨大捷的消息驟然傳開，一時歡聲雷動，紛紛捲入田單的追擊大軍。月餘之間，齊國七十餘城全部收復。圍困莒城的秦開大軍明知大勢已去，早在田單開始追殺的時候便撤軍歸燕了。

兩個月後，田單率大軍隆重迎接齊王田法章進入臨淄復國。田法章感慨唏噓，大朝當日便封田單為安平君開府丞相，貂勃為上卿，共同主持齊國復興大政。歷經六載亡國戰亂，齊國終於神奇地復活了。

消息傳開，列國卻是一片冷漠。月餘之間，只有後援齊國的楚國派出了上大夫莊辛來賀；沒有占齊國一寸土地沒有掠齊國一車財貨的秦國，派來了華陽君為特使祝賀。貂勃倍感屈辱，憤憤來找田單：「五國攻齊，魏韓分了宋國，也便忍了。只這趙國奪取的河間卻是我大齊本土，卻裝聾作啞不出聲。以我之見，立即派出特使，向趙國索回河間！」

「此一時彼一時。六年已過，趙國今非昔比。以新齊之弱，上門也是自取其辱也。」田單淡淡笑了。

「豈有此理！那便忍了？」

「六載抗燕，貂勃兄還是如此火暴？」田單笑道，「目下趙國雄心勃勃，一如當年燕國。齊國只能等待，等他自己生變。」

「你是說，趙國也會像燕國那般變化？」

「假若不能，便是天意了。一如秦國，內部不生變，誰卻奈何？」

貂勃長吁一聲：「齊燕兩弱，只有秦趙爭雄了？」

田單一笑：「貂勃兄縱不甘心，也得作壁上觀。」

正在此時，書吏匆匆急報：趙國發兵十萬進攻中山，秦國起兵攻趙。

「如何？秦國救中山？匪夷所思也！」貂勃哈哈大笑。

「天下強國，總歸是不甘寂寞。」田單依舊一笑，「等。也許，齊國還有機會。」

第十章 胡服風暴

一、白起方略第一次被放棄

當中山國特使星夜趕到咸陽時，秦國君臣正在章臺祕密會商。

中山國是大河東岸太行山東麓的一個山國，都邑靈壽，疆域盈縮無定，強盛時方圓曾達千里之廣，戰國中期卻只是個五六百里地的小邦了（註：史家考證，中山國地域大體在今日保定、石家莊以西的山區丘陵地帶。戰國中期，中山國中心在今河北省平山縣一帶。都邑靈壽，今平山縣境內。中山立國經過見第二部《國命縱橫》）。地雖不大，卻恰恰卡在秦趙魏韓四強之間：西面是秦國的河東根基離石、晉陽兩大要塞，南面是韓國飛地上黨山地，東南是趙國巨鹿與邯鄲地帶，西南面是魏國的河內地帶。彷彿四方生鐵之間的一方棉墊兒，一旦抽掉，四方生鐵便會硬碰硬轟然相撞。在秦國崛起之前，中山國主要是魏趙韓三國爭奪的焦點。戰國中期形勢大變，秦國先收復了河西高原，再奪取河東離石與晉陽，成了直面中山的最強大勢力。及至秦軍奪取魏國河內地帶並設置河內郡後，魏國萎縮於大河之南，等於在爭奪中山國的格局中退出了。也由於河內歸秦，韓國原在魏國河內的狹窄通道也被秦國一體化入，韓之上黨遂成了一塊飛地。雖然也是直面中山，但由於國勢大衰，韓國也早已經沒有了爭奪中山國的雄心。恰在這二十多年間，趙國驟然強大，於是，中山國事實上主要成為秦趙兩大強國之間的緩衝地帶。

若依地緣大勢，中山國對於趙國，有著比秦國更為根本的利害關聯。秦國崛起之後，擴張之勢一步大過一步：收河西進河東，吞併巴蜀，奪取魏國河內，再奪楚國南郡，無可阻擋地強大起來。而趙國卻在進入戰國的百年期間，除了對三胡（東胡、林胡、樓煩）作戰略有收穫，始終沒有大的擴張。唯其如此，奪取中山國對強大之後的趙國，有著非同尋常的意義。吞滅中山國，非但根除了一個肘腋大患，且對奪取韓國上黨立即形成了壓頂之勢；中山國與上黨一旦歸趙，既可使河東的廣闊山地成為對抗秦國的堅實屏障，也可使通向中原的大道暢通無阻。正因了如此大勢，趙武靈王後期第一次滅了中山國。然則後來趙國內亂，中山國又死灰復燃重新立國。如今趙國重新強大，決意根除中山國，這次出動十萬大軍，顯然是要一舉吞滅中山國。

一接到緊急密報，魏冄覺察事非尋常，立即渡過渭水到了章臺。

入得夏日，年事已高的宣太后常常多嫌咸陽宮燠熱難耐。秦昭王遂命長史將章臺收拾清理得潔淨整肅，自己與太后一起搬到了章臺消暑，一應重大國事自也趕到了章臺會商。魏冄來到時，恰是正午時分，宣太后正在午間小憩，獨秦昭王在書房盯著牆上那幅新繪製的大秦地圖凝神沉思。已經四十多歲的秦昭王，雖然依舊沒有多少國事，但一如既往地毫不懈怠，但有國事撞到面前，或太后丞相請與會商，總是立即前往，而且有話便說絕不瞻前顧後。時日一長，不期然地隱隱形成了太后、丞相、秦王三足鼎立主持國政決策的格局。魏冄依舊是軍政大權在握，卻也不再像原先那樣徑直與太后商議了事，只要秦昭王在，也便與秦昭王先說，而後再與太后共同議決。

「出大事了！」魏冄熟悉章臺，一步跨進書房急促說了一句。

秦昭王一轉身道：「趙何發兵中山國？」

「我王如何曉得？」魏冄心中一沉，若是秦王先得密報，朝局就大為蹊蹺了。

「我是私下忖度，趙國該當有此舉動。」秦昭王悠然一笑，「趙國君臣雄心勃勃，不滅中山，於心何安？」

「也是一理。」雖然心下稍安，但魏冄還是被秦昭王的「先知」觸動了。這個消息對他這個身在中樞的秉政權臣是如此突兀，整日閒暇的秦昭王卻在「忖度」中料到了先機，魏冄，你當真老了麼？心下雖則閃念，面上卻是淡淡一句撂過，「等太后醒來，立即商定個對策。」

「太后的午眠是越來越長了。」秦昭王思忖問道，「以我之見，先行宣召白起、華陽君、涇陽君、高陵君來章臺，未時之後正好合議。王舅以為如何？」不知從何時開始，秦昭王不再呼魏冄為丞相或穰侯，而喚做了王舅。

「白起正在南郡巡視軍務，擴充夷陵水道，一時趕不回來。」魏冄皺著花白的眉頭，「宣召華陽君三人前來可也。」

「大戰沒有白起，可是不好說。」

「十萬兵馬也算大仗？」魏冄輕蔑地笑了，「國策但定，任一大將足以應對。」

「好，先宣來三君商議。」秦昭王轉身高聲道，「知會長史：急召華陽君、涇陽君、高陵君立即趕赴章臺議事。」

「是。」書房廊下的老內侍答應一聲匆匆去了。

「我到前署等著。」魏冄說罷，來到章臺第二進庭院（註：關於章臺的地形與格局，見第二部《國命縱橫》）。這第二進有九間冬暖夏涼的石屋，是宣太后特意下令設置的相署。每年冬夏，只要宣太后或秦昭王來章臺，魏冄也會時不時趕來會商國事。為了方便就近處置緊急國務，丞相府的六名精幹屬員長駐在這裡上承下達，確實是快捷了許多。突然之間，魏冄覺得他需要冷一冷心境，便來到相署自己的書房。

「啟稟穰侯：武安君有羽書方到。」魏冄剛踏進書房，書吏匆匆來到。

「快打開。」

書吏利落地抽出腰間皮袋裡的一支專門開啟信件的細長匕首，嫻熟地挑開銅管泥封，擰開管蓋抽出一卷羊皮紙捧了過來。魏冄嘩啦展開，白起那粗大的字跡赫然入目：

穰侯臺鑒：白起已接軍報，趙國發兵中山。起以為趙國目下氣勢正盛，吞滅中山難以阻擋，過早與之爭鋒，反給魏楚等可乘之機。對趙之策，當以先取上黨為根基，成壓迫之勢，而後相機決戰。趙國業已成強，與我大戰必在早晚，宜聚舉國之力，不戰則已，戰則雷霆一擊，縱不能滅趙，亦使其根本衰弱。白起多方忖度，夜不能寐。穰侯掌軍國大政，定能明察善斷。

魏冄看罷不禁大皺眉頭。他與白起的將相合璧，幾乎是有口皆碑。從與白起相識共事開始，他從來都毫無保留地支持白起。白起也對他極為敬重，雖說白起目下之爵位職權都與他這個丞相不相上下，但白起從來都視穰侯為軍政第一重臣，凡遇大事必先與他會商，從不單獨向太后或秦王進言。目下這封如此緊要的羽書，白起完全可以直呈宣太后，然而白起還是徑直送入丞相府，從抬頭語氣看，顯然只是給他一個人的。這是白起與他多年的慣例，魏冄倒是絲毫沒覺得有何不妥，時日一長也就習以為常，覺得該當如此。畢竟，當初是他一力將白起托出水面的，況且，他與白起從來都是坦蕩謀國做事為先，只要做事快捷，些小方式誰卻去細加揣摩了？目下魏冄的皺眉，是覺得白起的想法有些不對味，對，是謹慎過分。以白起之沉毅冷靜果敢與用兵之精到，面對十萬兵馬竟如此謹慎小心，魏冄覺得有些不可思議。

細想起來，白起在第一次河外大破合縱聯軍後，似乎就漸漸深沉了。宣太后幾次笑著說：「白起大有長進呢，多讀兵書，說事有學問了。」魏冄當時倒是沒在意，目下想起來，白起的變化似乎還就是從那時開始的。以魏冄的粗糲稟性，他倒是更喜歡原先的白起，只就戰場說話，其餘一概不想；打仗雷霆萬鈞，國事悉聽上命決斷。可如今，白起想得多了，已經想到了戰場之外的天下大勢，於是，也變得謹慎了。這是好事麼？目下這封羽書，分明在說秦國對趙國的長策大謀。然面對十萬兵馬，卻說趙國「吞滅中山難以阻擋」，那種面對六十餘萬大軍而勇往直前的氣概哪裡去了？白起啊白起，莫非你也想做樂毅那般儒將，為求一仁而六載不下一城，最終功虧一簣？

「稟報丞相：太后宣召。」書吏輕輕到了廊下。

魏冄順手將羊皮紙揣進胸前襯裡的衣袋，匆匆向最後一進的竹園走來。

章臺後園只是山麓下一片略加修葺的天然草場，一道青石條砌起的高牆，一方茂密的竹林，一池天然的山潭碧水。潭邊草地上有一座茅屋庭院，那是當年秦孝公在章臺的居所，號曰玄思苑，是孝公為懷念墨家女弟子玄奇而命名。孝公四十五歲積勞死去，玄思苑成了一處頗具神聖氣息的舊居。秦惠王、秦武王每有大事入章臺，必要到玄思苑對著孝公靈位稟報祈禱。秦昭王加冠之後，在玄思苑立了一座孝公石像，又令宮中老內侍畫了孝公像交蜀中絲工精心刺繡成一幅與真人等高的繡像，張掛在玄思苑正廳靈位後。從此，這章臺玄思苑便成了追念孝公的肅穆所在，被一班大臣稱為「小太廟」。魏冄每次進入章臺，都要到玄思苑小祭孝公。此時雖有急務，他還是停下腳步對著玄思苑肅然地深深三躬，才匆匆向竹林中走去。

竹林深處是雲鳳樓。這雲鳳樓是秦昭王專門為宣太后修建的，名號是宣太后自己取的。究其實，雲鳳樓只是一座架在粗大木樁上的兩層竹樓。這種竹樓是雲夢澤楚人的山居習俗，楚人呼之為「干欄」。暮年的宣太后頗有鄉情，常常對秦昭王念叨：「要說舒坦，還是雲夢澤好啊。干欄多豁亮，四面來風，比這高房大屋自在多了。」秦昭王說給了白起，其時正逢奪取南郡大軍班師歸來。白起感念宣太后平日對自己的關切，從南郡緊急徵發了十多名建造「干欄」的能工巧匠，一個月便在章臺竹林建成了這座「干欄」竹樓。一切就緒，秦昭王在盛夏之時請母親到章臺消暑。宣太后一見茂密竹林中的干欄樓，呵呵直笑：「好啊好啊，芈氏老在這干欄裡了！」（註：史家考證，干欄為遠古直到漢代長江流域與江南地區的主要民居形式之一，浙江河姆渡遺址曾發現密集的干欄式建築遺跡，古文獻亦多有記載。）

「母后，干欄當有個名號。」秦昭王高興地指點著。

「我想想。」宣太后略一沉吟，「楚人云夢，秦人喜鳳，雲鳳干欄了！」

秦昭王笑了：「母后，還是『雲鳳樓』雅些個。」

「如何？干欄土了？」宣太后頓著竹杖笑了，「畢竟在章臺，就依你，雲鳳樓！」

於是，雲鳳樓成了宣太后的常住寢宮，一年倒有大半時日消磨在此。

魏冄對這雲鳳樓頗不以為然，總覺得這位老姊姊大可不必如此張致，讓老秦人覺得礙眼。粗豪的魏冄少年離楚，入鄉隨俗，衣食住行已經完全變成了一個秦人，更兼身材高大黝黑威猛步態赳赳，若非偶然流露的楚音，直是一個地道的老秦人。然則，魏冄也是精細的，絕不會在這種無關大局的小事上對老太后聒噪，況且，即或說了也是無濟於事。這位老姊姊的無所顧忌與她不讓鬚眉的英風一樣，是天下聞名的。當年堅持要陪同兒子入燕做人質，曾令秦惠王大是頭疼，最終不得不教她去了。做了人質照樣我行我素，公然與亞卿樂毅生出了情愫，回到咸陽尚念念不忘。記得在樂毅行將入秦之前，魏冄很是認真地勸阻了一回姊姊，請她斷了與樂毅的念頭，萬勿引來天下嘲笑。誰知老姊姊撇著嘴輕蔑地一笑：「樂毅鰥夫，芈八子寡婦，男女人倫天經地義，怕誰個嘲笑了？」

更令天下咋舌者，還是這位老姊姊在外邦特使面前的驚人之言。

楚國猛攻韓國雍氏（註：雍氏，戰國韓地，在今河南禹州東北）時，韓使尚靳入秦求救，魏冄與老姊姊並秦王共同接見韓使。說了半日，尚靳言不盡意，總是唇亡齒寒之類的道義之詞而不涉實際。宣太后突兀開口，打斷了尚靳道：「我侍奉先王之時，先王將大腿搭在我身上，我便覺沉重難支；可先王完全壓在我身上，反倒不覺其重了。因由何在？全身壓我，給我歡喜，於我有利，自不沉重了。秦國救韓，原不在出兵多少，而在我能否得利，尚子明白了？」一席話畢，師從儒家的尚靳大為難堪，脹紅著臉瞠目結舌。宣太后一陣咯咯長笑：「言不及義，虛妄之士也！你等說，我去了。」甩著大袖逕自去了。魏冄記得很清楚，那次只有秦昭王坦然自若，連他也覺得難堪了，只有約定尚靳夜來再議。自從那次之後，這位老姊姊的無所顧忌令天下側目，一時毀譽紛紛。各國特使入秦，但逢宣太后便如芒刺在背。連每次必在場的魏冄都總是提著心氣，生怕她口無遮攔。

如此一個老姊姊，你能管得她住何等樣的房子？

上得四尺寬的結實木梯，沿著寬寬的外廊拐過兩個轉角，到了雲鳳樓臨水的一面，谷風習習撲面，魏冄頓覺清爽起來。聽屋內聲音，華陽君三人已經到了。

「都坐了。」已經是兩鬢白髮的宣太后午眠初起，顯得分外精神，「秦王已經將事由說了，丞相也來了。都說，甚個計較？」尋常重臣議事，也就是這幾個人再加白起。所不同的是，但凡沒有白起在場，宣太后都分外莊重，幾乎從來沒有笑臉。

在座五人，秦王是兒子，丞相是同母異父弟，華陽君是同父異母弟，高陵君與涇陽君是自己未嫁秦惠王時的兩個兒子，全是至親家族大臣。雖說秦人從老祖宗開始就已與西部邦國雜處共生，只要是能才，歷來不計較異族異邦之士執掌大權。然則，除了一個武安君白起，舉朝重臣皆出外邦，畢竟是秦國第一遭。朝野之間，已經將魏冄與三君呼為「四貴」了，顯見老秦人是頗有微詞的。若不按規矩來，誤得幾件大事，便會生出諸多事端，甚或導致入秦芈氏家族一舉傾覆。宣太后明銳異常，自是掂得輕重，對每個人說話都是官稱，實則時時在提醒著這幾個非同尋常的顯貴——都得明白自己的權力身分，不要以私情誤國。

「我看，不能教趙國滅了中山。」華陽君芈戎原本是藍田將軍，性情寬厚，先慷慨一句，接著歉然低聲道，「只是，如何阻擋趙國，我尚無成算。」

「家事無定見，國事無成算，夫人當家沒了自個麼？」宣太后冷冷一句，華陽君滿臉通紅。華陽君雖是大將出身，偏偏卻對那個不生兒子的華陽夫人寵愛有加，尋常時節幾乎事事都是華陽夫人做主，在秦國大臣中成為一奇。這是在座誰都曉得的事，宣太后已經直面斥責，他人也不好再說。

「趙國若滅中山，我河東根基離石、晉陽便成孤島。」高陵君嬴顯打破了沉默。他目下執掌黑冰臺，對各國情勢瞭若指掌，顯得極為自信，「當年趙雍非同尋常，其勃勃雄心堪與齊湣王比肩，其過人才幹與英雄氣度，卻又遠非齊湣王所能及。趙雍給趙國留下了一支精銳大軍，且平定了東胡、林胡、樓煩，三次蠶食中山國。目下趙何，分明是要從吞滅中山開始，踏出南下爭霸第一步。若不能在這第一步還以顏色，趙國會立即奪取上黨，直接壓迫河內，成為心腹大患。」

「高陵君言之有理！」兼領咸陽城防的涇陽君立即跟上，「趙攻中山國，我攻趙邯鄲。此乃孫臏圍魏救趙之計。若得定策，我率十萬大軍攻趙！」

「你？」宣太后嘴角淡淡一撇，看著魏冄，「白起如何？沒個話來？」

「有。白起的快馬羽書。」魏冄本不想將白起的羽書拿出來，然在閃念之間卻又立即拿了出來。這位老姊姊知人之明殺伐決斷之利落，魏冄從來都畏懼三分，她但發問，自是料定白起不會在如此兵家大事上聽憑朝議，但有隱瞞，立時必有難堪。

「丞相之意如何？」宣太后瞇著眼睛將羽書看了一遍，順手遞給秦昭王，又看著魏冄。

「啟稟太后，臣以為武安君白起失之謹慎。」在宣太后面前，魏冄從來不會像在秦昭王面前那般無官稱說話，言必合乎法度，「若是大勢繁難糾結，敵國軍力數倍於我，自當謹慎從事。然則，目下山東五國皆弱，無一國堪與大秦正面爭雄。唯餘趙國稍有起色，視若空前強敵，似有不妥。據實而論，趙國三十餘萬大軍，我則有四十餘萬大軍。趙之國力、軍力，皆弱於我甚也。再說部署：趙軍精銳十餘萬長駐陰山草原，十萬大軍攻中山國，所餘兵力充其量十二三萬，除去要塞與邯鄲城防，能出動者僅在八萬上下而已。當此時勢，若聽任趙國吞滅中山國，將大大助長山東六國氣焰，合縱死灰復燃亦未可知。」魏冄本來沒有想對如此一件顯而易見的小戰大費唇舌，若在尋常時日，以他之專斷快捷，三言兩語便告了斷。可白起一有歧見，事情大為復雜。至少，白起在宣太后心目中的分量魏冄是清楚的，若不條分縷析，老姊姊一句話便將你撂在了一邊。

「也是一理。」宣太后點了點頭，對秦昭王道，「大主意秦王拿，你說。」這宣太后卻是奇特，分明是自己決斷國事，可每次都要在最要緊時刻將兒子推在正位，似乎總是反反覆覆地強調著一句言外之意：除了我，誰也不能無視秦王。

秦昭王皺起了眉頭道：「看了白起羽書，我以為白起謀劃深遠，可作長策。然則，方才丞相一番論說，我也以為有理。兵家謹慎，原本不錯。然若謹慎過分，也會貽誤戰機。就實說，目下委實難以決斷。」

「喲，沒主意了。」宣太后破例地笑了，「你等三個，如何說？」

「打！」華陽君第一個開口，「丞相大是在理，區區八九萬大軍，不打顏面何存？」

「武安君思慮深遠，然目下卻不著邊際。」高陵君顯得成算在胸，「戰場爭雄，實力較量。我只出奇兵一支攻趙心腹，使他滅中山國不成，未必與他舉國大戰，實在無須多慮。」

涇陽君立即跟上：「我亦贊同丞相之見。大戰要武安君親自出馬，如此小戰，武安君不在，亦當定策，無須遲疑。」

「如此說來，都是這個主意了。」宣太后輕輕點著竹杖，「話說到頭，要論打仗，還是白起實在。縱有一謀之失，兵事還得靠白起。」三言兩語將仍然倚重白起之意說得明明白白，說罷扶著竹杖站了起來，「秦王難斷，我拿個主意：秦王丞相到藍田大營聚集大將，他們都是戰場滾大的，自有個掂量；若有良將請命出戰，大體便是打得。」

「臣等贊同！」魏冄四人異口同聲。

「好主意！」秦昭王拍案起身，「丞相，何時去藍田？」

「飯後走，初更便到。」魏冄說罷回身出廳，「一個時辰後，章臺渡口見。」話音落點，樓梯已經傳來了沉重急促的腳步聲。

三日之後，中山國特使被緊急召往丞相府。進府一個時辰後匆匆出來，連驛館也沒有回去，直出咸陽星夜北上了。

二、趙奢豪言　險狹鬥穴勇者勝

秦軍快速東出的消息傳到邯鄲，趙國君臣大出意料，卻也沒有慌亂。

在趙國君臣心目中，很是清楚吞滅中山國的利害關聯，多年來只是不斷蠶食中山國，而不做滅國大戰。迄今為止，中山國已經只剩下不到十座城池，不到五百里地面，趙國才決意一舉滅之。進兵之前，惠文王趙何曾有秦國發兵之憂慮，誰知幾位重臣眾口一詞，秦國南郡未安，白起遠在夷陵，決然不會發兵攻趙。趙何思忖一番也覺在理，趙國吞滅中山國只在一個月間，縱然白起聞訊星夜北上，待率領大軍上路，只怕中山國也沒有了，其時秦國奈何？可令趙國君臣驚訝的是：秦國根本就沒有動用白起，也沒有動用舉國大軍，竟派一個叫做胡傷的大將率八萬鐵騎直逼閼與（註：閼與，戰國時期趙國要塞，今山西省和順縣西南地帶）。

閼與位於漳水上游山地，南壓韓國上黨，西對秦國離石，距東南之邯鄲三百餘里，是趙國西部的第一道險關。過了閼與沿漳水河谷東下百餘里，便是邯鄲西大門——武安（註：武安，今河北省武安縣西南）要塞。武安一過，距邯鄲只有不到百里，鐵騎馳騁，一個時辰便到城下。唯其如此，這閼與雖則不大，卻是絕不能放棄的咽喉要地，即或在兵力最吃緊的時刻，閼與也常駐著兩萬長於山地廝殺的精銳步軍。而今秦軍直逼閼與，顯然是要破除趙國屏障而威脅邯鄲。

緊急軍報傳入邯鄲後的半個時辰，惠文王特使便四路出宮了：第一路直赴中山軍前，向統兵大將樂閒通報軍情變故，囑其相機處置；第二路飛赴武安，急召將軍廉頗來邯鄲；第三路出邯鄲東北直奔觀津（註：觀津，戰國趙地，在漳水北岸，今河北武邑東南），急召大將樂乘；第四路北上巨鹿（註：巨鹿，戰國趙地，今河北白洋淀以南地帶，秦統一後置郡）府庫，急召田部令趙奢回邯鄲籌劃糧草。趙何相信，幾路特使必有一路能解閼與之危。

趙何之所以信心十足，根本在於這時的趙國非但有胡服新軍三十餘萬，且多有良將。對諸侯作戰，非但有勇邁絕倫的大將廉頗，更有閒居觀津號為望諸君的天下名將樂毅及其同是兵家名士的兩個兒子——樂閒、樂乘，老而彌辣的平原君趙勝，久在軍旅而如今職掌國尉的肥義，若再加上趙成、趙文、趙造、趙俊、趙固、趙招等一班王族新老猛將，趙國直是當時天下的名將淵藪。其中堪稱帥才而能獨當一面者，至少有樂毅、廉頗、趙勝、肥義、樂閒、樂乘、趙成幾人。然則，除非有亡國之險，樂毅這般名動天下的大帥是不宜輕動的。趙勝、趙成、肥義這三位，都是年過六旬的老將，也是不能隨意上陣的。能立應突發危機者，自然便是常在軍中的這班大將。幾將之中，樂閒率軍進攻中山國，其餘幾人便成了迎擊秦軍的自然人選。

暮色降臨時，最近的廉頗率先趕回邯鄲。

廉頗堪稱天下軍旅一奇，越趨盛年越見戰陣之才。做前將軍時，廉頗便以勇邁聞於諸侯，而今已是五十餘歲盛年之期，卻更見壯猛心志非凡，一副灰白的連鬢絡腮大鬍鬚掛在黝黑紅亮的臉膛上，步態赳赳聲若洪鐘，但在軍前立馬，大有河岳泰岱而無可撼動之勢。然則，若僅僅是勇猛，自不足以成為天下名將。廉頗之奇，在於衝鋒陷陣之勇猛與統率大軍之穩健奇妙地糅合在了一起。一身而享天下第一武勇與天下第一穩健之赫赫大名，戰國之世無出其右。

當沉重急促的腳步聲遠遠傳來時，惠文王先自笑了。廉頗的腳步聲永遠都像戰鼓，任你萎靡困頓之人，一聽這咚咚鼓點都會陡然振作。趙何也是一樣，順手撂下案頭的〈閼與關山圖〉，大步迎了出來。

「老卒廉頗，參見我王！」還在九級石階之下，黃鐘大呂便轟然撞將過來。不稱老夫，也不稱老朽，硬邦邦自稱老卒，這也是廉頗一奇。

趙何哈哈大笑：「老將軍，本王正在虛席以待，請了。」

「我王請！」廉頗肅然一拱，跟在趙何身後大步進了幽靜的偏殿。

「老將軍請看，這是閼與急報。」趙何拿起案頭羽書遞給了廉頗。

「老卒駐防武安，軍情盡知，我王何斷？」

趙何笑道：「戰事問將。老將軍以為閼與可救麼？」

默然片刻，廉頗終於開口：「閼與道遠險狹，急切難救。」

趙何一驚，心下一沉：「閼與丟給秦軍，邯鄲豈不大險？」

「邯鄲無險，我王毋憂。」

「何以見得？」

「老卒鎮守武安，秦軍難越雷池半步。」

趙何不說話了。廉頗的回答大大出乎他的意料，以如此勇邁大將之目光，尚且認為閼與難救，那顯然真是難救了。趙何不是父王趙雍那般戰陣君王，沒打過仗，戰事決斷歷來以大將主張為憑據。廉頗是行伍擢升，久經戰陣，他能說「道遠險狹」，那必是大軍無法兼程行進的崎嶇山地羊腸道，趕去也是遲了。驟然之間，趙何想起廉頗當初的建言：在閼與當屯兵五萬。可是，其餘大將都以為兩萬足以支撐，屯兵過多，且不說閼與不能展開，糧草輸送、兵力凝固難以迅速調遣等都是不利之處。目下看來，廉頗是沉穩老謀了。

廉頗匆匆趕回武安備兵去了。趙何鬱鬱沉思，連最是在意的晚餐都免了，一直在殿中徘徊著守候著。

「稟報我王，樂乘將軍到。」

「快！宣他進來。」

樂乘是樂毅的次子，三十餘歲，自幼熟讀兵書，與長兄樂閒一般沉靜，儒雅之風頗似其父。當初樂毅棄燕入趙，騎劫大軍被田單火牛陣一舉擊潰，落葉遇秋風般丟了齊國，其山倒之勢比當年樂毅攻齊快捷了許多。燕惠王姬樂資大悔不迭，更怕樂毅記恨於燕國而率趙軍攻燕，於是派出密使致書樂毅，將當初之過推於「左右誤本王」，宣示自己的本意是「為將軍久暴露於外，故召將軍歇息議事」，末了竟然指責樂毅「將軍過聽，以與本王生隙，遂棄燕歸趙。將軍自以為計可也，卻何以報先王之所以遇將軍之恩義也」。先期隨後母在劇辛護送下祕密抵趙的樂乘，見書大是不齒，冷笑道：「君王多厚顏，如此言語，竟能啟齒也！」樂毅淡淡一笑：「亡羊尚知補牢，縱有文過飾非，也是用心良苦。」樂乘記得，父親書房的燈光當夜一直亮著。天亮時，父親將他喚進書房，拿出滿當當字跡的三張羊皮紙說，這是給燕王的回書，你便做我信使了。為明父親本意，樂乘仔細讀完了那封少有的長書。父親開篇直言不諱道：「樂毅非佞臣。當初不能奉承王命以順左右之心，恐傷先王之明也，故遁逃走趙。今足下使人數之以罪，臣唯恐足下之左右不察先王信臣之理，又不白臣之用心也，故敢以書對。」寥寥數語，潛藏著諸多意味，樂乘不禁大是讚歎。接著，父親細緻論說了燕昭王的惕厲奮發、敬賢拔士與任用樂毅滅齊的經過以及給燕國帶來的巨大利市，顯然是要給燕惠王立一面君道人道的大銅鏡。末了那段話猶是感人，樂乘至今尚能一字不差地背誦下來：

臣聞之：善作者不必善成，善始者不必善終。昔吳王闔閭聽伍子胥而成大業，夫差卻賜藥以殺伍子胥，而拋屍於江。吳王夫差不悟才士可以立功，故殺子胥而竟不悔。子胥不明吳王之歧見，故屍身入江猶有恨意。臣立功免身，以明先王之跡，臣之上計也。既臨不測之罪，自以倖免為利。今雖身托外邦，而大義不敢逾越也。

臣聞：君子交絕，不出惡聲；忠臣去國，不潔其名。臣雖不才，數受教於高士君子，自當恪守大道。臣恐王唯聽左右之說，而不察賢才之疏遠，故敢獻書以聞，願王留意也。

這封回書，燕惠王無言以對，只好三番五次地向趙國示好，請趙王准許樂毅回故國探訪。趙何心明如鏡，也三番五次地不予理睬，直到樂毅默認了，才「王命特許望諸君訪燕」。這是明白警告燕國：樂毅是趙臣，燕國若有加害之心，便是與趙國為敵。後來，樂毅隻身回燕，燕王多方說服樂毅回燕重掌兵權，都被樂毅婉言辭謝了。眼見樂毅不歸，燕惠王提出請樂毅長子樂閒回燕承襲昌國君爵位，不想樂毅卻道：「樂氏既在趙國，自當為趙國之將，何能再做逃趙之事？」燕惠王不禁驚慌道：「樂氏為趙將，忍心攻燕乎？」樂毅笑道：「樂氏不攻燕，此乃樂毅與趙王明白約定，燕王毋憂。」從燕國歸來，趙何請樂毅出山掌趙國上將軍大印，樂毅悠然一笑道：「樂毅年邁力衰，已喪掌兵雄心，愧對趙王了。若得軍情緊急，臣之兩子或可盡力。趙國良將輩出，何須一老朽之力也。」從那以後，樂毅以客卿之身在觀津真正地做了隱士，樂閒樂乘先後做了趙國將軍。

「將軍但坐。」樂乘一進來，惠文王先禮節一句。煮茶侍女尚未就位，惠文王急迫坐到樂乘對面席位問：「將軍且說，閼與如何援救？」

樂乘頗為機敏，來路上已經謀劃妥當，從容答道：「趙王明察：閼與為兵家險地，一道大嵊山崎嶇難行，大軍無法疾進，難救也。」

「如此說來，閼與丟了？」惠文王倒吸了一口涼氣。

「卻也未必。」樂乘似乎成算在胸，「閼與兩萬精銳，或可守得一段時日。目下，我可一軍出武安迂迴上黨，斷秦軍歸路；待樂閒中山之戰了結後，出兵南下夾擊，閼與必能失而復得。」

惠文王頓時默然。樂乘之策不能說沒有道理，但卻要大費周折。樂閒滅中山國縱然順利，至少也是三兩個月。趙軍借道上黨，還得與韓國仔細交涉。韓國若藉此開出高價，一時便是進退兩難。南北兩頭但有一邊卡住，收復閼與便是遙遙無期。以秦軍奪取河內與南郡的實例比照，秦人奪地化地之快捷令人驚訝，但有三兩個月，閼與可能永遠也收復不回了。果真丟了閼與要塞，秦軍便驟然釘子般楔進了趙國，直接威脅邯鄲。但成如此局勢，對於國力軍力都在蒸蒸日上的趙國顯是莫大恥辱，雖奪取中山國也無法抵消。樂乘謀劃，只計兵家之可行，不解大勢之需求，未免迂闊。然則，惠文王卻無法對樂乘以大勢所需相要求。兵事戰陣，若將軍無成算，君王縱然強求，十有八九也都是敗筆，更不說樂毅父子最不屑的便是君王亂命了。

「啟稟我王：田部令趙奢到！」御史（註：御史，趙國官職，掌王宮文書典籍與事務，同秦國長史）快步走了進來。

「趙奢？」惠文王一時恍然想起還急召了這個田部令回來籌劃糧草，可如今無人領兵，籌劃糧草卻有何用？心下一鬆，趙何淡淡笑道，「教他進來了。」

這個趙奢，是趙國一個赫赫大名的能事之臣。

田部，在趙國是職掌田土與農耕賦稅的官署，與魏國的司土（後稱司徒）官署相當。田部令，是執掌田部的首席大臣。趙奢祖上原本是趙氏王族遠支，後來成為邯鄲的農耕國人。在武靈王趙雍胡服騎射徵發新軍時，年輕的趙奢入了軍旅，在塞外征戰十餘年，因戰功逐步擢升為輜重營將軍。這輜重營是大軍命脈所在，除了運輸、囤積、防守糧草大營，同時還有兵器甲冑馬具的打造修葺，諸般軍用財貨的保管分發等職司。一軍之輜重將軍，非但要有實戰才能，足以率兵鎮守大營不失，而且要有料理政務商旅的才能。否則，官署調撥、長途輸送、立營保管、定期分發等諸多煩瑣事務立時亂套。時年三十歲出頭的趙奢，輜重營大將做得有條不紊，從沒出過一件差錯。三年之後，武靈王對趙奢的軍政才能大是讚賞，破例將趙奢從軍中左遷為朝官，任為田部吏，雖不是「令」，卻是專門執掌田土賦稅徵收的實權臣工。

戰國時代，賦稅徵收是天下第一大政，也是天下第一難題。大戰連綿，大軍的財貨消耗驚人，沒有源源不斷的物資實力，大軍立時不能立足。偏偏戰國之世還不能靠加重賦稅養軍。蓋因其時天下大爭，各國競相吸引人口，若是賦稅加重而民不堪累，民眾便會大量逃亡甚或動亂。一旦動亂，還不能輕易用兵剿滅，你若用兵強壓，他國便會乘機出兵「弔民伐罪」，滅其國而分其地。齊湣王倍加賦稅不到十年，一戰山崩而被亂民千刀萬剮，任你天下君王大權在握，也是心驚肉跳。唯其如此大勢，賦稅只有適度，而適度則必然時有財貨掣肘。明智國策，只有依靠及時徵收來彌補，除此還得嚴防偷漏逃賦稅，否則財貨立時吃緊。所以，這徵收賦稅的田部吏，自非能事強悍者不能任事。否則，以武靈王趙雍之重視軍爭，如何能將一個極富將才的年輕將領遷職為文官？

趙奢一上任，便遇上了一件棘手事。

盤查賦稅大帳，國轄四郡（上黨郡〔註：上黨郡，三家分晉後，韓趙皆設上黨郡，此時上黨主要部分在韓〕、雁門郡、雲中郡、代郡）六十餘縣，賦稅分毫不差，可占地三十餘縣的二十餘家世族封地，賦稅卻僅僅收繳兩成不到。封地最大的平原君趙勝、安平君趙成、平陽君趙豹、代安君趙章四家十六縣，竟三年未繳國府當得之賦稅。趙奢問起情由，田部主書只嘟囔一句，四君撐趙，他不繳誰卻敢收？

趙奢大皺眉頭，思忖半日，斷然下令聚集田部的催征千騎隊，並備齊三千輛牛車隨後，立即開赴平原君封地。在趙奢看來，平原君有「戰國四大公子」之名，又是王族嫡系，素來都是國家棟梁，斷無拒繳賦稅之理。要清繳封地賦稅，只有從平原君開始。

此時，趙國雖行新法，然卻不像秦國變法那般徹底。其間最大的不同，是趙國相對完整地保留了世族封地制。所謂相對完整，主要在於兩個傳統沒有改變：其一，封地世襲，不以承襲者無功而奪封地；其二，封地治權仍然在世族，國府只能與世族分享賦稅，世族占大頭而國府占小頭。秦國則將封地制大大虛化為一種象徵，非功臣不能封地，子孫不得世襲；封地治權在國府，受封之功臣只是「虛領」封地，由國府從封地賦稅中分出小部分給予虛領之功臣。究其實，秦國的封地制已經變成了一種名義上的最高封賞，實際所得僅僅是一部分來自封地的純粹財貨。而趙國封地制，則保留著「諸侯自治」的底色，擁有一方封地便意味著擁有巨大的治民權與建立私家武裝的權力。往遠處說，這是諸侯制以私家世族為國家根基的老傳統。往近處說，這是武靈王趙雍變法時的實際考量，後面自有交代。

平原君封地跨越大河東西兩岸，有地五縣六百里，幾乎都是平坦沃野，東去兩百里便是齊國的濟水，封地城邑是平原城（註：平原，古黃河入海段之東岸要塞，戰國初期為齊地，中期為趙地，今山東省平原縣南）。時當暮色，馬隊牛車浩浩蕩蕩來到平原城外，趙奢下令牛車大隊與九百騎士在護城河外紮營，只帶一個百人騎士隊立即入城，來到平原令官署。

按法度說，平原令本是國府官員，其爵位也是趙王親書頒賜。然就實而論，卻是由封主定名，舉薦與國，趙王一律下書任官賜爵罷了；實際上是封主的家臣，以國府官員的名義為封主治民理財。趙奢人馬一動，平原令便得到了快馬急報。及至趙奢入城，平原令已經擺好了盛大宴席，親自恭候在官署大門外了。

「田部一路風塵，小令特設小宴為田部洗塵。請。」平原令親切隨和地笑著，雖不失恭謹，然卻絲毫沒有國府官員面臨國事時特有的莊重認真。事實上，練達的平原令也委實沒有將趙奢放在心上。一個田部吏，爵位比他還低，盛宴待他，只因他是國府實權官員而已，豈有他哉！

「酒宴不敢叨擾。」趙奢目光炯炯地盯著平原令，臉上是淡淡的笑意，「趙奢為國事而來，平原令若能即刻理清三年賦稅，趙奢做東設宴。」

「敢問田部，可是奉王命特徵賦稅？」由於常稅難收，趙武靈王有時便藉大戰之名突然徵發緊急賦稅，違命者當即治罪。此為王命特徵，等閒封主不敢違抗，故而平原令有此一問。

「常稅未繳，無須特徵。」趙奢黝黑臉膛上的笑容沒有了，「本官職司田部賦稅，便是王命國事。平原令請勘驗本官照身印信。」一揮手，身後文吏捧過來一個銅匣，趙奢也從貼身衣袋中摸出竹板照身抬手亮在平原令眼前。

「田部焉得有假也？」平原令呵呵笑著，「只是這有封地者二十餘家，大體都有拖欠，田部何獨鍾情於平原君乎？」

「平原令差矣！法行如山，雖王子不能例外，遑論二十餘家封主？」趙奢面色肅然，「自古以來，徵收賦稅皆先遠後近。平原君封地最大最遠，自當首徵。平原令老於吏治，不知國家法度乎？」

平原令臉色頓時難堪，強顏笑道：「封主在邯鄲，小令如何做主？若得繳納，還須請田部到邯鄲請命平原君才是。」

「好託詞！」趙奢微微冷笑，「平原令若能拿出平原君抗稅手令，本官自會找平原君理論。否則，足下身受王爵治民，便是知法犯法。」

「田部當真可人！」平原令突然哈哈大笑，「在下雖是王爵，卻是平原君家老，明白麼？足下但有平原君手令，本家老自當遵從。否則，田部如何來者，便請如何回去，本家老恕不奉陪。」冷冷撂下一句，逕自揚長而去。

趙奢雙眉突地一挑：「給我拿下！」

兩名鐵甲騎士「嗨」的一聲，大步上前將已經搖擺到門廳廊下的平原令猛然扭了回來。廊下門吏一聲大喝，兩排原先做迎賓儀仗的長矛兵士頓時圍了上來，隨平原令出迎的官署吏員也亂紛紛吵嚷著圍住了趙奢。

「爾等當真要抗稅亂法？」趙奢黑著臉巋然不動。

一個鬚髮灰白的老吏嘶聲大喊：「老夫是賦稅吏！小小田部，卻奈我何？」

「我等皆是！」幾名文吏輕蔑地喊著笑著，「小田部想立功升官，卻是個聾瞽塞聽。啊哈哈哈哈哈！」

趙奢大手一揮，身後百人騎士隊嘩地散開長劍齊出，頓時將一班文吏兵士圍在了中心。趙奢冷冷一笑：「平原令官署有八名稅吏，全數在此了。」陡然聲色俱厲道，「爾等知法犯法，公然抗拒國稅，罪在不赦。趙法：抗拒國稅一料者斬！如今爾等竟敢抗拒國稅三年六料，法度何在？督稅甲士聽令：平原令與八名稅吏，立即一體斬決！」

「嗨！」田部督稅甲士雖慣於此道，卻從來沒有在世族封地威風過，如今精神大振，轟然一應，十八名甲士立即將九人拿住押成一排。

「趙奢，你小小一個田部吏，敢擅殺國府命官？」平原令掙扎大喊。

「既是國府命官，更該依法服刑。開斬！」

一片劍光閃過，九顆頭顱「咚」的一聲悶響，整齊一致地砸在了地上。事情來得實在突然，大駭之下，驚慌奔來的府吏與被圍的軍卒一片泥偶般大張著嘴巴粗重地喘息著。一個田部吏片刻之間立殺赫赫平原君九位家臣，任誰也是匪夷所思，可這九顆血淋淋的人頭便在腳下，你又如何不信？陡然之間，一個府吏嘶聲大喊：「田部吏殺人了！快報君主了——」撒腿便跑，夢魘般的吏員兵卒也如夢初醒轟然四散逃開。

「出城紮營，等候平原君。」趙奢淡淡一笑翻身上馬，帶著百人騎士隊出城去了。

次日午時，西方原野上煙塵大起馬蹄如雷。依趙奢戰陣閱歷，一眼就看出這是平原君趙勝的門客騎士隊，較之尋常精銳鐵騎更勝一籌。平原君封地在平原，勢力根基卻在邯鄲府邸。平原封地只有平原令官署與分駐各城池的兩三千私兵，尋常時日只是督促收繳賦稅並向邯鄲的平原君府押運而已。但有重大事件，都是邯鄲平原君府邸派出精幹門客做特使回來處置。看今日氣勢，兩千門客騎士全部出馬，分明是平原君親自趕來了。眼見如此陣勢，田部吏員騎士大有驚慌。趙奢卻坦然平靜，目光掃過吏員騎士，只淡淡一句：「依法度行事，何懼之有？」轉身下令，「整頓牛車，騎士列隊，書吏備整賦稅帳冊。」說罷走進道邊茅亭。

倏忽之間，馬隊已經颶風般捲到。當先騎士一領火焰般斗篷罩著緊身棕色皮甲，灰白的長鬚飄拂胸前，一箭之外便是一聲怒喝：「田部吏何在？」這聲怒喝的同時，門客騎士已經遙遙展開成一個巨大的雁翼陣，兜住了田部騎士與全部牛車。

「田部吏趙奢，見過平原君。」趙奢出得茅亭，不卑不亢地拱手一禮。

「好個田部吏，給我拿下！」

平原君身後的護衛百騎隊早已下馬，轟然一應，立時將趙奢一繩捆定押到馬前。

「田部吏，可知豎子身在何地？」平原君圈轉著那匹暴烈剽悍的雄駿胡馬，打量著馬前這個紋絲不動的壯漢：一身黑皮甲冑襯著黝黑的臉膛，如兩頭一般粗的一截石柱戳在道口，分明一個只知戰陣廝殺的行伍粗漢。

「平原邑，平原君封地。」趙奢平淡冰冷。

「既知本君封地，何敢殺人越貨？」

「平原君差矣！」趙奢憤激高聲，「君於趙國，貴為公子，卻放縱家臣，不奉公不守法。君為天下風雲之士，豈不明法度削弱則邦國削弱，邦國削弱則諸侯加兵，諸侯加兵，安得有趙？若無趙，安得有君封地之富?以君之尊貴,奉公守法則上下平,上下平則國富強,國富強則趙國穩固。君為王族貴戚,輕國家而重私利,安得久遠乎!」一聲隨風走四野彌散,門客兵士無不聽得清清楚楚。

平原君良久默然,翻身下馬,深深一躬,親自解開了趙奢身上的繩索,喚來一個家臣吩咐幾句,逕自上馬去了。家臣過來向趙奢恭敬一禮:「平原君有令:即刻向田部吏清結三年賦稅。」從那天日暮開始,趙奢的牛車大隊絡繹不絕地整整忙碌了一個月,才將平原君的全部賦稅分別送進各類府庫。從此趙奢聲名大振,平原君又盡力舉薦,武靈王退位時便擢升趙奢為田部左令,專司囊括了商旅市易與百工作坊的舉國賦稅。趙何即位,又擢升趙奢田部令,成為職司趙國土地農耕賦稅的要害重臣。近二十年來,趙國府庫殷實而民無不平,一大半是這趙奢的功勞。

如此一個治國能臣,惠文王自是器重有加。然則趙奢畢竟不是領兵大將,如何解得目下燃眉之急?當趙奢大踏步進來時,惠文王兀自陷在方才的思緒之中,粗重地長長歎息了一聲:「閼與無救也!」

「啟稟我王:趙奢奉命還都。」

「卿且坐了。」惠文王回頭招手示意,「本是急務,目下緩了。」

「我王所指,莫非閼與戰事?」

「你知軍情?」惠文王猛然回頭,「說說,閼與可救麼?」

「可救。」趙奢篤定一句,「閼與之對我軍,道遠險狹。然則,對秦軍亦同樣不利。兩軍相遇,如兩鼠鬥於穴中,將勇者勝!」

惠文王目光驟然一亮,是啊,道遠險狹對秦軍同樣不利,當此之時勇者勝也,有道理!再看沉雄厚重的趙奢,惠文王驀然想起這個片刻誅殺平原君九名家臣的凜然之氣,如眼前矗立起一座無可撼動的山岳,霍然站起道:「本王特命:趙奢兼領邯鄲將軍,率十萬大軍馳援閼與!」

「臣啟我王：六萬鐵騎足矣。」

席地穩坐的樂乘一直都在微笑，此刻卻驚訝得嘴角猛然一陣抽搐。惠文王目光一閃：「秦軍可是八萬，卿不可恃勇輕敵。」趙奢肅然道：「非臣恃勇，閼與山險地狹，大軍無法展開，唯輕銳勁健之師可充分施展。」惠文王雙掌一擊：「好！本王立頒兵符，將軍回府歇息一晚，明晨發兵。」趙奢莊重挺身道：「大將受命之時，便是肩負邦國安危之日，何能捨軍就家？臣請立赴軍前，四更發兵。」驟然之間，惠文王雙眼潮濕了，不禁對著趙奢深深一躬：「卿之為將，國有泰岱也。」趙奢扶住了惠文王：「臣有一請。」

「卿但直說。」

「許臣選擇戰機，請王毋得干預。」

惠文王拉過趙奢的手「啪」地一擊：「趙何立誓：無端涉軍者暴死！」

樂乘的嘴角又是猛然一陣抽搐。趙奢肅然向惠文王深深一躬，大踏步去了。

三、秦軍首敗　天下變色

胡傷沒有料到，閼與趙軍的抵抗如此堅韌。

胡傷本是秦軍前軍副將，由於率軍參與攻齊有功，擢升為左將軍，也就是左軍主將。秦之左右兩軍均是鐵騎大軍，胡傷自然也是騎兵將軍。秦昭王與丞相魏冄親赴藍田大營，胡傷第一個慨然請戰，說率所部五萬鐵騎定然一舉拿下武安，進逼邯鄲城下，迫使趙軍主力從中山回援。蒙驁、王齕、王陵、桓齕等一班大將也都是主張可打，但都說非十萬大軍不可，且一定要以精銳步軍為主。反覆權衡，魏冄基於此戰之要在於快速奔襲的思慮，主張採納胡傷謀劃。秦昭王自然是贊同了。為確保戰勝，魏冄將右軍鐵騎調出三萬，將胡傷兵力增至八萬，且當場指令涇陽君專司糧草督運。比照司馬錯當年以兩萬兵力奔襲房陵，這八萬鐵騎長途奔襲趙國，應當是實力非常雄厚了，胡傷自是志在必得。

閼與當真算得兵家險地。西邊一座大嵰山連綿橫亙，東邊一道清漳水滾滾滔滔。清漳水東岸依舊高山橫亙，一條僅可容車的小道從西岸山腰通過，幾乎棧道一般。閼與城堡卡在兩山之間，懸空一道堅實的木橋挽起兩座高聳的石條箭樓，那條堪稱天下最窄的官道如銀線般從西岸箭樓下穿過，遙遙看去煞是奇險壯觀。（註：漳水有二，濁漳水與清漳水，此古地貌見《水經注》。）

由於是鐵騎奔襲，也由於閼與山水險峻，秦軍不可能攜帶重型攻城器械。更重要的在於，秦軍斥候已經事先探察明白：閼與守軍只有兩萬輕裝步兵，除了強弩，根本沒有重型防守器械。騎兵對步兵本來就是優勢，更何況是兩萬步兵對八萬騎兵。若再攜帶重型攻堅器械，秦軍顏面何存。胡傷的大謀劃是：先下閼與，再克武安，威逼邯鄲一月。果能如此，便是這支奔襲精兵的最大勝利。

關前三里，鐵騎紮營。胡傷登上了大嵰山最高處，瞭望良久，卻找不到一條直接攻關的路徑。一個時辰後，胡傷終於打定了主意，回到大營立即聚將發令：前軍一萬騎士改作步兵攻城，力爭誘敵出關；三萬鐵騎埋伏於兩山峽谷，一萬鐵騎埋伏於下游山谷包抄；其餘三萬鐵騎全力在大嵰山探索路徑，若急切不能攻下閼與，則以部分軍馬翻越大嵰山，從背後包抄閼與的同時直逼武安。

一夜動作，秦軍已經各自就緒。此日清晨，分兩路開始了猛烈攻城——西路五千步卒以狹窄的山道為根基，猛攻關門；東路五千步卒，沿著叢林岩石間的三條羊腸小徑攀緣而上，要從山頭逼近箭樓。奇怪的是，秦軍在隆隆戰鼓中爬山攀城，閼與城頭竟沒有絲毫動靜。直到秦軍的密集步卒距城頭半箭之地，尖厲的牛角號突然劃破山谷，城頭及相連山頭萬箭夾著密集的尖角岩石暴風驟雨般撲下。秦軍本是試探進攻，心下也確實蔑視趙軍，冷不防大是狼狽，硬生生被壓下山頭城牆，只一陣便丟下了一千多具屍體。胡傷見狀，立即下令停止攻關，親自到城下驗看屍體。一看之下，胡傷大為驚訝。

雖說這滾石不是特製的大型檑具，卻是硬如精鐵鋒稜閃閃的岩石，比檑具殺傷力更強。再看箭鏃，竟都是上好的精鐵穿甲兵矢（註：兵矢，戰國箭鏃的一種，宜於穿甲射深），一千多具屍體除了被鋒利岩石擊中，凡中箭者個個都被正正地釘在咽喉。只此一端，可見趙軍射技之精熟。

胡傷正在思忖，幾員大將已經聞訊圍了過來憤憤大嚷。鳥！老秦人打硬仗，怕甚來？打！不信拿不下這鳥關。大秦新軍所向披靡！再攻！直娘賊！破關殺光趙人！退下來的騎士一片激昂大喊，請戰再攻。胡傷略一思忖，斷然下令：撤回埋伏，整軍再攻。

這次秦軍將士抖擻精神，分作四路攻關：關下兩路，山上兩路。關下兩路正面猛攻，吸引趙軍全力防守。東西兩山各有五千騎士步卒在高山密林中攀緣而上，奇兵襲擊。撤回的伏兵全數在漳水兩岸依山勢列成高低錯落的強弩陣，戰鼓一起，萬箭齊發，暴風驟雨般封住了兩座闕與城樓與中間木橋。箭雨齊發的同時，秦軍每個百人隊抬一架輕便雲梯，一聲吶喊，衝向城下陡峭的山坡。爬城步卒也分為三路協作：三十人以輕便弓箭瞄準城頭，隨時射殺露頭趙軍；二十人手持隨身攜帶的輕便鐵鏟，專門在山坡挖坑夯臺護持雲梯靠上城牆；其餘五十卒身背鐵爪飛鉤，左手執輕便皮盾，右手執一支長劍鼓勇攻城。如此半個時辰，箭樓女牆橋欄後的趙軍不能露頭，但有趙軍身影，遠處的強弩與城下的輕弓同時密集射殺。

眼見秦軍爬城，情急之下的趙軍只有埋頭拋出密集岩石，弓箭手也只有匆匆轉移到與箭樓相連的山頭樹林中隱身遠射。如此一來，趙軍反擊之力大大減弱，秦軍騎士步卒已有五六百人率先攻上了城牆。攻城法度：軍士上城，攻方弩箭即行終止，以免誤傷。便在城下箭雨倏忽終止之時，防守趙軍潮水般湧出，城頭驟然爆發出山搖地動般的殺聲。秦軍士卒雖是源源不斷地爬城而上，畢竟與一體突然殺出的趙軍相比還是兵力太弱，一時間城上刀叢劍樹密集拚殺，秦軍士卒不斷被飛擲出來，撞在城牆或山石上粉身碎骨。

「強弩齊射——」胡傷怒不可遏，一嗓子喊出血星飛濺。

城下秦軍看得驚心動魄，實在料想不到趙軍戰力如此強韌。胡傷一聲將令，整個河谷萬眾齊吼，不管是否在弓弩陣內，也顧不得自己的弓箭是否硬弩，都一齊奮力疾射。秦軍騎士膂力之強射技之高，本是天下一流，片刻之間，將暴露城頭的黑紅兩方軍士全部釘死。驟然之間，山谷一片寂靜。

胡傷雙眼血紅，嘶聲大喊：「強弩就位，再次猛攻！殺光趙人——

「殺光趙人！」河谷之中一片怒吼。此時，突聞兩邊山頭殺聲大起，從山林攀緣的兩路秦軍在箭樓外山頂與趙軍展開了激烈拚殺。胡傷精神大振，一聲令下，城下秦軍立即再度猛攻。一個時辰後，趙軍首尾不能相顧，秦軍終於占領了閼與險關。查點傷亡，秦軍戰死八千，重傷三千，輕傷六千；趙軍戰死萬餘，重傷兩千餘，突圍而去者千餘人。

如此傷亡相當之激戰，自當年司馬錯率大軍在丹水與屈原新軍交戰之後，對秦國新軍當真是聞所未聞。尤其是白起領軍以來，秦軍每戰所向披靡，拔城最少十座，斬首最少十餘萬，幾曾有過一命換一命的慘勝戰績？在秦軍將士看來，縱然奪得閼與，此等傷亡也是奇恥大辱。一時全軍咬牙切齒，發誓攻克武安，至少以斬首十萬的戰績班師。

胡傷激憤難耐，立即下令兼程疾進，攻克武安直逼邯鄲，大戰復仇。

趙奢率六萬鐵騎出得邯鄲，不走通向武安的大道，而是向西北方向開去，行得五十餘里，在前出武安十餘里的一道隱祕山谷紮營。大營紮定，趙奢立下兩道軍令：其一，全體將士不得進諫軍事，違令者斬。其二，立即修築壕溝鹿砦，堅壁軍營。

大軍剛剛駐紮三日，斥候急報：秦軍鐵騎已經越過涉城（註：涉城，漳水東岸之趙國城邑，東距武安三十餘里，今河北省涉縣西），進逼武安城下，戰鼓之聲已經震動武安城內屋瓦！在斥候急報之時，隱隱如雷的戰鼓聲在趙奢大營已清晰如在耳邊，將士大起驚慌。畢竟，秦軍聲威震懾天下，趙軍第一次正面迎擊秦軍，任誰也是忐忑不安。趙奢不動聲色，只教斥候再探再報，逕自埋首幕府沉思了。此時，幕府大帳外一陣鼓噪，一員大將赳赳闖了進來，激昂高聲：「武安為邯鄲咽喉，秦軍猛攻，將軍屯兵不救，軍心難平！」

「軍令在先，爾竟違令談兵，推出斬首。」趙奢冷若冰霜，回身再補一句，「首級掛於高杆，以儆效尤。」

當這位勇猛將領的頭顱在三丈高杆上飄搖的時候，將士們當真驚愕了。這個趙奢究竟要如何打仗？明是屯兵於秦軍側後要害，若出兵猛攻，與武安廉頗守軍內外夾擊，縱不能全殲秦軍而大勝，亦當驅逐小勝，能打而不打，意欲何為？若是別將領兵，將士們也許早就鼓噪請戰了。然則，趙奢是以膽略聲震朝野的重臣，絕非膽怯懦弱之輩，又是受命於危難之時，深得趙王器重，能奈他何？畢竟，將軍不畏死，便是個打法權宜，將士自然要聽命於統帥，不會強求主帥。但入軍旅，誰都懂得這個道理。趙軍將士儘管心中困惑，軍營中還是漸漸平息了下來。

正在城外準備猛攻武安的胡傷，突聞斥候急報，說側後西北山谷裡駐紮了一支趙軍。胡傷大是驚訝，若這支趙軍殺出內外夾攻，還當真棘手。思忖一番，下令先行探察側後趙軍動向，而後再定是否猛攻武安。攻不下武安事小，若被趙軍斷了後路孤軍死戰，那便是國之罪人了。胡傷縱然不是赫赫名將，畢竟也是勇略非凡，豈能權衡不來此中輕重？

次日日暮，化裝成林胡馬商的斥候匆匆歸來，報說趙軍營地很是鬆懈，只準備防守；主將趙奢還以軍宴待他，定了六百匹林胡戰馬；談及戰事吃緊戰馬難以立即送到，趙奢哈哈大笑說，我只深溝高壘，足保秦軍不克武安也，一月之後，便可送馬了。

驚喜之餘，胡傷哈哈大笑：「遇此庸才，天意也！出都三五十里便屯兵山谷，還要深溝高壘？嬴與武安，是秦國的了！」

次日清晨，秦軍開始大肆猛攻。誰知這武安要塞是大將廉頗率三萬步軍鎮守，糧草充足器械精良，更兼防守得法，猛攻一日毫無進展。胡傷改變戰法，下令一支兵馬燒毀涉城糧倉，引誘趙軍來救，於山野間以精銳鐵騎殲滅趙軍。誰知老廉頗穩如泰山，任你百般挑釁，總是不出城池。如此旬日，相持不下。胡傷本當退兵，可一想到閼與慘勝便怒火難平，與幾員大將一商議，決意攻陷周邊小城威逼武安，吸引趙軍從中山回援，至少大戰一場斬首十萬以報閼與之仇。

倏忽之間，胡傷大軍在武安城下耗過了二十八天。

此時，側後趙軍突然出動了。這日日暮，趙奢下令全軍偃旗息鼓戰馬銜枚，兼程疾進直抵閼與，憑險切斷秦軍歸路。近月休整不戰，趙軍自是體力充盈，在狹窄山道牽馬急行竟無一人落伍，沿途只歇息兩次冷餐乾肉，次日黃昏時分生生趕到閼與關後的谷口當道紮營，立即緊急修築壁壘壕溝。

趙奢大軍一出動，胡傷便接到了急報，頓時驚出一身冷汗，立即派出特急飛騎，下令前出三十里的涉城八千鐵騎尾追趙軍，城下主力大軍隨後回軍，全力吞滅趙奢六萬人馬。秦軍果然勇猛神速，雖然在軍令之後立即拔營啟動，已經比趙軍慢了兩個時辰，及至一夜一日之後，已是銜尾追來。趙軍壁壘剛剛就緒，谷口已經是戰鼓隆隆，秦軍騎士全部下馬結陣，黑壓壓向卡在谷口的趙軍壓來。

在秦軍前鋒將要到達時，一名年輕軍吏疾步趕到了主將大旗下，高聲自報姓名許歷，請求稟報自己的軍事謀劃。趙奢沉著臉一招手，說，將他領進了臨時軍帳。許歷急促道，秦軍驚怒而來，其勢正盛，我軍急需厚陣（註：厚陣，即分層防守，加強縱深，使敵不能一鼓突破）而敵，否則必敗。趙奢正色點頭，正當如此。立即緊急下令：全軍變為三道防線。許歷一拱手，我犯軍令，請受斧鉞。趙奢微微一笑：這卻要等趙王下令。許歷慨然振作又是一拱手：「將軍留意：北山制高，先占北山者勝，後攻者敗。」趙奢一瞄對面黑黝黝山勢，立即高聲下令：前軍一萬，急赴北山壁設防。

趙奢大軍堪堪就緒，胡傷大軍黑雲般從北邊山谷壓來。一看情勢，胡傷便知卡在身後的這座山頭是要害所在，占據此山進退裕如，不占此山將被趙軍前堵後截進退失據。火把之下，胡傷一聲大喊：「左軍兩萬，攻下北山！」

此次北上秦軍，都是久經戰陣的精銳騎士。無論兵將，一看大勢便知是面臨危局的絕地之戰，頓時山呼海嘯般一陣吶喊，潮水般兩面攻來：胡傷親自率領中軍主力猛攻正面趙軍，左軍兩萬同時猛攻北山趙軍。

山谷中火把成海，戰鼓如雷，殺聲震天。戰國之世兩支最為強悍的大軍第一次正面碰撞，在狹小的山谷展開了勢均力敵的浴血搏殺。三個時辰過去，秦軍竟被漸漸壓縮到南谷北山之間不足三里寬的山谷之中。這時，兩軍都是筋疲力盡死傷慘重屍體累累了。按照戰場傳統，這仗無論如何也要到天亮後再打了。胡傷渾身鮮血，心下卻是清楚，嘶啞著聲音下令：「趙軍戰力已疲。休整半個時辰，鼓勇血戰，一舉突圍！」

誰知便在秦軍草草包紮傷口整頓馬具，準備做最後血戰的時刻，山谷間天崩地裂般一陣雷鳴，戰鼓混著嘶啞的吶喊，趙軍竟從谷口與山頭猛烈地壓了下來，紅色衣甲紅色火把渾身醬紅的鮮血，恍如連天徹地的血色河海兜底翻了過來。如此氣勢，有天下「銳士」名號的秦國新軍也是大為震驚了。本來，秦軍的半個時辰休整便接著發動突圍血戰，已經是匪夷所思的連續勇猛廝殺了，趙軍卻是一刻不停地連續猛攻撲來。普天之下，何曾見過如此血戰三個時辰猶能雷霆猛攻的大軍？倉促之間，不待胡傷將令，秦軍殘餘三萬餘人驚雷般炸開，轟然迎擊了上去。

曙光冒出東方山巔時，閼與山谷終於平息了下來。

斥候飛報邯鄲，趙惠文王大喜若狂，立即頒下王書：舉國大酺（註：大酺，國君特許的大聚飲，起源於春秋戰國）三日！接著派出平原君為犒軍特使奔赴閼與，一則犒賞將士，二則與趙奢一起重新部署閼與防守。旬日之後，平原君差飛騎回報：趙奢所部班師東來，平原君親率五千步騎留守閼與，請趙王作速調遣兩萬兵馬前來閼與接防。惠文王不禁大為困惑，五千人馬是平原君帶去的，意在補足閼與兵力，如何只有這五千人馬留守而趙奢竟不能增兵？且還須平原君親自涉險做留守大將？閼與守軍加趙奢所部是八萬，縱有傷亡，何至不能留守一兵一卒？惑則惑之，惠文王還是立即向鎮守武安的廉頗下書：作速派出兩萬精銳開赴閼與接防，替回平原君。

次日清晨，惠文王親自率領一班大臣出西門三十里，隆重迎接趙奢大軍。不想直等到日暮時分，官道上還不見人馬蹤跡。有大臣建言，王體為國命之本，不妨先回邯鄲，留下幾名大臣郊迎。正在盛年的惠文王卻是執拗，將士用命，本王受一宿風寒又能如何？當即下令紮營過夜。次日又等得大半日不見蹤跡，大臣心下疑惑：不對也，閼與班師原本只兩日路程，如今已是平原君飛書到達之第四日，趙奢班師之第六日，縱是遲緩亦當有個斥候信使，這茫茫石沉大海一般，不禁令人心驚肉跳起來。正在大臣要群諫趙王回邯鄲時，遙見官道上一匹快馬背負夕陽飛來，顯然是趙王派出的飛騎斥候，遙遙一聲高喊：「到了！閼與將士到武安了——」

惠文王立即飛身登車：「起快車，武安！」

四馬青銅軺車隆隆飛出，身後大臣馬隊風一般跟上。一路飛馳，眼見武安城樓遙遙在望，才看見官道中一片蠕動的黑點。軺車旁斥候揚鞭一指，趙王，那便是趙奢將軍。惠文王不禁愣怔了，尋常班師都是旌旗飛揚金鼓大作，如何目下卻是如此景象？心下一緊腳下一跺，輕便王車嘩啷啷風馳電掣般飛了出去。

暮色蒼茫之中，絡繹不絕而又散亂不整的片片紅點兒，艱難而又緩慢地蠕動在血色的黃昏裡。千奇百怪的拐杖，淤滿醬色的甲胄，襤褸飛揚的破衣，在額頭淤血大布中散亂飄飛的長髮，拖在地上的木架上的重傷號。奇怪的是，便是如此一支隊伍，卻沒有一聲些許的呻吟，人人臉上都溢滿著疲憊的笑容。儘管腳步是那樣的緩慢那樣的遲滯，然則那緩慢從容的步態，卻使任何人都相信他們不會在中途頹然倒下。

青銅王車緩緩地停在了道中，惠文王一陣愣怔，趙奢何在？如何沒有他的身影？心中猛然一沉，惠文王逕自跳下軺車，大步匆匆地走了過去，高聲問道：「趙奢將軍何在？」為首一排肩背繩索的血人緩緩散開，雖然艱難卻也算整齊地拱手肅立，一個吊著胳膊的將軍一指拖在地上的木架，一聲哽咽不能成語。惠文王大步趨前，卻見一個渾身帶血面目不清的人躺在木架上，兩條腿被布帶牢牢綁縛在鏤空的木架上，聲息皆無。

「稟報我王，將軍雙腿劍傷六處，胸前三處，右眼中一箭，昏迷三日。」

驟然之間，惠文王雙眼模糊，不禁跪地抬起木架一頭顫聲道，上王車！木架上得王車，鋪墊好厚厚的毛皮，惠文王跳上車轅高聲下令：「大臣軍兵全體下馬步行看護，車馬讓於傷兵！本王先行送將軍還都！」說罷一抖馬韁，親自駕車轔轔疾去。

次日清晨，趙奢餘部一萬餘人終於回到了西門。邯鄲萬人空巷夾道肅立，看著傷痕累累渾身浴血的將士緩緩走過，靜得唯聞喘息之聲。直到將士進入王宮車馬場接受封賞犒勞，山海般人群才爆發出震天動地的歡呼聲：「趙軍萬歲！」「萬歲趙奢！」這一日，惠文王趙何親自宣讀王書：田部令趙奢秉承先王胡服騎射之神勇戰力，為天下首次大敗秦軍，功勳如河岳泰岱，封趙奢為馬服君，封地百二十里；軍吏許歷臨危襄贊有功，破例擢升國尉之職；其餘將士，戰死者加爵三級，生還者晉爵兩級，其家口一律免賦三年。一時趙國朝野歡騰，比滅了中山國還高興十倍。

閼與之戰的結局消息飛快地傳開，天下頓時驚愕譁然。

大國小國，誰都知道趙國在武靈王胡服騎射之後有了另一番氣象，然則，這番氣象究竟意味著何等實力，卻始終是一團迷霧莫測高深。雖然有北驅三胡西滅中山國之戰績，但人們對趙國的實力依舊是不以為然，大都以為目下之趙國，充其量堪堪與魏國匹敵罷了。鬭與血戰之前，要說趙國堪與秦國對抗，任誰都會哈哈大笑一通了事。畢竟，這種吞併蠻夷的戰功連燕國也曾經有過，並不意味著真正具備了與中原強國對抗的實力。然則，鬭與血戰的消息傳開，各國頓時為之變色。如今大爭之世，一個秦國已經令天下吃盡了苦頭，再來一個比秦國還要生猛狠勇的趙國，大國小國如何不若芒刺在背？自從秦國商鞅變法以來近百年，秦國新軍幾曾有過如此敗績？更要緊的是，目下秦軍之戰力正在巔峰，各國無不畏之如虎。奪魏國河內三百里、楚國南郡六百里，天下無敢攘臂而出者何也？還不是畏懼秦軍之鋒銳無匹，畏懼白起之戰勝威力？可恰恰在秦國風頭最勁的當口，趙軍泰山石敢當，硬是以勇猛拚殺全殲秦軍精銳鐵騎八萬，聽著都教人心驚肉跳。

惶惶之餘，山東大國紛紛開始了新一輪縱橫奔波。燕國是趙國老冤家，生怕趙國趁燕國新敗之機北上了結老帳，匆忙到咸陽祕密結盟，畢竟，能抗住趙國的還只有秦國；齊國雖則新勝，卻是元氣大傷，對趙國的咄咄逼人更是怨之甚深，也派出特使趕赴咸陽結盟，以備趙國萬一攻齊，只有依靠秦國為援手。魏韓與趙同屬三晉，相互間雖是恩怨糾葛，利害人事世族間更是盤根錯節。更重要的是，三晉「卑秦」最甚，但有合縱抗秦，三晉都是事實上的主力。如今趙國強大起來，魏韓兩國立即與趙結盟，魏國要借趙之力奪回河內，韓國要借趙之力抗秦蠶食。唯餘一個楚國舉棋不定，單獨抗秦抗不住，聯結昔日「弱趙」又覺大邦尊嚴有失，躊躇再三而不能決。幾是半年搖擺，最後還是對秦仇恨難消，終於北上與趙國祕密結盟了。

至此，天下戰國格局又是一變：兩大同盟隱然形成，一邊以秦國為軸心，一邊以趙國為軸心，開始了較之早期合縱連橫更為酷烈的爭戰。以鬭與如此一場小戰，引起天下如此動盪，而使戰國重新生出組合，任誰也始料不及。

在這奔波動盪的時刻，秦國是夢魘般的沉默。

當河內快馬軍使報來胡傷大軍全軍覆沒於閼與的消息時，第一個接到軍報的丞相魏冄頓時手腳冰涼，癱在了書案前動彈不得。默然半個時辰，魏冄畢竟定力過人，撐持著不時瑟瑟發顫的兩腿登車出府了。秦昭王便在咸陽宮，他卻不想將消息先告訴這位外甥秦王。若見秦王，他是總攝國政的權臣之身，必得有個說法，那種請罪式的難堪，對於魏冄是無法忍受的；而在太后面前，他卻是奉策者。事實上，攻趙之策也是宣太后最終拍案定策的。更要緊的，當然是太后最有主見，只有太后定了大主意，他才能擺布得開。

雖則如此，到了章臺，魏冄還是遲遲不敢踏進那片青綠的竹林。驟然之間，他覺得自己老了，那種風火雷霆般的氣勢竟在此刻不知不覺悄悄彌散了。驀然想起白起的特急羽書，他長長地歎息了一聲，悔之晚矣！良久佇立，他終於鼓足勇氣走進了竹林，踏上了干欄上的木梯。

「丞相來了，坐。」午眠方起的宣太后點著竹杖，打了個長長的呵欠。

魏冄默默就座，卻不知如何開口。「甚時學得老到坐功？」宣太后笑了，「想與老姊說私己話麼？由得你了。」只要不是正式議事，太后對魏冄從來都很寬和。

「太后，」魏冄一咬牙道，「胡傷敗了。」

「如何個敗法？」一道陰影倏忽掠過宣太后富態紅潤的臉膛，「胡傷回來了？」

魏冄粗重地歎息一聲，黑臉脹得通紅：「胡傷戰死，八萬鐵騎全軍覆沒……」

「你？你說甚？再說一遍！」尖銳一聲，宣太后驟然站了起來。

「老姊姊，魏冄有罪！」魏冄一頭砸在大青磚地上。

「噹啷」一聲，竹杖跌在藍田白玉長案上，宣太后軟軟地倒在竹席上，臉色蒼白得與頭上的白髮融成了一片。

「太后！快！太醫何在？」魏冄大急，吼得山鳴谷應。

太陽落山時，宣太后才悠悠醒了過來。秦昭王也匆匆趕來了。一看那陰沉的臉色，魏冄便知道這位國王肯定也得到了緊急軍報。然則，看著躺臥在竹榻驟然蒼老疲憊得風燭殘年一般的宣太后，兩人誰也沒有說話。良久默然，宣太后夢囈般嘟囔一句：「白起，白起回來了麼？」秦昭王連忙躬身道：「羽書已到，白起正在星夜趕回。」

宣太后的眼角緩緩滲出了一絲細亮的淚水：「明日都來章臺，我有話說。都忙去了，不用人陪我。」秦昭王看一眼魏冄，一句話沒說走了。魏冄一直木然地跪坐著，此刻要起，卻覺兩腿已經不是自己的了，強咬牙關猛然起身，轟隆咣啷地跌倒在玉案上。

宣太后嘴角一抽搐：「老了，儂也挺不住芈氏了。」聲音雖小，卻是地道的楚音，魏冄聽得分外清楚。驟然之間，魏冄心中一抖，一挺身神奇地站了起來：「但有魏冄，撐持得芈氏。」一句說罷，赳赳大步地走了出去，沉重急促的腳步聲將一座干欄震得簌簌索索。

宣太后起來了，走出了干欄小樓。

扶著那支青綠的竹杖，宣太后緩慢地搖下了干欄，搖出了竹林，搖到了與火紅晚霞融成一片蒼茫暮色的松林草地中。這胡傷如何便能敗了呢？八萬精銳鐵騎啊！秦軍有四十多萬，騎兵只有十餘萬，一戰淨折八萬，強秦八十餘年可當真是聞所未聞也。秦國軍法：無端敗軍者斬刑不赦。何謂無端？廟堂之策無誤而大將戰法有失也。攻趙之戰全軍覆沒，可謂秦軍大恥。算不算得胡傷「無端」戰敗呢？尋常看來，當是胡傷之罪了。趙欲滅中山，秦欲奇襲而迫使趙國回兵，以保秦國河東屏障。如此定策，難道有錯？沒有啊，確實沒有。那麼，胡傷八萬將士有錯？能攻下閼與險關而直逼武安城下，說明一個道理：只要此仗打得，任誰只能這樣打。最終全軍戰死，非將之過也。如此猛勇慘烈，縱然天地鬼神亦當為之變色。身為一國攝政太后，何忍將髒水潑向八萬忠勇將士的墓石？何忍玷污他們身死異鄉含恨遊蕩的魂靈？那麼，究竟錯在何處呢？宣太后搖搖雪白的頭嘟囔了一句楚語，毋曉得山鬼招魂了？荊楚人多敬山鬼，連大詩人屈原都專門寫了〈山鬼〉長歌。楚人都說，但進大山迷路，便是山鬼迷了你的魂靈，分明你走得沒錯，腳下卻偏偏走錯，由不得你也！如此說來，閼與之慘敗是天意了。上天要是存心教你出錯，縱然聖賢又能如何？呸！宣太后慘澹地笑了，如此山野怪談方士之說，你卻信了？你縱然信得，老秦人難道也信了？天下戰國難道也信了？掩耳盜鈴，芈八子何其蠢也！

仔細想來，眾皆昏昏我獨醒，還得說白起了得，兵家大勢拎得清。若無白起羽書，這閼與之敗豈非要冤屈了八萬秦軍銳士？豈非要湮沒了我等一干君臣的昏庸錯斷？秦之強，在於法行如山。閼與之慘敗若對朝野沒個交代，這老秦人喪子之悲憤豈能平息？一班老秦大臣又豈能不聞不問？話說到頭，若得秦國不離心離德，便得在她這個太后與秦王魏冄三人之中出得一人承擔罪責。秦王是自己的親生兒子，正在盛年之期，又不親自主政，他縱然願擔罪責，又何能服人之心？丞相魏冄是自己的嫡親弟弟，撐持國政三十年，功勳卓著，然則，其性也暴烈其行也霸道，若由他承擔罪責必定是大快人心。不過，豈非也意味著要將他置於酷刑死地？魏冄一死不打緊，入秦的芈氏三千餘口，卻有何人護持得渾全？

面對著血紅色的沉沉落日，宣太后猛然打了個冷顫。

次日午後，秦昭王與魏冄白起分別同時到了章臺干欄雲鳳樓。令三人驚訝的是，大廳竹榻前第一次掛起了一道黑紗，兩邊站著兩個目光炯炯的侍女，三張長案離黑紗近在咫尺，完全不是尋常時日的擺置。三人一陣愣怔，同聲拱手道：「參見太后。」黑紗後傳來宣太后蒼老的聲音：「都坐了。只聽我說，任誰無須多言。」

「遵太后命！」三人都覺得有些不安起來。

「第一件事，閼與慘敗，罪在本太后錯斷大勢。」宣太后的聲音清晰異常，冰冷得令人心跳，

「秦王未涉國政，丞相亦未力主，芈八子利令智昏，是為國恥也。秦法昭昭，不究大敗之罪，不足以養朝野正氣。是故，即頒〈攝政太后罪己書〉，以明戰敗之罪責。」

「母后！」秦昭王一聲哽咽，目光飛快地瞄過了魏冄。

魏冄緊緊咬著牙關，唇間一縷鮮血哧地噴出，卻硬生生沒有說話。

「秦王少安毋躁。」宣太后的話語第一次乾淨得沒有絲毫的家常氣息，「第二件，武安君白起，國難不避艱危，強勢獨能恆常，沉毅雄武，國之干城也。終白起之世，秦王若有負於武安君，人神共憤之，朝野共討之。」

「娘啊！」秦昭王一聲哭喊，號啕大哭，「娘親正當盛年，何得出此大凶之言！」呼地起身撲向竹榻。兩個侍女卻同時一個箭步架住了秦昭王，太后有令，任誰不得觸動黑紗。秦昭王更感不妙，掙扎著嘶聲哭喊：「娘啊！你我母子共為人質，情如高天厚土，娘何能捨嬴稷而獨去也！」

「嬴稷，」宣太后冷冷叱責，「你已經年屆不惑之期，如此狂躁，成得何事？你只說，方才正事，可曾聽得進去？」

「娘！」秦昭王一聲哽咽，又立即正色道，「嬴稷但有人心君道，何敢自毀干城？」

「便是這個道理。」宣太后平靜冷漠的聲音又緩緩傳來，「第三件，八萬鐵騎為大秦烈士，當設法全數運回屍身，務使忠勇烈士魂歸故里。」

「太后，」白起第一次哽咽了，「此事白起一力為之，太后寬心便是。」

宣太后長長地歎息一聲：「最後一件：對趙戰事，悉聽武安君白起決之。秦王與丞相，唯秉政治國，毋得，攪擾……」猛然，黑紗後傳來沉重的一聲喉結咕嚕，動靜大是異常。

三人覺得大是不妙。白起一個長身甩開了兩名侍女，幾乎同時，也一手扯開了黑紗。驟然之間，三人面色蒼白，踉蹌著一齊跪倒——素淨的竹榻上，跪坐著一身楚人裝束的宣太后，鵝黃明豔的長裙，雪白的九寸髮髻，胸前掛著兩條晶瑩圓潤的紅色玉佩，雙手肅然握在肚腹前，一口雪亮的短劍插在腹中，鮮血彌漫滲透了竹榻下的白色絲棉大氈，竹榻邊搭著一方白絹，赫然鮮紅的四個大字——自刑謝國！

「咚」的一聲，秦昭王撞倒在案前昏了過去。

夜幕降臨了，無邊的林海濤聲淹沒了整個山塬。章臺的所有燈火都點亮了，小山一般的乾鬆柴圍住了秀美的干欄雲鳳樓。午夜時分，魏冄舉起了一支粗大的火把，丟進了松油津津的柴山，轟然一聲大火衝天而起，整個山塬驚心動魄的血紅。

三個月之後，宣太后的隆重葬禮在老秦人的萬般感慨唏噓中結束了。秦國朝野終究是平靜了下來，對趙國的仇恨，也由舉國喊殺化成了一團濃濃的疑雲——如何在驟然之間趙國便強大得足以硬碰硬地打敗秦國？強敵便在鄰里，秦國卻渾然不覺，毛病究竟出在了何處？目下趙國實力究竟有何等強大？趙軍戰力若都像趙奢之軍一般悍猛無匹，老秦人又當如何？

月餘之間，咸陽宮連續舉行了十幾次朝會。秦昭王定下音準：「只議內事，不涉邦交。」將朝野疑雲一囫圇掩埋起來。丞相魏冄重新振作，每次朝會後都要頒行幾道丞相令，隨後立即派出幹員督察推行。兩三個月下來，國政民治又是井然有序熱氣騰騰。老秦人彷彿又回到了孝公商君變法時期，憋足了一股勁勤耕奮兵，嘴上卻甚也不說。

然則，細心的朝臣吏員卻都覺察到了一個異象：自宣太后葬禮之後，在國人心目中最有分量的武安君白起一次也沒有露過面。熟悉白起稟性的將士國人都說，白起但沉，必有大舉，等著，大秦國不會趴下的。

四、茫茫邊草　雲胡不憂

秋風蕭瑟的時節，一支商旅車隊轔轔駛進了河內郡東北端的安陽要塞。

安陽原本是魏國城邑，叫作新中。白起奪取河內郡，秦國將這座要塞改名為安陽。安陽正在洹水南岸，北出洹水百餘里便是邯鄲，歷來都是魏趙秦韓通商之樞紐，自然也是兵家垂涎之關隘。這支商旅進了安陽，安下了大本營，專門做起了販馬生意。戰國之世，河東汾水地帶的駿馬很是有名，被天下呼之為「趙馬」或「汾馬」。趙馬雖不如陰山胡馬雄駿高大，但個頭適中奔馳耐久，很得中原各國的青睞。不出戰馬的江南吳越楚三國，更是以大量買趙馬汾馬為急務。這支商旅楚語楚衣，顯然是楚國馬商。旬日之後，這支商旅分作三路進入了趙國：西北路河東，東北路邯鄲，北上一路直奔雲中九原。進入趙地，三路商旅星散流雲般化開，滲到趙國的角角落落去了。過得不久，絡繹不絕的駿馬從趙國進入安陽。奇怪的是，馬商但入安陽，從來不住楚國商社，而總是住進靠近官府驛館的一家小客棧。每到夜晚，這些馬商必到驛館，而驛館的燈火也常常通夜長明。住得三兩日，馬商又北上了。一旦回來，又是如此。倏忽之間，這支商旅在安陽駐紮了整整兩個春秋。

兩年之後的中秋，秦昭王會同丞相魏冄並一班重臣在章臺舉行了祕密朝會，議題只有一個：聽上將軍白起通說趙國詳情，議定對趙長策。祕密會商整整進行了旬日，末了秦昭王慨然一歎：「若非趙雍心血來潮，大秦國真正難過也！」

終於，趙國二十餘年強大的面紗被揭開了。

趙國的崛起，還得從趙雍即位說起。

趙雍，後來威名震動天下的趙武靈王也。趙雍即位時，正是秦惠王十三年，也就是秦國稱王的那一年。趙雍之勇略，原本為列國所知，唯其如此，他的即位天下矚目，各國都忐忑不安地注視著趙國。然則，一年一年的過去了，趙雍卻絲毫沒有大動靜，一直到了第十九年，趙國依舊在沉沉大睡。其時燕昭王任用樂毅變法強燕已經開始，秦昭王也已經從燕國回秦即位，齊國已經成為不可一世的超強戰國。當此之時，秦國主少國疑似乎已經黯淡，楚國懷王昏聵已無伸展之力，魏國萎靡不振，韓國堪堪自保，唯餘燕齊趙三國大有變數。然則，趙雍十九年沒有響動，誰還能將趙國再放在心上？要說春秋楚莊王初期沉淪，也不過十年不鳴，而後一鳴驚人。趙雍果真勇略，何至十九年不鳴？要將一個十九年默默無聞的戰國君主看作深謀遠略，任誰都會匪夷所思。大戰連綿，爭端迭起，十九年踏不進中原一步，指望天下正眼看你？於是，列國漸漸有了公議：趙雍庸才，天下人走眼也。公議彌漫，眾口鑠金，戰國目光齊齊地聚向了齊燕兩國，對趙國顯是不屑一顧了。

然則，恰恰在第二十個年頭，趙雍使天下轟然炸開。

哈哈，趙雍智窮才竭，竟要丟棄夏服穿胡人衣裳了，還要學胡人輕兵騎射，甘心做胡人子孫，當真華夏恥辱也！一片嘲諷戲謔嬉笑怒罵，列國君臣連正經評議一番的心思都懶得去花，誰卻要循戰國之例派出特使探察了。於是，一場後來使天下戰國目瞪口呆的巨變，在任誰也不在意的情勢下悄悄發生了。

事實上，趙雍從一即位，便開始了異乎尋常的謀國奔波。

趙肅侯留下的趙國，是一個內憂外患交相迫的危邦。先說外患。全局看戰國之世，可以說沒有任何一個大國沒有外患。然則基於地緣存在的獨特性，外患的嚴重程度卻是有巨大差別的。譬如秦國，秦惠王之後，西部北部的戎胡之患大為減輕。在秦昭王奪得魏國河內郡與楚國南郡，又幾次反擊北地、上郡的匈奴胡人部族之後，秦國的外患大為減弱，所有的對外大戰都是基於大爭天下而發。南部楚國在吞滅吳越之後，外患只有西北的強秦與東北的齊國。濱海之齊國，西有宋國魯國薛國衛國等小邦隔開中原大國，也只有與北燕南楚互為外患而已。中原腹心的魏韓，也只有秦楚齊三大國構成外患，卻沒有北地胡患。縱是燕國，在燕昭王平定遼東之後，東胡之患也全部流竄轉移到了趙國頭頂，燕國的外患也只有齊趙兩個夙敵與威脅大大減弱的北胡了。

唯有趙國特異，非但有中原戰國的大爭外患，亦有中原各國已經消除或大為減輕的胡患，可說是外患層疊。具體說，這時的趙國北有三胡（東胡、林胡、樓煩）與尚未成勢的匈奴，西有中山與強秦，東北有老冤家燕國，東有咄咄逼人的強大齊國，南有同根相煎百餘年的魏韓兩國，實在是強敵環伺危機四伏。而在所有的外患中，北地胡患對趙國威脅最大，以天下棋語說，是「急所在胡」。之所以如此，在於秦國強大之後，將西部戎狄的「不臣」部族與北地、上郡的遊牧匈奴以及林胡樓煩已經全數驅趕出境。這些戎狄匈奴胡人部族，聚集於陰山草原及其東北部大漠，占據了包括九原、雲中（註：九原，今內蒙古包頭西北地帶；雲中，今內蒙古呼和浩特西南地帶）在內的廣闊地帶，直接壓在了趙國雁門（註：雁門，今山西右玉南，趙武靈王平三胡後設雁門郡）要塞的頭頂。與此同時，東胡部族在丟失遼東根基之後，也遷徙到西北草原大漠，壓在了趙國正北的代地（註：代地，在今山西大同東部地區，趙武靈王平三胡後設代郡）。然則，更急迫的還是趙國的兩大胡族夙敵——林胡與樓煩。

林胡也叫做澹林，是長期遊牧於雁門關北部山地草原的強悍部族。樓煩（註：樓煩，秦統一後被匈奴吞滅，一部遷往黃河以南，一部併入匈奴攻秦）則是長期遊牧於秦國上郡與雁門南部山地的強悍部族，丟失秦國上郡根基，舉族北遷到趙國代地雁門之間，與林胡一起構成了趙國的肘腋大患。其所以是肘腋大患，在於這林胡樓煩有一個共同處，精於騎射動如飇風，經常出其不意地攻陷城堡掠奪財貨人口牛羊馬匹，偏偏卻極難捕捉，即使費盡心力咬住了，也無法給予重創，更不用說聚而殲之了。趙國之所以始終在北邊駐守十萬大軍，且始終無法將這十萬大軍投入中原爭霸，根本因由便在於強大的胡患始終不能稍減。趙國之所以民窮財竭，極大的原因便是三胡部族經常的閃電式掠奪。

單有外患還則罷了，凝聚朝野全力反擊便是。偏偏趙肅侯之後的趙國又是世族分治山頭林立，凝聚國力分外艱難。更有特異處，趙氏部族在春秋晉國時期便是天下赫赫大名的領軍部族，幾乎是代有名將精兵，更在長期抗禦胡患中形成了世族獨自成軍的傳統。三家分晉之後，趙國朝局的變動彌漫出一種強悍的國風——以各方軍力強弱定權力格局，政變殺戮之頻仍居列國之首。國君稍弱立有傾覆之危。歷經趙成侯、趙肅侯兩代，雖稍有好轉，但依然發生了幾次大的軍爭式政變。最慘烈者，便是趙雍親自發動的剿滅叔父奉陽君而還政於父親趙肅侯的政變。政變但起，難禁殺戮。那次殺了叔父奉陽君合族三千餘口，留下的朝局創傷猶在。未及理順，父親趙肅侯撒手歸天，國政裂痕直是烏雲壓頂，趙雍如何不憂？當此之時，又何敢輕動？

如此這般，是年輕的趙雍所要面對的嚴酷格局。

即位後的次日夜裡，趙雍獨自駕著一輛四面垂簾的輜車來到將軍肥義的府邸後門。肥義是趙肅侯的能臣幹員，年逾五十，官職卻只是一個五大夫爵位的邯鄲將軍。趙雍做太子時，以肥義在邊地的軍中實力為根基，發動了對奉陽君的滅門奪政之變。按理說，肥義功勳顯赫當大為擢升，可趙肅侯卻偏偏一直沒有晉升這個實力派老臣。肥義也絲毫沒有怨憤之情，依舊忠於國君，不黨附任何世族山頭。對新君趙雍的夤夜密訪，肥義也沒有任何驚訝，只淡淡一笑，將趙雍請進了書房密室。

「邦國危難，將軍教我。」趙雍深深一躬。

「君侯在上，安敢言教。」肥義扶住了趙雍坐入案前，自己卻依舊站著，「肥義姑妄言之，君侯姑妄聽之。趙有三難：朝局不安，中原虎視，胡患壓頂。臣以三策對之：柔韌安內，示弱中原，力除胡患。如此做去，若得大局安定，再圖一展抱負。是否可行，君自定奪。」雖則謀劃如故，卻隱隱然透著一種局外人的淡漠。

趙雍雙眼炯炯發亮：「將軍為國之長劍，可否為趙雍制衡朝局？」

「但在其位，必謀其政。」肥義神情肅然。

趙雍哈哈大笑：「國之利器，自當高懸於廟堂之上也！」

次日朝會，趙雍立即當殿下詔四道：其一，將軍肥義著即爵加上卿，擢升左司過兼領柱國（註：柱國，戰國時趙國執掌國都防衛的武職）將軍，職司糾察整肅國政，右司過兩臣著肥義舉薦定任；其二，中府丞周紹擢升太子傅，輔佐太子趙章修習國事；其三，趙禹、趙燕、趙文為博聞師，訾議國政；其四，朝中凡八十歲以上之老臣，皆受「國老」名號，每月由國府致禮撫慰，可隨時進言督察國政。

四道君書一下，大臣百味俱生莫知其所。這設立司過大臣並命肥義領職一事，世族大臣們先已惴惴不安。且不說這肥義本來就是個唯國君馬首是瞻的硬骨頭，僅做了個不大的將軍就敢突襲攻滅手握重兵的權臣奉陽君，世族大臣已經是如芒刺在背了；如今驟然爵加上卿，頭頂上再有兩級（侯、君）便到人臣之極。加爵還則罷了，肥義畢竟也是赫赫名臣，趙肅侯未加重用，本來就是留給趙雍晉升的，大臣誰個看不出此中奧祕？可新設如此一個「司過」大臣，還要兼領邯鄲軍政手握三萬精銳步騎，這分明是國君要以睜得硬眼的肥義震懾朝局了。雖說各據實力的世族大臣們也未必人人都有叵測之心，但對新君上手便嚴加防範，畢竟是老大不舒坦。然則又能如何？整肅朝政不是該當的麼？趙國多內爭，誰都嚷嚷要凝聚朝野消弭邊患，當此之時，設立司過大臣以糾察內政，又能以何等理由反對？

還有，這太子傅歷來都是世族重臣領銜，外加一個飽學之士輔佐。如今卻擢升一個執掌王室典籍的中府丞周紹獨領。周紹雖不若肥義那般令人如芒刺在背，卻也同樣是個只認法度死理的老倔頭。此前大臣已聽說，趙雍親訪周紹試探，這老倔頭耿耿地撅著山羊鬍鬚說，立傅之道六，君若守之，老夫當為也。趙雍問六者何也？這老倔頭說，知慮不躁達於變，身行寬惠達於禮，威嚴不足以易於位，重利不足以變其心，恭於教而不放縱，和於臣而不偽言，此六者，傅之道也；王若不守，臣之恥也，何敢為之也？沒想到，趙雍坦然允准，當真教這老倔頭做了太子傅。大臣都明白，這「六道」分明是這老倔頭的開價，尤其那三四兩道——威嚴不足以易於位，重利不足以變其心，分明便是告誡趙雍：他只認太子傅職責法度，不認國君威權。如此一個油鹽不浸的老倔頭做未來國君的老師，誰個心裡舒坦了？然則又能如何？為太子延聘老師，歷來是半私半公之事，周紹又是名節赫赫，能反對麼？

若說前兩道君書讓世族大臣不快，後兩道卻是頗得人望。

博聞師也是新設。趙禹、趙燕、趙文三人都是年過六七旬的卸職元老，能訾議國政，自然強如閉門閒居。而年過八旬的十二位元老也都成了「國老」，也都能進言督察國政，可謂殊榮加身。每一老身後都是一大族，舒暢者又豈止一人也。更要緊的是，世族大臣幾乎都在中年之上，人皆有老，眼見博聞師與國老便是老之所歸，誰又不暗自慶幸？在強悍實在的趙國，歷來是老臣受冷落，一旦不能馳騁沙場，在國便是失爵失位，縱有子孫承襲，老臣自己卻未免淒涼。而今有一抹亮色照拂暮年之期，能獲高爵而安享晚境，不亦樂乎？

安定了朝局，趙雍正欲北上視邊，卻有魏王特使飛車邯鄲，一力邀趙雍加盟「五國相王」大典。這「五國相王」是魏惠王為主盟的邦交大典，邀韓、宋、趙、燕、中山五國，在魏國主持下一起稱王並相互承認對方為「王國」。魏國本來早已經稱王，此舉完全是老魏惠王想操持天下大局重振魏國聲望的別出心裁之舉。（註：五國相王之詳細經過，見第二部《國命縱橫》。）

「趙為弱邦，無其實，不敢處其名也。」趙雍對特使分外恭謹，回書也只是如此一句。魏國特使大為驚訝，回報大梁，說趙雍已經下書朝野：國人稱他為「君」，比「侯」還退了一步，不可思議。魏惠王哈哈大笑：「少見多怪也！趙國本弱，趙雍知其弱，有何不可思議了？」

從此，中原列國彌漫出一股「弱趙四等」的口風，譏諷趙國在王、公、侯三等邦國之後自甘稱

「君」，隱隱然覺得趙國只怕是當真不行了。否則，在強勢洶洶的戰國之世，向來咄咄逼人強悍張揚的趙國如何肯滅了自己威風？

風聲傳來，趙雍輕蔑地一笑，到國中巡視去了。

這一去竟是兩年。趙雍踏遍了趙國的每個角落，對趙國山川形勝與生民艱難終究算是瞭若指掌了。第三年趙雍回到邯鄲，立即與肥義等一班重臣商討在趙國變法。謀劃半年之後，趙國的變法終於開始了。趙雍給變法定的大要是十六個字，「不觸封地，整肅吏治，廢黜隸農，行新田制」。也就是說，在不根本觸動世族封地制的情勢下，大力整肅國政，廢除奴隸制，推行已經成為戰國主潮流的自由買賣土地制，激發國人勤耕奮戰。因了不觸動封地，所以變法得到了世族大臣的一致擁戴，而庶民與隸農官奴更是歡呼雀躍。朝野同心之下，趙國的變法水波不興，幾乎沒有引起列國的多少關注，便平穩地在七八年間完成了新法之變。從戰國大勢看，趙國的變法除了不能與秦國的商鞅變法相比外，力度與廣度均超過了其餘五國。當此之時，變法已經是天下大潮，魏、楚、韓、秦、齊五大戰國均已先後變法，除了魏楚韓三國沒有二次變法之外，秦齊兩國都是在大變法之後不斷小變，法令之新領先天下。及至趙雍即位，北方最古老的燕國也開始了燕昭王與樂毅的變法。

如此一來，趙國成了戰國最後變法的一個。也正因了如此，趙雍對列國變法看得分外清楚，如何在不使朝野發生大動盪的穩定情勢下推行變法，也就成為趙雍反覆思慮的頭等大事。別國變法，都要在外患消弭或大大減弱的大局下進行，根本原因，在於變法必然會帶來動盪，若外敵與內部動盪同時發作，其國必毀。唯其如此，外患未消則不能變法，幾乎成為天下認同的鐵則。若恪守這一鐵則，趙國將陷入一個永遠不能變法的怪誕圈子。趙國勁而不強，邊患又是天下之最，不變法無力靖邊，而外患不除又不能變法。這，豈非一個只能永遠原地打轉的怪圈？

兩年巡視，趙雍已經想透了這件大事，決意以不觸動封地的無震盪變法來走出這個怪圈，而後再相機徹底變法。一著手果然順當，竟在七八年間完成了一次舉國大變。然則對趙雍而言，更高興的卻是列國目光盡被燕國崛起所吸引，趙國悄悄地隱身在昔日夙敵的光影中跨出了一大步。

國勢大定的第二年，趙雍帶著一個鐵騎百人隊徑直北上了。這一次，趙雍要尋求靖邊之法，為徹底肅清三胡匈奴邊患下一番工夫。

這時候，趙國的北疆還遠未伸展，自西向東還被三胡與匈奴壓縮在九原、雲中、雁門、平城（註：平城，戰國時趙國北部要塞，秦統一後置縣，今山西大同東北）、于延水一線之南。認真說起來，縱是這一線之南二三百里，也經常被胡人飛騎突破大掠。而九原雲中以南的廣袤高原，秦國則在河西地帶修建了與大河並行南下的千里長城，使胡人無法肆意侵擾。加之雁門平城恰恰又將中山國隔擋在南部太行山地帶，胡人飛騎只能對趙國燕國肆虐了。偏此時的燕國已經派大將秦開一舉拿下了遼東平定了東胡，亞卿樂毅又順勢北上，一舉將諸胡部族從漁陽、上谷（註：漁陽，因在漁水之陽得名，秦開破東胡後設郡，轄境大體為內蒙古赤峰以南、北京通縣以東、天津以北地區；上谷，因在廣袤山谷地帶而得名，秦開破東胡後燕國設郡，轄境大體為今張家口以東、北京昌平以北）驅逐到于延水之西。如此一來，諸胡與匈奴幾乎全部壓在了趙國北部地方。自趙氏立為諸侯，趙國在北邊始終駐有重兵，到趙成侯趙肅侯兩代，長駐十萬輕騎已經成了定制。應當說，那時候的十萬輕騎雖不足以掃滅諸胡匈奴，但保得趙國北部平定還是遊刃有餘的。然則此時情勢大變，趙國的十萬輕騎分別駐紮在雁門、平城兩地，面對兵勢猛增且又日見頻繁的胡族襲擊，趙軍在廣闊的戰線上已經呈現出力有不逮的弱勢。

趙雍馬隊越過治水，直奔雁門塞而來。

此時的北疆，正是夏末秋初水草豐茂牛羊肥壯的黃金季節。一過治水，藍天之下重巒疊嶂，霞舉雲高，連山隱隱，旌旗獵獵。遙遙望去，兩山夾峙，恍若雲天之門，時有雁陣長鳴，從門中掠過悠悠南下，令人生出無限感慨。因了如此滄桑奇觀，這片險峻連綿的高山叫了雁門塞。雁門兩山之中，一座關城突兀矗立，這便是赫赫大名的雁門關（註：雁門關，在今山西代縣西北，戰國雁門關與唐以後之雁門關大體重合）。

抗胡大將樓緩的幕府，駐紮在雁門要塞。趙雍一進關直入將軍幕府，不想幕府內外冷冷清清，一問之下，領軍大將樓緩竟不在駐地。趙雍原本是祕密北上，有意不事先飛書而要真實驗看邊軍狀況，聽說主將樓緩不在，微微皺起了眉頭：「樓緩不在幕府備軍，卻到何處去了？」

「稟報特使，」一個留守司馬從幕府後廳大步匆匆走出，「胡人秋掠將至，將軍趕到岱海（註：岱海，戰國時草原鹽湖，今已趨於淡水化，在今內蒙古涼城縣東部）踏勘地勢去了！」

秋掠？趙雍恍然大悟，每年秋季都是諸胡部族大舉南下的時節。其時中原農田收穫方過，草原大漠寒冬將至，正好大掠糧食財貨以備冬藏休牧。樓緩在此時趕赴岱海，必有不同尋常的謀劃。趙雍略一思忖，馬鞭啪地打到戰靴上，走，岱海！

雁門關以北五十餘里，有一道東西蜿蜒數百里的夯土長城，這是趙國修築的抗胡屏障。出得長城，是廣袤起伏的山地草原，馳騁百餘里，正北方向一片大湖，茫茫蒼蒼方圓五百餘里煙波浩渺，周圍青山蒼翠草原無垠起伏，倍顯天地之壯闊。然則奇異的是，如此一片大湖，如此連綿起伏的廣闊草原，湖邊卻沒有長駐放牧的帳篷群落，縱有放牧牛羊的胡人，也是遠遠地灑落星散在大湖周圍的小河旁。趙雍也曾在邊軍磨練過幾年，知道岱海是一片鹽湖，其水之鹹，比海水尚有過之。唯其如此，諸胡部族才不在此地扎根，而只是在水草豐茂的季節騎馬趕著牛羊馬群轟隆隆而來，大半日之後又轟隆隆而去。

「來者哪位將軍？」湖邊山丘後飛出一騎遙遙高喊而來。

百騎隊風馳電掣般捲到面前，護衛將軍亮出一支碩大的青銅令箭高聲答道：「國君特使到！你是何人？樓緩將軍何在？」

「末將中軍司馬。既是特使，請隨我來。」騎士一圈馬翻身飛馳而去。

翻過一個山頭又一道山谷，遙遙見前方山腰有影影綽綽的紅色身影，及至到得山下，卻是一道極為隱祕的山谷：面向大湖，背靠群山，除了南面谷口，別無進出途徑。中軍司馬在山下勒馬拱手道：「騎隊在山谷避風處暫歇，請特使大人隨末將登山。」騎隊將軍冷冷道：「該當樓緩將軍下山才是。」趙雍一擺手：「休得多言，只兩人隨我上山，馬隊紮營造飯。」騎隊將軍向百夫長低聲叮囑幾句，與另一名騎士丟下馬韁大步跟在趙雍身後上山。

將及山頂，一片密林橫搭在山腰，走進密林，又是一處極為隱祕的山坳，一頂半舊的棕色牛皮大帳篷紮在突兀的山崖下，帳外釘子般挺立著六名長劍甲士。趙雍一看便明白，樓緩肯定要在這裡謀事，正要舉步進帳，身旁中軍司馬一聲高報：「國君特使到——」話音落點，一人腳步急促出帳，卻又驟然停頓在帳口。

「君上？」大將愣怔間深深一躬，「雁門將軍樓緩，參見君上！」

趙雍哈哈大笑：「樓緩將軍，未告而來，唐突了。」

「君上巡邊，豈有唐突之理？君上請。」一臉糙黑兩鬢灰白的樓緩肅然側身拱手，將趙雍請進了大帳。趙雍剛繞過帳口木屏，便聽轟然一聲：「參見君上！」一看之下，四員大將與四名軍吏整肅站在帳廳。趙雍笑著擺擺手：「軍中無全禮，坐了坐了。」指點著道，「你是趙莊，你是韓向，你是胡笳，你是李鳶，對麼？」四員大將見在邊地只有三年軍旅的國君竟還記得他們，自是分外興奮，齊齊應了一聲：「謝過君上！」

此時，樓緩已經吩咐軍務司馬上來了酒囊乾肉。趙雍接過酒囊咕咚咚大飲了半袋，嘖嘖笑道：「如何有三分胡人馬奶滋味兒？」

「君上，」樓緩笑了，「草原寒冷，兵士缺酒不過勁。趙酒太烈，肚腹無食不能痛飲，吃飽了更不能多飲。軍士們便將馬奶摻酒，既難得醉人，又當得饑渴。時日長了，軍中酒都成了馬奶加趙酒。君上若要趙酒，我差軍務司馬回雁門關拿來。」

「不不不。」趙雍搖著手又咂咂嘴，沉吟間不禁突然拍案，「使得使得，大是使得。」

「君上飲得就好。」樓緩輕鬆地笑了。

趙雍自顧一口氣道：「草原之上，馬奶多多，何不就地釀造馬奶酒？既省趙酒迢迢運送，又增軍士體力戰力，豈非一舉兩得？遠途馳驅，但有兩三袋馬奶酒幾塊醬乾牛肉，何愁饑渴？強如這趙酒摻馬奶，既費事勞神，又不足供給。」

「君上大是明察！」幾員大將搶先呼應。

「君上，」樓緩目光閃爍著思忖著，「馬奶酒本是胡人之物，少許入軍或可，若做常用，且不說國中如何，只怕中原列國要譏諷趙人化入蠻夷了。」

「鳥！」趙雍粗豪地大笑，「你等但說，馬奶酒合用不合用了？」

「合用！」四員大將異口同聲。黝黑粗壯的李鳶昂昂道：「真正的馬奶酒給勁！胡人叫馬奶子，酸甜濃稠後勁足，健胃活血滋補強身，兩三大碗下肚，任甚不吃也撐他兩天兩夜。誰個敢說不合用？」趙莊跟上道：「馬奶酒比中原酒好做多了，根本不用釀製窖藏，只將馬奶收入皮囊攪拌幾日，但出酸味便是馬奶子。若再摻得幾兩趙酒攪拌，馬奶子生出些許酒香酒辣，更是帶勁！」韓向搓著手興奮接道：「當真大做馬奶子，連軍糧都省去一半。」「雁門關老弱婦幼也都有得事做，皮囊也不空了。」胡笳高聲追了一句，帳中哄然大笑。

「方便合用，好處多多，還怕個甚來？做！」趙雍看著樓緩笑了。

樓緩見國君依然不改軍旅粗豪，頓時心生感奮慨然拱手道：「君上如此膽魄，樓緩何能裹足不前？明日臣分派下去，大做馬奶酒！」

「便是這般。」趙雍雙掌一拍，「近日我常思忖：胡人無常根，卻能生生不息地與我糾纏，其中必有強勢所在處。別個不說，這馬奶子便是中原所不及，緊要時連埋鍋造飯也省了。你等說，若沒有這馬奶子，胡人能不帶輜重餓著肚皮千里馳騁奔襲大掠麼？而我軍但動，便是糧草先行，飛騎追過三日便沒了接濟，這茫茫草原，如何咬得住胡人？」

「君上大是！」瞬息之間，樓緩並幾員大將頓時目光炯炯。國君雖然年輕，洞察大勢分明是目光如炬。馬奶子這件事，軍旅將士看來只不過是順應自然的尋常事體，國君卻能說出如此一番根本道理，委實教人信服。

「此等事日後再說。」趙雍一揮手，「樓緩將軍，看來你要給胡人謀事？」

「稟報君上，」樓緩正色拱手，「每年八月，三胡都要南下大掠，岱海東西兩側是必經之道。我與諸將計議：擬在岱海兩側山谷埋伏輕騎八萬，一舉重創胡人。」

「這番要打狠！」趙莊咬牙切齒地補了一句。

趙雍點頭笑道：「好！算我有幸趕上了。此戰若能大勝，趙國必能鬆活三五年。」

方略議定，日已暮色。君臣馬隊在月升岱海之時隱祕出谷，到得草原放馬奔馳，不消一個時辰進了趙長城回到雁門關。次日開始，樓緩開始了調遣兵馬，雁門關軍民也同時開始了大做馬奶子。在滿城新鮮好奇的笑鬧喧嚷中，濃鬱的馬奶子味沿著長城瀰漫開去了。趁此時機，趙雍率百騎隊星夜奔赴東北方向的平城，在平城巡視三日，又南下沿著治水河谷東進二百餘里直達于延水（註：治水，戰國北部大河流之一，亦名漯水，上游即今日永定河、桑乾河，故道在今永定河以北。于延水，戰國北部河流之一，《山海經》亦名修水〔非江西修水〕，於河北涿鹿入治水）。進入于延水河谷，趙雍馬隊隱蔽歇息一夜，次日清晨出谷，變作了一色的騎士便裝，儼然一支地道的中原馬商騎隊。

五、林胡騎術震驚了趙雍

于延水發源於大漠草原深處的柔玄（註：柔玄，戰國胡地軍鎮，《水經注》稱為柔玄鎮，今內蒙古興河縣西北）山地。依目下趙雍馬隊的所在，一出于延水與治水交匯口的涿鹿山，已是林胡的勢力範圍。雖然胡人逐水草而居，沒有確切的疆界，更沒有固定的駐軍，但趙國大軍控制不了此地也是事實。涿鹿山曾經是黃帝大戰蚩尤的名山，樓緩在這裡雖然駐紮了六千輕騎，但也只能起到搶占咽喉要地的作用，而遠遠不能阻擋漫天烏雲壓過來的胡人騎兵。往前說，于延水河谷本來是馬商通道，尤其是燕趙兩國與胡人通商的大道，由於趙軍已經抵禦不了胡人大掠，十幾年來這條商道已經漸漸蕭疏了。

馬隊在荒草搖曳的商旅古道風馳北上，三日之後，進入了柔玄草原。

從東南進入柔玄草原，遙遙可見無垠綠色中一道青山蜿蜒橫亙。翻過這道渾圓起伏的山嶺，一片茫茫淡水大湖，四周星散著無數的沼澤小湖，水草連天，一片絕佳的遊牧形勝之地。大湖東岸，于延水從北方山谷淙淙流來，在山陵中劈開了一條長長的河道向東南而去，林胡人稱之為長川。長川山嶺的東麓，是林胡部族的騎兵營地，自然也是林胡單于的大本營。遙遙望去，草原上牛羊馬群星散四野帳篷連綿人喊馬嘶，一片生機勃勃。

「君上，我若在此紮營，胡人看見便會來。」與趙雍並馬的護衛將軍低聲提醒道，「萬一有險，東南去路寬闊。」

「此番北上，原是要入虎穴，怕個甚來？」趙雍斷然一揮手，「直入長川大本營。記住，我是趙國馬商烏斯丹。走！」一抖馬韁，當先向山麓連綿的帳篷飛去。護衛將軍大急，一騎飛出超過趙雍馬頭，揚聲高喊：「趙國馬商到，求見林胡單于——」
長川山麓下的牛皮大帳中，林胡單于正與十幾位部族頭人商議南下秋掠的路徑，突聞帳外馬蹄急驟人聲隱隱，護帳騎將飛步走進：「報我單于，趙國馬商求見！」林胡單于一個愣怔，趙國馬商敢來林胡？雙眼一瞪道：「教他進來。」林胡騎將大步轉身間一聲長喝：「趙國馬商進帳！」趙雍應聲而入，一個躬身甩手的胡禮：「趙國馬商烏斯丹，見過林胡單于。」
「烏斯丹？當真趙國馬商？」林胡單于飛快地眨動著細長的眼睛。
「烏斯丹原本東胡商賈，因經年為趙國販馬，三十年前舉族遷入趙國。」
林胡單于哈哈大笑道：「這對了。趙人早變溝渠鼠兔了，能飛出如此一隻雄鷹來？說，要多少馬？給哪個買主？」
「三千匹。給趙國。」
「給趙國？」一個部族頭人傲慢地揉著鼻頭拉著長長的聲調，「笨熊一樣的，趙人會騎馬麼？」
「趙人不會騎馬麼？」烏斯丹兩手一攤連連聳肩，「雁門平城有十萬飛騎，不是趙國的麼？他們，每年都要更換許多戰馬也。」
「十萬飛騎？烏！」一個黃髮頭人咯咯笑道，「今秋一過，剝他十萬張人皮，做我林胡女人的尿囊！」話音落點，帳中哄然一陣大笑。
「烏斯丹啊，」林胡單于呵呵笑著，「念你也是胡人，勸你將馬賣給燕國算了，燕國大軍正在重金買馬。趙國，一兩年也就沒了，連趙錢都要沒用了。」
「不！」烏斯丹臉色驟然脹紅，「燕國滅我東胡根基，烏斯丹豈能賣馬於他！」
「噢？」林胡單于目光閃爍著，「林胡人不要趙錢，你卻如何買馬？」
「烏斯丹只用絲綢麻布佩玉金幣，不用趙錢。」

黃髮頭人哈哈大笑：「單于，賣給趙人好啊！三個月後，還是我林胡駿馬。」

「好！賣給趙國！」頭人們齊聲笑叫。

「烏斯丹兄弟要這樣，便這樣了。」林胡單于灰白的鬚髮抖動著，「你帶了多少圈馬師？趕得三千駿馬上路麼？」

「圈馬師一百，人圈三十，販馬成例。」

「不不不！」黃髮頭人連連搖手，「趙人馬師一人能圈趕得三十匹駿馬？太陽西海出來了！烏斯丹，你只能用金幣雇我林胡人圈馬。」

「不不不。」烏斯丹驚訝地瞪起了眼睛，「我的圈馬師，都是趙軍大將樓緩遴選的能手，他說萬無一失。」

「啊！樓緩？」在頭人們輕蔑的大笑中，黃髮頭人呸地啐了一口，「敗將一個，肉頭狗熊，還敢老鴰般呱呱大話？烏斯丹，拿茅草做棒槌！啊哈哈哈哈！」

「林胡圈馬師當真厲害？一人圈趕得幾多？」烏斯丹一雙大眼瞪得溜圓。

林胡單于冷冷一笑：「岱赫巴楞，你族給烏斯丹兄弟開開眼界。」

黃髮頭人忽地起身走到烏斯丹身邊：「兄弟，出帳。」說罷大步出了牛皮大帳，對帳外一個腰帶彎刀的壯漢一揮手，「黃旗族號角。」彎刀壯漢「嘿」的一聲摘下掛在腰間皮帶的牛角號。剎那之間，尖厲渾厚的嗚嗚號聲悠揚響起，倏忽停頓，四野號聲遙遙呼應響徹草原。只在烏斯丹與黃髮頭人岱赫巴楞走到趙國馬隊前的工夫，長川後烏雲般萬千馬群在隆隆雷聲中捲來，其勢如江海怒潮漫過蒼茫原野。只見岱赫巴楞又一揮手，壯漢牛角號立即短促尖厲地響了三聲，汪洋恣肆的馬海在一箭之地外隆隆凝固。烏斯丹遙遙打量，方圓兩三里湧動嘶鳴的龐大馬群，竟然只有馬群外圍遊動的十來個騎士，還都騎在沒有馬具的光脊梁馬背上。來不及一聲驚歎，東南北三面原野上又是隆隆濤聲，萬千馬群頃刻間壓滿了廣闊的草原。隨著連續響起的短促號聲，三面馬海從各自方向聚攏在一箭之外，中間恰恰成了一個巨大的空草場。

此時，林胡單于與其他頭人也出了大帳，赳赳登上了帳外那座立有一面大纛旗的土臺，遙遙笑道：「岱赫巴楞，不要太較真啊。」

「單于放心，虎豹對瘦鹿，用得較真麼？」岱赫巴楞一甩覆蓋肩背的黃髮，轉身一臉傲慢的笑容，「烏斯丹兄弟，我族駿馬六萬，白日間放牧騎士不過百人。你說，每人圈趕得多少馬？」「人人都是如此麼？」烏斯丹一副驚訝而不可思議的模樣。岱赫巴楞哈哈大笑：「好啊！烏斯丹兄弟說我族人並非個個如此了？老夫只說一句，我只召來族中少年女人，你任意選來比試。趙人大笨熊，值得我這些猛士上陣？」說罷一揮手，身邊壯漢三聲悠長的號聲。號聲還在草原山谷迴盪，長川嶺谷口絡繹飄出大片大片白雲，雖不如馬群聲勢，卻也是悠悠如風鼓雲帆，片刻間連天徹地的咩咩鳴叫，白雲外便是斑斕星散的少年與女人。

「好！」烏斯丹雙掌猛然一拍，「岱赫族長點出三個少年來。」

「烏斯丹兄弟，」岱赫巴楞有不悅之色，「一言既出，如何要老夫代勞？」

「也好，那個藍的，那個白的，還有那個黑的。」烏斯丹向湧動參插在馬群中的羊群隨意指點了幾下，又回頭對趙國馬隊高聲道，「趙國馬師們，出來三個高手與林胡少年比試圈馬。要沒本事，我烏斯丹雇林胡兄弟了！」

「嗨！」馬隊轟然一聲，炸雷一般。趙國騎士們早已經個個臉色鐵青，若非身負重任，這些精銳武士可能早就炸開了。但看著趙雍渾若無事的樣子，也只有強壓怒火。如今國君一聲令下，誰個不激昂萬分。將軍本想親自出馬，慮及林胡都是少年，強自忍耐，一擺手低聲叫了三個名字，三個年輕騎士走馬前出，只一抬手便從戰馬腹側摘下套馬長杆飛馬馳出。此時，三名林胡少年也從羊群外飛馬而來，窄袖短衣，緊身長褲被一雙高腰皮靴緊緊裹住，與趙國騎士大袖布衣的飄灑相比，自是另一番風采。

岱赫巴楞一揮手：「出散馬六坨，每坨六十。」

壯漢號角立時響起，頃刻間馬群外圍的林胡騎士打起了六聲尖銳悠長的呼哨，汪洋湧動的馬海中先後飛出六片奔馬，順著六個方向狂奔草原深處。

「馬師起——」岱赫一聲大喝，藍白黑三名林胡少年幾乎同時箭射飛出，趙國的紅色騎士同時發動，六匹駿馬分成六個方向奔六片散馬而去。

究其實，圈趕馬群之較量，第一位的便是騎術較量。騎術不精，休說圈攏馬群，只怕連接近四散奔馳的馬群都是勉為其難。尋常而論，騎術能否十分地揮灑出來，根基在於馬具。騎一匹沒有鞍轡馬鐙的光脊梁駿馬，對於中原騎士而言肯定是極大的難事。目下趙國三騎士是馬具齊全的雄駿戰馬，放馬奔馳，自然是風馳電掣般逼近馬群，似乎還隱隱領先於林胡少年。只這一飛，趙國騎士齊齊地大喊了一聲好。

三名林胡少年，卻都是僅有一根馬韁的光脊梁駿馬。對騎士而言，沒有馬具意味著只能用兩腿夾緊馬腹來保持身形穩定，即便是最出色的駿馬，也不能完全沒有顛簸，高速奔馳之下雙腿稍一乏力，便會跌落馬下。更何況少年身矮腿短，良馬又都是腹大背寬，要達到超越馬群之速度並不斷隨馬群急驟轉折，少年控馬之難度，大大超越成人騎士。饒是如此，三名林胡少年縱馬飛馳輕鬆自如，倏忽之間與趙國騎士齊頭並進地逼近了馬群。趙雍也是少年入抗胡軍旅，多有草原馳騁之閱歷，自然深知少年騎士之難，看得嘖嘖稱奇，不禁大喝一聲：「好！」

岱赫巴楞連連搖頭哈哈大笑：「光會飛不是林胡駿馬，還得馬上做事。」

片刻之間，只見三名林胡少年已經分別追上了狂奔的頭馬。兩三個迴旋急轉，長長的套馬杆閃電般飛出套住了頭馬脖頸。頭馬驟然人立一陣嘶鳴，隨著少年騎士奔馳開去，身後馬群也相繼隆隆跟來。在駿馬聚攏成群之時，林胡少年放開了頭馬套杆，一聲響亮悠長的呼哨，頭馬一聲嘶鳴，率領馬群奔了回來。林胡少年則縱馬飛馳，時而馬群之前時而馬群之後，口中呼哨連連呼喝不斷，馬群井然有序地徐徐奔馳，絕無四散飛竄之亂象。通前至後，不過頓飯時光。

再看三名趙國騎士，一時大為狼狽。這三名騎士本是真正的圈馬師從軍，騎術之精戰馬之良在趙軍中都是出類拔萃，尋常間圈趕四五十匹的馬群毫不費力，比馬商之馬師的三十匹通例高出了許多。今日六十匹馬群雖說稍許見多，但草原之上利於奔馳，依坐下戰馬之良騎士騎術之精，斷不至於輸給林胡少年。然則，除了開始飛馳稍許領先之後，趙軍騎士便不斷遇到難堪。先是當先騎士猛追頭馬，頭馬不斷急驟轉彎兜圈子，連續五六個大迴環，騎士的套馬杆一直無法伸出。與此同時，另一個騎士在堪堪伸出套馬杆的時分，馬杆後端卻被隨風捲動的寬大衣襟裹住，騎士馬杆一抖想甩開衣襟，不料卻又被一尺多寬的衣袖兜了進去，情急間回頭，套馬杆不偏不倚卻套進了坐騎脖頸，戰馬驟然受驚嘶鳴人立，騎士竟被仰面摔下了馬背。饒是如此，馬杆長柄仍然糾結在衣袖衣襟中，致使套在坐騎脖頸上的套子無法鬆開，戰馬不明所以，拖著騎士狂亂飛奔，直竄萬千馬海之中。

「笨熊要死！馬群要瘋！」岱赫巴楞一聲大吼，飛身躍上身邊一匹光脊梁馬閃電般飛馳草原。趙國馬隊的將軍大驚，一揮手便有三騎挺著套馬杆飛出趕上。趙雍也是心下疑惑，這岱赫縱然本領高強，赤手空拳卻如何進得汪洋湧動的馬海？如何降伏得驚瘋烈馬？

瞬息之間，岱赫已經飛近汪洋馬海。但聞一聲淒厲奇絕的嘯叫，馬群轟然散開，躲開了瘋狂的驚馬。岱赫尖聲呼喝著衝入馬群，左衝右突死死尾隨那匹瘋狂烈馬。突然之間，只見他胳膊一抖一揚一聲大喝，一條繩套箭一般直射出去，正正地套在了驚馬脖頸之上。驚馬驟然人立長鳴一陣，打著響鼻迴旋幾圈終於安定下來。此時，外圍也有一名林胡馬師進入馬群，飛身下馬一撈，將那個被拖得一身鮮血的騎士夾在了腋下飛出馬群。三名後來的趙國騎士恰恰趕到，接過同伴飛馳回隊。

「趙人笨熊一樣，要驚瘋了馬群，我剝了他皮！」岱赫飛馬回來猶自怒氣衝衝，「烏斯丹，趙人也叫騎士了？只配叫狗熊！」

烏斯丹嘴角猛然抽搐幾下卻呵呵笑了：「岱赫頭人，你這繩套也能圈馬？」

「啊哈哈哈哈！」岱赫一陣大笑，「真正的林胡騎士，都得用繩套。套杆，是娃娃們做耍子練手的。烏斯丹，你說趙國馬師連我這些娃娃手也過不去，還嚷嚷驅逐三胡，娘老子真是好笑！」

烏斯丹緊緊咬著牙關，默然良久笑道：「岱赫頭人，烏斯丹願出三百匹良馬之價，買你三個上等馬師如何？」

「好說！」岱赫巴楞啪地打了個響指，「烏斯丹服我林胡，沒有高價我也送你了。」說罷向遠處一招手，三個年輕精壯的漢子大步走了過來，恭順地垂手肅立著。岱赫巴楞指點著道，「他們三個都是我的奴隸，看看，這裡是烙印。」一大手一把扯開一個年輕人的衣領，一隻黑色鷹頭人身赫然附在一大片肉紅底色之上。岱赫在年輕人背上啪地拍了一掌，「你等的三個女人留下，做我的母狗了。從目下起，你們的主人是烏斯丹，明白？」三人低著頭齊齊地「嗨」了一聲，又齊齊地俯身趴在烏斯丹腳下「嗨」了一聲。

「這叫主人認身。」岱赫笑道，「踩他們每個一腳，要狠。」

「他們都是上等馬師？」烏斯丹嘴角又一抽搐。

「不信老岱赫麼？」驟然之間，岱赫的臉黑了。

「自然信了，我認！」烏斯丹猛然抬腳踩出，三個奴隸高聲齊喊：「謝過主人！」

兩日之後，烏斯丹馬隊趕著六百匹馬南下了。有三個奴隸馬師圈趕馬群，根本不用趙國騎士動手。一路之上，烏斯丹一句話不說，只是低頭沉思。進得平城，馬群留下。烏斯丹立即下令：三個奴隸馬師一律賜姓趙，封武士爵，分別以龍虎豹命名，充作貼身護衛。三名奴隸此時方知這是趙國君主，大是興奮，嗨嗨連聲地表示效忠主人，不要官爵。趙雍黑著臉硬邦邦一句：「趙國沒有奴隸。從今日開始，你三人便是趙軍馬術教習。但有軍功，自有重賞。若得誤事，立斬不赦！」三人一陣驚愕，驟然歡呼跳躍，又一齊匍匐在趙雍腳下大哭起來。護衛將軍一臉愣怔，本想說此三人尚需察勘，看看趙雍臉色卻沒有敢進言勸諫。

六、我衣胡服　我挽強弓

九月底，趙雍馬隊回到雁門長城時，趙軍截擊胡人的大戰已經結束了。

不出趙雍所料，果然只是堪堪打了個平手。樓緩稟報說，依照事先謀劃與備兵之精細，本當大勝一場，給胡人一次重創，可結局竟是損兵三萬餘，殺敵三萬餘，喪失了這次好容易捕捉到的戰機，當真不可思議。近百年以來，中原各國與匈奴胡人交戰的最大困難，是難以在適當季節適當戰場捕捉到胡人主力並與之決戰；往往是屯兵兩三年，也截不住胡兵一支超過萬人的部族大軍；你要狠命猛追，他則無影無蹤，你要回軍駐屯，他又疾風般殺來；若不預先埋伏，你便是尾追而去，也無法堵截得住。唯其如此，一次能截住三胡六萬大軍的戰機，當真是可貴之極。樓緩精心籌劃兩年，出動了全部十萬大軍埋伏，分明是將三胡大軍分割在了岱海西部峽谷，可最後竟讓三胡在大軍重圍之下強行突圍而去，實際便是白白喪失了數十年不遇的良機。樓緩痛心自責，敵入重圍而去，大將無能之罪也，請君上治樓緩以正法度。

趙雍默然良久，突兀問道：「此戰之後，胡人至少三五年不敢大舉進入長城，可是？」

「該當如此。」樓緩謹慎道，「林胡舉族不過六十餘萬人口，成軍精壯不過十餘萬，一舉喪師三萬，當是前所未有之重創，幾年內斷不敢進入長城深掠。」
「如此說來，還可做得一件大事。」
「君上何意？」突然，樓緩覺得國君想的完全是另外一件事。
「樓緩，馬奶子功效如何？」趙雍莫測高深地一笑。
「大好！」樓緩頓時來了精神，「軍糧省了一半，牝馬也有了用途，連雁門關民眾都有了事做。兵士出長城，根本不用再帶軍鍋刁斗，只兩袋馬奶子三塊醬牛肉，便是三日軍食，當真利落！」
「如此說來，胡人尚有堪學處了？」
「上天造物，原是互補而成世事。華夏有所短，胡人有所長，並非怪異。」
「好！」趙雍雙掌猛然一拍，「好一個『華夏有所短，胡人有所長』。但有這番見識，樓緩堪當大任也。」
「君上，」樓緩困惑地笑了，「這是你的話啊？」
「噢？我的話麼？」趙雍大笑，「我看還是你的話好！對！你說的！」
「君上之意，要舉國都喝馬奶子？」
「如何？舉國都喝馬奶子？」趙雍笑不可遏，「樓緩啊，你想到湖塗國去了。舉國都喝馬奶子，你從哪裡生出千百萬牝馬來？」
「倒也是。」樓緩依舊一副若有所思的模樣，「君上總是有所謀了？」
「知我者，樓緩也。」趙雍慨然一歎，突然神祕地湊近樓緩耳邊，「我想在趙國行胡服，興騎射，你道如何？」
「行胡服？興騎射？容我想想！」樓緩思忖一陣，「君上是要在軍中推行胡服騎射，還是要舉國胡服騎射？」

「你說如何？」

「軍中易為，舉國難行。」樓緩思謀道，「軍行為制令，國行為禮俗。衣食住行，衣為文華禮法之首，只恐非朝夕所能做到也。」

「樓緩，且不說難易與否。」趙雍面色肅然，「你只說，趙國何以不能強兵？岱海之戰，何以林胡能以六萬兵力突破趙軍十萬重圍？趙氏軍爭起家，何以百餘年不能以軍爭震懾天下？趙國朝野尚武，何以今日四面邊患壓頂而來？趙國騎士號為華夏猛士，如何連林胡少年也贏他不得？」一伸手，趙雍在帳鉤上拿下馬奶子皮囊一通猛灌。一陣粗聲喘息，趙雍才漸漸平息下來，將這次林胡之行對樓緩細細說了一遍，末了道，「諺云，有高世之名，必有遺俗之累。若一味固守華夏文華禮法，何來因世之變？變則強，不變則亡啊！」

樓緩本是士子入軍，文武兼備，雖然算不得天下名將，卻也是頗為難得的兼通之才。趙雍一席話與林胡一番故事，聽得他恍然大悟，頓時明白了國君這番謀劃的來龍去脈，思忖之下，大為感奮，慨然拱手道：「君上目光高遠，洞察時弊，臣以為大是！」

「好！」趙雍慨然拍案，「我等思謀一番，一起回邯鄲。」

「大軍交於何人？」

「廉頗。」趙雍沒有絲毫猶豫，「此人盛年勇邁，攻雖不足，守卻有餘。擋得胡人三五年，便是大功一件。」

「廉頗所部正是趙軍主力，君上此斷甚明。臣去部署。」樓緩轉身大步去了。

這一夜，樓緩的將軍幕府徹夜燈火。五更時分，一支馬隊飛出雁門關，在霜晨殘月中兼程南下了。回到邯鄲，趙雍第一件事，下詔擢升樓緩為國尉兼領官帥將，加爵上卿（註：國尉，趙國執掌軍事行政之大臣。官帥將，趙國執掌軍事訓練之大將）。上卿，趙國高級爵位，並非實職，可多名重臣同時封上卿爵。樓緩自覺岱海之戰有失，回邯鄲本想自請貶黜而後輔助國君處置實際軍務，不想突然擢升國尉且加爵上卿，竟一時成為重臣，不禁大是不安，連忙進宮惶恐辭謝。趙雍微微一笑：「樓緩第一個贊襄胡服騎射，豈非大功？岱海武戰有失，邯鄲文戰補過。趙雍所望，豈有他哉！」樓緩頓時恍然，明白這是國君要他在這場胡服變俗之戰中將功補過，心中雖是沉甸甸的，卻也感奮異常，立時慨然拱手道：「樓緩原是邊將，對胡服之變體察尤甚，願為君上折衝周旋，雖斧鉞加身而無悔！」趙雍目光頓時閃亮，卻又喟然一歎：「胡服之變，非為趙雍一己之利，實是邦國安危之大計。皮之不存，毛將焉附？覆巢之下，又豈有完卵了？」樓緩不禁面色一紅：「君上有此公心，臣深為愧疚。」趙雍一笑：「你只說，此事當如何發端？」樓緩略一思忖道：「胡服之變，難在廟堂宗室貴冑。臣以為：當從明銳重臣發端。」

「第一人？」

「肥義。」

「如何入手？」

「肥義忠直，君上當直言不諱。」

「好！」趙雍一拍手，「所見略同，我有底了。」

次日清晨，肥義奉命匆匆進宮。自從任上卿爵位的左司過以來，他已經是可以無須稟報而徑直入宮的幾名重臣之一了。他知道國君的軍旅習性，穿過前殿直向湖邊的高飛林而來。趙國人鍾愛白楊，將白楊叫作「高飛」，又叫作「獨搖」。無論是田野村疇還是宮廷園囿，但有樹林處，十有八九都是挺拔的嘩啦啦白楊。依趙人說法：白楊勁直，堪為屋材，折則折矣，終不屈撓。邯鄲宮中，除了後宮一片僅有的松柏林，到處都是這嘩嘩白楊林。目下已是十月之交林木蕭疏，黃葉落地的白楊林如一片叢林長劍刺向天空。淡淡的秋霜晨霧之中，林中閃動著幾個靈動矯健的紅色身影，恍如一團朦朧的火焰。憑著多年的戎馬生涯，肥義一眼看出這幾個身影正在練胡人搏擊術，而其中一個身影正是國君趙雍。胡趙夙敵，趙軍中原本便有胡人教習胡術，以使趙軍以其人之道還治其人之身，國君好武，練習胡人搏擊術也是事屬尋常。

然則漸行漸近，肥義卻有些驚訝了——趙雍一身短衣窄袖的胡服，與三個不時嗚哇幾聲的胡人武士在徒手搏擊。胡人武士以三敵一，雖則稍占上風，卻也總是無法擊倒堪堪自保的趙雍。肥義本是邊軍老將，徒手功夫也是頗有名望，一看便知三個胡人武士非但功夫真實且絕不是陪練做耍，而是真正地使出全身技藝要制服趙雍。當此情景，縱是趙軍猛士，也只堪堪抵得一個胡人武士罷了，便是肥義自己，也決然當不得三個胡人武士如此夾擊。而趙雍竟能自保不倒，當真不可思議。國君絕非以武技見長之人，如何驟然間如此了得？思忖之間，肥義咳嗽一聲走進了白楊林。

「好！今日到此為止。」趙雍一步跳出圈子，將臉上的汗珠子一抹一甩，笑著說了一句，「我還是落敗了，來日再練。」

「不！」一個精瘦黝黑的胡人武士紅著臉高聲道，「主君才學了二十天，便抗住了三隻林胡獵豹，不是敗了，是勝了！」

「打不贏便是敗了，管他一隻三隻。」趙雍在衣襟上一抹汗又一拍手，「只穿這身胡服，我省卻了多少絆扯，知道麼？中原武技，至少有三成身法是為那寬袍大袖練的。」那三名胡人武士尚在愣怔，趙雍卻已經拿起了掛在白楊枯枝上的斗篷，「肥義，走。」

肥義一路走一路思忖趙雍方才的話，總覺得趙雍似有言外之意。中原武技，至少有三成身法是為寬袍大袖練的。此話雖則並非恰如其分，然也不能說是誇大其詞。那騰挪輾轉，那輕身功夫，那騎射必先整衣的程序，若非自來是寬袍大袖，實在可以大大縮小幅度甚或可以不做。否則，胡人匈奴戎狄等一班異族，搏擊武技未嘗不精，為何偏偏都沒有如此一套規矩法則？其中原委，能以「蠻夷」二字了結麼？那麼，國君是不滿寬袍大袖了？不滿又當如何？今日身穿胡服是一時興起麼？不對……

「我的上卿，你愣怔個何來？茶涼了。」趙雍叩著書案笑了。

「啊，一時走神，君上見諒。」肥義連忙一拱，席地坐在了對面案前。

「肥義啊，這茶如何？」趙雍笑得有些叵測。

「好茶好茶！」肥義連忙啜得一口，頓時驚怔，「這是甚茶？馬奶子！」

趙雍哈哈大笑：「老邊將了，馬奶子又不是沒喝過，叫個甚來？」

肥義兀自喃喃笑道：「胡服，馬奶子，胡人武士，老臣雲山霧罩了。」

「肥義有鍛金火眼之號，能雲山霧罩？」趙雍笑著向後一招手，「樓緩國尉，你出來。」隨著話音，樓緩從高大的木屏後走了出來，向肥義一拱手，坐在了趙雍右手的側案。趙雍輕輕叩著書案，「樓緩，你對肥義說說我這番巡邊的狼狽。」轉身又對內侍吩咐一句，「守在廊下，今日不見任何臣子。」

樓緩從馬奶子說起，備細敘說了國君以馬商之身冒險進入林胡大本營的種種事由，又說了岱海之戰的過程、結局與自己思謀的失誤處，末了只一句「上卿久在邊地，當有明察」便告結束。看著肥義灰白鬚髮下一張嚴峻的黑臉，趙雍喟然一歎：「上卿啊，趙國以十萬精銳大軍，且是長久謀劃之伏擊戰，竟不能痛殲林胡六萬遊騎；趙軍最出色騎士，騎術尚不及林胡少年，委實令人痛心也！如此軍備，莫說簡襄（註：簡襄，趙人對趙簡子、趙襄侯的簡稱，二人驅胡拓邊均有建樹）功業，便是安保肅侯之地，也是力所不能矣！」

「邦國危難，君上思變，臣心盡知。」肥義目光炯炯，「然則如何變法，敢請君上明示。」

「胡服騎射，舉國強兵！」趙雍拍案一聲。

「茲事體大，只恐廟堂非議朝野動盪。」樓緩立即補了一句，將擔心猶疑攬了過來。

肥義眼角一掃樓緩，向趙雍肅然拱手道：「君上所謀，強兵正道也。縱有非議，何懼之有？自古以來，疑事無功，疑行無名。君上既定變俗強國之長策，何須顧及天下之洶洶也。大道不和於俗，大功不謀於眾。當行便行，何須旁顧。」肥義素來果敢沉雄極有擔待，幾句話斬釘截鐵，較樓緩之圓柔全然另一番氣象。

「果然肥義！字字擲地，金石之聲。」趙雍拍案而起，「走！到我書房去說。」

一日一夜，趙雍的書房門始終沒有打開。直到此日邯鄲箭樓的刁斗打了五更，書房傳出一陣哈哈大笑，君臣三人才走出書房，消失在濃濃的秋霜晨霧中。從這一日起，肥義在邯鄲消失了，樓緩在世族大臣間開始了頻繁的奔走。

樓緩走進的第一座府邸，是公子成的「相」府。公子成便是趙成。公子者，春秋戰國之世對國君部族的嫡系貴胄之尊稱也。趙成乃趙成侯最小的兒子，趙肅侯最小的弟弟，趙雍的叔父，自然是十足的嫡系公子。此時的公子成已經年近花甲，因多有戰功，堪稱趙國王室最為資深望重的宗室大臣。趙雍即位變法時，將這位威名赫赫的叔父從邊地調回邯鄲，做了相。這個相不是丞相，而是趙國執掌封地政令的大臣。從邦國大政看，相並非實權重臣，然則卻歷來都由宗室重臣擔任。其中原因，在於這相是代替國君管轄封地的職事，除了監管賦稅、協調各封地之間的種種衝突等日常政務，更要緊的是監控權臣封地不得坐大謀逆。唯其如此，這個相職，須得是國君特別信任的宗室大臣。公子成強悍固執，做了十八年相，趙國封地世族無一滋事，得使趙國變法平穩推進，趙雍自然深知這位叔父的分量。若得胡服之變如當年變法一般平穩，首要之計，是要聲威權臣一體擁戴。目下情勢，軍政權臣有肥義樓緩鼎力支撐，足可迴旋。當此之時，宗室世族便成了主要阻力。趙國之特殊，恰恰在於趙氏世族的力量異乎尋常的強大，且趙氏大臣多為有封地根基的軍旅世家，將軍輩出桀驁不馴，若世族層執意作梗，甚事也是寸步難行。

趙雍與肥義樓緩之謀劃：化解世族，首要在公子成。

樓緩頗有章法，約請王共同拜訪公子成，且以王為主訪賓客。王也是老臣，職任中府丞，執掌國君內府事務，與公子成之相職時有交叉，兩人甚是相投。而樓緩已是國尉之身，職司軍政糧草，與封地賦稅也是多有關聯，兩人連袂而來，不顯突兀。

軺車轔轔駛到相府門前，門吏說公子成染病在榻，不見客。王頓時遲疑，樓緩不悅道：「本尉陪中府丞前來，正是奉國君之命探國叔病體，豈做尋常賓客？還不作速通報。」門吏驚訝不迭，連忙去了，不消片刻跑來，將兩人領了進去。

「王兄、國尉，趙成失禮了。」侍女將寢室帷幕掛起，趙成躺在榻上，一聲招呼起身。王連忙上去扶住笑道：「公子病體，儘管臥榻說話便了。」「豈有此理？」趙成勉力一笑，走到了座案前，「只是不能官服待客，慚愧了。」樓緩接道：「國君聞得國叔有恙，特派我等前來探視撫慰，國叔但安心養息。」

「如何？國君知我有恙？」趙成有些驚訝。

「國君有言：國叔近日或可有恙歇息。」樓緩將「或可」二字咬得分外清晰。

「如此說來，國君未卜先知了？」趙成微微冷笑。

「公子哪裡話來？國君何能未卜先知？」王深知趙成稟性，蒼老的聲音直剛剛道，「原是國君欲行胡服，也望公子應之以胡服。國君只恐公子聞流言而稱病，故有或可有恙之說。此間本意，是期盼公子做變俗強國之砥柱，豈有他哉！」

樓緩就勢拱手笑道：「在下唐突，公子見諒。」

公子成默然良久，末了歎息一聲道：「趙成愚笨，容我思謀兩日再說。」

三日之後，趙成一卷上書擺在了趙雍案頭。趙雍看著看著皺起了眉頭：

〈諫阻胡服書〉

臣趙成頓首：胡服之事，臣固風聞，得兩使專告，始信為真。臣聞中國者，文明風華之所居也，萬物財用之所聚也，聖賢大道之所教也，仁義之所施也，詩書禮樂之所用也，異敏技能之所試也，遠方之所觀赴也，四方蠻夷之所師也。今國君舍中國文華，襲胡人之服，變古之教，易古之道，逆人之心，遠離中國，何以面對華夏諸族？臣願國君三思而圖之也。

趙成本是老軍旅，縱然不擁戴胡服之變，何來此等訴諸中原文明之迂闊議論？必是與人聚會商議，請得幾個老儒代筆。趙雍一陣思忖，召來樓緩密議。樓緩看完書簡道：「公子成既以書對，君上不妨以書回之。書簡必在世族與市井間流傳，可正迂闊之議，等同將胡服之變先行朝議一般，或可收出人意料之效。」趙雍連連道好，我來說說大意，你執筆如何？樓緩慨然應命，援筆在手，思謀著趙雍之意，一個時辰間擬成了一封〈答諫阻胡服書〉。趙雍看過一遍，拍案叫聲好，命主書立即謄抄刻簡，立送公子成府。

趙成原本無病，本欲以病為由，躲過這場胡服之變。不想趙雍卻派特使找上門來，也不好裝聾作啞。思忖之下，請來趙文、趙燕、趙造一班趙氏元老商議，還特意邀來了有飽學公忠之名的太子傅周紹商議。誰想這班元老卻要趙成先拿主意。趙成只黑著臉說了一句，怪誕無倫，難以啟齒也。元老們異口同聲地贊同，紛紛慷慨激昂地訴說對胡人胡服的憎惡蔑視，一致堅稱，胡服蠻夷怪誕，決然不服，周紹大搖白頭道，諸公之斷雖明，諸公之理卻不堪上案也。驚訝之下，元老們紛紛詢問緣由。周紹說了一番道理：憎恨胡人，國君亦同；國君胡服，欲以敵之道治敵之身；縱然蔑視憎惡，國君能以邦國安危為本大度克之，諸公能以一己之好惡對抗麼？元老們恍然，紛紛討教。周紹只說了十個字：

文明為本，正本必能清源。趙成畢竟老到，思忖一陣，肅然恭請周紹代筆，於是有了那封訴諸中國文明的〈諫阻胡服書〉。

這日，元老們與周紹又來趙成府邸探聽音信，正在猜測議論國君將如何處置，書吏匆匆來報：國君特使送來回書一卷。元老們一陣哄嗡議論，以趙雍之風，素來與臣下直面議事，甚時也學得書來書往了？當真蹊蹺！及至書簡打開，眾人請周紹誦讀。隨著周紹的琅琅誦讀，元老們鴉雀無聲了：

〈答諫阻胡服書〉

國叔思之：胡服之變，國叔以擯棄中國文明對之，雍大以為非也。嘗聞：服者，所以便用也；禮者，所以便事也。因時而制服，因事而制禮，古今大道也，所以利其民而厚其國也。越人斷髮文身，吳人黑齒刺額，服飾風習不同，以便事為本，則同一也。風習各異，事異而禮變。聖賢之道，唯利其國，不一其用也。若為便事，風習可變也。是故禮俗之變，雖智者不能一；遠近之服，雖聖賢不能同。窮鄉多異俗，邪學多詭辯。不知之事不疑，異於己者不非，此謂公焉！今國叔所言者，俗也。我所言者，治俗也。今我趙國，北有三胡仇燕，西有強秦中山，南有列國虎視，四面邊患，邦國危難，卻無強兵騎射之備，豈不危乎！趙有九水，卻無舟師以守水域。北有三胡，卻無強兵以靖邊地，長此以往，國之將亡，豈有他哉！當此之時，國叔身為宗室砥柱，不思圖變強兵，卻拾人餘唾作迂闊大論，與國何益？與民何益？秦無商鞅變俗，何有今日強秦？秦之變俗，又何失於中國文明？何趙雍胡服，便成天下不齒之大逆也？國難在前，趙氏宗室或溺於喋喋不休之爭議，而徒致社稷淪亡；或擯棄空言，惕厲奮發一舉強兵！捨此之外，豈有他途？何去何從，國叔自當三思也。

及至讀完，周紹抖擻得竹簡嘩嘩作響，臉色脹紅卻只說不出話來。元老們也大是難堪，一片唏噓歎息，無言以對。趙成面色漸漸陰沉，氣息也漸漸粗重，默默從座案起身，一揮大袖逕自去了。周紹自覺難堪過甚，對著元老們一拱手道：「老夫多事也，慚愧。」也急急走了。元老們相互看看，默默散了。

旬日之間，這篇〈答諫阻胡服書〉在大臣中流傳開來，又在市井坊間流傳開來。書中撲面而來的沛然正氣，直面國難的深重憂患，以及雄辯犀利的說辭，使讀者無不悚然動容。有熱心之士將書刻簡傳抄，流布郡縣國人。一時間，胡服之變成為邯鄲街談巷議的話題，又彌漫為郡縣國人的議論。尋常國人皆有操業勞作奔波生計之苦，衣衫本不可能有如貴胄們那般華麗講究。縱是士子百工一班家境富裕者，也不過有兩三件袖寬尺許袍長五尺的禮服而已。但有勞作奔波，必是能夠利落做事的窄衣短袖，雖則不如胡服那般輕捷緊身，也決然不是貴胄官員寬袍大袖大拖曳之氣象。唯其如此，尋常國人對穿不穿胡服的確沒有多少切膚之痛。聽人一讀傳書，反倒是立即為國君憂國憂民之氣概感奮，既然胡服可以強兵，穿胡服得了。穿一身胡服，便不是中國子民了？便丟棄華夏文華了？當真咄咄怪事！

「我說，國君還真是說對了，緊身胡服就是利落！」

「林胡兵將，一頂皮帽子一身皮短甲，一口長刀一匹馬就得。趙軍？哼！」

「軍兵好變，畢竟打仗，誰個不想利落輕便？」

「對！難的是大官。這麼高的玉冠，三尺寬的大袖，丈餘長的絲綢大袍，拖在地上還有兩三尺，天神般好不威風！都緊身胡服跟老百姓一樣，跟誰威風去了？」

「人家那叫峨冠博帶，是貴胄威儀，懂個鳥！」

「峨冠博帶？貴胄威儀？狗屎！別說上戰場，田間走走看，兩步仨筋斗！」

如此這般，國人議論漸漸成風，一時對廟堂貴胄們大有非議了。戰國之世，邯鄲趙人雖不如大梁魏人、臨淄齊人那般好議國事，然則也是粗豪直率成風，遇事從不噤聲的風習。不期然議國議政蔚然成風，任誰也得思謀一番。

正在國人議論紛紛的當口，邯鄲又傳出一個驚人消息：邯鄲城外開來兩萬鐵騎，全部胡服，由杜國將軍肥義率領。於是萬眾譁然，爭相出城觀看胡服趙軍，軍營外人山人海。奇怪的是，這座軍營非但營門大開，任庶民進出觀看，且不斷在校場公然舉行騎術射技大演練。邯鄲國人多有從軍閱歷，眼見趙軍騎士人人胡服皮甲，比原先身著七八十斤重的鐵甲輕捷利落得不可同日而語；戰馬鞍後綁縛三個皮囊，馬奶子與乾肉便是三日軍糧；說聲開拔，能一日數百里地連續三日追擊不停；如此騎士，胡人在大草原插翅也難逃。且不說，這還僅僅只是胡服馬奶子上身，還沒有按照胡人騎士的尺規進行騎射訓練。若練得兩三年，趙軍之剽悍戰力誰個當得？紛紛議論之中，國人一口聲地不斷喊好，不斷喝采。

「萬歲趙軍！萬歲胡服！」

「胡服騎射馬奶子！好——」

「我衣胡服！我殺胡人！」

「不衣胡服，非我趙人！」

連天徹地的喊聲，震撼了邯鄲的所有大臣貴胄，世族元老沉默了。誰都知道，這個凶狠的肥義從邊軍調來兩萬鐵騎，絕不僅僅是為了給國人做耍子看胡服騎射的熱鬧。屯兵城郊，意味著國君下了最強硬的決心——若有敢於死硬阻擋胡服之變者，實力說話。在素有兵變傳統的趙國，國君先將這手棋下到了明處，誰還能折騰個甚來？沉默得三五日，世族元老終於有了動靜。

第一個，是公子成進宮請罪，痛切自責：「老臣愚昧，不達強國之道，妄議文華習俗也。國君強兵以張先祖功業，老臣該當欣然從命，率先胡服。」趙雍長長出了一口氣，著實將這位叔父撫慰了一番，並與公子成當場議定：立即頒行胡服令，旬日之後大朝會，君臣人等一體胡服。

公子成剛走，趙文、趙燕、趙造、趙俊四位元老先後進宮，請國君解惑決疑。趙雍心中明白，這是幾位元老重臣找臺階下，自然須當顧及其體面。於是，四位元老一個接一個提出不明所以處，請國君明示。

「衣冠有常，禮之制也。若從胡而變，致使趙人流於胡地，君何以處之？」趙文如是說。

「服奇者志淫，俗僻者民亂。是以治國不倡奇異之服，理民務禁生僻之俗。若得胡服，趙人風習敗落禮法大亂，致使國法不能齊俗聚人，奈何？」趙造憂心忡忡。

「衣冠風習之變，當徐徐圖之。國君縣令朝會之期一體胡服，豈非強人所難哉！」趙燕老臉通紅，分明一肚子彆扭。

「利不百者不變俗，功不十者不易器。胡服之效，崩潰朝野文華根基，若生出不期之亂，豈非得不償失？」趙俊振振有詞。

趙雍雖則心中有底，無須一一折辯，然四人畢竟元老重臣，縱是尋找臺階，所問也是咄咄逼人。身為君主，自不能流於過場而落下「無理而強行胡服」之口實。待四人一體道罷，趙雍已經成算在胸，在殿中轉著侃侃道出了一番道理：「四老所疑，其理同一：古法成俗不可變，變之危害不可測。然則，五帝不同俗，何謂古法？三王不同制，何禮之循？從古至今，但凡大道治國，法度制令皆順其時，衣服器械各便其用，何來萬世不移之習俗禮法？禮也不必一道，俗也不必一道。反古未必可非，循禮未必有成。」趙雍猛然盯住了趙造，「造叔之言：服奇者志淫。鄒、魯兩國好長纓綴衣，天下呼為『奇服』。然則鄒魯多奇士，孔子、孟子、墨子、吳起皆出鄒魯，更不說儒家三千弟子大半鄒魯之士，此卻何解？又道俗僻者民亂。吳越兩國僻處大澤山海，文身斷髮，黑齒刺額，天下叱為『不通大化』。然則吳王闔閭越王勾踐范蠡文種出，凝聚國人而天下變色，此何解也？」見白髮蒼蒼的趙造難堪地低下了頭，趙雍轉過了話題，「究其竟，利身謂之服，便事謂之禮。進退之節，衣服之制，所以利身便事也，而非論賢愚也。何者謂明？齊民變俗，順勢應時也。趙人老話：以書駕車，良馬翻溝。今諸老欲以古治今，豈非照著書本駕車麼？」趙雍一時大笑起來。

四位元老默然無對，相互顧盼間也跟著笑了起來：「老朽等胡服了。」

四老一出宮，無人再來折辯胡服之事。元老重臣中只一個周紹手足無措，既無顏進宮與趙雍坦誠辯駁，又不甘自請胡服，僵持得下不了臺，只有稱病不出。趙雍明白這個骨鯁老儒的心思，親自登門「探病」，談笑間教內侍將一套胡服擺在了周紹面前。老周紹雖然面色脹紅，卻是甚也沒說便脫下峨冠博帶，就著暖烘烘的燎爐穿起了胡人的短皮衣褲，腰間紮上一條板帶，頭上戴起一頂輕軟的翻毛皮帽子。銅鏡前一番打量，周紹呵呵笑了：「奇也哉！老夫竟成老獵戶矣。」

趙雍大笑：「難得老獵戶也！狐皮一張，其價幾何？」

開春之後，趙國大興胡服，大練騎射，舉國熱氣騰騰。樓緩的國尉府頓時大忙，非但要將全部二十萬大軍逐次換裝，還要新徵發十萬青壯北上練成新騎兵，同時還要整頓軍制，將原先各要塞步兵為主的守軍改編成一色的輕裝騎兵。胡服騎射之本意，在於強軍，在於使趙國大軍脫胎換骨，成軍整軍練兵自然是重中之重。趙雍權衡局勢，將肥義調出，主持徵發十萬新軍之事；樓緩則兼程北上，改編雁門關與平城兩支大軍。

四月初旬，樓緩緊急軍報：平城大將牛贊等不贊同改步為騎，堅請面君定奪，請命如何處置？趙雍深知，邊軍將領與大臣之歧見若不及時消除，便會越演越烈，立即將邯鄲國政交肥義輔助太子趙章處置，連夜兼程北上了。一路思忖，趙雍不明所以：論部屬，樓緩原是邊軍主帥，牛贊只是駐守平城的將軍，屬樓緩轄制，兩人歷來是同心協力從無齟齬，如何以樓緩之能，連牛贊也不能說服了？莫非是廉頗接手邊軍將印後生出過事端？這廉頗、牛贊都是發於卒伍的盛年猛將，為人都是一等一的持重沉穩，絕不會因一事之歧見生出異心。果然如此，何等因由？

三日後趕到平城，趙雍沒有先到樓緩的國尉官署，而是徑直到了牛贊的將軍幕府。誰知幕府是一座空帳，留守的軍務司馬說將軍去了長矛營。趙雍二話沒說，當即來到平城以北長城腳下的兵營。

雁門、平城，同為趙國北部的兩大咽喉要塞，然則地利不同，兵力配屬也大是不同。雁門關出得長城，是胡人南下的經常大道——岱海草原。一旦突破雁門長城及雁門關防線，胡人便會迅速進入中山國與樓煩部族區域，再沿滹池河谷東南進入趙國腹地大掠。唯其如此，雁門關地帶是趙軍最要緊的防禦地帶。除一萬步兵堅守長城與雁門關城防外，全部六萬鐵騎分作聚散自如的六部，駐紮在長城之外；不設固定營寨而經常遊動於長城至岱海間的草原，以搜尋胡人騎兵並在草原決戰為防守，力求胡人不能靠近長城。

平城卻不同，山險地狹不利騎兵展開，身後二十里又是一道滾滾滔滔東西橫貫的治水，胡人很少選擇從這裡以騎兵大舉突破，而只有在胡人特別強盛且合兵全線南犯之時，平城才有大危機。然則，這裡一旦被突破，南邊便是趙國代郡，越過代郡便進入了趙國腹地，路徑卻比從雁門關入趙便捷得多。有鑒於此，長期以來，趙軍在這裡只駐守三萬餘步兵，不求進擊，但求堅守而萬無一失。

北出平城三十餘里，是趙國的夯土長城。長城之外，便是蒼茫大草原。兵家常規：守城必在外。平城的三萬守軍，有兩萬餘駐守在長城內外的固定營寨，身後三十里是平城的縱深守備。尋常時日，僅有的三千鐵騎只在長城外二十里的草原駐紮，形成重在探察敵情並只做試探性廝殺的第一道防線；萬餘步兵則在長城牆外以長城為依託，構築壕溝鹿砦，與長城城牆上的數千守軍一起構成第二道防線；長城之內十里，是東西橫寬十餘里恰恰連接兩山的一道深溝高壘，常年駐守一萬精銳步兵，形成平城的最後一道防線。

趙雍飛騎未出長城，遙遙便聞長城外喊殺連天，不禁一驚；然見長城垛口的兵士興奮呼喝，便知可能是軍中演練，雙腿一夾戰馬徑直出了長城。趙雍也想看看此時的牛贊如何操持大軍演練，不帶衛士，一馬飛上了西北角一座土山。

遙遙向「戰場」望去，顯是騎步攻防的操演。大約三千多騎兵進攻，正面阻擊的步兵陣形大約也是三四千的模樣。看得一陣，趙雍卻感大為蹊蹺。衝殺的騎兵是一色的胡服，由樓緩率隊；防守阻擊的步兵，一色的趙軍原本甲胄，由牛贊率隊；中央地帶是帶著一班軍吏手執一面令旗的大將廉頗，分明便是居中裁決了。如此還則罷了，要緊的是不合法度。軍中演練法度：步騎人數對等演練，步兵要依託壕溝或相應地利，步兵人數超過騎兵一倍，方才演練平地攻防廝殺。今日兩軍對等，步兵沒有任何依託，便在草原對等拚殺，究是何故？眼看半個時辰過去，步軍似乎並無崩潰之象，騎兵倒似乎「傷亡」不少，士氣似乎也並不高漲。

又僵持得片刻，老廉頗令旗一劈：「步軍勝。」

長城上的步軍兵卒頓時高聲吶喊起來：「步軍勝了！萬歲——」

「這陣不算，再來一陣！」身著兩三處泥巴傷口的樓緩嘶聲大喊。

汗濕重甲的牛贊哈哈大笑，只一揮手：「國尉啊，回去為我步軍慶功。」回身一聲高喊，「兵娃子們，每人兩碗趙酒，不喝馬奶子！」

正在此時，西北方向一騎飛來遙遙高喊：「國君駕到——」

隨著喊聲，馬隊疾風般捲來，正是趙雍的百騎黑衣馬隊。黑衣，是趙國君主的衛士專用名號。黑衣之名，初起於酷好搜羅劍士的趙烈侯，其衛士盡皆身著黑衣的劍士。後來，「黑衣」便成了國君衛士的官稱，其實未必真是黑衣。目下趙雍這黑衣百騎，便是一式軍中胡服——棕色皮甲紅皮帽胄，護衛將軍帽胄上還插著一根黑色雞翎子，人人一口彎刀，背負強弓長箭，幾與胡人騎兵一般無二。馬隊風馳電掣般捲到較武中心，驟然間齊刷刷一排人立，戰馬齊聲嘶鳴，同時陡然止步，前蹄落地處釘成了一個嚴整的十十方陣，絲毫沒有馬蹄沓沓的擺隊聲。

四面將士看得清楚，為首的國君趙雍也是同式胡服，唯一的不同，是頭上的一支五色翎毛鮮豔奪目，直是胡人單于氣象。令將士們驚訝的是，同是胡服騎士，國君的百騎馬隊較之樓緩率領的胡服騎士大見英氣勃勃。與真正的胡族騎兵相比，卻顯然沒有那種散亂張揚，又分明彌漫出胡人騎兵所沒有的整肅威武。同是胡服，氣象竟能如此不同？驟然之間，無論是樓緩的騎兵，還是牛贊的步兵，將士們盡皆肅然無聲。

「樓緩無能，自甘領罪。」

趙雍擺擺手，對著大步赳赳走來的牛贊高聲道：「牛老將軍，選三個最強武卒出來。」

「君上何意？」牛贊一邊躬身行禮，一邊連忙問。

趙雍馬鞭指點著道：「步騎對演之法：兩步對一騎。我今出一個胡服騎士，對你三個武卒。武卒若勝，隨你所請。」

「君上大是！」牛贊頓時精神大振，轉身大喝，「頭前三個百夫長，出陣！」

只聽「嗨」的一聲，三個精壯威猛的百夫長大步鏗鏘地走到了中央空地，人各一身四十斤鐵盔鐵甲，右手一支精鐵長矛，左手一張白楊木包鐵盾牌，腰間還有一口備用短劍。趙軍武卒也是沿襲當年吳起在魏國訓練魏武卒之成法而來，雖然甲冑重量已經比魏武卒減輕三十餘斤，但與胡服兵士相比依舊是龐然大物，三人三角陣一紮，威勢不同凡響。更兼百夫長歷來是戰陣中堅，非猛勇壯士不能任職，三個百夫長對一名騎士，無論如何都是勝算無疑。

「黑衣趙虎，出列。」趙雍馬鞭一指百騎隊，話音方才落點，一騎沓沓三步，恰好立在趙雍戰馬身側。趙雍四面環視高聲道：「趙虎是真正的胡人騎士，也是黑衣百騎的馬術教習。胡服騎射之術究竟有無戰力，將士們自己看。廉頗老將軍，還是你來執法。」

「遵命！」鬚髮灰白的廉頗應聲出馬，在三步卒側前半箭之地立馬站定，舉起令旗高喊，「騎士後退三里。」黃髮碧眼的趙虎一拱手道：「三里不用，一里足夠。」

一里足夠？四周將士一陣譁然。依步騎演練常法，接戰前騎士後退三里再衝鋒，為的是真實仿效戰場，最大程度發揮騎兵的衝鋒威力。三里之內，尋常戰馬往往跑不出最高速度，用騎士話說，馬還沒瘋起來，人馬之靈動和諧也還來不及充分融為一體，衝擊力自然要大為遜色。這胡人騎士自請一里，未免忒是狂妄也。然則普天之下法度皆有常理：限低不限高，舉凡能超越低限，在任何時候都是勇士作為。狂妄歸狂妄，誰又能不允准了？

「好！騎士後退一里，聞鼓而進。」廉頗令旗劈了下去。

趙虎雙腿只輕輕一夾，那匹烏黑油亮的雄駿戰馬箭一般飛了出去。轉瞬即到一里之旗，陡然一個迴環轉身，趙虎一聲大吼，戰馬烏雲閃電般飛了過來。三個百夫長列成前二後一的三角陣，是趙軍部卒對騎兵的最有效戰法：前面兩支長矛兩側夾擊，後面一人做好夾擊不成立即猛攻的準備。三卒蓄勢之時，胡騎堪堪飛到一箭之地。也不見趙虎有任何停頓間歇，三支長箭嗖嗖嗖飛來，帶著些許尖厲呼嘯，分明是強弓疾射。三卒堪堪往盾牌下一蹲身，三箭擦著盾牌上沿呼嘯飛過。若是站立，這恰是脖頸咽喉所在。在三卒迅速長身之間，戰馬已經如黑色閃電般飛來。兩支長矛正在馬前尚未並舉齊刺，便被一根靈蛇般的長鞭捲住猛力帶起，兩名百夫長猛力拖拽之間，長鞭驟然鬆動，兩人一個趔趄後仰尚未倒地，後一個百夫長正舉盾迎擊高處的凌厲彎刀時，戰馬已從頭頂飛躍過去，嘭嘭嘭三聲悶響，三人背後各自一團墨蹟。

電光石火，間不容髮，快得令人匪夷所思。幾乎只在呼吸之間，黃髮碧眼的趙虎已經回到了百騎隊中。而三個還沒有來得及真正搏殺的百夫長，懵懂愣怔地木在了那裡，人呢馬呢？這？這便完了？長城外的趙軍將士久久沒有一個人出聲。

「廉頗將軍，」依然騎在馬上的趙雍終於開口了，「你職司裁決，沒有話說麼？」

廉頗肅然拱手，雖則是對著趙雍說話，渾厚的聲音卻蕩得很遠：「胡騎之勝在於四：其一，騎術精湛，人馬合一收發自如，遠超趙軍騎士；其二，射技非凡，風馳電掣間三箭連發且正中咽喉，我軍縱有神射手，論馬上射技無法與之比肩；其三，鞭技神異，若無一支三丈長鞭，斷不能贏得如此利落。然則最根本之點，老臣卻以為全在一個『快』字。人快馬快身手快，出手連鎖，快如疾風。若無這個快字，威力便會大減。」

「老將軍說得對麼？」趙雍向四面將士遙遙招手。

「對——」四野一聲，沒有半點兒勉強。

「牛贊老將軍以為對麼？」趙雍看著緊皺眉頭大紅臉的牛贊淡淡一笑。

「對。」牛贊聲音不高，但顯然認同廉頗的評判。

「既然如此，胡騎何以快捷如風？趙軍何以不及反應？老將軍如何說法？」

「……」牛贊大是難堪，一時語塞無對。

「樓緩國尉，」趙雍轉過身來，「同是胡服騎士，敗於同等人數之步卒，你有何說？」

「君上明察，」樓緩坦然高聲，「胡服初行，人馬驟輕，軍士尚在不適之時。更兼騎術射技均未苦練，倉促間反而不如原本戰力。此為事之常理，非胡服之過也。若得兩年時光，樓緩定然還君上一支草原飛騎大軍。」

趙雍猛然高聲發問：「將士們，樓緩說得對不對？」

「大對——」樓緩身後的胡服騎兵同聲大喊。

牛贊的大隊步兵卻是哄哄嗡嗡一片，參差不齊地喊著「也對！」「那得看！」「不知道！」「兩年後再比！」等等，牛贊索性低著頭不再說話。

趙雍下馬走了過來：「老將軍，走，回去說。」

回到平城，已經是暮色降臨。用罷簡單的軍膳，趙雍在簡樸的行轅召來了樓緩、牛贊與廉頗三人連夜聚商。趙雍熟知軍營將士的稟性，上來直截了當道：「牛贊老將軍先說，平城邊軍改新騎兵，如何不妥？」牛贊憋悶了大半日，此刻激昂直率道：「老臣嘗聞：國有常法，兵有常經，棄法亂國，失經弱兵。今君上初行胡服，便欲將老步軍全數改為新騎兵。老臣以為，這是棄法失經。將士蔑敵敢戰，在於熟悉固有兵器，熟悉固有軍制。當此軍兵通順成法之時，君上卻一朝變易，由稔熟而陌生，邊軍戰力必然大弱。今日國尉之胡服騎士敗於平城步軍，便是明證。若強而行之，破卒散兵以奉胡服騎射，老臣只怕所得不如所失，而終致損君亂國也！」戛然打住，猶是一聲粗重的喘息。

行轅一時默然。樓緩原本已經與牛贊多方折辯，且又報與國君，自知不宜先說。老將廉頗向來寡言，國君召見更是不問不答，此刻只是聽。趙雍原是一路思忖疑惑，此刻原因大白，心下本已輕鬆，然則牛贊最後的一句話卻使他悚然一驚。「終致損君亂國也！」若這只是牛贊的一時憤言倒也罷了，若是邯鄲有人欲借邊將之口發出脅迫，便須認真對待了。畢竟，趙國兵變歷來都是以邊軍將領為實際力量的。思忖片刻，趙雍依舊是直截了當道：「老將軍，所得不如所失，而終致損君亂國，這是你的話？還是別個帶給我的話？」

「老臣的話，自是老臣自己的話，如何要給誰個帶話！」牛贊黝黑粗糙的臉膛脹得通紅，幾乎高聲嚷叫起來，「君上信臣便說，不信臣便殺了臣，何故無端疑臣也！」

趙雍哈哈大笑，走過去對著牛贊坐席一躬：「老將軍忠心謀國，趙雍失言。大變在即，朝野多議，尚請老將軍見諒。」

驟然之間，牛贊老淚縱橫，霍然起身深深一躬：「君上明打明說話，老臣如何能心存芥蒂？胡服軍制之變，老臣唯君上馬首是瞻！」

「好！」趙雍又是一陣大笑，「老將軍肝膽照人，趙雍何能吞吐不定。來，入座說話。」將牛贊扶入座席，趙雍道，「國事雖是趙雍決斷，然則也須斷之有道。老將軍所言，將士稔熟於老軍制器械，變之唯恐削弱戰力。這個道理難以立足。亙古至今，萬物之取捨，皆決於用。有用則用，無用則棄。若得一熟便不能棄不能變，青銅何以代木石？精鐵何以代青銅？鐵騎何以代兵車？布帛何以代獸皮？兵不當用，何兵不可易？制不便事，何制不可變？胡服節省布帛，且可使身手輕捷，何須固守華夏之峨冠博帶？胡人精騎射且遠超我軍，已是事實，何須固守華夏之堅兵重甲？宋襄公墨守成規，不鼓不成列，不擊半渡之兵，早已是天下笑柄。我等卻要在百餘年後重蹈覆轍，豈非更是愚不可及！」

趙雍幾乎是一口氣滔滔不絕，稍作喘息，目光炯炯地看著牛贊，「依老將軍之法恪守趙軍舊制，縱能守得雁門平城不失，可長此以往，趙國必不斷萎縮，胡人必不斷南下。終有一日，邯鄲必成周室豐鎬（註：西元前七七一年〔周幽王十一年〕，西部戎狄聯兵攻入關中，西周兩大都城豐京、鎬京被焚毀，王畿財富被搶掠一空，民眾被擄掠為戰俘大部流失，西周被迫東遷洛陽，從此日漸衰落）。為今之計，趙國必須奮起強兵，練成二十萬輕銳飛騎，一舉掃滅三胡，安定北邊。縱是事初千難萬險，趙雍亦死而無怨。想我趙人，百年軍爭慷慨赴死，在這草原大漠流了多少鮮血，留了多少屍骨？到頭來卻是越打越小，越打越故步自封……兩位老將軍，你等已經邊地征戰三十餘載，如今已是兩鬢霜雪，面對關山白骨，此情何堪！」

小小行轅，靜得連喘息之聲也沒有了。嘴角一直在抽搐的牛贊再也忍不住了，號啕一聲，大哭起來：「君上！牛贊該死……胡服！輕兵！改制！老牛贊不要這顆白頭，也要掃滅三胡！」

碧空澄澈，一輪明月照得關山朦朧。牛贊的吼聲迴盪在行轅，迴旋在這座險峻的山城。這一夜，行轅的燭光一直亮到東方發白。太陽升起在蒼茫山巒時，尖厲的牛角號響徹了長城內外，響徹了遼闊的草原。

第十一章 雄傑悲歌

一、橫掃千軍如捲席

胡服騎射兩年後大見成效，趙國練成了三十萬精銳新軍：十萬勁裝步兵，全部駐守趙國南部關隘以應對中原；二十萬胡服飛騎，則全部駐守長城一線。第三年，趙雍將邯鄲國務交肥義輔助太子趙章執掌，自己北上長城，準備大舉廓清邊患。

西元前三〇五年初夏，趙軍首戰突襲林胡大本營，拉開了廓邊拓地的序幕。

戰前，趙雍與樓緩、廉頗、牛贊精心籌劃，已經對林胡各部族遊牧地帶與黃旗海大本營之兵力分布瞭若指掌，突襲路徑反覆探察無誤。更要緊的是，樓緩早早已經派出十餘隊「商旅」深入草原，名為與林胡通商，實為在趙軍沿途籌集囤積大量馬奶子與牛羊熟肉。趙軍的總部署分為三路：樓緩坐鎮雁門關防務，同時集結庶民馬隊牛車為大軍輸送給養；廉頗率領十萬飛騎駐紮雁門長城之外，以防東胡樓煩突然劫掠以及林胡突圍南逃，並隨時準備出動策應；趙雍親率十萬飛騎，以牛贊為前軍大將，直搗黃旗海。

四月末的一個夜晚，趙軍十萬輕騎從雁門關外出發，偃旗息鼓飛向了東北方遼闊的草原。恰恰是一夜一日，趙軍飛騎抵達于延水上游的山地河谷。一夜休整歇息，五更時分趙軍出動，恰在天色將亮未亮之時，轟鳴的雷聲驟然在林胡大本營炸開。

驕橫的林胡部族根本沒有料到趙軍竟敢深入黃旗海，倉促應戰，兩個時辰後不能抵敵，直向西南方的岱海草原逃去。連續西逃三日，素稱剽悍靈動的林胡騎兵竟無法擺脫趙軍飛騎的窮追猛打。情急之下，林胡單于召各大部族頭人緊急聚商，認定這是趙雍的孤注一擲，若拚力殺回一舉戰勝，或可長驅南下。於是，林胡部族以岱海山原為依託，聚集全部族人可戰者三十餘萬，要與趙軍殊死一搏。趙雍見林胡大軍突然死戰不退，立即明白了其中奧祕，在下令牛贊狠狠咬住林胡主力的同時，即刻飛書調來廉頗的十萬飛騎參戰。

三日之後，兩支大軍共五十餘萬騎兵，在岱海草原展開了曠古未聞的大拚殺。激戰三日，林胡部族死傷二十餘萬，終於倉皇北逃。趙雍下令廉頗率大軍回防，毫不猶豫地親率六萬飛騎向北窮追林胡。連續兩個月追擊，大小接戰三十餘次，林胡每戰必敗，只有望風而逃。在炎炎盛夏到來之時，趙軍已經追到了大漠茫茫的北海（註：北海，今蒙古國以北前蘇聯境內之貝加爾湖。百餘年後，西漢霍去病大軍又一次窮追匈奴，控制北海），南距長城已是數千里之遙，趙雍這才下令停止了追擊。

一戰根除林胡大患，趙軍飛騎威震大草原，諸胡匈奴大為震動。

次年開春，已是強弩之末的東胡部族聯兵西北匈奴諸部，東西兩路大舉南下，要奪回陰山以東的林胡大草原。飛騎軍報傳來，趙雍哈哈大笑，鳥！我正要一鼓作氣，他竟打上門來，天意也。長城下一番計議，趙軍兵分三路迎敵：牛贊率部三萬向東迎擊東胡，樓緩率軍三萬居中前出岱海策應，趙雍自己則親率飛騎大軍十四萬，以猛將廉頗為前軍大將，飛騎出雲中草原截殺匈奴騎兵。

西北方的戎狄諸部臣服秦國之後，從茫茫西域不斷流竄遷徙到陰山北部的匈奴諸部便逐漸強大起來，已經隱隱然對秦趙兩國形成了壓頂之勢。但其時秦國軍威正盛，匈奴畏懼於秦軍戰力，尚不敢對九原、雲中以南的秦國上郡大肆騷擾，於是對趙國北部的大草原垂涎欲滴。然則，這時林胡東胡壓在趙國頭頂，占據著這片水草肥美的遼闊牧場，匈奴也不敢輕易對林胡東胡公然挑釁。所以長期以來，匈奴尚沒有對趙國形成直接威脅。如今，最是剽悍善戰的林胡丟下如山屍骨消遁而去，東胡不足以對抗趙軍，縱是聯結南面的樓煩，也同樣不是趙軍對手。放眼草原大漠，唯有新崛起的匈奴堪與趙軍一戰。於是，東胡首領派出飛騎特使，約請匈奴諸部起兵，打敗趙國後共分林胡草原。匈奴單于大喜過望，召來諸部小單于一說，人人歡呼雀躍異口同聲，林胡獵豹無能，若遇我匈奴大熊，必將趙雍這隻肥鹿撕成碎片踩成肉泥！

戰國中期，匈奴的強悍凶狠尚是初顯，並不為中原戰國所重視。除了秦趙燕三國，其餘中原戰國對匈奴可說還是不甚了了。直到戰國末期秦國統一華夏，匈奴之患才日漸成為最大威脅。及至兩漢屢遭匈奴之大害與多次對匈奴大反擊之後，匈奴兩個字便成為中國整個北部邊患的代名詞，成為中國的朔方噩夢，以致有了「四夷為中國患者，莫如北族」之恐怖心。直到近世西方列強從海上入侵中國，林則徐仍然疾呼：「英法諸國皆不足患，終為中國患者，其北方俄羅斯乎！」這是後話。

究其源流，匈奴是一個源於中原而雜成於陰山漠北地帶，且不斷聚散分合的奇特的遊牧族群邦國。在中國歷史上，匈奴作為遊牧群邦國，只存在了五六百年，東漢三國之後漸漸解體，星散復原為北方諸胡。春秋之前，匈奴的前身部族散布於中原腹地，及其四周的蠻夷山地草原之中。五帝與夏王朝時，匈奴前身部族叫作葷粥，殷商時叫作獯粥，西周時叫做獫狁，春秋時叫作玁狁。直到戰國中期，才有了匈奴這個名號。後來的兩漢之世，對匈奴詳加揣摩考證，認定匈奴是山戎、犬戎、赤狄、白狄、昆夷、畎夷等部族被驅趕出中原後的殘部聚合，匈奴這兩個字音，則是中原人聽胡字多有轉音而最終的念法。兩漢尚未顧及的一點，便是此時的匈奴，還融合了從遙遠的西方向東方茫茫大草原流動遷徙而來的羅馬流亡部族，以及後來被稱為羅剎國、鮮卑國、五胡等的北方遊牧族群。大要而言，三代之時諸胡部族尚是中原最大的威脅，所謂匈奴還正在成型，還沒有成為北方大漠草原部族的總稱。直到數百年後匈奴政權大體成型，諸胡殘部融合成型，匈奴始告形成。此亦後話。

趙軍久與胡人周旋，對北方部族的動靜自是著意匯集。尤其是趙雍即位，對北方胡人久有圖謀，力行胡服騎射的同時，派出了幾十支商旅深入胡地，對北方所有大部族都做了一番實地探察。商旅斥候們的種種描繪，終使趙雍心頭烙下了一個深重的印記：匈奴凶悍無文，必是趙國勁敵。

這時的匈奴，總人口不過兩百餘萬，只大體相當於趙國一兩個郡的人口而已。匈奴有三十餘個大小不等的部族，其自治情勢猶如中原夏商周三代的諸侯。匈奴總首領，呼為撐犁孤塗單于。撐犁孤塗者，天之驕子也；單于者，廣大無邊也。此等意思，中原人直到數百年後的西漢才弄得清楚。戰國之世，只是依音直呼其為「單于」罷了。為了與其部族首領的小單于區分，便將匈奴總頭領簡單呼為「大單于」。匈奴是滾雪球般壯大成型的。無論是千百年前來自中原的遊牧族，還是後來從西從北遙遠遷徙來的遊牧族，但凡來族，只要臣服於既定的匈奴部族勢力，便可得到一大片草原湖泊定居；除了打仗時共同出兵，並對大單于有些許年貢，尋常遊牧生計各部族完全自治自立。便是族群最高首領的大單于，也須得首先是某個特定大部族的首領，否則沒有實力在打仗時統馭諸部。因了轄制鬆散，流動遷徙的諸多遊牧族樂於歸附匈奴，終於在戰國中期成了氣候。

商旅斥候回報說：匈奴無文字，無文書，凡事但以言語約束。匈奴無成文律法，無固定牢獄，最高「刑罰」也只關押十日，尋常時日全部囚犯不過數人而已，凡事皆以約定俗成之風習處置。匈奴人風習蠻荒，自大單于之下，皆食畜肉不食五穀，以各種獸皮為衣，以旃裘（註：旃裘，即氈裘，用獸毛織成的毛氈）為鋪蓋而臥。舉族以老弱為賤民，以壯健為尊貴，青壯食肥美之肉，老弱只能食棄骨野果。縱是首領單于，老去便得交權，否則要被青壯承襲者無情殺死。父親死，兒子以母為妻；兄弟死，剩餘兄弟分其妻為妻，男女雜交無所顧忌。匈奴人有名無姓，粗糲剽悍，以騎射為能，少兒便能騎羊引弓射鳥，長成則畜牧遊走並射獵禽獸為生。匈奴人的兵器只有三樣：控弦、彎刀、鋌（註：鋌，鐵柄短矛，類似中原的短戟，卻更為輕便）。控弦是匈奴對弓箭的叫法，是一種三五尺長的鐵柄短矛。遠則射箭，中則擲，近則彎刀拚殺，是匈奴的主要戰法。匈奴人戰功無封，但以戰俘與掠來財貨歸己而已；勇士但斬敵首，頭領便賞賜一卮（註：卮，古代酒器，與爵、杯、觥等相若）酒以為激勵。是故匈奴人唯利是爭，爭奪草原牧場及搶掠殺戮從來不顧死傷。尋常時日，也是人不弛弓，馬不解勒，隨時準備廝殺。輒遇奪利則死戰不退，但有逃遁者則視為最大恥辱。若此戰無財貨土地人口之利可奪，縱單于下令，也是鳥獸星散而去。

凡此等等，都使趙雍得出評判：匈奴騎兵此舉要奪取岱海草原，其利豐厚無算，必是更加凶悍。此戰若是匈奴得手，趙國頭頂便會壓來一股比三胡更為強悍的勢力，趙國將岌岌可危。此前趙軍從來沒有與匈奴交過手，必須自己親率大軍決戰，方可萬無一失。

四月初夏，趙雍大軍從秦國頭頂過雲中，正正堵在匈奴西來的必經之地——陰山草原的東口，要在這裡與匈奴大軍做殊死一戰。

此時大河北岸的雲中、九原雖是秦國北部要塞，但除了城堡，秦軍勢力還遠遠不足控制秦長城以外遼闊的陰山草原。北起燕然山、狼居胥山（註：狼居胥山，今蒙古國烏蘭巴托地帶）的匈奴大本營，南至陰山的數千里草原，都是匈奴諸部的遊牧區域。秦軍正在中原征戰，尚無力北出長城驅逐匈奴。匈奴也畏懼秦軍，只敢在陰山草原遊牧，而不敢將大本營南遷陰山草原。如果匈奴此戰成功，奪得陰山草原東部的岱海草原，則勢必將大本營單于庭遷到水草更肥美的陰山草原或岱海草原，對秦趙兩國立成壓頂之勢。

此等大勢，趙雍看得一清二楚。大軍出動之時，前軍大將廉頗建言，西進二百里便當紮營，無須越過雲中，以免在此時與秦國衝突。趙雍大手一揮，進！越過雲中才是最好的戰場，秦國此時要發昏掣肘，趙雍一併拿下雲中九原，給羋八子母子點顏色看！

當趙軍隆隆開過雲中長城外時，秦軍守將嬴豹立即飛騎報入咸陽，請求出擊趙軍後路。旬日之後，咸陽特急羽書飛到，非但嚴令雲中九原之秦軍借道於趙軍，且特附一道宣太后手令：若趙軍不逮，秦軍須立即開出長城助戰，違令者殺無赦！嬴豹本是秦軍鐵騎猛將，得令立即整頓三萬軍馬，做好了隨時出擊匈奴的準備。如此一來，趙軍平安無事地越過了雲中長城，西進一百里，在雲中九原之間選擇了兩山遙遙對峙的一片大草原做戰場。

五日之後，當以逸待勞的趙軍已經隱祕部署就緒之後，斥候飛騎來報：匈奴大軍二十餘萬已抵達陰山西麓，卻突然紮營休整，不知何故？

「今日何日？」趙蒱突然問。

廉頗答道：「四月二十九。」

趙蒱大笑：「天意也！老將軍，變個打法！」

「大兵壓境，何能倉促變軍？」老成持重的廉頗大是困惑。

「老將軍忘記了？」趙蒱笑道，「匈奴習俗：隨月盛壯而攻戰，月虧則休戰退兵。此次千里南下，卻正趕上月末抵達陰山，必在陰山後紮營休整旬日，待到月圓之時東進攻我，豈有他哉！」

廉頗又皺起了眉頭：「此節原是無差。只是他住得半月，將我軍部署探察明白，卻難收突擊功效了。」

「豈容他安然半月？」趙蒱冷冷一笑，「何為天意，便是我說的變個打法。」

廉頗思忖一陣，恍然驚喜道：「君上是說，夜襲大戰！」

趙蒱拍案而起：「對！夜襲大戰，給匈奴蠻子猛灌一罈趙酒！」

次日入夜，大草原月黑風高。趙軍十萬飛騎銜枚疾進，分為三路翻過陰山直撲匈奴大營。匈奴騎兵是各部族自為軍營駐紮，相互間根本沒有戰場呼應所需要的距離，只是揀水草方便處各自紮營罷了，近者擁擠成片，遠者則三五里間隔不等。說是營區，卻沒有壕溝鹿砦之類必備的防守屏障，更兼為了輕便，匈奴人從來都是開春行軍不帶帳篷，但遇夜宿，點起無數篝火堆燒烤牛羊大喝馬奶子，吃飽喝足裹著氈片子呼呼大睡，每個營圈外只有星星點點的巡視哨兵，如大雁宿營一般。及至中夜時分，遍布陰山西麓大草原的篝火漸漸熄滅淨盡，無邊的鼾聲夾雜著戰馬時斷時續的噴鼻低鳴，濃濃的燒烤牛羊的腥膻夾著馬奶子的酸甜酒氣，隨著浩浩春風在草原上瀰散開來，確切無疑地向大草原宣告著——匈奴大軍在此。

正是子時，陰山西麓突然山崩地裂，隆隆驚雷陣陣颶風從四野壓來捲來，在漫無邊際的匈奴野營地迴旋炸開。匈奴大軍驟然驚醒，人馬四野竄突自相擁擠踐踏，片刻間死傷無算。大約半個時辰後，匈奴各部族終於在各色尖厲的號角聲中漸漸聚集起來，分頭做拚死廝殺。趙軍原本是三路突進，每路又都以千騎隊為單元沿所有湖泊河溝間楔入分割，將二十萬匈奴大軍分割成了數十個碎塊絞殺。方圓數十里的大草原戰場上，兩軍三十餘萬騎兵整個纏夾在了一起，展開了殊死搏殺。趙軍有備而來，不舉火把，只每個騎士臂纏寬幅白布，戰馬尾巴也綁縛一片大白布以做呼應標記。匈奴軍卻是素有月黑不戰的習俗，原本料定趙軍無論如何不會翻過陰山尋戰，打算在秦國長城外養精蓄銳半月避過月黑月殘之期，而後一鼓東進。畢竟，陰山從來都是匈奴部族之遊牧區域，匈奴不尋釁於秦趙已是饒了爾等南蠻，趙國如何敢到這裡了？大熊在林，自然是怡然自得，一心只做如何搶得更多財貨牛羊戰俘的大夢，誰能想到剛到陰山就打仗？

猛遭趙軍暴風驟雨般的夜襲，匈奴軍大亂之後縱然死戰，卻驚訝萬分地發現，趙軍之凶悍凌厲絲毫不輸於匈奴的白熊猛士。更令匈奴大單于大驚失色者，這趙軍在黑夜拚殺，有如鬼魅附身渾身長眼，但有白熊猛士占優，立即有趙軍猛擊白熊猛士身後。慣於單騎劈殺的匈奴猛士，最擅長的兩樣兵器——弓箭短矛，在這漆黑夜晚相互纏夾拚殺之時一無用處，只剩下與趙軍刀劍劈殺一條路了。偏匈奴彎刀是老銅刀與新鐵刀混雜，遠不能與趙軍之清一色的精鐵堅鋼彎刀相比，但聞叮噹呼喝之中，匈奴戰刀時有砍斷砍鈍，匈奴猛士只有掄起鐵片子胡亂猛砸過去。

突然，淒厲的長號劃破夜空，連續三聲，匈奴亂軍潮水般向北捲去。

趙雍一聲令下：「大單于要退，鳴金收兵。」

廉頗前軍剛剛收攏，北方山口喊殺聲大起。廉頗高聲請命：「君上！我四萬截殺大軍已與匈奴接戰。不若從後掩殺，一戰擊潰匈奴。」

「不！」渾身浴血的趙雍獰厲地一笑，「不要擊潰，我要開膛破腹！」

「嗨！」廉頗一揮大手高聲下令，「全軍將士，跟我齊喊：匈奴大單于——敢與趙軍明日決戰——放你整軍——」漫山遍野的吶喊如陣陣雷聲滾過草原，隨風捲去。片刻之間，兩騎舉著火把飛來，遙遙高喊：「趙雍聽了，我大單于令：明日決戰，誰趁夜脫逃，誰不是大白熊！」立馬高崗的趙雍不禁哈哈大笑：「鳥！誰要做你那大白熊了？回你大單于：明日決戰，誰趁夜脫逃，誰是大黑熊！」

「錯！誰趁夜脫逃，誰不是大白熊。」

「鳥！還非得做你大白熊？」趙雍笑不可遏，「依你，誰逃誰不是大白熊！」

「明日日滿，陰山向陽牧場——」隨著一聲高喊，匈奴飛騎消失在北方暗夜。

「撤回截殺，後退十里紮營。」趙雍發令完畢回頭高聲道，「老將軍，匈奴還沒怕我趙軍。匈奴蠻子只認打，打不狠他記不住。僅是趕走不行，須得一戰殺得他血流成河！」

「君上大是！」廉頗抖動著血紅的大鬍鬚，「他還怕我趁夜脫逃？大白熊咬死仗，給他個殺法看。」

當夜收兵，趙雍甲冑未解，立即召將軍們密商籌劃。計議一定，趙軍立刻開始了偃旗息鼓的祕密移動，兩個時辰後全部準備就緒，各個營地立即彌漫出粗重的鼾聲。及至太陽升起在山頭，所有隱隱彌漫的鼾聲一齊終止了。此時，遼闊的陰山草原陽光明媚，中原雖則已經是田野金黃的仲夏，然在這裡卻是春風方度草木新綠，一片清涼爽和的無邊春意，絲毫沒有燠熱之氣。將近正午，隱隱沉雷自陰山西麓漸漸逼近，山口一面紅色大纛旗緩緩地左右大幅度搖擺起來。

趙軍西向迎敵，大營遙遙對著西方的陰山谷口。趙雍的中軍行轅紮在大營南側靠近秦長城的一座最高的山丘上。眼見紅旗大擺，趙雍立即下令：「飛騎出營！強弩營列陣！」中軍司馬高聲傳令，行轅三丈多高的雲車望樓上一面黑色大纛旗向西三擺，一面白色大纛旗向東三擺，隨即山下響起急促嘹亮長短不一的牛角號聲。號聲之後，趙軍大隊騎兵隆隆開出，在大營壕溝外南北兩翼伸展，由無數十十小方陣列成了縱深五六里的陣形。從山頭行轅遙遙鳥瞰，恍如迎著西方山口的兩柄紅色長劍。兩翼飛騎身後，是橫寬十里的六道三尺壕溝，每道壕溝間距十步，三萬張強弩全部整肅排列在六道淺壕溝之中。強弩陣兩側，則各有五千飛騎散開，隨時準備截殺突過強弩箭雨攻來的匈奴死士。

趙軍堪堪就緒，陰山谷口驟然如大河崩決，匈奴騎兵猶如奔騰出峽的怒潮湧出山口散開在草原，翻捲呼嘯著隆隆壓來！片刻之間撲到兩箭之地，匈奴潮水慢了下來。歷來騎兵接戰都是展開廝殺，這趙軍卻兩條線一般守在兩邊不動，中間寬闊的草原一人一騎沒有，遠處大營赤裸裸露在那裡卻是甚個魔法了？若在昨日之前，匈奴騎兵自不理會你如何擺置，只潮水般殺去便是，然則昨夜一戰匈奴全軍死傷八萬餘，今日餘悸在心，一見趙軍似有詭異，不覺慢了下來。在這剎那之間，匈奴大單于帶著本部族三萬騎士已從中央突前，彎刀一揮嘶聲大吼：「趙軍大營有財貨女人！誰搶得多誰是大白熊！殺——」驟然之間，匈奴潮水又呼嘯翻捲著壓來，遍野馬蹄如雷刀光閃亮，遍野都飛舞著白色的翻毛皮襖與黃色黑色的飄飄長髮，殺聲震動原野，山崩地裂一般。

與此同時，山頂行轅三十面戰鼓如驚雷大作。趙軍兩翼騎兵吶喊大起，從白色洪流兩邊如兩道紅雲飛掠而過，不衝匈奴群騎，卻直向兩邊包抄過去。匈奴騎兵也不管你如何跑馬，白色洪流只呼嘯漫捲著向趙軍大營壓來。便在兩箭之地，匈奴騎士馳馬前衝間人人掛刀彎弓長箭上弦，立即萬箭齊發，箭雨密匝匝如漫天飛蝗傾注趙軍大營。齊射方罷，戰馬已前衝到距敵三十步之遙，此時匈奴騎士第二波飛兵出手——萬千短矛（鋋）一齊擲出，間不容髮之際飛馬劈殺長驅直入。這是匈奴騎兵最有效的戰法：一箭之地萬箭齊發，三十步之外短矛齊擲，在這急如驟雨密如飛蝗般的兩波飛兵猛烈擊殺之下，對手驚慌潰散，匈奴騎士的閃亮彎刀已隨著驚雷吼聲閃電般劈殺過來。此等戰法之威力，天下大軍鮮有抗得三五個衝擊浪潮者。匈奴崛起於強悍的胡族之林，更在五六百年間一強獨大，並對中原強兵戰國形成巨大威脅，所仗恃者正是這凶悍無倫的衝鋒陷陣之法。此時匈奴白日作戰，一則拚死復仇，二則沒有了月黑纏鬥，弓箭短矛大顯身手，自然更是凶悍之極。

強中更有強中手，匈奴大軍這次可是失算了。

在匈奴大軍隆隆壓到兩箭之地，騎士彎弓搭箭的剎那之間，趙軍大營奇特的銅鼓聲轟轟轟三響，橫寬十里的六道淺壕溝中驟然立起了六道紅色叢林，隨著一聲整齊轟鳴的吶喊：「放——」萬千紅色箭桿在一片尖厲的呼哨中密匝匝猛撲了出去，如此一波還則罷了，偏是六道紅色叢林一道射罷立即蹲伏上箭絞弩，後一道接著立起射出，六道強弩此起彼伏輪換齊射，箭雨連綿呼嘯，毫無間歇地一氣傾瀉了小半個時辰。匈奴騎士射術固精，也只是援臂彎弓靠膂力射出，百步之外便成飄飛之勢，更兼人力引弓上箭，縱是連射也必有間歇，何況每個騎士箭袋最多只能帶箭二十支（尋常在十支左右），卻能射得幾何？趙軍卻是中原弩機，強大座弩多人操持，可一次上箭十餘支連射，三尺箭桿粗如木棍，箭鏃長銳如同匕首，有效射程可達三四百步。單兵輕便機弩用腳踏上箭，雖是單發，射程也在二百步之遙。趙軍原本是飛騎輕兵，只帶得座弩兩百架，單兵機弩卻是六萬有餘，皆由力大善射者任之。趙雍與諸將昨夜密議，將四萬騎士臨時改作弓弩營，兩百架座弩居中，三萬單兵弩環繞，決意給匈奴野戰騎兵以迎頭痛擊，而後再一體截殺。

匈奴騎兵十二萬，此刻全部密集在這十里草原猛衝猛進，突遇這聞所未聞的銳利長箭急風暴雨般連綿撲殺，任你馬頭人身，盡是噗噗洞穿，連人帶馬釘在一起轟然倒地者盡在眼前，威力直是比匈奴騎士全力擲出的短矛還要駭人。片刻之間，人馬一片片倒下，任你洶湧而來，也是無法衝過這紅色帷幕般的漫天箭雨。大單于一聲大吼，回馬！驚慌的匈奴大軍又漫山遍野捲了回去。

此時，山頭行轅的「趙」字紅色大纛旗急速揮動，戰鼓隆隆緊響，原先兩翼包抄的紅色騎兵頓時在大草原展開，殺聲震天地衝入匈奴騎兵群。與此同時，陰山西口也潮水般湧出大隊紅色飛騎，正正堵在了匈奴正面。趙軍大營兩側的一萬騎兵也同時發動，從匈奴身後掩殺過來。匈奴大單于嘶聲吼叫，殺啊！死光就死光！匈奴騎士也是遍野怪吼，散亂拚殺，毫無退縮之象。

山頭趙雍看得一陣，臉色越來越是陰沉：「死戰令！」話音落點，中軍司馬一聲大吼：「金鼓號角齊鳴！誓死一戰！」剎那之間，山頭三十面戰鼓三十面大鑼百餘支長號隆隆嘡嘡嗚嗚地交相轟鳴在遼闊的草原戰場，那面紅色「趙」字大纛旗也在驟然之間豎起了兩支雪亮的旗槍，平展展地懸垂在了湛藍的天空之下。遼闊草原上的紅色騎兵頓時殺聲震天動地，一面「廉」字大旗於萬馬軍中如同飛舟劈浪，直衝匈奴大單于的白熊大旗。幾乎同時，趙雍親率三千護衛飛騎狂飆般捲下，泰山壓頂般殺向匈奴中央白熊大旗。兩支強悍的騎兵大軍便在陰山腳下展開了真正的殊死拚殺。

太陽落山之時，大草原終於沉寂了。紅色的騎士，遍野的鮮血，與火紅的霞光融成了無邊的火焰，遼闊的草原顫抖著燃燒著，連喘息的力氣都沒有了，死一般的沉寂。

「萬歲！趙軍萬歲！」陡然，長城腳下傳來了遙遠而清晰的歡呼。

「君上，秦軍在慶賀我軍！」中軍司馬飛騎來報。

「秦軍？」立馬山頭的趙雍不屑地笑了，「清點戰場，明日回軍。」

陰山之戰，趙軍斬首十八萬餘，悉數斬殺匈奴大小單于頭領百餘人，匈奴僅萬餘人突圍逃走。與此同時，東線也傳來捷報：牛贊大軍大破東胡，斬首八萬，東胡大首領及其部族頭領二十餘人盡皆被生擒。東西趙軍共死傷六萬餘。趙雍回軍雁門長城，休整三月補充兵員，並立即論功行賞安置傷兵。秋風方起時，趙雍又親率大軍十萬進入雁門關，直壓中山國與樓煩頭頂，要一鼓作氣根除樓煩中山之患。

二、戰國之世的最後一頂王冠

三胡之中，樓煩最弱。邊患之中，中山不強，然卻最令趙國頭疼。

樓煩乃北胡部族，大約隨春秋初期的蠻夷大舉入侵，進入中原晉國的北部，立邦國建樓煩城邑（註：樓煩城，今山西寧武地帶）。在齊桓公結盟諸侯「尊王攘夷」的中原大驅胡時，樓煩部族大部北逃草原大漠，餘部臣服晉國。後來晉國內爭劇烈，樓煩部族又與中山部族一起返回復國。魏趙韓三家分晉之後，樓煩與中山國一起成為趙國西鄰。樓煩恰恰卡在雁門關之南，猶如楔在趙國咽喉的一顆釘子。中山國恰恰釘在西腰，向南一過井陘關要塞險道是趙國腹地，猶如插在肋部的一把尖刀。論實力，這兩個部族邦國加起來，也未必堪與趙國一戰。威脅處在於，樓煩中山看準了趙國南有中原強敵、北有林胡東胡邊患，投鼠忌器，不敢對自己做滅國大戰，便依著遊牧習性經年對趙國騷擾掠奪。趙若調集大兵迎戰，遊牧騎兵便流雲般消失在崇山峻嶺之間，堪堪退兵，他又如影隨形般貼將上來。春耕搶牛羊，夏忙搶麥糧，秋收搶穀黍，冬藏搶民戶，任你何時何地，時時處處都可能是樓煩中山的劫掠時光，當真是趙國民眾的心腹大患。但提中山樓煩，趙人莫不咬牙切齒罵一聲：「中山狼！樓煩狽！狼狽為奸，寢皮食肉！」

論情勢，此時的樓煩尤為可惡。非但盤踞雁門關之南釘在趙國邊軍之後，而且經常繞過雁門關北出趙國長城遊牧，直達岱海黃旗海（註：黃旗海，今內蒙古集寧地區）一帶草原，硬是對趙國視若無物肆意挑釁。趙雍決意自北向南，剔除兩塊心腹大患，打通雁門關平城一線南下趙國的寬闊通道。

趙軍大兵壓境，樓煩部族早已驚慌失措。匈奴大軍清一色二十萬精騎都一舉被趙軍撕扯成血肉碎片，樓煩舉族不過十萬步騎，豈能當得殺氣正盛的趙軍？更要緊者，樓煩部族陷在長城之南，與草原諸胡相比，搶掠雖是便捷，卻也有一致命傷——但遭趙國主力大軍壓頂斷路，便難得諸胡救援，更何況諸胡匈奴已經望風而逃了。驚慌之下，樓煩部族頭領竟率大部精壯族人西北出山道祕密北逃了。留下的十餘萬老弱病殘女幼，只有舉族降趙。趙雍不戰而屈樓煩，立即設立雁門郡，將雁門孤關變成了轄地近千里的邊郡。順便提及的是，樓煩部族北逃後數十年，被捲土重來的匈奴吞併，被「封」於河套南部的草原，成為匈奴對抗秦帝國大軍的前哨部族。匈奴解體消散之後，樓煩部族也永遠地消失星散了。

趙雍大軍趁勢南壓，直逼中山國腹地都邑。

論實力，中山國雖然已經稱王，卻實實在在一個滑稽可笑的窮邦弱族。舉國人口不過百餘萬，兵員號稱三十萬，實際能戰者不過十萬，且全部是沒有重型器械與精良裝備的輕兵。究其實，快速深入他國搶掠民眾，自是氣勢洶洶綽綽有餘，然則與趙國此時的新軍相比，幾乎不堪一擊。當此之時，趙國大軍已經是脫胎換骨的新軍了。從根本上說，趙雍發動的胡服騎射僅只是形式而已，實際上卻是以輕銳快速為目標的軍制大變法。兩年之中，趙國上下同心，以驚人的強韌快捷，同時在舊軍改制精編、新兵員徵發訓練、兵器甲冑全面更新、糧草給養便於攜帶諸方面進行了根本改革，趙軍已經成了與秦軍具有不同特點而又堪與秦軍抗衡的最強大新軍。而此時的遊牧部族根基的中山國，無論在軍制、兵器、國力、兵員數量、士兵戰力諸方面，都已經遠遠不能與趙軍相比了。

無奈之下，中山王派出特使郊迎趙軍，向趙雍提出願割四城以換取罷兵。

趙雍哈哈大笑：「罷兵？也行！除中山都邑之外，六城全割與趙。否則，戰場見。」

其時中山國只有七城，割去六城，中山國豈不成了趙國汪洋中的一座孤島？特使不敢應承，立即回報中山王。中山王立即召來丞相上將軍一班大臣商議，可偏是誰也不作聲。

數十年前，中山國跟風，在魏惠王發動的「五國相王」中稱了王。王冠加頂，中山國君臣興奮得手足無措，立即學著中原戰國變法起來：後宮幾個沒有名稱的妻子立即封了王后嬪妃，各部族頭領立即做了開府丞相、上將軍、太師、太傅、郡守、縣令等要職；識得幾個中原字的廟堂「名士」，便做了王室長史、太史令、太廟令一班文職大臣；原本只會跳神祈禱的巫師也做了占卜令、王巫師、國巫師等名色不同的人神臣子。熱熱鬧鬧的變法完畢，中山王開始了舉國訪賢圖謀霸業。都邑十幾個在中原遊歷過的「飽學之士」，與原本識得字的幾十個沒落布衣，自然成了國中大賢。中山國將這些大賢們供養起來，每逢節令當口，國王必親到窮閭隘巷禮賢下士一番。直到目下，這些賢士已經白髮蒼蒼，國王也已經是第二代了，禮賢下士的法度與窮閭隘巷的賢士們還是依然如故。誰料變法之後，中山國內爭不斷，遊牧部族原本的拙樸蕩然無存。後宮爭立王后，王室爭立太子，大臣爭奪權位，數十年廟堂不亦樂乎，民眾不堪忍受窮苦者便逃回了草原，軍士不堪內亂兵變者也逃回了草原。倏忽數十年間，這個新王國竟成了一個人口流失疲弱不堪不倫不類的怪物，霸業大夢也泥牛入海了。

思忖一番，中山王一聲長歎：「同是變法也！如何秦變強，趙變強，我獨變弱乎？天意如此，夫復何言？割去六城也罷，寡人做個周天子孤守洛陽！」

「我王神明！」丞相上將軍與諸班大臣齊聲贊同。

就這樣，中山國獻出了都邑之外的六座城池，倏忽變成了一個轄地數十里的王號小邦。由於中山原本便是遊牧為業的赤狄白狄部族，城池遠不如土地對他們來得重要。可在東施效顰的變法之後，中山遊牧人也變作了居住城池的「國人」，只在搶掠收穫之時出城，尋常時日只住在城堡裡消受劫掠來的財貨。如今六座城池割給趙國，按照戰國割地傳統，城池內的中山「國人」及其所管轄的周圍土地，自然也成了趙人趙地。如此一來，中山國人口土地銳減，一蹶不振地衰落了下去。雖然後來趙國內亂，中山國又反覆了一次，然則終究是夕陽晚景，迅速又黯淡了下去，終為趙國所滅。

可是，中山國割地罷戰，趙國將士大是不服。廉頗帶一班大將昂昂晉見，請國君趙雍一戰滅中山根除後患。趙雍笑道：「天下事一次做得完麼？趙國猛士滅此等奄奄一息之國，無端召來秦魏韓干預，划算麼？既得實地，又困中山於孤城無法興風作浪，還無形消弭了三國干涉，一舉三得，不划算麼？」

「臣等只是對中山狼恨氣難消！」

「末將只怕沒了仗打！」

「老將軍，諸位將軍，少安毋躁。」趙雍從容道，「趙軍新成，還能沒仗打了？也許不要多久，會有一場更大的惡戰。你等要厲兵秣馬，精心練兵，不能有絲毫懈怠。」

「嗨！」眾將頓時精神抖擻。

秋風蕭瑟的十月，趙國大軍北上長城駐防。趙雍卻只帶著三千護衛騎士回到了邯鄲。聽太子趙章與輔政肥義稟報完諸般國事，趙雍立即對兩人說了目下自己的謀劃方略：今冬明春，趙國大出。及至一宗宗說完，太子與肥義異口同聲地贊同。君臣三人密議一日，立即開始了緊鑼密鼓的部署。

第一件大事，趙國稱王。

第二件大事，出使六國，釐定與各國邦交根基。

第三件大事，祕密擴軍二十萬，使趙軍一舉成五十萬大軍。

即位二十三年來，趙雍抱定「韜晦以示弱天下」的國策，非但拒絕了稱王，且自降兩級國格而稱「君」。戰國之世，邦國規格雖遠不如春秋時期那般嚴格，且大多由自己確定，然則一個國家究竟是何等國格，畢竟還是大有講究的。其時，天下國格大體是四等：王國、公國、侯國、君國。若以稱王先後次序論，截至目下，天下王國八：楚國、魏國、齊國、宋國、韓國、中山國、秦國、燕國；公國大多是殘存的老牌諸侯，魯國、衛國等；侯國雖也是老牌諸侯，卻已經極少，只有薛國與趙國了；君國，則幾乎只剩下一個五十里的安陵君（註：這個安陵君雖然只有五十里封地，然卻因「唐雎不辱使命」的故事聞名後世，見第五部《鐵血文明》）了。只要除卻那些利令智昏而搶王的邦國（宋、中山、韓）外，大國稱王都是極為謹慎的。秦國稱王於六國合縱抗秦之後，燕國稱王於合縱滅齊之前，都是時勢所催之結果。論王國業績，此時六大稱王戰國中，除了韓國稱王之後一事無成，都曾經先後威勢赫赫過一段，秦國則是始終威勢不衰。以時勢論，小邦國搶戴王冠，天下皆可哈哈一笑了之，誰也不會當真與其爭長短。大國則不然，一旦稱王便昭示著你要加入逐鹿爭霸了，各大戰國便會競相遏制，或合縱或連橫，總是要這個新王國經受一陣猛烈錘打。果真抗住了，王國便立定了，諸如秦國。若抗不住諸般圍攻遏制，王冠光環便消失了，諸如韓國燕國。此等情勢，趙雍看得分外清楚，所以堅不稱王，而寧可降得與安陵君一般。然則天下事畢竟有公，趙國稱君，各大戰國與小國卻誰也不敢小覷，至多是認可了趙國沒有野心，事實上誰也不敢當真如對待小小君國一般予取予奪。趙雍自然清楚此中界格，然則他所需要教天下明白的也正在此處：我沒逐鹿爭霸之野心，你也不要尋釁於我。二十三年來，這一謀劃確實是做到了，趙國已經平安完成了強國大變。當此之時，三胡匈奴中山之諸般邊患已大體廓清，趙國軍威大盛，還用得著韜晦麼？再一味韜晦，天下還信麼？若無韜晦之效而落得「天下大偽君」之名，韜晦豈非大大滑稽？與其如此，何如堂堂正正稱王，堂堂正正逐鹿天下？

時也勢也，英雄之心性也。

要大出天下，必然要與六大戰國周旋。二十多年來，趙國除了參與五國滅齊之外，與六大戰國間幾乎沒有主動的邦交往來，雖然以往的恩怨似乎淡薄了一些，但對天下實力碰撞的實在格局畢竟也是生疏了。此次藉稱王之機派出六路特使，一舉釐定六方邦交根基，同時一舉奠定趙國重返中原的強勢地位，都是極為要緊的。燕國老仇家要重新廓清恩怨。對弱齊要取強勢，才能保住濟西二百里。對魏韓這兩個同根兄弟，則要軟硬兼施地拉過來，畢竟，三晉主心骨目下已經是趙國了。對萎靡不振而相距遙遠的楚國，則要盡可能地結為盟邦，只要楚國能從背後掣肘秦國。只有秦國是趙國最主要的敵手，然則秦國如日中天，趙國卻是剛剛浮出水面，目下還必須相安無事。

最要緊的實際國事，是擴軍。在七大戰國中，秦國大軍已達四十萬餘精兵，其次齊國三十餘萬，楚國三十餘萬，魏國三十餘萬，燕國二十餘萬，韓國近二十萬。雖然戰力國力各有強弱，兵力數目並不能說明全部實力，然則若與真正的敵手秦國相比，目下趙國軍力實在是單薄了許多，秦國四十萬精兵可是沒有贅肉的了。故此，一旦脫去韜晦而大出，兵力便要大大增強，且要盡快練成同樣精銳的胡服新軍。

冬月來臨之時，邯鄲的六路特使先後上路了：樓緩出使秦國，趙爵出使齊國，富丁出使魏國，仇液出使韓國，趙造出使燕國，王賁（註：王賁，趙國大臣，非後來秦滅六國時的大將王賁）出使楚國。與此同時，趙雍下書：將軍趙固為代相（郡守）兼領雁門郡軍政，北上駐平城，以守將牛贊為輔，徵發胡人精壯二十萬，兩年內練成精銳新軍。

開春之後的三月，趙國舉行了極為隆重的稱王大典。這是戰國之世的最後一頂王冠，也是最為宏大的一次稱王大典。列國特使雲集邯鄲，洛陽王室也照例「賜」趙雍一輛青銅天子軺車、一身古老的王服、一套主受命征伐的斧鉞儀仗。連續一月，趙國都是朝野大黼，國人歡歌相慶。

從此，趙國成了王國，趙雍做了第一個國王，這便是大名垂後世的趙武靈王。

此時，遙遠的北方大漠傳來了一個令人意外振奮的消息：逃到北海的林胡部族派出王子為特使南下，向趙王獻上三匹最名貴的汗血寶馬，並願臣服趙國。林胡王子特使抵達之日，邯鄲萬人空巷，舉國爭睹昔日令他們膽戰心驚的夙敵朝拜趙王，歡呼雀躍無以抑止，將稱王大典推到了狂歡巔峰。

三、趙雍探秦國　感喟重劃策

稱王大典一結束，趙雍又風塵僕僕北上了。一到雁門關，他立即召來在平城徵發兵員的代相趙固、平城將軍牛贊、雁門將軍廉頗祕密議事。

「我欲設立雲中郡，諸位以為如何？」趙雍一如既往地開門見山。

三位邊地大員頓時睜大了眼睛，一句話不說，其驚訝愣怔竟將趙雍看得忍不住哈哈大笑，「如何？膽怯了？不敢進駐雲中麼？」

「臣啟我王，」代相趙固為在座唯一執掌一方的政務大臣，在此等國政大事上自然不能期待兩位將軍先說話，謹慎開口，「雲中雖為各方拉鋸地帶，然則雲中要塞與長城，歷來為秦國北邊重鎮。我若設郡駐軍，分明便與秦國交惡。依目下大勢，似對趙國不利。」

「趙相差矣！」老牛贊慷慨高聲，「雲中長城屬秦不假，然長城外陰山草原歷來為匈奴盤踞。我趙軍將士浴血大戰匈奴，平息陰山岱海之胡患，如何設不得雲中郡？」

「廉頗以為，雲中郡可設，但治所須在岱海築城。」老成持重的廉頗第一次不待國君發問便開口說話了。

「怪哉老哥哥！」牛贊驚訝笑道，「岱海築城為治所，那還叫雲中郡麼？」

「莫不成你目下奪了雲中過來？」老廉頗黑著臉一絲不苟，「此中尺度，我王掂量。」

「好！老將軍知我心也。」趙雍雙掌一拍笑道，「你等思忖：目下七大戰國全部稱王，燕齊兩衰，魏韓兩弱，楚國更是日見萎靡；放眼天下之國力軍力，唯秦國將成我趙國真正對手。當此之時，試探虛實也罷，未雨綢繆也罷，設立雲中郡都是一手開門棋。趙固言對趙不利，是覺我出手太早。廉頗老將軍之策，兩相兼顧，既占陰山壓秦之頂，又退治所減秦敵意，正得初接強敵之奧妙也。」

「臣已明白！」趙固頓時恍然，「大軍駐陰山，治所駐岱海，進退自如也！」

「正是這般。」趙雍笑道，「廉頗將軍，兼領雲中相，立即籌劃岱海築城與設置官署、遷入民戶事宜，先教雲中郡響動起來。趙固與牛老將軍，徵發胡人成軍，可是史無前例。兩年之中，定然要將此事辦妥。」

牛贊慨然拍案：「我王莫擔心，林胡東胡已經臣服，胡人精壯入軍本是習俗，比我趙人入軍還踴躍。二十萬大軍，兩年後定然一支精兵也！」

趙固道：「廉頗將軍兼領雲中相，陰山大軍卻由何人統領？」

趙雍笑道：「此事我已有對：樓緩出使歸來立即北上，職任雲中相，廉頗將軍還歸大軍進駐陰山。」

「我王此番北上，似有他圖？」趙固看趙王笑得神祕，不禁疑惑。

「只你等三人知曉便了。」趙雍一臉肅然，「我要南下咸陽，探察秦國。」

「啊！」饒是三位皆膽略過人，也是一聲驚歎，比方才乍聞設立雲中郡還要驚訝。趙雍心知三人必要殷殷勸阻，斷然一擺手道：「我已有周詳謀劃，三位無須擔心，只做好自己事。」「不！我王不能涉險。」牛贊還是不管不顧地霍然站起，「秦為虎狼之國，我王縱然雄傑輕生，也當以趙國大局為重！」「老將軍之言大是，我王不能涉險！」趙固廉頗也是異口同聲。

趙雍哈哈大笑道：「世間萬事，何事無險了？秦孝公當年不孤身赴險，能有變法強秦？秦人能為，我趙人何不能為？因噎廢食，只有窩在火炕頭了，談何大業？」

「既然如此，老牛請做我王護衛！」牛贊紅著臉嚷叫起來。

趙雍笑道：「老將軍笑談了。只怕過不了雲中，秦人便早認出你這邊軍猛將了。」臉色倏然一沉，「諸位無須多言。但看我陰山大戰匈奴，秦國非但不落井下石，且擬援手襄助，便知秦國之天下氣度也。不親自掂量一番秦國，趙雍永遠不會甘心。」

三位大臣不禁相顧默然。這位趙王的英雄氣度與超人膽略，二十餘年來已經淋漓盡致地在趙國揮灑出來，別出心裁獨闢蹊徑敢為匪夷所思之舉，更是常常令這些身經百戰的將軍們驚歎不已。十九年隱忍不發，悄然推行變法，公然自貶國格，其柔韌頑強雖越王勾踐亦未必能及；但發則匪夷所思：胡服騎射、大軍改制、林胡赴險、北海窮追、陰山血戰，哪一次不是驚心動魄？歷來君王不領軍，趙雍卻是每戰必帥，傷痕累累猶衝鋒陷陣，以至成為趙軍真正的天神軍魂，但有趙王領兵，趙軍便是殺氣彌天戰無不勝。凡此種種，趙雍之大智大勇，已經令趙國朝野由衷折服，而今趙王決意要南下秦國，也許是趙國大出天下之天意使然，身為臣工，豈能執意違拗？

次日清晨，雁門關飛出一支馬隊，在枯黃的草原風馳電掣般馳向雲中方向，進入長城，進入秦國上郡。三日後，這支馬隊從北地郡進入了關中，進入了咸陽。

這日，秦昭王正在與魏冄、白起商討趙國稱王後的應對之策，長史（註：長史，秦國官職，相當於國君祕書長）王稽帶著關市（註：關市，秦國掌管市易與商業稅收的官員）匆匆進來稟報：尚商坊有一胡人馬商氣魄驚人，要以三千匹駿馬交換「官市」精鐵三百萬斤，請命定奪。尚商坊本是秦國在咸陽專設的山東六國商區，「官市」卻是秦國府庫設在尚商坊的最大市易店面，專一收購秦國急需貨物，同時外賣秦國府庫的積壓器物。精鐵是兵器原料，秦國歷來嚴格禁止流出，駿馬卻是騎兵急需，秦國歷來大量購進。今日竟有人以駿馬易精鐵，且數量如此驚人，一時間秦昭王三人都愣怔了。

「怪哉！」丞相魏冄先驚訝了，「一個馬商要三百萬斤精鐵？何方胡人？」

「其人自稱：林胡馬商烏斯丹。」關市小心翼翼地回答。

白起皺起了眉頭：「以秦國急需購進之物，換取秦國嚴禁流出之物，此事頗有蹊蹺。」

「長史，」秦昭王一揮手，「將這個馬商請進宮來，毋得張揚。」

「臣明白。」王稽答應一聲，領著關市匆匆去了。

大半個時辰後，東偏殿外廊傳來堅實清晰的腳步聲。白起的眼睛驟然一亮，接著王稽疾步走進低聲稟報，林胡馬商已在殿外廊下。秦昭王一點頭，王稽轉身快步繞過了高大的黑色木屏走出殿口。片刻之間，那堅實清晰的腳步聲砸了進來，王稽那急促細碎的腳步絲毫不能掩蓋其夯石落地般的力度。秦昭王三人的目光不由自主地齊刷刷聚向高大的木屏，驟然之間都是一驚。

大屏後砸出了一個異乎尋常的胡人——雪白的一件翻毛皮短裘，緊身皮褲半截塞在高腰戰靴中，攔腰一條六寸多寬的赭色板帶上，左嵌一副小型銅機弩，右插一口皮鞘鑲珠的彎刀；頭戴一頂火紅色翻毛大皮帽，灰白的長髮披在雙肩，粗糙黝黑的大臉膛上一副虬枝糾結的連鬢大鬍鬚噴射得刺蝟一般，高聳筆挺的鼻頭泛著油亮的紅色，深陷的雙目中兩股幽藍的光芒。身材雖不甚高大，當殿一立，卻是山岳般巋然無以撼動。

「林胡馬商烏斯丹，見過秦王。」馬商一揚左手，而後雙手一拱，一個地道胡禮。

秦昭王恍然笑了：「貴商遠來，入座說話。」轉身高聲吩咐，「來人，三爵秦酒。」

烏斯丹哈哈大笑：「胡人好酒，三爵只滲得牙縫。久聞秦酒甘烈，至少一罈過勁。」

「好個胡人英雄！」秦昭王少時也曾在燕國內亂中與胡人雜處，熟知胡人酒風之烈，驟然間倍感親切，拍案便道，「一罈百年鳳酒。」

肅立一側的王稽一揮手，兩名小內侍抬來了一張酒案：中間一只泥色陶罈，兩邊分別擺著打酒的長柄木勺與三只酒爵。秦昭王笑著一指酒案：「老秦酒一罈六斤，英雄分爵慢飲了。」烏斯丹又是哈哈大笑，沒有說話，只站起來走到酒案前提起已經開封的酒罈舉到嘴邊，仰頭之間長鯨飲川一般，不見喉頭咕咚之聲，更沒有滴酒灑出，只聞一陣細亮的吮吸聲息，片刻之間，烏斯丹將酒罈咚的一聲蹾在了案上：「果真好酒！」

這一下，非但秦昭王大為驚訝，便是粗豪過人的魏冄與天賦奇膽的白起也驚訝了。秦軍中不乏豪飲猛士，可要誰一口氣滴酒不灑地將一罈老秦烈酒飲乾，只怕是比登天還難。當年白起做卒長，卒下孟賁烏獲兩名大力神一次可飲六罈老秦酒，可那是咕咚咚豪飲，酒水順著嘴角激濺出來連襯甲都滲得濕淋淋的，如何與這烏斯丹乾淨利落的飲法相比？

「烏斯丹，真英雄豪士也！」秦昭王不禁拍案高聲讚歎。

烏斯丹連連擺手道：「飲得幾罈酒，算甚個英雄？只你中原人不知胡人罷了，皮囊裝馬奶子，常在戰馬馳驅間大喝，日子久了，皮囊一沾嘴這肚腹便是空空山谷，大嘴巴便是吸風谷口，一氣吞吸，卻有何難？」

「如此說來，你可一次吸乾一囊馬奶子？」秦昭王更是驚訝。

「騎士皮囊，一囊八斤馬奶子。這是兩日軍食，不能一次吸乾。」

魏冄臉色倏忽陰沉：「這位烏斯丹，你究竟是馬商？還是林胡將軍？」

烏斯丹笑道：「是馬商，也是將軍。我胡人沒有官商區分，出來做馬商，回去做打仗將軍。丞相不知胡人風習麼？」

「你如何知道我是丞相？」魏冄突然聲色俱厲。

烏斯丹哈哈大笑：「老鷹就得在天上飛，駿馬就得在草原跑，遊蕩的牧人誰個不認得它們？你是丞相魏冄，他是上將軍白起，我胡人不當知道麼？」

「林胡已經被趙國追殺到北海，日前又臣服趙國，要巨萬精鐵做甚？」魏冄撂過話題，一句直逼要害。

「狼群進入草原，牧人要為羊群築起結實的圍欄，為狼群打好鋒利的戰刀。」

秦昭王目光一閃：「如此說來，林胡還有復仇大志？」

「奪我草原，殺我族人，驅我於寒天凍土，若是中原英雄又當如何？」

秦昭王思忖間道：「林胡要單獨復仇？抑或聯結匈奴一併復仇？」

「戰刀還沒有打造，獵人還沒有進入獵場，怎知道一起狩獵的朋友？」

秦昭王正色道：「將軍若是林胡單于特使，便請明言：若秦國與你成交，林胡該當如何？」

烏斯丹黝黑粗糙的臉膛脹得通紅，酒氣噴發之下似乎分外亢奮：「大邦若賣我三百萬精鐵，我林胡十萬勇士便要奪回兩海草原，猛攻趙國背後！秦國若能從南夾擊趙國，林胡與秦國，分了趙國這隻肥羊。」

「之後如何？」秦昭王微微一笑。

「秦國是天上老鷹，趙國是地上狐兔。林胡臣服秦國！」

「噢，家底終究是兜出來了。」秦昭王呵呵笑了。

「大膽！」魏冄啪地拍案而起，「胡人匈奴，幾百年擄掠中原侵凌華夏，如今竟要借秦國之力捲土重來，狼子野心何其猖狂也！我今明告與你：趙國驅胡，華夏壯舉，秦國豈能落井下石！趙國與匈奴血戰，便有我大秦十萬鐵騎在後。平得胡患，縱然趙國與秦國為敵，也是我華夏邦國之爭，秦趙自當堂堂正正決戰疆場。爾等外敵鼠輩若敢火中取栗，當心秦趙聯手，剝下你二十萬張狼皮！」魏冄本是粗豪凌厲稟性，這番話霹靂閃電一般，震得大殿嗡嗡作響。

「真一隻老鷹！」那烏斯丹目光炯炯地蹺起大拇指高聲讚歎，「胡人雖與中原為敵，卻是敬重英雄朋友。丞相罵得好！」哈哈一笑，卻又對著秦昭王頗為神祕地壓低了聲音，「烏斯丹聽說了，趙國要設雲中郡，可是欺負到秦國頭頂了，秦國當真不恨趙國？」

秦昭王臉上露著笑容，語氣卻是一板一眼：「林胡密使烏斯丹謹記：秦國趙國，同種同根，縱有爭端，自有大爭歸一之道。與你林胡，卻是無涉。」

烏斯丹的目光倏忽收斂，良久默然，突然起身道：「秦國不忘同種同根，大義之邦。烏斯丹敬重秦國君臣。」說罷對著秦昭王深深一躬，挺直身板又是慨然拱手，「生意沒做成，烏斯丹告辭。」轉身大步嗵嗵地砸了出去，驟然之間，洪鐘般的哈哈大笑在宮殿峽谷中迴盪開來。

「白起，你以為這個烏斯丹如何？」秦昭王看著一直沒有說話的上將軍。

白起悠然一笑：「以臣忖度，此人絕非林胡馬商，亦非林胡密使。」

「噢？可能何人？」

「可能是新近稱王的趙雍。」

「啊——」秦昭王與魏冄不禁渾身一震。

「臣之叔父白山，當年曾幾次護送張儀丞相入趙，見過當年的太子趙雍，後來幾次對我說起趙雍異相。今日留心，依稀符合。」

「何不當面揭破？」魏冄急追一句。

白起笑了：「丞相不覺得，今日結局最好麼？」

秦昭王恍然一跺腳道：「快說！追不追這個，趙雍？」

魏冄立即道：「白起說話，你一直思慮，當有成算。」

「非但不能追，還要隱祕保護趙雍出關。」白起站了起來，「有趙雍在，秦趙至少十年無大戰。臣正要回藍田大營，此事由臣處置。」

「趙雍？匪夷所思也！」秦昭王長長地喘息了一聲，倚在座案前兀自嘟囔，「不可思議！當真不可思議也！」

白起魏冄剛走，秦昭王便接到雲中將軍密報：趙王喬裝胡地馬商，率一個百人騎士隊祕密進入秦國。秦昭王拿著泥封羽書，半日沒有說話。

回到邯鄲，已是春暖冰開，趙雍旬日閉門不出。

秦國之行，對趙雍觸動太大了。他拋開邦交使節的正道，以如此奇特的方式南下，從根本上說，是要真正試探出秦國爭霸天下尤其是對抗趙國的手段界限，也就是說，秦國的擴張爭霸是否不擇手段無所不用其極？具體而言，秦國究竟會不會借用諸胡與匈奴的力量夾擊趙國？畢竟，對於扛著天下八成胡患的趙國來說，對手如何對待利用這支力量，對趙國來說幾乎是頭等重大的事了。往前說，當年在秦孝公變法之前的六國分秦時，趙國就曾經利用與胡人的歷史淵源，將聯結西部戎狄作為夾擊秦國的重要手段。雖則分秦沒有成功，但這個路數秦人是清楚知道的。往近處說，秦惠王初期老世族要復辟舊制，也走的聯結西部戎狄而內外夾擊這條路子。數百年來，戎狄諸胡匈奴等蠻夷部族禍患中原，秦趙兩國受害最深，與邊地遊牧部族斡旋的手段也最多，利用邊族之經驗也最為豐富，秦國若利用三胡匈奴之力牽制趙國，趙雍一點兒也不會覺得奇怪。陰山大戰匈奴，趙雍其所以要將戰場拉到秦軍駐守的雲中長城外的陰山草原，正是要給秦國一個公然警告：你要利用匈奴胡人，趙國不怕。當時若秦軍趁機夾擊趙軍，趙雍心裡反倒會踏實起來，即或陰山不能戰勝，也會重新思謀如何將匈奴禍水引向秦國，以其人之道還治其人之身。不想秦軍非但沒有偷襲夾擊，反而準備施以援手，趙軍勝利之後，秦軍的歡呼雀躍曾經使趙軍將士何等感慨！

便是這一次，趙雍大為奇怪了，秦國這種史無前例的做法，圖謀究竟何在？是真正的視胡人邊患為華夏共同大患麼？秦國當真有此等胸襟氣度？莫怪趙雍疑惑，在鐵血大爭的戰國之間，螳螂捕蟬，確實是沒有任何人放棄過任何一次做黃雀的機會。趙雍是果敢的，然則趙雍更是有深沉謀算的，秦國果真如此，趙國對這個對手便當另謀方略，走先輩的老路顯然不行。可說到底，秦國究竟是否果真如此？

派出特使公然擺明了說事麼？一是兩國二十年相安無事，此等敏感話題突兀提出，豈非自認要與對方為敵？硬著頭皮說開，若對方一席不痛不癢的官話，反倒是雲山霧罩難以揣摩了。反覆思忖，趙雍才有了這奇特的林胡馬商之行。更有幸的是，秦王還將他誤認林胡密使，被他實實在在地試探了一回。

然則，對趙雍觸動最甚者，與其說是秦國君臣的對趙根基，毋寧說是自己三個月在秦國的所見所聞。自從進入秦國，一種無處不在的浪潮時時衝擊著他拍打著他，使他一刻也不能安寧。及至出得函谷關那日，他竟在關外一家酒肆痛飲了三罈老秦酒，暮色夕陽中對著函谷關虎狼般盡情呼嘯了一陣。

同為戰國，何獨天下竟有如此之邦？

同為君王，趙雍終知天外有天了。

三個多月中，趙雍馬不停蹄地走遍了秦國。因了秦國與趙國接壤，在趙人心目中，秦國與趙國都是強悍的北方大邦，強又能強到哪裡去？自上郡入北地郡，秦國邊塞關隘雖則整肅森嚴，然畢竟與趙國相差無幾，趙雍並沒有多少新奇之感。然則一進關中，那無盡沃野的殷實富庶卻使趙雍眼界大開心中大動。及至進入咸陽，僅是尚商坊那淌金流玉吞吐天下財富的大氣象，更使他深深震撼了。平心而論，僅是咸陽一城的財富，兩個趙國也難以抵敵。從咸陽出來，趙雍又生出了一個念頭：走遍秦國，徹底摸清這個龐然大物。

說巧不巧，在藍田塬下，趙雍意外地撞上了策馬回營的上將軍白起。兩人由販馬說起，一時分外投緣。白起請烏斯丹來年秋季前為他提供五千匹胡馬。烏斯丹慨然允諾，說是南下巴蜀買得一批絲綢之後，便北上為他籌劃戰馬。白起大是高興，邀他進入藍田大營痛飲，還陪他裡裡外外看完了藍田大營，尤其是備細觀看了秦軍的各種大型攻防器械，笑說秦軍再有戰馬三萬匹，便可力掃陰山諸胡，林胡可要小心了。烏斯丹哈哈大笑，說打不過便跑，林胡完不了，烏斯丹照樣給你戰馬。那一夜，兩人在白起幕府痛飲談兵，白起竟毫不隱諱地對烏斯丹將軍敘說了秦軍二十多年來拔城二十座以上的六次大戰，尤其是奪取魏國河內與楚國南郡的兩次大戰。烏斯丹聽得全神貫注，末了笑問一句，上將軍以為大戰根基何在？白起也只笑著一句，在國力，國無實力，雖能數勝而終敗也。烏斯丹藉著酒意，突兀追問一句，秦之實力，趙之幾何？白起哈哈大笑，烏斯丹將軍，秦趙軍力可比，國力實力不可比也。烏斯丹大為不服，趙國一敗林胡再敗匈奴，雖秦國不能，如何趙國實力不堪比秦了？

白起掰著指頭數了起來：「秦之關中隴西抵趙國腹地兩郡，秦之上郡北地兩郡抵趙國雁門、代郡，秦之商於抵趙國新設之雲中郡；除此之外，秦國還有千里巴蜀、六百里南郡、三百里河內，趙國拿甚相抵？」烏斯丹還是不服：「趙國北部有萬里草原，巴蜀荒山野嶺窮極山鄉如何能比？」白起哈哈大笑：「烏斯丹將軍，巴蜀雖豐饒不及關中，然絕非窮極之地，你信也不信？」「不信！」烏斯丹硬邦邦一句。「好！」白起酒氣醺醺地一拍案，「烏斯丹將軍也不用山道跋涉，我派一隻戰船，你只從夷陵溯江直上巴蜀如何？」

這樣，趙雍輕快簡便地直接進入了巴蜀。且不說巴郡峽谷大江的戰船打造、精鐵冶煉、絲綢藥材已令他大為震撼，當他站在岷江岸邊，遙望村疇相連雞鳴狗吠炊煙裊裊熱氣騰騰的蜀中沃野平川時，關中沃野的景象在他眼前驀然閃現出來。

雖說目下的岷江多水患，但安知秦人不能治了岷江？果真岷江水患消失，蜀中之富庶無異天府。那時的秦國，又是如何？幾乎整整一個時辰，他只愣怔地站著望著想著，沒有說一句話。

東出峽江，再踏南郡，他已經對秦國由衷地生出了敬意。同是戰國爭地，哪個大國都曾經有過奪地幾百里的勝利，可能如此快速穩定地將奪地化入一體法度，而立即形成本國有效實力者，誰個做到了？趙國得齊國濟西三百里平原，至今仍是地廣人稀，既留不住原來的齊國人，趙國人也不願遷入，只能做平原君封地而已。魏國曾經占領秦國河西之地五十餘年，始終是治不化民地不養人，魏惠王時反倒成了魏國累贅。齊國滅了宋國，守了十年也沒焐熱，宋人離心離德，最終也成了不得不撒手的一塊火炭團。燕國滅了齊國六年，除了大掠財貨，最終還是兩手空空。楚國更是吞國吳越數千里，可硬是將吳越之地弄得反而不如春秋之吳越那般富庶強盛了。即便韓國，也曾經滅了鄭國，後來又搶占了上黨要塞，可吞地之後也是一年不如一年，都城新鄭遠不如鄭國子產時期繁華富庶，上黨山地的民眾更是窮得大量逃亡，連守軍給養都難以為繼了……

凡此種種，都教趙雍輾轉反側不能安席。

你不得不承認，秦國是一個全新的戰國——法令完備，朝野如臂使指；農人入秦得耕耘之安，商家入秦得財貨之利，百工入秦得器用之富，精壯入軍得戰功之賞，士子入秦得盡才之用；如此之邦，士農工商趨之若鶩，如何不蒸蒸日上？天地間卻有何種力量能夠阻擋？相比之下，趙國還遠遠不夠強大。要在戰國之世立足，趙國必得另闢蹊徑。

四、雄心錯斷　陡陷危局

趙雍開始了果斷的行動。

這是他歷來的稟性，謀不定不動，一旦謀定，則是無所畏懼地去實施，縱有千難萬險亦絕不回頭。這日暮色降臨之時，他鑽入一輛四面垂簾的篷車，徑直來到肥義府邸。已經是白髮蒼蒼的肥義似乎並沒有感到驚訝，只將趙王迎進府邸便肅然就座。聽趙王侃侃說起了一冬一春的種種神奇遊歷，直說了一個多時辰，趙雍方才撂出一句：「要與秦國比肩相抗，便要內修法令，外拓六千里國土！」

「老臣願聞我王細策，法令如何修？六千里如何拓？」肥義心知趙王已有成算，先問得一句。

「內修法令，是推行第二次變法，與秦國一般，廢黜封地，凝聚國力。」

長長地吸了一口氣，肥義嘴角一抽搐：「拓地如何？」

「北滅燕國，西滅中山，占據陰山漠北三千里！」趙雍斬釘截鐵。

「先走哪一步？」

「修法稍先。」趙雍慨然拍案，「修法但入正道，由你輔佐太子推行新法。我立即北上擴軍拓地。再有十年，趙國當可與秦國比肩而立，逐鹿中原，決戰高下！」

肥義良久默然。趙雍大是疑惑：「肥義，我之謀劃有錯麼？」肥義長吁一聲，驟然一聲哽咽撲地拜倒：「老臣請罪。」趙雍大驚，連忙扶住了肥義：「出事了？慢慢說，來，坐了，別急。」肥義入了坐席，感慨唏噓地向趙雍訴說了一個頗為蹊蹺的朝局變故。一時，趙雍聽得目瞪口呆。

原來，自從肥義任職左司過以來，糾察百官成為職責所在。二十多年來，無論肥義兼領何職，對左司過職責都沒有絲毫懈怠。尤其是趙雍經常在外巡邊作戰，肥義更是加倍留心國中動靜。趙國素來有兵變傳統，且肥義自己也曾經參與，深知其中奧祕，所以早早就向各個權臣府邸通過各種方式安插了忠實小吏，隨時向他祕密稟報權臣之異常動靜。明知此等做法不甚妥當，肥義給眼線小吏訂下了三條法紀：其一，除了他所指定的事項與軍政來往，不許窺探大臣寢室私密；其二，眼線小吏一律為左司過府吏員，領官俸辦國事，但有謀私誣陷者立斬；其三，任何密報只許以他所指定的途徑交他本人，不得對任何人洩露。由於謹慎周密，多年來沒有出任何紕漏，權臣間也未見異常，肥義漸漸踏實了。

可正在肥義準備撤銷此等人員時，卻突然從平城老將軍牛贊府邸傳來一份密報：牛贊書房出現祕密書簡，褒獎牛贊大義有節，將為靖國功臣。三日後又來密報：前書為太子趙章祕密送來，已經做特急羽書發往平城。不久，太子傅周紹府中也傳來密報：連續三月，周紹竟有十六次與太子在書房晤談到四更，內容不詳，卻也絕非講書議政。在肥義渾身繃緊時，太子府密報來了：太子趙章與至少五名邊將有祕密書簡往來，內文不詳。偏此時肥義已經是輔助太子坐鎮邯鄲處置國務的首要大臣，而趙王恰恰又正在窮追林胡的萬里征途，肥義決意暫時不報趙王。此中根本原因，便是所有的邊軍將領都在征戰之中，而邯鄲守軍又恰恰由肥義兼領；離開邊軍京軍，權臣封地的少量私兵要進入邯鄲，沒有君王特出令箭王書，則肥義可立即誅滅。當此情勢，縱然密謀是真，一年半載也不可能動手。

然則趙雍連續征戰兩年，回到邯鄲處置完急務又立馬北上，又直下秦國，這件事便擱置在肥義密室三年之久。趙王此次回邯鄲次日，太子府又傳出密報：平城牛贊三將已經回書太子，內容不詳，太子頗是振奮。肥義接報，以磋商國務為名，立即來到太子府查勘跡象。

太子趙章很是高興，說定了幾件事務，興致勃勃道：「敢問相國，父王可是又要北上？」

「老臣只是輔政，不是相國，太子慎言。」肥義的黑臉沒有絲毫笑意。

太子喟然一歎：「父王糊塗也！以卿之大功，早該做相國了。偏他年年用兵，無暇理得國政，長此以往，如何是好？」

「太子若有謀國之心，當向趙王明陳。」肥義神色肅然，「趙王洞察燭照，絕非昏庸之君，定有妥善處置。目下以太子為鎮國，是將國政交付太子，無異於父子同王也。」

「父子同王？」太子揶揄地一笑，「趙章無非泥偏一個，任人擺治而已，相國當真不明就裡？抑或敷衍於我？」

「老臣愚鈍，只知輔助太子處置國務，從未揣摩他事。」肥義眼見太子心跡已明，多說則越陷越深，便藉故告辭了。

肥義本當立即晉見趙王告知此事，卻明知趙王閉門不出必在謀劃大事，又不便突兀托出亂趙王心神。按照慣例，趙王有大舉動之前必來找肥義商討，肥義便一直隱忍到今日。說完這一切，肥義末了道：「若非我王說還要北上拓地，老臣也許還要尋覓機會再說。事已至此，老臣斗膽一言：我王多年戎馬倥傯，無暇顧及國政，若有大圖，當先理國。」

趙雍臉色陰沉得令人生畏，良久默然，粗重地長吁了一聲，「咚」地一拳砸在案上，霍然起身大步砸了出去。肥義分明看見了趙雍眼中的盈盈淚光，心中不禁猛然一抖。以趙雍之剛烈，若不能審慎行事，趙國立即便是亂雲驟起，弄得不好毀於一旦也未可知。心念及此，肥義一骨碌爬起來趕了出去：「快！備車進宮。」

進得宮中，肥義也不求見，只釘子般肅然佇立在王宮書房廊下。他抱定一個主意：只要趙王發出兵符，他便要拚死阻擋；不管守候幾多時辰，他都要牢牢釘在這裡，絕不會離開半步。眼見書房窗櫺的白布上映出趙雍沉重踱步的身影，時不時停下來長吁一聲，肥義不禁老淚縱橫了。沒有趙雍，趙國能有今日？便是趙雍這身膽氣，肥義也決意永遠效忠趙王，絕不許任何亂臣賊子謀逆，也絕不許趙國再生兵變。

漸漸地，天終於亮了。肥義聽見書房厚重的大門咣噹開了，熟悉的腳步咚咚砸了出來。趙雍一句話沒說，拉起肥義進了書房。一個時辰後，內侍總管匆匆走出書房祕密召來了國史令。直到中飯時辰，肥義與國史令才匆匆走出了王宮書房。

旬日之後，邯鄲王宮舉行隆重朝會。

朝會者，所有大臣都奉書聚集之會議也。一年之中，大朝會也就三兩次，通常都是開春啟耕一次，歲末總事一次，其餘則視情形而定，或大戰征伐或重大國政，總之是無大事不朝會。尋常時日的國務，都由丞相與幾位重臣會商處置而稟報君王，或君王動議交由大臣辦理。戰國乃大爭之世，國政講求同心實效，否則不能凝聚國力而大爭於天下。其時君王、丞相、上將軍三根大柱支撐邦國，各自都有極大權力，遠非後世越演越烈的君王集權，處置國務的方式也與後世的君王「日每臨朝決事」有極大差別。總之，是以辦事實效為權力目標，而不是以鞏固王座及權臣各自地位為權力目標，端嚴正大的為政風氣是實實在在的時代精神，權術之風遠未成為彌漫權力場的魔障。朝會之日，不在都城的郡守縣令與邊軍大將都須得趕回，而但凡朝會，也必有大事議決，極少禮儀慶賀之類的虛會。此次朝會正在趙王離開邯鄲半年歸來之時，幾乎所有的大臣都想到了同一件事——趙國一定要南下中原與秦國一較高下了。

這天是戊申日，趙武靈王即位第二十七年的五月初一。

邯鄲王宮不大，一百多張座案在正殿分成東西兩方，每方三大排，顯得滿當當的。那時的君臣關係雖則也是禮儀有格，卻遠非後世那種越來越扭曲的主僕甚至主奴關係。大臣議事，任何時候都有坐席。所謂朝會，既不是密密麻麻站成幾排，也不是動輒三拜九叩山呼萬歲，而是肅然就座率直言事。

「趙王上殿——」隨著內侍一聲長宣，堅實的腳步聲咚咚迴響著砸了進來，舉殿大臣眼前不禁一亮。趙雍今日全副胡服戎裝，一領火紅短斗篷，一身棕色皮甲，一雙高腰戰靴，一頂牛皮頭盔上插了一支大軍統帥獨有的紅色雉翎，右手持一口騎士戰刀，當真一個行將出征的大將軍。雖說趙國胡服，然則國君朝會也從來不會如此全副戎裝，大臣們不禁為之一振。

「參見趙王！」舉殿大臣一齊拱手，一聲整齊的朝會禮呼。

「諸位大臣，」趙雍鬢髮灰白的黑臉分外凝重，也不在六級高階上那張寬大的王案前就座，只拄著那口騎士戰刀目光雪亮地掃視著大殿，「今日朝會，既非聚議北進征伐，亦非會商南下逐鹿，是要奠定國本根基。」兩句話一完，大手一揮，「御史宣書。」

王座後側的御史大臣大步跨前幾步，站在了王階邊嘩啦展開一卷竹簡，渾厚的聲音在殿中迴盪開來：「王命特書：太子趙章，才具不堪理國，著即廢黜，從軍建功；王子趙何，才兼文武，品行端正，著即立為太子，三月後加冠稱王；本王退位，號主父，十年內執掌六軍大拓疆土，並裁決軍國要務；上卿肥義，才具過人，忠正謀國，著即擢升開府相國，總領國政，襄助新趙王統國。趙王雍二十七年五月戊申日。書畢——」

大殿中靜得唯聞喘息之聲，大臣們連禮儀所在的奉書呼應也忘記了，人人驚愕，目光齊刷刷瞪著趙王，盡皆一副不可思議的神色。說到底，廢黜太子、另立儲君、國王退位、新任開府相國這幾件事都太大了，大到任何一件都足以震動朝野。況乎還有新太子三月後稱王、老國王自稱主父卻又掌軍決國這兩件匪夷所思的大變。更要緊的是，如此根本改變朝局權力的重大謀劃，朝臣們事先一無所知，此等情勢只有一個可能，便是宮廷中樞必有突然變故發生。否則，以趙雍之雄豪明銳，斷無此等突兀決策。然則無論做何去想，一時間誰也難想明白，懵懂之中，誰敢輕易開口？

趙雍不說話，只拄著騎士戰刀肅殺凜冽地釘在王座之前。

「趙王，老臣有話要說。」一個蒼老的聲音突然嗡嗡作響，太子傅周紹顫巍巍站了起來，雪白的頭顱抖得蒼蒼白髮散亂在肩。

「說。」趙雍只一個字。

「趙王之書，大是昏聵也！」老周紹當先一句斷語，接著感慨萬端唏噓不止，「太子當國，寬厚持重，百事勤勉。老臣日日在側，唯見其誦書理政，無見其荒疏誤國也。我王縱然明銳神勇，亦當秉公持政，罰其罪有應得。王座儲君，皆邦國公器，雖一國之王不能以私情唐突也。今我王突兀下書廢黜太子，不明而罪，不教而誅，何堪服朝野之心矣……」一席話憤激難當，老周紹竟突然噴出一口鮮血，軟軟地撲倒在了座案上。

饒是如此，大殿中也沒有一絲動靜，大臣們依然目瞪口呆地盯著手拄戰刀凜冽肅殺的國王。趙雍只淡淡一句「太醫救治」，又驟然一聲大喝：「趙章出座！」太子趙章為主政儲君，座案獨設在王階左下，與大臣座區相隔六步，老周紹聲嘶力竭地呼號時，趙章已經是冷汗如雨牙關緊咬，驟聞父王一聲大喝，情不自禁地一個激靈站了起來，木然走到了王階下的厚厚紅氈上。

「趙章，你與多名邊將密書頻繁，可有此事？」

「有。」倏忽之間，趙章神色坦然。

「與周紹常徹夜密談，可是學問辯難？」

「不是。」

「可曾以相國之位利誘大臣？」

「……有。」趙章突然一顫，終究還是穩住心神答了一句。

「諸位大臣可曾聽見了？」趙雍冷冷一笑，語氣驟然凌厲，「身為儲君，繼位指日可待。當此情勢，不思同心謀國，叵測之心匪夷所思。百年以來，趙國內憂外患難以喘息，但有兵變，哪一次不是國亂民亂？說到底，趙雍將這王座看得鳥淡！但能使趙國大出天下逐鹿中原，與強秦一決高下，誰入王座趙雍都服，連同諸位大臣在內，都是一樣。燕王噲都能禪讓子之，趙雍做不得麼？然則，秉國須得正大謀劃，陰謀而致亂，趙雍縱死不能同流！」話語落點之時，趙雍的騎士戰刀鏘然出鞘，隨著一道寒光閃亮，九寸厚的王案噗地掉了一角。趙雍收回戰刀，長長地喘息了一聲，「三個月後，趙雍便不是趙王了。何以如此？非是趙雍執一己意氣，邀天下之名，而是實實在在想將繁瑣國政交與明君正臣，趙雍只做一上將軍，征戰天下，為趙國大業犯難赴險，雖萬死不辭！趙章之行，無端生亂，非當機立斷不能根除後患。趙何雖則年少，然文武皆通，行事端正，早登王座，有爾等正直老臣輔佐，可免趙國再生變亂。這便是今日決斷由來。諸位也無須計議，但盡其職便了。」

大臣們雖然大大鬆了一口氣，卻還是沒有從這霹靂閃電般的變故中理出頭緒來，依然還是愣怔懵懂著，誰能輕易站出來計議一番？聽得最後一句，紛紛左顧右盼站起來準備散朝了。正在此時，突然一聲高喊：「趙王不公——老臣有話！」眾臣驀然回首，平城老將牛贊踉踉蹌蹌地從後排衝了出來。

「本王不聽！」趙雍大喝一聲，猛然轉身大步咚咚地砸了出去。

此時趙武靈王的威權正是極盛之期，舉國奉若神明。更兼尋常時日，趙雍也從未有過如此武斷之舉。大臣們震駭之下，只從處置親子其心必苦去體察，誰也不想在此時與趙王較真，此時見趙王憤然離去，也紛紛出殿去了。空落落的大殿中，只有牛贊幾個邊將木呆呆地站著。「走！回平城！總有我等說話時候！」老牛贊一揮手，與幾員大將匆匆去了。

出了大殿，煩躁憤懣的趙雍覺得無處可去。尋常慣例：朝會之後便是書房，立即著手處置朝會議定的急務。今日件件大事，自然更當立即一一處置，不說別的，單廢太子趙章如何安置，便是非他親自處置的第一要務。然則，此刻他一點兒沒有進書房的心情，提著騎士戰刀大步匆匆地走進了王宮深處的白楊林。五月的白楊林是整肅的，筆直挺拔的白色樹幹托著簡潔肥厚的綠色葉子，是一隊隊威武挺拔的士兵，嘩嘩迎風的樹葉拍打，是軍陣的獵獵戰旗。每每走進這雄峻參天的白楊林，趙雍眼前便會浮現出無邊大草原上的整肅軍陣，狂躁的心緒便會漸漸平靜下來。及至穿過大片白楊林來到波光粼粼的湖邊，他的思緒已經飄飛得很遠了。

趙雍實在想不到，最令人鄙夷的宮變竟能發生在自己父子身上。

說起來，趙雍只有一后一妃兩個妻子。說是兩個妻子，是因為前任王后一死，後任妃子便做了王后，且自此以後趙雍再沒有任何嬪妃。在戰國君主中，如趙雍這般不漁色於嬪妃之制者，大約也就是秦孝公堪堪與之比肩了。周禮定制：天子六女（后、夫人、世婦、嬪、妻、妾），公侯爵的諸侯四女（夫人、世婦、妻、妾），大夫一妻二妾。雖有如此定制，婚姻也被古人看作人倫之首，然則恰恰在這件最要緊的事情上，禮法卻從來沒有真正起過作用。上至天子，下至庶民，婚姻禮法始終是彈性最大，事實上也始終無法嚴格規範的一件事。說到底，最不能規範的首先是天子諸侯，戰國之世，便是大大小小的國君。老墨子曾憤然指斥，當今之君，大國後宮拘女千餘，小國數百，致使天下之男多無妻，天下之女多無夫，男女失時而人口稀少也（註：見《墨子．辭過》）。說到底，君王究竟可以占據多少女子，大多取決於君王個人的稟性節操，而極少受制於禮法。即或在禮法森嚴的西周，天子突破禮制而多置嬪妃之事也比比皆是。戰國之世，禮崩樂壞，男女之倫常也深深捲入了大爭規則，無分君王庶民，強者多妻弱者鰥寡，幾乎沒有禮法可以制約。當此之時，君王後宮女子之數更是無法限制。魏惠王、楚懷王、齊湣王，都曾經是後宮拘女過千的國君。

趙雍卻是個例外。在即位的第五年，他與韓宣惠王會盟於河內，為了結盟三晉，給趙國以安定變法，他娶了韓國公主為后。兩年後，這個韓國公主為他生下了一個兒子，這就是王子趙章。從此後，這位韓國公主就再也沒有開懷了。那時候，趙雍日夜忙碌著變法理政，食宿大多都在書房，一年裡與這位公主也沒有幾回敦倫之樂。這位公主倒也是端莊賢淑，從來不來擾他心神。偶有清冷夜晚，趙雍也枯坐書房，既沒有興致回寢宮盡人倫之道，也沒有興致鼓搗身邊幾個亭亭玉立的侍女。時間長了，趙雍以為自己是天生「冷器」，也不再想它，只心無旁鶩地日夜忙碌國務。

即位第十六年，變法大見成效，趙雍北上長城巡邊。其時正是草長鶯飛的春日，趙雍縱馬長城外草原半日，護衛騎隊紮營野炊，他躺在厚厚的草氈上睡去了……

矇矓之中，一個美麗的少女攬著一片白雲從湛藍的天空向他悠悠飄來，那動人的歌聲是那樣清晰——美人熒熒兮，顏若苕之榮，命乎命乎，曾無我嬴！趙雍霍然翻身坐起，卻是動人一夢，揉揉眼睛站起身來，那女子的美麗面龐彷彿眼前，那令人心醉的歌聲那般清晰地烙在了他的心頭。趙雍反覆吟誦著夢中少女的歌詞，不禁兀自喃喃，忒煞怪了！我這冷器也有如此豔夢？莫非天意也？

「聽！有人唱歌！」護衛騎士們喊起來。

遠處青山隱隱，藍天白雲之下蒼蒼草浪隨風翻滾，牛羊在草流中時隱時現，草浪牛羊間隱隱傳來美麗悠揚的少女歌聲：

野有蔓草兮美人熒熒

邂逅相遇兮曾無我贏
宛如清揚兮胡非我命
春草蒼蒼兮與子偕成

一名紅衣少女在草浪中時隱時現，手中長鞭揮動，四周牛羊點點，歌聲中時而夾著幾聲羊叫牛應，一隻高大的牧羊犬跟在少女身後顯得那般柔順逍遙，直是一幅美麗誘人的畫卷。趙雍記得很清楚，那一刻他的心怦然大動了。方才夢境，眼前歌聲，莫非果然天意不成？恍惚之間，趙雍不由自主地大步走了過去。一隻雪白的小羊忽然從草浪中向他顛了過來，「咩咩」地叫著。紅衣少女從草浪中追出，身姿輕盈，口中柔柔叫著：「白靈子，別丟了你呢。」趙雍俯身抱起了白絨絨的小羊，呵，白靈子，好美的名字！紅衣少女柔美地笑著：「白靈子見了英雄才叫呢，她有靈性。」少女快樂而純真，語音中帶有濃濃的吳語的圓潤甜美。「你的名字？姑娘。」趙雍問出一句，破天荒地面色脹紅了。少女仰起臉天真爛漫地直面趙雍：「我叫孟姚，爹娘鄰人叫我吳娃，你呢？」「我？」趙雍一怔，猛然脫口而出，「我叫大鬍子！」少女咯咯咯笑得彎下了腰：「喲，大鬍子？和我的白靈子一樣，大鬍子還臉紅害羞呢。」趙雍笑了：「我真是白靈子，多好也。」少女渾不知事地嫣然一笑：「嗯，那我得天天抱你了？」猛然，趙雍心中大動，哈哈笑道：「姑娘，你是胡人趙人？父母名字？」少女頑皮地笑了：「不是胡人，也不是趙人，是趙吳人。」「啊，趙國吳人！」趙雍心中一亮，「你父叫吳廣，對麼？」「大鬍子聰敏也，你識得老爹了？」少女驚訝地睜大了眼睛。趙雍笑了，一伸手做了個胡人手勢：「姑娘，到我的帳篷做客好麼？」「不，你是胡人大鬍子，殺羊。」少女瞪起了眼睛。趙雍連忙搖頭：「不不不，我是趙人大鬍子，我不殺羊。」「那你帶我回平城麼？老爹在平城。」趙雍笑了：「我正要回平城，姑娘走吧。」趙雍拉起少女的小手，小白羊與那隻牧羊犬乖乖地跟在少女身後，走向了帳篷。

趙雍記得清楚，那天剛進帳篷，他便下令收起了鐵架上的烤整羊，只許護衛騎士埋鍋起炊。吃完飯已是暮色降臨，草原深處隱隱雷聲奔馳，騎隊將軍一聲：「熄火！」騎士們撲滅篝火飛身上馬。趙雍用皮裘將少女一裹平穩飛上馬背，一聲令下：「十騎圈趕牛羊先向平城，其餘跟我引開胡騎。」一馬當先，騎隊狂飆般在黑暗中向南飛馳而去。永遠都不能忘記的是，懷中少女竟柔柔地在他的臉上親了一口：「大鬍子真好！沒有丟了我的白靈子。」

那一刻，趙雍勇氣倍增，驟然間覺得自己將永遠是這個少女的保護神了。

後來，自然是一切都很順利。吳廣是平城相（註：相，趙國設郡前設置的城池政事長官，比後來的郡相小），小女兒能給國君做妻，自是十分高興。更重要的是，趙國臣子都知道趙雍不是一心獵色的君主，能主動鼓勇向臣子提親，本身已經是不可思議了。一時間，相熟臣子紛紛向吳廣夫婦賀喜，笑問這個小吳娃有何等神奇，竟能將從來不近女色的趙雍俘獲了？吳廣夫婦只是笑而不答。

吳廣夫婦本是吳國水鄉之商人，後來北地草原與胡人做生意，不意遭逢中原大戰無法南下，滯留在了趙國。吳廣為人圓通，頗有才能，被平城將軍牛贊舉薦為平城相。做平城相的第二年，吳廣生女，取名孟姚。小孟姚聰敏天真，少時有美名。時天下風習，女美不可方物者，皆呼之為「娃」，即女中「圭」（名玉）也。當年吳國建有「館娃宮」，便是專一搜羅美女之所。風習使然，吏員同僚們都叫小孟姚做「吳娃」了。小吳娃美麗靈慧，又璞玉未雕天真純樸，一口吳儂軟語更是或嬌或嗔皆是可人之極，吳廣夫婦視若珍寶卻不知如何教導，整日價任其逍遙散漫。偏這小吳娃不喜女工桑麻，卻酷好一身胡褶整日在草原放牧，不想竟有了如此一番奇遇。消息傳開，平城軍民無不感慨喟歎，皆呼為天意。

倏忽十餘年，吳娃第一次進宮的情形歷歷在目。

那一日，吳娃在趙雍前後左右輕盈地跳著笑著，驚奇而又天真地打量著高大華美的宮殿，不斷發出驚喜的叫聲：「哇！真美！大鬍子，你住這兒麼？」趙雍點點頭笑著：「你也住這兒，高興麼？」「我，我怕。」吳娃明朗的笑臉上驀然有了一片陰影。「怕？怕甚？」趙雍笑了。「沒有山，沒有水，沒有草原，沒有羊群。」吳娃天真無邪的臉上有一絲憂鬱。趙雍哈哈大笑：「莫怕，山會有水會有，草原羊群也會有。」吳娃高興得吊到他脖子上，笑得眼中點點淚花。正在此時，大政事堂前的兩列甲士轟然一聲：參見君上。吳娃驚恐地偎在趙雍身上微微發抖：「大鬍子，你叫君上麼？」趙雍回身揮揮手：「日後不要在這裡設置甲士。」回身輕輕撫摩著吳娃秀美的長髮，「別怕。」緊緊抱著她大步進去了。一時，兩列甲士看得瞠目結舌。

將吳娃妥善安排在寢室，趙雍便在外邊書房裡繼續忙碌了。夜半時分，趙雍的雙眼卻突然被一雙細膩的小手捂住了。好冰涼！趙雍回身抱住吳娃，如何身上也冰涼如斯？吳娃頑皮地笑了：「老爹說，吳娃在草原上凍過三天三夜。」趙雍輕輕撫摸著她的脖頸、肩頭，她像樹葉般微微發抖。「小吳娃，知道麼？三年後你長到十六歲，大鬍子便將你的涼氣全趕跑。」「不，今晚便趕。」吳娃嬌癡地笑著，「大鬍子像個火炭團。」趙雍笑了：「好，今夜。」說罷撂下書案事務，抱著吳娃進了寢室，光著身子擁著冰涼的少女一覺睡到日上三竿。

就這樣，趙雍天天夜晚如此，一直抱著吳娃赤裸裸睡了三年。

直到吳娃長成了亭亭玉立的十六歲少女，才真正做了他的新娘。

自從吳娃做了新娘，自以為「冷器」的趙雍才驚訝地發現，自己竟是如此勇猛如此饑渴無度。吳娃生子之前的一年多，即或是北上巡邊，趙雍也必須帶著這位靈慧可人的小妻子，根本無視隨行大臣將士們如何去想。肥義曾經旁敲側擊地勸他不要帶國妃出巡，以免風餐露宿染病。趙雍粗豪地哈哈大笑：「卿何多言？好容易嘗著好女人滋味，是你放得下麼？」肥義紅著臉沒了話說。

隨著趙國朝野立馬彎弓的胡服騎射，吳娃在第二年生下了一個兒子。趙雍高興得不知如何是好，信口給兒子取名趙何。也就是在那一年，那位韓國公主偶受風寒死去了。趙雍立即立剛剛十八歲的吳娃為后，只要在邯鄲，總是與他們母子廝守在一起。愛屋及烏，趙雍對這個小兒子疼愛得常常舉止失措，抱著兒子胡亂揉搓大胡渣亂戳，小趙何便老是哇哇大哭，見了他撒腿便跑，逗得吳娃咯咯笑個不停。說也奇怪，趙雍總想多生幾個兒子，可吳娃偏偏與韓女一樣，生了一個兒子便永遠地不再開懷了。於是，趙雍只有兩個妻子，也只有兩個兒子。

從有了吳娃開始，趙雍相信了世間果真有教英雄猛士足以拚命的好女人，有足以讓君王荒疏誤國的好女人。趙雍若非國君，也許會為美人拚命。然則，趙雍已經是國君，卻相信自己永遠不會因美人而荒疏誤國。

如今，廢黜趙章而立趙何，算不算因美人嬌妻而錯斷？長子趙章果真不肖麼？次子趙何果真幹才麼？立八歲的趙何為太子，且三個月後便是新趙王，平心而論，當真沒有激愛吳娃的幾分癡情在內裹挾麼？沒有！當真沒有！趙章對不軌行跡已經供認不諱，豈能再做太子掌國？且慢！果真坐實趙章之罪，你卻為何執意不聽牛贊老將軍辯駁？當殿失態發作，你趙雍果真沒有害怕萬一洗清趙章之罪的擔心麼？趙雍啊趙雍，王書已發，朝會已行，朝野盡知了你還如此纏夾不清做甚？不聞「王言如絲，其出如綸」麼？君王一言，但出便是威權號令，豈能楚人餵猴子般朝三暮四了？

「父王——」

趙雍恍然猛醒，一回頭間，一個胡服少年正哇哇哭叫著飛一般跑來。

「何兒，哭個甚來？沒出息！」

「父王！我娘！不行了……」少年又是哇哇大哭。

「走！」趙雍二話沒說，抱起小兒子大步如飛地趕向寢宮。這幾年來，他幾乎一直在邊地征戰廝殺，與吳娃在一起的日子是少而又少了。每次匆匆回到邯鄲住得幾日，也只顧得暴風驟雨般折騰發洩，間隙還要處置那些千頭萬緒的軍政急務，完了又急匆匆趕回戰場，實在與吳娃再也沒有了優遊消閒的遊樂談笑。記得有次小兒子嚷嚷說：「娘晚上總喊肚子疼。」吳娃卻笑著打了兒子的頭：「去，拎勿清。」回身卻貼在趙雍耳邊紅著臉笑說，「那是大鬍子蹂躪得來，就想疼。」趙雍哈哈大笑，向兒子只一揮手：「出去。」不由分說抱起吳娃進了帳幔，又是半個時辰的猛烈折騰，大汗淋漓地出得帳來，卻見小兒子鼓著小嘴巴氣昂昂站在門廳指著他：「壞大鬍子。」便騰騰跑了。吳娃才二十八歲，趙雍從來沒有想到過如此如花似玉般一個鮮活女娃，如何竟能「不行」了？兒子說不行，那一定是病得重了，可昨夜吳娃還是吳娃啊，如何驟然間便不行了？

思緒紛亂的趙雍衝進寢室撩開了帳幔，面色蒼白的吳娃正癡癡盯著他，臉上依然彌漫著嬌憨的笑意。趙雍猛然將吳娃大攬在懷，陡然一陣冰涼滲了過來。趙雍心下一驚，回身一聲高叫：「太醫！快！」吳娃軟軟地笑了：「大鬍子拎勿清，太醫沒用的，放下我，聽我說。」趙雍看她氣息急促，連忙將她平展展放在臥榻，一雙大手不斷在她冰涼的肚腹上撫摩著。「大鬍子，孟姚沒事，孟姚還會等你回來的。」尋常間一雙清澈明亮的大眼睛矇矓了，一眶淚水盈盈汪汪，蒼白的臉上依舊笑著，「大鬍子，孟姚拎得清，你不是孟姚一個人的，你是趙國人的，是，是天下人的。你是忙不完的，你，你去忙了，孟姚等你回來……」

「不！哪裡也不去！趙雍偏是你一個人的！」趙雍吼叫一聲，勉力平息下來，輕輕拍了拍吳娃的臉，「聽我說，我已經立何兒為太子了，三個月後他便是趙王。三個月，你能等到的，是麼？」吳娃笑了：「大鬍子又拎勿清了，何兒才幾歲，他能做國王了？」「能！」趙雍斬釘截鐵，「我讓肥義全力輔佐，肥義與我盟誓了，史官已經寫入了國史，不會有差池了。」「孟姚拎勿清國事了。」吳娃一隻手輕輕揪著趙雍的絡腮大鬍鬚，「大鬍子，我等你，等你……」雙眼一撲閃，驟然聲息皆無了。

吳娃！趙雍一聲大號，將那冰涼的身軀攬將過來緊緊抱在了懷中。

整整三日，趙雍始終抱著那冰涼的身軀，期待著上蒼對他的憐憫。當他確信吳娃再也暖和不過來而走出寢宮時，內侍大臣們都驚呆了——生龍活虎般的趙王衰老了，一頭白髮一臉白鬚散亂虯結地披在肩頭，征戰風霜打磨出的黝黑臉膛，驟然變成了刀劈斧剁般的稜稜瘦骨，步履搖搖，雙眼濛濛，哪裡是昔日雄豪不可一世的趙雍了？

三月之後，趙國同時舉行了新王即位大典與王后國葬大禮。

趙雍沒有臨朝為新王加冠，護送著吳娃的靈柩去了。

吳娃的陵園，選在了邯鄲以北五十餘里的大湖東岸。這片大湖叫作大陸澤，大湖東南有座沙山，時人喚作沙丘（註：沙丘，殷紂王曾在此築臺畜養禽獸，今河北廣宗西北大平臺；後來秦始皇巡視天下，也病逝於此）平臺。說是沙丘，實際是雪白沙灘上莽蒼蒼無邊的白楊林，白楊林邊那座白玉般的沙山上，是青蒼蒼一片松林覆蓋，當真蔚為奇觀。趙雍斷然拒絕了堪輿大師選擇的風水寶地，親自踏勘選定了這片墓地，是要他最心愛的吳娃頭枕雪白的沙山，腳踩碧波粼粼的大湖，青松為她撐起一片藍天，白楊軍陣守護她永遠平安，雪白沙灘，是她守望大鬍子的思鄉臺。他的吳娃將安靜地長眠在這裡，等候他的歸來。

整整一年，趙雍一直守候在沙丘陵園。直到來年夏日，在這裡修好了一座他可隨時前來居住守陵的沙丘行宮，他才離開沙丘，帶著百人馬隊直接北上平城了。

邯鄲朝局，趙雍還是把握得定的。只要大軍在握，邯鄲便不會有主少國疑之動盪。縱然有心懷叵測者興風作浪，趙雍也篤定不怕。他之所以不回邯鄲，便是要看看是否會有人趁他退位且不在都城之時生出事端，再者，也得看看肥義這個相國是否能獨立撐持。長居沙丘守陵一年，又再上平城巡邊，趙雍都是謀定而後動的，儘管這一切也都是情勢使然。而北上平城，只因為廢太子趙章臨時被貶黜在這裡，他必須來此做最終處置。

一到平城，趙雍立即召集邊軍將領，頒布了大舉擴邊的第一道主父令：半年調集大軍並籌備糧草整頓軍械，來春兵分四路擴邊——西路猛攻陰山草原之匈奴餘部，北路進擊漠北林胡殘餘，東路進攻燕國漁陽（註：漁陽，燕將秦開破東胡後設郡，因在漁水之陽得名，轄境為今內蒙古赤峰以南、北京通縣、懷柔以東及天津以北地區）郡，南路一舉滅中山。特地從雲中郡趕來的大將廉頗與平城大將牛贊等一班將軍都很是振奮，各自領命立即開始了緊鑼密鼓的諸般準備。趙雍見軍中沒有任何異象，心中大是輕鬆，次日飛馬南下安陽。

這個安陽，時人呼之為東安陽，以與河內安陽相區別。東安陽在平城東南大約二百多里，北臨治水，東南距代郡治所代城只有五十里之遙，城池不大，卻占據水草豐茂的河谷之地，算得平城防區內一片富庶之地了。廢太子趙章被臨時安置在這裡。

抵達安陽城外，正是日暮之時。趙雍也不進城，只將行營紮在城北一座小山下，下令護衛將軍進城密召安陽相來營。片刻之後，安陽相忐忑不安地跟著護衛將軍來了。趙雍摒退左右衛士，開始細緻盤問趙章在平城情形。安陽相說，王子很是守法，在平城一年有餘，只是深居簡出讀書；官僕稟報，王子除了在每月末的互市大集上閒晃一次，從不與任何官身人士來往；連他這個地方官，也只在王子到達的第一天見過一面，此後再也沒有見過王子。趙雍默然良久，吩咐安陽相立即回城護送趙章前來行營。

刁斗打響三更，行營大帳外傳來了趙雍熟悉的腳步聲。

明亮的巨燭下，一個黝黑的胡服短衣漢子默默站在帳廳裡，瘦得連緊身胡服都顯得那般寬大，那與趙雍如出一轍的連鬢絡腮大鬍鬚，夾雜著清晰可見的縷縷白色，沉鬱的目光顯得有些呆滯，往昔的虎虎生氣已是蕩然無存了。這是那個正當三十歲如日中天之期的大兒子趙章麼？父子兩人靜靜地打量著對方，都愣怔著沒有話說，兒子蒼老了，父王更是蒼老了，剎那之間，大帳中只有兩個人粗重的喘息聲。

「入座吧。」趙雍終於揮手淡淡地說了一句。

「戴罪之身，主父前不敢有座。」趙章低聲答了一句，依舊肅然站立。

「早知今日，何須當初。」趙雍長歎一聲，「咎由自取，雖上天不能救也。」

「不，兒臣當初並無罪責。」

「如何？當初你並無過錯？再說一遍！」倏忽之間，趙雍一臉肅殺之氣。

「主父明察，這是兒臣當年與幾位大臣邊將的來回書簡，兒臣須臾不敢離身。」趙章從身邊提起一個木匣，恭敬地捧到了帳廳中央的大案上，又恭敬地打開了匣蓋。

趙雍目光一閃，大步走到案前，呼啦倒出匣中竹簡，拿起一卷一掃而過，片刻之間，瀏覽完了十多卷竹簡，一時愣怔得沒有話說了。這些竹簡全是來回書信，與周紹幾名文臣者，去書都是求教《尚書》之精義，回書都是簡言作答；與牛贊幾名邊將者，去書都是求教練兵之法以正《吳子兵法》，回書都是如實照答，全無絲毫涉及國事朝政之語。

「如何可證不是你後來偽造？」趙雍語氣冰冷淡漠。

「太子府有史官屬員日日當值。周紹老師一絲不苟，執意依照法度將儲君全部書簡刻本交於史官，存於國府典籍庫。主父但查便知，兒臣何能偽造？」

「既然如此，當初為何不做申辯？」

「父王正在盛怒之時，兒臣若強行辯解，大臣邊將便會立分兩邊，父王則必得立下決斷，嚴厲處置一班大臣邊將。人頭落地，大錯難以挽回。兒臣唯恐有亂國之危，不敢以清白全身之私念攪亂朝局，無得有他。」

「今日再說，不覺太遲麼？」

「於兒臣雖遲，於邦國卻利。」

趙雍目光炯炯地盯住兒子：「然則，你終究不能復位，服氣麼？」

「但使主父對大臣邊將釋疑，上下同心擴邊，兒臣足矣，夫復何求？」

「天意也！夫復何言？」趙雍怦然心動，一聲喟歎，轉身良久默然。

「主父，兒臣告辭。」

「且慢！」趙雍驟然回身，「身為王子，你從未入軍歷練。明日隨我入軍，征戰擴邊，為國建功。」

「兒臣謝過主父！」

趙章走了。趙雍久久不能安枕，輾轉反側直到五更雞鳴。

第一次，趙雍覺得自己老了。分明是須得查勘清楚才能定策的大事，如何當初一意孤行？那時，肥義也很驚訝，再三勸阻自己查勘一番再做定論。可自己卻狠狠罵了肥義一通，說他是謀而無斷不堪大任，還逼著他立誓輔佐趙何，而且莫名其妙地堅持將肥義誓言錄入國史。如今看來，這一切都太草率了。趙何尚不到十歲，顯然是太嫩了。趙章顯然要成熟得多，且有如此難能可貴的忍辱負重與全局胸懷，有此氣度再加軍旅磨練，眼看便是一個出類拔萃的君王了。然則，覆地之水難收，已成定局的國事如何再能無端折騰？趙雍啊趙雍，你當初忍耐十九年而不發的韌勁兒卻到哪裡去了？就不能等到趙何長大看看比比再說？這種種變化，究竟甚個根由？是吳娃麼？不是？那卻是甚個緣由？趙雍實在不忍心將自己的錯謀推到一個清純嬌憨得甚至不知國王與頭人哪個更大的美麗女子身上，可是，這一切又分明都是在有了吳娃之後才有的啊。不！自己錯就自己錯，賴一個女子何來？吳娃入宮十年，前些年如何你趙雍不發癲狂？偏偏在後來發癲狂了？吳娃，大鬍子對不住你也！趙雍第一次羞愧了。

五、一錯再錯　雄傑悲歌

兩年征戰，趙雍大軍又一次令天下震驚了。

西路大軍由大將廉頗統帥，再次激戰匈奴，將匈奴部族一舉驅趕出陰山以北千餘里，雲中郡徹底穩固，秦國也默認了壓在雲中秦長城外的趙國雲中郡。這便是令天下震驚的最大原因——強悍的秦國第一次在趙國的胡服大軍面前保持了守勢，趙軍之強何人堪敵？北路大軍由老將牛贊統帥，半年之中，一舉將林胡東胡以及樓煩北逃之殘餘勢力，驅趕到北海外的茫茫叢林。趙國代郡驟然擴地三千里，將陰山草原與東部岱海草原連成了一體。趙國的胡族人口大增，兵員充足，人強馬壯。東路大軍則是趙雍親自統帥，三個月攻下了燕國漁陽郡的二十三座城堡，沽水（註：沽水，戰國水名，後世亦稱沽河，上游為今河北省白河，故道流經今北京順義、通縣，下游為今北運河）之北悉數成為趙地。南路大軍六萬，由王子趙章為將，國尉樓緩副之，一舉攻滅殘存之中山國，趙國西部廓清，直接與秦國晉陽（註：晉陽，今山西省太原市）接界。班師之日，趙國已有大軍六十三萬，疆土六千餘里，人口千萬之眾，成為僅僅稍次於秦國的超強戰國。

班師邯鄲論功行賞，主父下了一道特書：王子趙章，爵封安陽君；擢升右司過田不禮為安陽君封地相，領封地民政。

主父書一下，舉朝大臣騷動起來。

肥義此時已經是開府丞相，見主父突然加顯赫爵位於趙章，心下憂慮重重。這日正在書房思忖，要否正式上書剖陳利害以防老主父再有心血來潮之舉，相府主書李兌輕步走了進來。主書者，統領丞相府文書典籍事務，由國君任命之首席文官也。李兌正在中年，頗是精明強幹，進得書房一躬道：

「相國憂思，莫非為安陽君乎？」

「子有建言，入座明說。」

「相國明察，」李兌輕步掩上書房厚重的木門，才回身席地坐於案前低聲道，「李兌以為，王子章復出，將有大禍於相國，相國宜早做計議。」

「大禍？老夫如何沒有覺察？」肥義悠然一笑。

「我近聞之：王子章密結邊軍將士，羽翼將成，禍在不測之時也。」李兌先說了一個祕密消息，接著正色說開去，「王子章外謙和而實則強壯志驕，若無私欲，聯結黨羽何來？主父又封田不禮相安陽，安知不是王子章所請？田不禮之為人，機心深沉，且殘忍好殺。此兩人結謀，不久必生大亂。相國若不早設避禍之策，誠恐晚矣！」

「以子之謀，計將安出？」肥義依舊是悠然一笑。

「稱病辭朝，舉薦他人為相。」

「舉薦何人？」

「公子成素有根基，可保相國無事。」

肥義黑臉一沉，雙目驟然射出凌厲的光芒，卻又倏忽收斂，正色長歎一聲：「李兌啊李兌，老夫雖不知你在為何人遊說，卻要請你傳回話去：肥義已經對天盟誓，且已載入皇皇國史，豈能貪圖自保而貽誤國家？諺云：死者復生，生者不愧（註：《史記·趙世家》原典，意謂不能害人以沽名，做事之人當心底正大，即或死人活過來對證也毫無愧色）。危難見忠節，國亂明赤心。彼雖有謀，肥義卻不敢捨大義苟且偷生也！」

李兌驚訝地看看肥義，驟然哽咽起來：「諾（註：諾，古人答應語氣詞，有認可之意）！相國好自為之。我見相國，也只此一年也！」說罷扶案站了起來，拭著眼淚出去了。肥義聽著這莫名其妙的讖語，看著這作勢涕泣的滑稽模樣，不禁哈哈大笑：「怪亦哉！老夫萬莫想到，主書竟有巫師大才也！」

沒過得幾日，府吏密報：主書李兌頻繁出入公子成府邸，公子成封地已經開始隱祕招募私兵了。一聞李兌與公子成聯結，肥義便大體清楚了其中奧祕。公子成是王族最有根基的老派大將趙成，便是趙雍胡服騎射時的那個第一道門檻。也不知是當日太子趙章防範趙成，還是趙成蔑視太子趙章，反正這趙成與趙章間素來是冷淡之極。當初罷黜太子，趙氏王族大臣沒有一個人出來說話，十有八九是趙成的根由。如今李兌為趙成做說客，要肥義讓出相國於趙成而遭拒絕，趙成李兌還欲做何圖謀？肥義素來機警縝密，立即覺察到了某種隱隱約約的危險在迫近。凡出此等謀劃之人，必是私欲極盛，絕非為人謀劃，只能為己圖權圖利，縱然他等公然打出護衛新趙王的旗號，也不能與他等聯手，須得立即有自己的籌劃。

說動便動，肥義立即進宮找到執掌王室事務與國王行止的御史信期，將近日諸般異常以及自己的思慮備細說了一遍，末了吩咐道：「目下要務，在於保王。自今日起，無論何人要召新王出宮晤面，須得老夫先知而後可行。」

這個信期，原本與肥義同根，都是已經消散解體了的草原「肥」族人。肥義家族赤裸裸以族為姓，信期祖上卻改了中原姓氏，從軍立功得爵入朝。十年前，信期做了肥義府邸職掌機密的司過主書。肥義做了攝政相國後，將信期舉薦給新王趙何做掌宮大臣。信期機警幹練，極是聰敏能事，一聽便知就裡，由衷讚歎一句，相國大義高風也！信期敢不從命？

肥義謀劃應變之時，趙國朝局出乎意料地平靜。趙成一方再沒有任何動靜，安陽君趙章也回了封地，主父趙雍依舊帶著那支精悍的馬隊巡邊去了。如此一年有餘，肥義也漸漸淡漠了緊張的心緒。

次年春四月，又是趙國盛會。臣服趙國的草原部族，被遷到雁門郡大山的中山、樓煩的王族後裔，都一齊來到邯鄲朝貢。在趙國近兩百年的歷史上，這是第一次以戰勝大國的地位，接受臣服部族邦國的禮儀朝拜，自然是朝野歡騰。還在三月，主父便發來羽書令：屆時他將趕回邯鄲，趙王當舉行大朝禮接受朝貢。大朝禮，本來是夏商周三代天子接受諸侯歲貢的最盛大典禮。其時諸侯自治，天子王室與京畿之地也主要依靠王畿之地的賦稅供養，諸侯的朝貢不做定數，但以本邦特產獻來便算。雖則朝貢不是賦稅，沒有定數，但朝貢大禮卻是每年必須進行的。因為這是臣服天子的最主要形式。只有諸侯國與所有臣服邦國歲歲來朝，這才意味著天子威權的穩固存在。若不行朝貢，便被天下視為「不臣」之邦，天子便可行征伐之權，直到你重新恢復稱臣朝貢。這種古老的朝貢制是諸侯制的最主要紐帶，它隱藏了華夏族群的一個古老傳統：輕財貨經濟之利，重權力從屬名分；富則多貢，窮則少貢，但不能不貢。到了戰國之世，各大國均是舉國一體治理的郡縣制，集權程度雖有差別，封地制也還沒有徹底消失，但無論如何，這種朝貢制早已經是蕩然無存了。但是，在中原大國與周邊遊牧部族的關係上，朝貢制還是依稀存在著遠古的影子。秦國與楚國，都曾經用朝貢制維繫著因戰敗而臣服但又不能徹底化入本土的遊牧部族、山地部族。

趙國擴邊，除去奪取燕國漁陽郡的一部分，征服的全數都是胡邦——中山、樓煩、匈奴、林胡、東胡等。趙武靈王對所有這些征服領土，分做三種處置：燕國土地化入本土；留在已征服草原上的遊牧部族，則行朝貢制而不納賦稅；對中山樓煩這兩個半農半牧之國，則滅其國而全其王室，將兩國王室部族遷入趙軍可牢牢控制的山地，同時行朝貢制。趙雍打完仗的兩三年來，便是在孜孜不倦地周旋這件「化邦」大計。唯其如此，才有了這戰後第一次朝貢大典。

這時，是趙雍做主父的第四年初夏。

那日大朝，破例地在王宮廣場舉行。暖風吹拂，晴空豔陽，少年趙王高高坐在十六級白玉階之上的王座上，接受著魚貫而過的臣服首領、各國特使、趙國封君大臣的朝拜。司禮大臣高聲念誦著貢品禮冊，樂師吹奏著宏大悠揚的頌曲，兩廂朝臣四面甲士以及廣場外人頭攢動的萬千國人不斷呼喊著「趙王萬歲」，使這個少年國王當真如天子一般無上尊榮。

趙雍沒有露面，隱身在距王臺外圍三丈高的一架雲車上，興奮得比自己坐在王座上還要沉醉。是他開創了如此宏大的基業，又是他眼看著兒子登上了王位，趙國後繼有人，趙國將更加強大。人生若此，夫復何求？沉醉之時，他的心卻猛然顫抖了。

最後是趙國封君的朝貢禮。安陽君趙章是王族嫡出封君，自然要走在第一位。曾經是何等風采爍爍的太子趙章，今日一身布衣一頂竹冠，索索顫抖著躬身匍匐在地，對著王座上的少年弟弟叩頭禮拜，寒瘦委靡，那般可憐……頃刻之間，一盆冷水潑上火紅的炭團，趙雍的牙關噝噝作響，頹然一靠，雲車圍欄喀啦一聲大響。

當晚，主父的篷車在馬隊護衛下轔轔駛入相國府邸。

「肥卿，我有最後大計，需你全力襄助！」進得書房，趙雍當頭一句。

「老臣願聞其詳。」

「趙章初罪，原是錯斷。趙章領軍，又建滅國大功。老夫之意，立趙章為北趙王，專心拓邊，使趙國更為強大！」但見肥義，趙雍粗豪不羈全然沒有絲毫矜持作勢。

「……」肥義驚訝地瞪大了一雙老眼，彷彿不認識面前這個鬚髮同樣花白的壯猛老國王了，「主父之意，是要毀滅趙國？」

「哪裡話來？」也許是心下不踏實，趙雍呵呵笑了，「雖是兩王，並不分治，如何危言聳聽也？」

「老臣縱死，不敢從命！」肥義面色鐵青，「自古以來，天無二日，國無二君。既是兩王，如何能不分國分治？趙國兩分，必起戰端，兩百年趙國毀於一旦也！主父血火歷練之主，何得出此荒誕不經之策？老臣委實無以揣摩。」

趙雍頓時默然，良久喟然一歎：「嗚呼哀哉！趙雍之心，何人可解矣！」

「主父之苦心，老臣心知肚明。」肥義毫無遮掩，「當日之錯，在於肥義未能堅持查勘而後定，卻受我王威逼，立下盟誓死保新王穩定趙國，且已載入國史。若說當日有錯，老臣為司過大臣，難辭其咎也！我王縱然錯斷，與老臣也是二分而已。」肥義慷慨激昂，老眼中淚光盈盈，長歎一聲又道，「主父明察：人非聖賢，孰能無過？國事紛紜，朝局晦暝，內憂外患交相聚，縱然明君賢臣濟濟一堂，何能保無一人做犧牲？若主父為一己抱愧之心而推倒前斷，國家法度如同兒戲，國勢穩定從何談起？我王英明一世，縱不能如秦孝公之遠慮定國，亦不當有齊桓公晚年之昏聵無斷。何獨功業巔峰之期，我王卻獨斷獨行，連出大錯？」

「一派胡言！老夫如何連出大錯？」

面對驟然一臉肅殺的主父，肥義毫無懼色，昂昂數落道：「錯斷趙章，此其一。盛年退位，無端引發王位之爭，此其二。少年太子方立三月，便扶其稱王，此其三。蓄意教白身趙章為將，建滅國之功而封安陽君，此其四。目下兩王分趙國，此其五也。既生一錯，又出再錯，名為糾錯，實則大錯連鑄！老臣所言，可曾有虛？」

「肥義！」趙雍憤然一聲，張口結舌。

肥義粗重地喘息著，抹了抹眼角老淚：「私情害國，千古無出其外。我王為一女子攪亂心神，處置國事首鼠兩端，委實令老臣汗顏也！」

「肥義！老夫殺了你！」嘩啷一聲，趙雍的騎士戰刀閃電般架到肥義脖頸。

肥義淡淡一笑：「死，何其輕鬆也？老臣給你那趙王殉葬了。」

「……」趙雍拿開戰刀，「你老東西莫打謎。說！趙何有險？」

「主父英明神武，老臣如何能知？」

「說，如何處置趙章？」倏忽之間，趙雍平靜得判若兩人。

肥義一拱手：「老臣之見：趙章果賢，便當為國屈己，安做封君，為將為相，何職不能報效邦國？若趙章不肖，主父縱然不動，趙章一黨必不能久忍也。若趙章兵變奪位，便明證其陰鷙品性，主父何愧之有？」

「你是說，趙章仍有覬覦圖謀？」趙雍倒吸了一口涼氣。

肥義淡淡一笑，「主父何不稍待一兩年，權且當作試賢如何？」

「……」趙雍的心猛然一沉，「肥義，是否國中還有他情？」

「老臣無可奉告。」

趙雍臉色陰沉地走了。不管肥義如何對他怒目嚴詞相向，他都不會放在心上。即或肥義譏刺了他不願被任何人非議隻言片語的吳娃，他也不會當真計較。如此骨鯁強臣，危難時便是廣廈棟梁，趙雍一生風浪，如何不明此種輕重。他的不快，在於肥義的言辭語態使他生出了一種隱隱警覺——趙國必然還隱藏著某種隱祕勢力。否則，以肥義之強悍凌厲，早就先發制人了。肥義既不能動手，又不能明說，所疑者必非尋常之權臣？何方神聖如此猖獗，竟敢在他趙雍在世之時生出事端？鳥！老夫倒要睜大眼睛看看。

整整一個夏天，趙國沒有任何異象，主父趙雍又長長地鬆了一口氣。他相信，只要他趙雍在，趙國無人敢於作亂。秋風方起時，他帶著六千精銳騎士南下了。尋常間他無論出行何地，都只帶百人馬隊而已。可這次趙雍卻提前下書，命安陽君趙章率領六千鐵騎護送他南下沙丘宮。依趙雍之判斷，趙國若有內亂之險，趙章必是根源之一。雖然始終沒有發現趙章有何異動，然則為防萬一，趙雍還是將他安排在了自己眼前。

主父萬萬沒有料到，趙章恰恰要利用這個機會兵變。

說起來，趙章並非野心勃勃的強勢人物。有趙雍這般強勢君父，國勢連續二十多年安定無內亂，趙章自幼在相對平靜的宮廷長大，既無軍旅歷練，又無權力風浪的摔打，膽識才具很是平庸。更有一個原因，趙武靈王當時只有這一個兒子，朝野皆視作國脈所繫，武靈王便從來沒有教兒子像自己當年那般少年入軍南征北戰，而只讓這個兒子在強臣輔佐下鎮國理政。趙章十八歲加冠立為太子，在胡服騎射前後的幾年裡，始終都是兢兢業業地襄助國務，倒也是沉穩有致。及至武靈王納吳娃入宮，生母抑鬱死去，趙章便對這個父王生出了些許怨氣。後來又有王子趙何生出，武靈王寵愛之情毫不掩飾，國中便有了種種頗為神祕的議論。趙章不期然有了心事，利用理國之便，刻意交結能臣幹員為自己謀劃。首先進入趙章視野的，是右司過田不禮。其時田不禮三十六歲，機警幹練，正是肥義監察國事權臣的得力臂膀。但凡究劾官員不軌行跡，尋常都是田不禮與各方周旋。武靈王長期征戰在外，處置官員必須報太子定奪，田不禮自然便成了太子府常客。幾經來往，趙章對田不禮信任日重，田不禮對太子也厚望日深，兩人便漸漸成了君臣莫逆之交，而肥義卻毫無覺察。以田不禮為紐帶，趙章後來又與邊將們有了公事國務之外的私人酬答，儘管都是談兵論戰而不涉他事，情誼卻是漸漸厚了起來。

這一切，趙章都瞞著自己的老師——太子傅周紹。只因田不禮說過，迂腐老儒最是誤國害人，太子欲得有成，第一個便要善處這個老倔頭。何謂善處？趙章頗是困惑。善處者有二。田不禮清醒地說了兩個主意，趙章不禁愕然，卻又不得不佩服田不禮智計過人。如法行事，趙章找出了一些難解經典，孜孜不倦地求教老周紹，老周紹大是感喟太子好學，連續通宵達旦地侃侃開講，樂此不疲。趙章又將所有與邊將來往談論兵法的書簡，交老周紹記入國史，存入典籍庫。老周紹感奮有加，非但悉心整理編撰，還親自逐條做了注釋。後來，這兩件事果然被司過府密員密報，而老周紹自然是大大不服，趙章也才有了後來的東山再起之機。若無田不禮這「三窟存身」之策，趙章如何經得起那雷霆一般的廢黜變故？

待到趙章入軍為將之時，田不禮已經斷定事必大成。果然，主父命樓緩襄助，趙章便有了滅國之功，非但重封安陽君，而且名正言順地使田不禮成了安陽相。如此一番驚心動魄的死而復生，趙章對田不禮自然是奉若神明言聽計從了。四月大朝，趙章依田不禮謀劃，布衣竹冠做酸楚狀，果然引得主父大動肝腸，當夜便將他召入寢宮唏噓密談，說要將他封為北趙王領軍拓邊，問他能否與趙何同心與趙？趙章痛哭流涕，只慷慨一句，兒臣但擴邊興趙，不做趙王。主父大為振奮，少見地大大獎掖了他一番。

這一次，田不禮早早開始了謀劃。探聽得主父北上之後心緒不寧，斷定兩分趙國在肥義處被強力阻擊，主父鬱悶，必然要在秋季南下沙丘宮消遣，且必然要趙章同行，此時便是最好時機。趙章心亂如麻：「主父威權之下，我能如何？」田不禮斷然道：「殺趙何，逼主父退政，這是唯一機會！」趙章大驚失色：「趙何有肥義在側，如何殺得？主父神明武勇，如何能受脅迫？不行，此計荒誕過甚！」田不禮幽幽一笑：「足下若只想做幾年安陽君，主父之後慘死趙何刀下，此計自是荒誕了。」趙章急急分辯：「非是我不聽足下之謀，實在是此計難行也。」田不禮立即正色肅然：「歷來兵變，皆行奇險。君但拋卻迂腐之心，我自能行。」趙章還是茫然：「如何能行？」田不禮詳盡說了一遍謀劃。趙章細細思忖一番，險雖險，卻實在是險中見巧，大有可行之道，斷然拍案道：「好！這在這一錘子了！」

八月中旬，六千鐵騎護衛著主父車駕浩浩蕩蕩地南下了。

一入沙丘山水，趙雍滿目淒傷。清清湖水，雪白沙灘，蒼蒼白楊，幽幽陵園，山水依舊如詩如畫，美人卻永遠地長眠了。想起與吳娃在一起的純真無羈，趙雍一陣陣心疼。吳娃死了，他也驟然衰老了，天下的一切對他都失去了吸引力，只疲憊得隨時都想呼呼大睡。進入沙丘宮，他發下命令：趙章率軍駐守宮外及前宮，百人騎隊駐守陵宮外門，他自己下榻最後靠山的吳娃寢宮，無大事無須擾他。

沙丘宮原是特異，既是惠后陵園（吳娃封號為惠后），又是主父行宮。沙丘松林山下是陵園，建有與吳娃生前寢宮一模一樣的吳娃宮，出得高大石坊是主父行宮，是趙雍處置國務會見朝臣的處所。趙雍雖是退位，卻沒有交出兵權，一則是他要親自統帥大軍為趙國開拓，二則是趙何正在少年，他要在趙何長大後的合適時機讓他親政。然則也要錘鍊趙何盡快成熟，於是趙雍當初便謀劃好了：除了征戰，他長駐沙丘，只掌控國中大事，放手教趙何肥義處置國務。此等謀劃之下，便有了這沙丘行宮。但是，此刻的趙雍心緒頹喪，無心住在處置國務的陵外行宮，卻住在了陵園吳娃宮做夢魂纏綿。

當與不當，雖上天猶難斷也。

然則無論當與不當，驚人的兵變都恰恰在此時發生了。

這一日，邯鄲王宮突然接到了主父的羽書令：趙王立即前往沙丘宮晉見主父。國王趙何少年心性，高興地嚷嚷起來：信期備車，我要去見主父了。信期機警，一接君書立即派幹員飛報相國府，一邊打著哈哈多方忙碌起來。片刻之間，肥義已經匆匆趕到，一看令書印鑒竹簡等均沒有破綻，認定這是主父王書無疑。戰國時文字古奧，此時剛剛進入戰國後期，雖有行書端倪出現，但卻只能在民間商事等需要爭取時間的特殊事情上使用，但凡正式文告詔書，都須得是正經篆書。這篆書（還不是後來簡化了的小篆）幾類圖畫，正經寫來，很難體現書者個人特徵，加之書寫工具簡單粗硬（其時毛筆尚未普及），幾乎不存在筆跡辨認一事（註：戰國文字與書寫、工具的諸般演變，詳見第五部《鐵血文明》）；不若後來的行書，各人各寫，字跡大是不同。所以辨認文書，大多只是印鑒、用材以及本身傳送的諸種特殊形式。

肥義思忖一番，立即部署：信期率領百名精銳黑衣（註：黑衣，趙國國君衛士的專用名號。趙國有尚劍傳統，黑衣多是第一流劍士），左右不離趙王；趙王立即更換貼身軟甲，外罩冠冕王服，暗藏王室特有的神兵短劍；肥義帶王室儀仗前行，但發警號，王車立即回程。這一番部署將少年趙何驚得目瞪口呆：「老相國，我是去見主父，不是上戰場。」肥義肅然正色：「我王目下身繫邦國安危，但聽老臣便是。」肥義歷來強悍凌厲，此刻黑臉白鬚肅殺凜冽，趙何不由自主三分忌憚，兀自嘟囔幾句，整好衣甲登上了王車。

太陽西斜時分，王車馬隊轔轔抵達沙丘行宮。

行宮外車馬場外駐紮著一片軍營，車馬場到行宮門廊也只有兩排儀仗甲士，一切都很平常鬆弛，全然沒有異象。然則，肥義畢竟老於此道，事先已經得知主父此行是趙章領軍護衛，絲毫沒有鬆懈心神。到得車馬場，肥義下馬對駕馭王車的信期下令：老夫先入宮，主父若在殿中，老夫出來接王，老夫不出，王車不動。信期「嗨」的一聲，肥義已經大步去了。

「肥義參見主父——」進得第二重門，蒼老渾厚的嗓音在大殿迴盪起來。

王座高高在上，大殿卻空蕩蕩了無人跡。肥義心感蹊蹺，正要回身，卻聞身後一陣軋軋聲響，大門已經轟隆關閉。此時，一聲冷笑，王座木屏後轉出一個全副戎裝的人影：「肥義，主父命你伏罪自裁，交上人頭！」肥義哈哈大笑：「田不禮，果然是你。老夫信你鬼話麼？」「信不信由得你了？」田不禮一揮手笑道，「給我割下老相國首級，看有幾多重？」說話間幾隊甲士挺著長矛從四面包了過來。肥義大叫一聲：「主父！你看見了麼？趙國舊病復發了！」一聲怒喝，徒手與甲士搏殺起來。肥義雖老邁英雄，然畢竟是以身試險手無寸鐵，幾個回合渾身洞穿，轟然倒在血泊之中。

殿外車馬場，信期異常警覺，隱約聽得肥義憤怒呼喝，心知大事不好，回頭低喝一聲：「黑衣開道！」一抖馬韁，青銅王車嘩啷一個迴旋，飛車衝向來路。此時，兩隊儀仗甲士齊聲發喊，齊刷刷包抄過來。少年趙何臉色蒼白，卻是憤激之極，拔出短劍一聲尖叫：「賊臣作亂！給我殺——」正要飛身跳下王車，信期回身一把攬住：「我王但坐，有黑衣護衛！」這一百名黑衣劍士大是不同尋常，領隊大將一聲呼哨，撒開在王車四周布成了一個圓陣，一邊奮力廝殺，一邊向前滾動，兩隊甲士急切間無法靠近。

驟然之間，軍營方向馬蹄聲隆隆大作，兩隊鐵騎飛一般從雪白的沙灘包抄過來，一眼望去，便知是兩個千騎隊。信期大驚，原野之上，步戰劍士無論如何抵不得鐵騎猛衝，情急一聲大喝：「殺向湖邊！下水！」鐵騎堪堪飛到一箭之地，四面白楊林中陡然戰鼓如雷殺聲大起，兩支紅色騎兵潮水般殺出，當先一面戰旗大書一個「趙」字，旗下一員白髮老將遙遙高喊：「我王莫慌，趙成來也！」

「大父——」趙何高興地跳著叫了起來。信期一聲高喊：「兵變無常，我王伏身！」揚鞭打馬大喝一聲，黑衣開道，衝向大湖！此時，兩支鐵騎在沙灘原野正轟然相撞拚殺。黑衣衛隊團團護著王車，趁勢一鼓作氣殺開甲士包圍，嘩啦啦衝到了湖邊白楊林中。

說起趙成人馬，來得一點兒也不突然。

李兌說肥義失敗，辭去了相國府主書之職，做了趙成的門客總管，專一為趙成謀劃機密。之所以打動了趙成，在於李兌對趙國大局的評判：如今主父昏聵，兩王爭國，必有內亂在即，能挽趙國於危局者，唯有實力也；有此實力者，唯相國肥義與我公子兩人耳！肥義雖則強悍凌厲且老於兵變，然則與主父淵源太深，凡事必得顧全主父尊嚴，舉動投鼠忌器，最終難以對趙章放手行事，至多保得少年趙王無性命之憂而已；主父昏聵，肥義掣肘，吳娃已死，趙何年少，何人何力可阻趙章稱王？若趙章當國，主父則必抱當初錯廢之愧而認可。如此大局一旦鑄成，公子必是趙章之眼中釘也！當此之時，唯公子以實力做泰山之石，方可使趙國安平，使公子掌國也。

「掌國之要？」

「誅殺趙章，迫退主父，剪除肥義。」

「如何行事？」

「但有四邑之兵，時機只在一年之間。」

趙成斷然拍案：「好！兵事有老夫，先生但尋覓時機可也！」

大計確定，公子成立即開始了極為隱祕的聯結行動。當初，由於趙成在胡服騎射時最終支持了趙武靈王，使趙國的軍制變革得以迅速穩定地推行，武靈王自然視這位叔父為有功之臣，特命增加了趙成封地六十里。如此一來，趙成雖然已經不再掌軍，但在趙國大軍中的根基卻沒有因軍制改變而受到絲毫削弱。也就是說，趙成當年的部屬將領並未在軍制變革中被剔除。如今，他們都是掌握數萬軍馬的實權大將了。若再加上與趙成素有淵源的同期老將廉頗、牛贊等方面統帥，趙成在趙國大軍的影響力算得上舉足輕重。能壓倒趙成影響力者，大約也就趙武靈王一人而已。唯其如此，只要趙雍在位，趙成從來不做別想。如今趙雍連步踏錯，顯然已經是老來昏聵無斷了。肥義雖則也是軍旅根基，但多年執掌政務，加之軍權又是趙雍長期獨掌，肥義在大軍中的影響力已經大大淡化了。

如此造成的局勢是：國君掌軍的權力事實上（不是法度上）已經四分，主父趙雍名義上依然全掌大軍，實際上號令已經鬆弛；新王趙何與相國肥義掌控邯鄲駐軍，方面大將廉頗、牛贊、樓緩等統帥邊軍，王族將領則執掌邯鄲周圍的要塞駐軍。依照法度：在無戰事的情勢下，邊軍歷來不問國政；邯鄲守軍與四周要塞駐軍，則不奉王命兵符不得擅動。在國勢穩定號令統一的大局下，法度自然是有用的。然則，在趙國這個素有兵變傳統歷來靠實力說話的強悍國家，大權歸屬但有不明，握兵將領對朝局的「關注」便立即顯示出來。只要權臣在軍中有根，便沒有不能調遣之說。

此等大勢下，趙成出山已經沒有了顧忌。他的力量，則是四邑之兵。所謂四邑，是邯鄲周圍的四座要塞：武安、少陽、列人、巨橋。武安為邯鄲之西大門，歷來駐軍兩到五萬。少陽在邯鄲以南臨近漳水，為趙國南部門戶，加之這裡有大名赫赫的叢臺（後人呼為趙王臺）行宮，歷來也是駐軍三萬防守。列人在邯鄲東部、漳水西岸，尋常駐軍一萬。巨橋在邯鄲以北巨鹿以南，距邯鄲不到百里之遙。巨鹿也是兵家重地，但與巨橋要塞卻不是一體駐軍。這巨橋原是巨鹿水上的一座大石橋，其所以成為要塞，非是因橋之險要，而是因為這裡有趙國最大的糧倉——巨橋倉。巨橋建大型糧倉，起於殷商時期。史載周武王伐紂，曾打開巨橋倉賑濟殷商饑民。相沿下來，巨橋便成了趙國最大的糧倉，雖不如魏國敖倉那般有名，也算得天下名倉之一了。因了這座糧倉，巨橋建成了巨鹿之外的另一座城堡，自然也成了單獨駐軍防守的要塞。由於這四處要塞都是要緊所在，歷來駐軍大都以王族將領統軍，而趙成恰恰是目下王族中的老軍頭。

沒過多少時日，趙成的隱祕聯結已告完成，單等李兌選定動手時機了。

李兌自然沒有閒著，早已派出多路祕密斥候，並重金買通了主父身邊的兩個內侍，趙武靈王與趙王、肥義三方但有舉動，消息便立即傳到李兌設在邯鄲北郊的祕密營地。主父南下沙丘並以趙章率軍護衛，使李兌大喜過望，立即趕回邯鄲與公子成祕密計議一宿，將一切都部署妥當了。及至肥義與少年趙王向沙丘宮進發，趙成的四邑之兵早已經在大陸澤東岸的茫茫白楊林中埋伏妥當了。一見沙丘宮外兩座軍營的騎兵衝殺趙王車駕，趙成立即揮軍掩殺出來。

趙章原本在行宮外一座山頭發號施令，接到宮內飛報說肥義已經被殺，頓時高興得哈哈大笑，立即下令兩營飛騎出動截殺趙何。不想騎兵堪堪展開，湖畔森林卻潮水般殺出大隊騎兵。趙章心下陡然一沉，心知大事不妙，然事已至此已經沒有了迴旋餘地，立即飛身上馬衝下山來，親自率兵截殺趙何。然則事情遠非趙章所料，迎面殺來的鐵騎連綿不斷，至少也是三五萬，只兩個迴旋衝鋒，邊軍六千騎兵便四面潰散了。趙章本非戰場大將，如何敢再去奮力截殺趙何，想也沒想飛馬逃回了沙丘行宮，立即下令關閉行宮城門。

片刻之間，公子成與追殺將軍們都愣怔了——行宮內有主父趙雍，卻該如何？

正在此時，李兌飛馬從後隊趕來，一聲高喊：「趙章謀逆，弒君殺相，包圍行宮，請主父明正國法！」

公子成恍然猛醒，舉劍大喝：「擂起戰鼓，包圍行宮！」

驟然之間戰鼓大作，五萬鐵騎狂風般展開，將沙丘行宮四面圍得水洩不通。

趙雍進了松柏山林下的陵園寢宮，漫步徘徊到了吳娃陵前，情不自禁間一陣茫然淒傷，兀自嘟囔一時，只覺得疲累不堪，躺臥在石亭外的草地上鼾聲大作了……朦朦朧朧之間，戰鼓喊殺聲突然大作，是夢麼？不是！趙雍突然翻身躍起，一個踉蹌幾乎跌倒在地，鳥！當真有人以為趙雍老了？罵得一句，趙雍飛步直奔前宮。正在此時，百騎將軍迎面疾步而來：「稟報主父：行宮外兩軍廝殺！情由不明！」趙雍一揮手：「賊臣作亂，趙章應敵，走！」

將出陵園，一人渾身血跡飛奔而來，遙遙一聲嘶喊：「主父救我！」

「章？」趙雍一臉怒色，「究竟何事？！」

「公子成協同趙何作亂，起兵包圍行宮！」

「老匹夫！」趙雍輕蔑地冷笑一聲，「隨我來！」

「主父不可涉險！他等險惡，要主父性命也！」趙章聲淚俱下。

「滾！」驟然之間，趙雍鬚髮戟張，一腳踹開趙章，雄獅般咆哮起來，「老夫橫掃千軍，血流成河，何懼幾個蟊賊亂臣！如此萎縮，你這狗才何以定國！」戰刀一掄，趙雍石夯般砸了出去。

行宮城堡的石門隆隆打開，百人鐵騎隊颶風般刮了出來，釘成兩列。白髮蒼蒼的趙雍一領火紅的斗篷，一支六尺長的統帥五色翎，手持那口不知砍下過多少敵酋頭顱的精鐵騎士戰刀，雕像般杳杳走馬而出，萬千軍兵一片肅然。

「公子成何在？」趙雍威嚴嘶啞的聲音如同在幽谷迴盪。

同樣是白髮蒼蒼的趙成在大旗下淡淡一笑：「老臣在此。」

「趙成，你身為王叔，藉機作亂，有何面目見我趙氏列祖列宗？」趙雍戰刀鏘然出鞘，「我雖只有百騎，卻要領教你公子成這叛軍之陣……」

「主父且慢！」趙成冷冷截斷，「老臣既非作亂，又何須與你廝殺？」

「大兵包圍行宮，尚敢強詞奪理！」

趙成一陣大笑：「趙雍啊趙雍，你當真老邁昏聵也！」驟然又是一臉寒霜，「你的好兒子趙章，才是真正的亂臣賊子。騎士閃開，教老主父看個明白！」

車馬場騎士沓沓閃開一條甬道，信期駕著青銅王車隆隆衝了進來，六尺傘蓋下趙何的哭喊聲已經撲了過來：「父王！相國被他們殺了！兒臣也被他們追殺……」哭喊聲中，王車已經轔轔衝到趙雍馬前半箭之地。卻見趙成一揮手帶著幾員大將風馳電掣般插上，長劍驟然將王車擋住：「臣啟趙王：主父已無明斷之能，只當在此說話，切莫近前！」趙雍打量一番，驟然出奇地冷靜下來：「何兒，在那裡說話無妨。你方才說甚？相國如何了？」

「父王！」趙何被公子成驟然一插一擋，嚇得面色蒼白，一開口哇地哭了。

「趙何！」趙雍一聲怒喝，「你是趙王！何事堪哭？說話！」

「是。」趙何一抹眼淚，「主父今晨下書召我，相國前行。我到行宮之外，相國先入。片刻之後，宮門內隱隱殺聲。信期護我回車，遭宮外甲士圍攻，兩營鐵騎也隨後追殺，黑衣戰死戰傷三十餘，幸公子成大父趕到……」趙何不禁又是哽咽一聲。

趙雍戰刀一指：「信期，趙何所言，可是事實？」

「主父明察，句句屬實。相國入宮未出，顯是已遭不測！」信期憤然高聲。

趙雍心中猛然一沉，正要下令搜尋行宮，卻聞馬隊後一片騷動，行宮總管大汗淋漓地跑了過來：

「稟報主父：行宮正殿，一具無頭屍身……」話未說完急轉身揮手，「快！抬過來！」幾個內侍一溜飛跑到了馬前，竹榻上卻是一具血糊糊的屍體。趙雍飛身下馬撲到了榻前，嘩啦撕開屍體上衣，灰白的胸毛中赫然現出一片碩大的紅記。

「肥義……」趙雍悶哼一聲，軟軟地癱倒在血糊糊的屍體上。行宮總管撲上去抱起趙雍，立即掐住了人中穴。倏忽之間趙雍睜開了眼睛，嘴角抽搐著一個挺身站了起來：「田不禮何在？」行宮總管立即答道：「安陽相在宮內護持安陽君。」趙雍對百騎將淡淡道：「去，給我拿過來。」百騎將一揮手，帶著十騎飛馬捲進了行宮，片刻之間便將兩人帶了出來。趙章面色蒼白得如同遠處的沙灘，腳步拖泥帶水地搖晃著。田不禮卻鎮靜自若地走在趙章身旁，不時低聲對趙章說得兩句，來到馬隊前一躬：「安陽相田不禮參見主父。」

「田，不，禮，」趙雍冷冷一笑，齒縫的嘶嘶氣息竟使鎮靜自若的田不禮不禁猛然一個冷顫，「肥義可是你殺？」

「正是。肥義加害安陽君……」

「奸賊！」趙雍霹靂一聲大喝，那口四尺長的騎士戰刀一道閃電般打下，只聽「啪」的一聲大響，田不禮的半邊臉血肉飛濺！四周騎士看得明白，這是趙雍極少使用的最殘酷刀法——將戰刀當作鐵鞭抽打，不使你一刀便死。瞬息之間，只聽啪啪連響中聲聲慘號，田不禮成了一具踉蹌旋轉的血肉陀螺。趙雍獅子般狂怒地吼叫著，手中戰刀閃電連抽，不消片刻，血肉陀螺成了四處飛散的骨肉鮮血碎片，那個活生生的能臣田不禮蕩然無存了。

當趙雍收回那口毫無血污依然一片寒光的騎士戰刀時，趙章嚇得幾乎癱在了地上。車馬場的萬千騎士無不駭然，連趙成這百戰老騎士也胸口突突亂跳，縱然血戰疆場殺人如麻，誰卻見過如此真正血肉橫飛的殺人之法？

「肥義一死，主父方寸亂了。公子不能手軟。」李兌在趙成耳邊低聲一句。

「莫急。」趙成一擺手，「且看他如何發落趙章。」

趙雍拄著戰刀一陣大喘，方才抬起頭來：「公子成，以國喪之禮厚葬肥義，你可能辦到？」

「只要主父秉公執法，趙國安定無亂，老臣自當遵命。」

「你，真心扶保趙何稱王？」

「若有二心，天誅地滅！」

「好！」趙雍招手大喝一聲，「四邑將士！聽到沒有？」

「聽到了——」車馬場一片轟雷之聲。

「老夫無憂也！」趙雍哈哈大笑回身，「趙章出來！」

瑟瑟發抖的趙章，被行宮總管扶著走出了百騎馬隊。趙雍大皺眉頭，行宮總管放開趙章退到了一邊。趙雍長歎一聲：「趙章啊趙章，老夫今日才看清你也。便要爭奪王位，亦當有英雄志節。少年趙何，尚知臨危拚殺。何獨你多讀詩書，反成如此懦夫？既為陰謀，敗露卻不敢擔待。生子若此，老夫當真汗顏也！」趙雍又是一聲沉重歎息，「你母后早死，為父饒你家法了。然則，既為封君大臣，弒君殺相，邦國法度是公器，為父也是無奈了。」說罷戰刀一指，「公子成，安陽君交由趙王國法處置。」回身一揮手，「押過去！」

趙成冷笑：「趙雍啊趙雍，你至今猶想袒護這個逆子，教他死灰復燃，當真好笑也。趙王年少良善，能依法處斬亂臣賊子的兄長？老夫已經教他回去了。法度處置，自有老夫擔待。」

「公子成，你……」強雄一生的趙雍張口結舌了。

「來人！」趙成一聲大喝，「安陽君趙章，實為亂國元凶！弒君殺相，罪不可赦，立即斬首，以戒後來！」馬下甲士轟然一應，趙章一句「主父救我」尚未落音，頭顱已滾出丈許之外。

趙雍眼前一黑，一口鮮血噴出，山一般轟隆倒地了。

行宮總管一聲令下，幾名內侍將主父抱上竹榻飛快地抬進了行宮。百騎衛隊也立即颶風般捲了回去，沙丘行宮的城門隆隆關閉了。

旬日之後，趙雍漸漸醒了過來。時當暮色，秋風打窗，院中落葉的沙沙聲聽得一清二楚。這般幽靜？不對，如何還有馬嘶之聲？「主父，四邑之兵還圍著沙丘宮。」一個侍女輕柔的聲音。如何？他們還圍著沙丘？趙雍掙扎著要坐起，卻被侍女摁住了：「太醫說主父血脈虛弱，忌走動。」「太醫何在？教他前來說話。」話音未落眼前金星亂飛，倏忽心下一涼，趙雍第一次真切感受到了虛弱兩個字的味道。「主父，太醫他……」侍女期期艾艾地說不下去了。「太醫如何了？說！老夫不治了麼？」趙雍最煩吞吞吐吐。「不。」驟然之間，侍女眼圈紅了，「太醫已經走了。」「走了，何處去了？」「主父。」侍女顫顫叫得一聲，哇地放聲大哭起來。趙雍心念電閃，猛然翻身坐起：「說！究竟何事？」

侍女斷斷續續的訴說如同淅瀝秋雨彌漫，趙雍的心越來越冰涼了。

原來，殺了趙章之後，趙成的兵馬立即四面圍困了沙丘宮，斷絕了進出沙丘宮的一切路口。但是，趙成的兵馬卻不進入宮內，只是派人不斷在各個宮門路口宣諭：出宮者一律無罪，守宮者舉族連坐。旬日之間，宮中官吏騎士內侍侍女紛紛走了，連那些老僕也在家人呼喚下走了。侍女看著蒼老的趙雍愣怔的模樣，哭得說不下去了：「主父，莫傷心，也是你大病昏迷，否則不會有人走的了。」「你如何沒走？」彷彿想起了什麼，趙雍突然問了一句。美麗豐滿的侍女突然臉紅了：「我答應過王后，要始終追隨主父的。」「王后？是吳娃要你跟著我？」趙雍驚訝了。侍女點點頭：「王后臨走前對小女說的。」「你是孟姚親戚？」趙雍問。「不是。」侍女搖搖頭。「孟姚對你有恩？」「沒有。」侍女又搖搖頭，「王后常說主父英雄，小女也跟著說，王后便問我願不願永遠跟在主父身邊？

小女便說願意，就這樣。」趙雍呵呵笑了：「你是胡女？叫甚名字？」「是。」侍女點頭，「林胡牧羊女，叫岱雲子。十二歲那年，邦國許胡人入軍做騎士，族人們高興，族長便選了我等三女獻給王宮。」「果然，岱海胡女也。」趙雍輕聲歎息，「那兩個姊妹如何？」「在趙王宮裡。」侍女低聲一句，「岱雲子是趙王送到主父宮的，她們兩個留在了趙王身邊呢。」

「大草原多美啊！」趙雍由衷地感喟著，「天似穹廬，籠罩四野，蒼蒼茫茫，遍野牛羊，處處戰場。就是在那裡，老夫遇上了世間最美好的女人啊！」

「大草原是好，沒有人說不好呵。」侍女也笑了。

「姑娘，不想回大草原麼？」

「不。」侍女認真地搖搖頭，「我答應過王后，不興反悔的。」

趙雍又呵呵笑了：「好憨的姑娘，那也作數了？」

「作數。」侍女認真點頭，「牧人都這樣，說一句算一句，刻在心裡。不像王室刻在竹片上了。」「好呵好呵。」趙雍喃喃著站了起來，「王室貴冑們有竹片兒。怕人說話不作數，要刻在竹片上。到頭來也，該忘的照忘。牧人們沒有竹片，只有刻在心裡了。當忘之時，卻是念念不忘。天下事，忒煞怪也！」

「主父不能亂走，快來躺臥著。」侍女過來扶住了趙雍。

趙雍猛然站住了：「姑娘，主父有令：擢升胡女岱雲子為行宮密使，立即出宮，赴雲中郡大將廉頗處傳送密書。」

「主父，岱雲子出宮，誰來侍奉你？你一個人不怕麼？」侍女驚訝地瞪大了眼睛。

趙雍呵呵笑了：「老夫殺人太多，鬼神都怕我，我怕誰來？」說罷走到外間大書案前，岱雲子連忙過來扶著他席地坐下。趙雍思忖著展開一張羊皮紙，卻又突然轉身，「岱雲子，脫下你貼身衣衫。」岱雲子頓時面色緋紅，低頭一聲：「是，小女答應過王后，要給主父的。」說著脫下了那件火紅的緊身胡裙，又脫下了貼身的本色苧麻小衣，雪白豐滿的乳峰突然顫巍巍貼在了趙雍眼前，「主父，這是你的。」

驟然之間，趙雍老淚縱橫，一把扶起了岱雲子要跪下去的身軀：「姑娘，你，你是我的女兒！趙國公主！來，坐好了。」說著拿起那件尚留岱雲子馨香體溫的苧麻衫，突然一口咬破中指，在苧麻衫上寫了起來。岱雲子大驚失色，哭聲道：「主父不要寫，疼也！」趙雍呵呵笑著：「疼？為父一生征戰，三十六處刀傷在身，從來不怕肉疼，只怕心疼。」一聲哽咽，戛然打住了。

怔怔地看著鮮血淋漓的兩行大字，岱雲子突然放聲大哭，緊緊抱住了趙雍：「主父，我不走。」

「岱雲子！你識得字？」趙雍驚訝了。

「王后教的。」岱雲子哭著點頭，「我不走！不走！」

「識得字便好。來，坐好了，聽老父說。」趙雍慈愛地拍著岱雲子肩膀，扶她跪坐在身旁，「有此血書，岱雲子便是趙國公主。願做，你就回邯鄲王宮。不願做，你就回大草原。歸總老廉頗會安頓好你的，誰也不敢欺侮你了。知道麼？」趙雍依舊呵呵地笑著，「走是要走的了，你不走，誰來救老父了？呵，對了，這裡還得蓋一方大印。」

「血書還蓋印？」

「憨。」趙雍笑了，「血書可假，這調兵王印可無人能假。你看——」說著在腰間大板帶上一摁，一方黃澄澄的大銅印赫然在手，「打開那只銅匣。」岱雲子連忙搬過書案邊一隻扁平的銅匣打開。趙雍大印在匣中一拍拿出，狠狠地摁在了苧麻衫血書的左下方空白處，「好了，一個時辰後穿上它。」岱雲子撲閃著大眼：「血跡滲汗，麻衫要隔層衣裳才好，是麼？」

「不。」趙雍輕輕搖手，「定要貼身，萬無一失。血跡乾過時辰，些許汗水豈能滲開？老夫浴血一生，憨姑娘知道甚來？」

「父親。」岱雲子輕輕一聲，淚如泉湧。

趙雍笑了：「乖女兒，弄點吃的，餓了。」

夜半時分岱雲子走了。岱雲子說，舊人都是夜半出宮的。臨走時，岱雲子又哭了，說她查勘過府庫，只有些許糧肉，吃不到兩個月，她不放心。趙雍笑了：「但有兩個月，廉頗邊軍也就到了，放心去。」岱雲子趴在地上哭聲喊著父親，接連叩頭，終是被趙雍呵斥走了。

夜色沉沉，天黑得伸手不見五指，蕭蕭馬鳴與呼嘯林濤裹著刁斗聲傳來，趙雍聽得分外清晰。可惜也，這蕭蕭馬鳴陣陣刁斗竟不是他的靖邊大軍，卻是勒在自己脖頸上的絞索。細想起來，少年入軍便為猛士，十六歲做太子，二十九歲上做了國君，為王二十七年，做主父四年，三十一年的君王生涯中，後十二年幾乎全部在馬背上征戰厮殺，統率大軍馳騁疆場。迄至今日，趙雍整整六十歲一個甲子，在大軍中幾乎浸泡了一生，對軍營之聲太是熟悉了。他將夜晚軍營的茫茫混聲叫作營濤，每每大軍紮定，他總要在深夜登上營外山頭瞭望傾聽。遼闊軍營的燈火與隱隱混雜的馬鳴聲帳鼾聲巡邏聲口令聲旗幟聲刁斗聲隨風彌漫四野，總是盪起他一腔豪情，令他沉醉其中。久而久之，但聽營濤之聲，他便能對這支大軍做出諸多評判了。目下，這行宮外的營濤聲雖然與彌漫天地的林濤聲交會鼓盪，趙雍還是聽得出這四邑之兵的大致狀況：東南兩面平川沙灘，是鐵騎營，西北兩面山地松林，是步軍營。武安鐵騎是趙國精銳之一，那雄駿戰馬的長夜一鳴穿雲破霧閃電般飛來，任是天地混沌也令人為之振奮。巨橋倉步軍是趙國武士的驕傲，那巡營甲士整齊有力的腳步聲如同石條夯地，是夜晚軍營的獨特節拍，行家伏地，一聽便知其軍戰力。可見，趙成調集的四邑之兵都是主力，而非久守一地的郡縣散兵。沙丘行宮只有一個百騎隊，便加上趙章的六千鐵騎，也不當調集如此數萬精銳大軍應對啊。兵變之要，在於機密快捷。如此大張聲勢且久圍不入，顯然便是要困死他了。然則，趙成不怕夜長夢多邊軍南下？這趙成究竟想做甚？

一顆巨大的流星劃過夜空，空曠漆黑的陵園倏忽一亮。

趙雍呵呵笑了，公子成穩操勝券，偏是要在這圍困沙丘行宮中一舉穩定掌握趙國。看似險棋，實則老到之極。根本之處，公子成有實力，不是尋常宮變，不怕拖。再則，公子成擁立趙王正統，趙國王族不會有反對勢力出現。當然，更根本之點，是趙雍連挫趙章陰謀作亂，給了公子成一黨以絕好的「定國平亂」口實。最痛心的是，力挽狂瀾堪稱泰山石敢當的肥義死了，肥義若在，公子成安得猖獗？如此情勢，公子成自要明火執仗地昭示趙國朝野：主父昏聵，促成變亂，不堪當國，誰家不服便到沙丘宮理論。尷尬的是，連自己身邊的衛士吏員僕從都逃了個精光，連肥義也慘死在自己的錯失之中，雄豪一世的趙雍，成了真正的孤家寡人。此情此景，誰人能說你趙雍還有德望足以當國？

這便是戰國了：君王果是英明，舉國死心追隨；君王若是昏聵，朝野國人但有機會便棄之如履，絕不會因你曾經有過的功勳而生憐憫寬容之心。齊湣王田地被齊人千刀萬剮，燕王噲被子之逼迫「禪讓」而朝野聽之任之，當初都曾經教趙雍心驚肉跳，如何，自己竟要落得比那些昏聵君王更要狼狽的境地了，當真匪夷所思也！

不。趙雍英雄一世，何能輕易屈從於脅迫之力？趙雍不戀棧貪位，早早就讓出了王位。趙雍所想，只是為了趙國強大，只要率領大軍開疆拓土，豈有他哉！趙雍縱有錯失，何當一幫機謀老朽如此作踐？老夫偏要活，不能死，等廉頗邊軍到來，老夫廓清朝局，縱死也瞑目了。

空曠得幽谷般的陵園行宮，趙雍開始了艱難的謀生。

岱雲子說有兩個月的糧食乾肉，趙雍一個月吃得精光，還是極為儉省的一日只一頓。岱雲子沒打過仗，沒跟隨過趙雍，原是依尋常肚腹忖度的。誰知趙雍卻是不世出的猛士英雄，食量驚人，尋常間一頓便是半隻烤羊一袋馬奶子。若遇連日馳騁拚殺，三日不食也是使得，然則一旦紮營開吃，六成熟一隻整羊大吞下肚，活生生虎豹一般。趙國大軍之中，唯大將廉頗之食量堪與趙雍匹敵，軍中呼為「一龍一虎」。今日趙雍雖已六旬，猶是虎虎生風之猛，一日只有兩鼎舂米乾飯，如何能夠果腹？一個多月下來，白髮蒼蒼的趙雍形銷骨立，直是那寒瘦凜然的一杆白楊，縱是一身緊身胡服，此刻也是空蕩蕩架在肩頭，任寒風吹打得啪啪作響。

沙丘的冬日是寒冷的，行宮裡的一切有用物事都在趙雍昏迷時被搬運一空了，那些許糧米大約也是有意留下而已。沒有燎爐，沒有木炭，高大空曠的行宮冰窟冷窖一般。夜裡，趙雍撕扯下幾片能搜尋到的帳幔，用火鐮擊打出火苗焚燒取暖。白日，趙雍縮在山根下枯黃的茅草裡曬暖和，手腳活泛了，便在行宮府庫裡搜索大大小小的糧囤鼎斛，但能搜得幾把灰土夾雜的糙米，便是呵呵長笑，狂亂地生生塞進嘴巴大嚼，滿嘴白沫猶自津津有味。正午日暖了，趙雍猴子般爬上高高的白楊，在鳥窩裡掏出剛剛從蛋殼裡伸出頭還不會喳喳鳴叫的雛鳥，連鳥蛋一起塞進嘴裡，嚼得血水從嘴角汩汩流淌，猶自哈哈大笑。日每如斯，不到一個月，陵園行宮白楊林中的鳥窩已被洗劫一空了。但見白髮白鬚的「老猴子」一出來曬太陽，成群的烏鴉鳥雀便繞著他憤怒地聒噪飛旋，老猴子猛然狂笑躍起，鴉雀們驚恐高飛，盤旋在湛藍的天空，猶自不依不饒地嘶聲叫著。

大雪紛紛揚揚鋪天蓋地，沙丘成了冰雪的世界。府庫被搜尋得一乾二淨，連能找到的鼠洞也被全部挖過了。鳥窩被掏光了，雛鳥被吃淨了。連唯一可吃的幾棵老榆樹皮也被扒得樹幹白亮，在呼嘯寒風中枯萎了下去。縱是草根，也被大雪掩埋了。

茫茫天地，唯有無盡飛揚的雪花在飄舞，唯有飛簷下的鐵馬在叮冬。

三個月過去了，沙丘行宮外依然沒有熟悉的號角。

沒有等來他所向披靡的精銳大軍，趙雍終於在冰天雪地中頹然倒下了。

這是西元前二九五年冬天的故事。

第十二章 土相崢嶸

一、秦國第一次力不從心了

當趙國的崛起奧祕全部被揭開，秦國君臣在章臺的祕密會商莫衷一是了。

以丞相魏冄的主張：趙國在武靈王之後已經休整二十餘年，惠文王趙何的王權已經穩固，趙軍兵力已六十萬餘，實力顯然已經超過了武靈王後期；當此之時，秦國不宜與趙國展開大戰，當先行周旋山東列國，陷趙國於孤立，而後徐徐圖之。然則如此一來，立即便有一個難題擺在了面前：閼與之敗如何對朝野交代？喪師八萬，秦軍遭受了前所未有的恥辱，朝野伐趙聲浪正在洶洶之時，天下戰國也在睜大眼睛看秦國如何舉動，若就此隱忍不發，且不說滅殺秦人公戰士氣，只怕追隨秦國的山東諸侯也會倒向趙國了。這種局面，任誰也不願看到。如此一番折辯，大權在握的魏冄也不能固執己見了，只拍案一句：「王前但有定策，老夫鼎力實施！」板著臉不再說話。

末了，還是一直默默思忖的白起開口了：「從大勢權衡，目下還得給趙國一個顏色，否則內外難安。只是此戰只宜快速戰勝，不宜僵持大打。戰勝之後，我王可會趙王，壓其處於下風，使天下皆知大秦並無示弱趙國之意，以了閼與之結。而後，當以丞相之策行事。」雖然不甚解氣，然則重臣們反覆掂量，目下還似乎只有如此方可暫做了局。一時無話，算是默認了白起的謀劃。

「會王之事好說。」秦昭王皺著眉頭，「要緊處是，這一仗必須勝得利落。」

白起慨然拱手：「此戰臣當親自統兵，定給我王打出會盟威風！」

一言落點，魏冄當先拍案喊好，幾位重臣盡皆讚歎，連秦昭王也似乎綻開眉頭鬆了一口氣。白起的厚重寡言人人皆知，統兵出戰的沉穩犀利更是人人放心，他說打出威風那便必然能打出威風。只要一戰打勝與趙國扳個平手，秦國便能從容周旋。如此情勢，君臣心下一時稍安。

會商結束，大臣們立即趕回咸陽各自忙碌去了。獨自留在章臺消暑的秦昭王有些坐臥不寧，總覺心下沉甸甸的。落日餘暉將山谷染成了一片金色，秦昭王沿著湖畔草地一路走來，不知不覺到了竹林掩映的孝公庭院——玄思苑。漫步在這簡樸幽靜的小小庭院，秦國的風風雨雨油然浮現在眼前。秦孝公與商君的盛年悲劇發生在這裡，秦惠王的暮年悲劇發生在這裡，秦武王撲朔迷離的繼位之變也發生在這裡，秉政三十餘年的母親宣太后，去歲也慘死在這裡。小小章臺，每每在秦國大轉折的時刻不期然成了風浪的源頭，神祕得令人不可思議，只有歎息天意了。如今，自己即位已經三十餘年，秉政母后死了，統攝國事的舅父丞相也老了，眼看自己就要穩穩當當地親掌大權統一六國了，卻突然一座趙國大山橫在了面前。撥開這座大山上籠罩的雲霧，又恰恰是在章臺。若非天意，其中奧祕為何如此令人難測？誠然，一國內政也可以不因他國強大而改弦易轍。然則這是戰國之世，大國連續碰撞激烈對抗，天下大勢幾乎鐵定地左右著各國的權力格局，如何能以尋常時期的外事邦交論短長？若無趙國大山驟然橫空出世，閼與之戰秦軍大敗，以穰侯年近七旬之身，朝野呼籲其退位還政之聲必然日見高漲，穰侯無由戀棧，自己親政指日可待。然則趙國大山一橫，秦國局勢陡見險惡，強臣猛將立會成為國家重寶，穩定權力格局也會成為上下同欲，朝野便會轉而擁戴穰侯此等強臣掌國，以與趙國對抗。穰侯雖已年邁，卻老而彌辣，非但體魄強健，權欲更是不見稍減，若再有十年，嬴稷自己也是年近六旬之老人了，倏忽一生，難道註定要將這空頭王冠戴到墳墓裡去麼？

這種茫然無措，與其說是因自己的權力處境而起，毋寧說是驚心動魄的趙國故事給了他前所未有的震撼。畢竟，自己是秦王，也算身強體健，終不成還能走在老舅父之前了？縱是親政再晚，秦國最終也還是得嬴稷掌權了。說到底，秦國目下最要緊的是如何對抗這個巍巍然崛起的趙國？然則，依趙國目下之勢，秦國還當真是力不從心也。就兵力說話，戰國以來，初期魏國最是強盛，魏惠王中期曾達到五十萬精銳大軍；戰國中期，楚國吞滅吳越之後，兵力一度達到六十餘萬，齊國在齊湣王後期也達到了六十餘萬大軍。然則，上述三國都倏忽衰落了，目下都是擁兵三四十萬而已，且還不是清一色的精銳新軍。目下七大戰國之中，兵力在六十萬之上者，唯有趙國。

若是僅僅數量占優而戰力疲弱，秦國五十餘萬大軍何懼之有？要緊之處在於，趙國這六十餘萬大軍，偏偏是胡服騎射之後練出的精銳新軍，其剽悍勇猛之戰力，竟能一戰吞滅秦軍八萬鐵騎，當真令人驚心。縱是胡傷用兵不能與白起相比，然則兩軍死戰絕地，趙軍並非大軍重圍以數倍兵力優勢取勝，而是在兵力大體相等的情勢下死戰取勝的。若非此等血戰，豈能令善戰之秦國朝野震驚？

如果說，閼與之戰還僅僅是對趙軍戰力的驚訝，在白起揭開趙國帷幕後，秦國君臣已經被趙國的整體實力震驚了。若是趙武靈王的主父一直做下去，以趙雍晚年之錯失頻出，也許趙國之強大也就是曇花一現了。偏是陰差陽錯，一場兵變竟成了趙國朝野的樞紐之油，使這個民風強悍的國家度過危機而繼續強大起來。本來趙雍未必就死，偏偏是那個最後的侍女岱雲子剛剛走出趙國，卻永遠地失蹤了。本來少年趙何未必能穩定趙國，誰料那個公子成被封為安平君獨掌國政三年之後卻死了。那個謀劃起事的李兌雖然做了司寇大臣，卻也因實力靠山倒塌而被處斬了。於是，趙何安然親政，趙國度過了變亂之期。更令人不安的是，趙何當政後禮賢下士，趙國倏忽湧現出一大撥名臣名將，勢頭似乎比當年秦國崛起還要來得迅猛。雖說在趙國內亂之時中山國又死灰復燃，可如今的趙國不是又滅了中山麼？如此一來，趙何的國王越做越穩，趙國也是扶搖直上，天算也？人算也？

戰國之世，但能在變法之後連續兩代穩定，立即成為超強戰國。若一代變法而後代止步，必會無可奈何地迅速衰落。前者如魏國，如齊國，如秦國；後者如楚國，如韓國，如燕國。目下之趙國，趙何已經穩定近二十餘年，上下同心，堅持新法，朝野擁戴，國力凝聚，若再有一代如此堅持，秦國的壓倒天下之勢則可能要被兩分了。雖然趙國沒有廢除封地舊制，舊根沒有徹底刨除，令秦國君臣稍感心安。然則，趙國穩定之後，安知不會再行第二次變法？若當真推行第二次變法，如同秦國商君變法一般徹底，趙國豈能撼動了？果真如此，趙國豈非要與秦國平分華夏？秦國一統天下之大業豈非要付諸東流？那時，身為第四代強秦國君的嬴稷將何以面對嬴氏祖先？何以面對天下變法之士？

是了，要害在這裡，秦昭王茫然無措的根子也在這裡。

當年，秦孝公東出未成夢斷關河，臨死之際與太子嬴駟單獨密談。孝公問嬴駟：「何謂國恥？」嬴駟答：「六國蔑秦，不與會盟。」孝公問：「何謂國誓？」嬴駟答：「大出天下，一統華夏！」孝公一字一頓地做了最後叮囑：「王族易敗，若無遠圖則速朽。凡我嬴秦子孫，必以一統天下為激勵，荒疏者，死後不得入太廟也！」從此之後，「大出天下，一統華夏」便成了嬴氏王族的祕密國誓。儘管，由於分化六國的策略之需，這一祕密國誓不能公諸朝野，但嬴氏王族與股肱大臣歷來都是清楚的。而且，自秦惠王之後，秦國與山東六國經過五十餘年周旋，壓倒優勢已經是越來越明顯，齊魏楚燕韓皆成疲弱之邦，統一天下眼看便可著手實施了，卻偏生崛起了如此一個強猛趙國，豈非大大令人頭疼？更令人擔憂的是，若這種秦趙僵持的局面再延續得幾年，五大戰國完全有可能重新恢復過來，那時山東六國再以趙國為盟主合縱抗秦，豈非又倒退回秦惠王的艱難時期了？稍有閃失，秦國被逼回函谷關以西亦未可知也。

血紅的晚霞中，秦昭王猛然一個激靈。

「備車！回咸陽！」秦昭王對遙遙跟在身後的老內侍喊了一聲，大踏步走了。

當夜三更，秦昭王回到了咸陽，沒有進宮，車駕直奔穰侯魏冄的丞相府邸。可匆匆迎出的相府主書吏卻稟報說，丞相從章臺回來只在府中停留得一個時辰，便帶著一班精幹吏員北上九原了。秦昭王思忖片刻，也沒有多問，驅車回宮了。

剛進書房，長史王稽來稟報：武安君府行軍司馬報來急件，說武安君與丞相已經兼程北上九原，但有軍情，隨時羽書急報。秦昭王心下稍微寬鬆，立即吩咐長史下書各郡縣並曉諭朝野：上將軍白起已經起兵伐趙復仇，秦人精壯但有非徵入軍者，各郡縣得踴躍接納並就地駐紮，侯國尉府稍後一體接編。這是章臺會商確定的謀劃，此戰事先書告朝野，以安國人洶洶請戰之心，昭示國府雪恥之心志。王書發出，秦昭王吩咐張掛九原地圖。碩大的羊皮地圖在六盞與人等高的銅燈下分外清晰，秦昭王佇立在圖下久久端詳——白起要在這裡與趙國開戰麼？

因此戰不大，章臺會議沒有要求白起詳陳謀劃。當然，更根本的原因在於這是白起統兵出戰，若是別個大將，那是無論如何也要多方謀議的。加之白起與丞相魏冄素來是軍政聯手的極佳將相搭檔，白起慨然請戰，魏冄一力贊同，秦國君臣還有個不放心了？秦昭王從章臺回來的路上便在思忖，白起會將戰場選在哪裡？秦昭王原本多謀深思，即位以來雖說不握掌國實權，但卻從來都在細心體察白起的用兵之道，尤其是那些兵略謀劃。雖說君王不必領兵，然戰國之世大戰連綿，君王不知戰場兵術尚可，若對兵家戰略也是一竅不通，是遲早要出事的。以秦昭王的推測，白起打仗刁猛狠穩，看似堂堂之陣正正之旗，實則機變難測；論稟性，更是剛勇深沉，戰勝欲望格外強烈。以此看去，白起這一仗定然是選在河內安陽之外。

安陽是白起奪得河內郡後設置的新要塞，恰在與趙國接壤處。兵出安陽，百里之遙便是叢臺行宮（後世趙王臺），再北上百里便直接威脅邯鄲了。當然，更重要的是，安陽要塞四周駐有秦國的精銳鐵騎十萬，攻城大型器械也多在此囤積，實則是藍田之外的秦軍第二大本營。攻敵距離短，秦軍優勢大，但出可直搗趙國都城要害，對天下震動大，對趙國震懾更大。秦昭王以為，對趙復仇，此地為上，白起也必選此地無疑。

然則，白起選了九原，實在不可思議。

九原與雲中，是秦國北長城段防備匈奴的兩大要塞，駐軍統共八萬鐵騎。自從武靈王設置雲中郡後，趙國一直在陰山大草原駐有廉頗統帥的十萬胡服精騎，東南二百餘里是雁門關大軍營地，原野開闊，騎兵相互馳援極是便利。依據各方軍報，此番白起北上沒有調遣大軍，看來是要以八萬鐵騎對趙軍十萬開戰了。雖說秦軍戰力出類拔萃，然目下這是打過閼與血戰的趙軍，如何能保得穩操勝券了？白起啊白起，你素來沉穩，如何卻在這只能贏不能輸的關節點上冒險了？

然則，秦昭王不想干預，也不能干預。

白起背後還有魏冄，且不說魏冄目下大權在握，便是論兵論戰，魏冄也是幾近一流的統兵之才。無論如何，魏冄的謀國忠心秦昭王是毫不懷疑的，他能全力支持白起，一如既往地親自為白起坐鎮糧草輜重，其中必有道理。大戰在即，若自己表示異議，雖說並不一定會動搖這一對將相合璧，但畢竟會使他們分心辯解，傳揚開去，對軍心無疑是一種無端干擾。可是，如若不說，當此要緊關頭，萬一失利該如何處置？秦昭王心中驀然一亮——此戰若敗，不說白起，先便是廢黜魏冄丞相的絕好時機，大權可一舉回歸。然則片刻之間，心中那一絲亮光黯淡了下去。果真敗北，秦國立時便是內外交困，縱能廢黜魏冄，卻用何人替代？大國丞相統攝國政，其人若無非凡才具，君王會立即陷入繁劇的國務旋渦而處處尷尬狼狽。一將一相，歷來是國家棟梁。無大才出世，無端換相便是徒然亂國，如何能在戰敗危機之時動手？

「長史擬書。」良久佇立，秦昭王突然回過身來。

長史王稽將王書迅速擬就，半個時辰內謄抄刻簡用印泥封一應完備。天亮時分，三騎快馬飛出咸陽直上北阪，向遙遠的北方風馳電掣般去了。

兩個月後，九原戰報傳來：秦軍大捷，斬首趙軍六萬，一舉將廉頗大軍趕出雲中以北的陰山草原，趙國雲中郡不復存在。

秦昭王精神大振，備細詢問了軍使大戰謀劃經過，情不自禁地拍案讚歎：「天賜白起與秦，當真大秦長城也！」

原來，白起與魏冄的謀劃是：此戰決意要給天下一個明告——秦國大軍強於趙軍，鬭與之戰不過是偶爾不慎戰敗而已，列國莫要錯判情勢附趙抗秦。為此，便要尋求與趙國主力大軍決戰。丞相魏冄曾經提出，從河內郡安陽北上，攻下叢臺行宮。武安君不贊同，說從河內方向攻趙腹地是名大實小，既不能化叢臺入秦，又不能攻下邯鄲，且邯鄲以南山地河湖交錯，加之趙軍後援便利，不宜鐵騎馳騁速戰速決；但凡用兵，當以奪地滅敵二者兼得為上，以此為謀，九原雲中當是此戰戰場；陰山大草原的邊軍騎兵歷來是趙軍最精銳主力，也是趙國傲視天下的根本，若戰而勝之，非但可硬錚錚證實秦軍威力，而且可大大削弱趙國雲中郡，甚或可將陰山草原化入秦國勢力。武安君說罷，丞相大是贊同，立即放棄了河內攻趙的主張，二人只帶了三千鐵騎兼程北上了。

九原在西，東南距雲中尚有一百餘里。戰場之地在雲中，白起卻先期駐紮在九原，為的是不使趙軍覺察。經過半個多月的祕密踏勘與斥候偵探，武安君對趙國邊軍情勢已經瞭若指掌。此時趙國的長城邊軍分作三大營駐紮：最東是平城大營，中段是雁門關大營，最西是雲中郡治所周圍的廉頗大軍。因了剛剛吞滅中山國，趙國主力大軍尚「鎮撫」在雁門關與中山國故地之間的樓煩、廣武地帶，廉頗的雲中大軍堪堪只有八萬，且是兩大營區背靠背兩面防守：北防匈奴南下，南防秦軍北上，營寨堅固深溝高壘，顯是將中原戰法搬到了大草原之上。

敵情探明，武安君立即趕赴雲中調遣大軍：中路輕裝鐵騎一萬，武安君親自統率，從趙軍兩大營區的河谷地帶殺入，分割趙軍；北路軍一萬鐵騎，繞道北營以北的草原，攻趙北營；南路軍一萬五千，直出雲中要塞攻趙南營；鐵甲重裝騎兵兩萬，在山谷軍營外的大草原截殺出營趙軍；其餘兩萬五千騎士與五千步卒，全部改為強弩營並攜帶猛火油櫃，攻營前祕密潛行到大營兩邊山頭密林，先行對趙營猛烈火攻。武安君特意申明將令：此戰不堵截趙軍援兵來路，集秦長城全部大軍猛攻趙軍，務求果敢猛勇速戰速決，務必於天亮前擊潰趙軍。

天色一黑，秦軍偃旗息鼓從大草原分四路祕密進發，夜半時分抵達趙國雲中大營的外圍山地。一個時辰後寅時卯刻，三聲蒼狼的吼叫嗚嗚嗚順著風聲蔓延過來。這是武安君與眾將約定的夜襲號令。狼吼方才落點，埋伏在兩面山腰的強弩營立即萬箭齊發，長大的箭鏃帶著浸透猛火油猛烈燃燒的厚布頭，火龍般撲向趙軍營寨。趙軍壕溝內外均是粗大的圓木鹿砦，軍營內也多有木柵障礙、瞭望雲車等諸般木製物事，火箭但釘上鹿砦帳篷，頓時烈火熊熊。不消片刻，火勢在趙軍的吶喊中無邊蔓延開來。此時四面戰鼓大作，三路大軍潮水般殺入了趙國大營。

趙軍雖然勇猛，然在強兵突襲之下也是大亂。饒是廉頗奮勇衝殺，無奈趙軍已經被武安君的三萬鐵騎攔腰分割，無法成陣而戰，只有拚命衝出已成火海的山谷軍營，在大草原與秦軍奮力死戰。剛衝到地勢開闊的草原，秦軍的兩萬鐵甲重裝騎兵展開成足足三五里寬的巨大扇形陣包抄了過來。鐵甲重裝騎兵是秦軍鐵騎精華，馬罩鐵皮甲（內皮襯外包鐵），騎士則一身六十餘斤的精鐵甲冑，全身只露出兩隻眼睛；與輕裝騎兵不同的是，重裝騎士每人一口重型長劍之外，還有一支一丈餘長的鐵桿長矛與二十支遠射長箭。此等騎兵只宜在地形平坦的原野做強力衝鋒，不宜在山地作戰。故此，武安君專門部署在九原雲中做對抗草原匈奴的利器，不想今日派上了用場。重裝鐵騎展開，一具具鐵塔相連，恍如漫無邊際黑色鐵流壓過草原，恰與紅色胡服的趙國輕裝騎兵形成鮮明對照。

兩軍一經碰撞，趙軍的輕裝騎士立見不支。這道鐵流挺著長矛掄著長劍壓來，任你輕靈剽悍，只是近不得一丈之內，縱有幾箭射出，也是叮噹落地傷不得他皮肉。趙軍騎士是清一色的胡人戰刀，大體三尺餘長七八斤重，近戰劈殺沒有秦軍十餘斤重型長劍那般威猛，遠戰又無秦軍長大的精鐵長矛。如此一來，人馬皆不能近身搏殺，只有在不斷閃避中尋機而戰，然則躲閃稍微有誤，便被一矛洞穿。前有重裝鐵流堵截，後有輕裝鐵騎追尾，四面又有專門對付散兵的兩萬多強弩，前後一個多時辰，趙軍騎兵全線崩潰了。廉頗久經戰陣，情知僵持下去只能是全軍覆滅，連聲大吼，一陣撤兵牛角號吹起，率領著潰散騎兵向北方草原撤退了。

天亮清點戰場，秦軍只有六千餘傷亡，斬首趙軍六萬餘。

如此戰績，秦昭王如何不感慨備至？十分地慶幸自己沒有對此戰表示異議，而是以那道王書支持了這場戰事。興奮之餘，秦昭王立即派遣特使北上犒軍，並同時書告朝野：秦軍大勝趙國主力邊軍！兩書發出，秦昭王想到了該自己出面的第二步棋，思忖良久，秦昭王吩咐內侍立即召長史王稽進宮。

二、完璧歸趙　布衣特使初現鋒芒

趙惠文王看罷秦國特使的國書，一時雲山霧罩了。

「素聞秦王持身端正，厭惡奢靡，何以如此喜好一方美玉？」

「人各有癖，何能以情理論之也。」特使王稽拱手笑道，「然則，宣太后喜好美玉，又是楚人，趙王當知也。太后安葬之時，秦王四處搜求楚玉瑰寶陪葬母后而不能得，今聞趙王得楚玉至寶，秦王欲以其恪盡孝道，亦未可知也。」

「一己之孝，以十五城交換，秦王當真闊綽也。」趙何揶揄地笑了。

王稽也是不無譏諷：「趙王若能將和氏璧無償贈與秦王，自然是一等一的美事了。」

趙惠文王有些不悅：「和氏璧乃趙之國寶，特使且驛館等候，待本王與大臣議決而後定。」王稽說聲那是自然，告辭去了。

回到書房，趙惠文王仍是百思不得其解，秦王嬴稷究竟有何圖謀，要在這和氏璧上大做文章？孝母陪葬，屁話！普天之下誰不知道，秦國法度森嚴，向有「非舉國公議，君不得割一城一地」之大法？以十五城交換和氏璧，縱然不是割地，也是荒誕之尤，如何能通過秦國那些重臣名將了？戰國之世，國家財富之內涵只是實實在在的三樣——土地、民眾與諸般實用財貨。除此之外，珠寶名器甚或錢幣，都是可有可無的。進入戰國兩百年，只有一個魏惠王是真正的珠玉癖，酷好收藏各種明珠寶玉與罕見金器，視此類物事為「國寶」，被當時尚剛剛即位稱王的齊威王大大嘲笑了一通，從此成為天下笑柄（註：魏惠王與齊威王關於「國寶」的論爭，是戰國人才觀念的不朽故事，見第一部《黑色裂變》）。饒是如此，當時的越國要用一顆千年大海珠換取魏國南部六城，也被魏惠王斷然拒絕了。魏惠王惡狠狠地回答了越國特使，本王有六城之地，可得三萬鐵騎；三萬鐵騎縱橫天下，何寶不可得也！一個說好不好說壞不壞的魏惠王尚且如此，簡樸明銳的秦昭王如何能做出此等荒誕事體來？若是真正交換，趙何肯定是毫不遲疑，一方玉器再貴重，也只是一方貴胄賞玩器物而已，不能吃不能喝更不能成兵強國，如何當真價值連城當得十五座城池？

如此說來，秦國肯定是以換寶為入手而另有所圖。圖在何處？秦國剛剛戰勝，趙國最精銳的邊軍鐵騎遭受了前所未有的重創。兩戰下來，秦趙各勝一場，堪堪打了個平手。趙奢、廉頗一班大將與平原君等一班重臣，都主張不要急於尋仇，一定要穩住陣腳與秦國長期對抗，尋求最合適的時機決戰。當此狼虎兩家怕之時，秦國一反奪取魏國河內、楚國南郡後對山東六國的強猛高壓，卻突然放下身段與趙國展開了平勢邦交周旋，且當先便是一出匪夷所思的以城換寶，當真令人覺得莫測高深。

「備車，馬服君府。」趙惠文王決意先聽趙奢如何說法。

閼與血戰，趙奢負傷二十餘處，雖經太醫精心治療而痊癒，畢竟是大見衰弱，尋常時日深居簡出。惠文王敬重這位力挽狂瀾為趙國立威的名將，怕他在家落寞，下書趙奢以封君高爵兼領了國尉府，謀劃趙國軍務。國尉許歷，本是趙奢力拔於軍士，對馬服君兼領國尉府自是分外服膺，但有軍政大計便來馬服君府共謀，趙奢的精氣神終是漸漸好了起來。

惠文王知道，趙奢特意在後園庭院水池邊建了書房，尋常總是在這裡養傷待客，便不走正門，徑直進得偏門，未過影壁，聞得一股淡淡的草藥氣息飄來。繞過影壁再穿過一片竹林，便到了那座四開間書房的背後。猛然，一陣琅琅吟誦傳來，透過搖曳修竹，惠文王看見一個紅衣散髮黝黑健壯的少年，正在水池邊挺身肅立著高聲念誦。聽得幾句，是《孫臏兵法》。噢，對了！惠文王心中一動，早聽說馬服君有個天賦不凡的兒子，莫非這便是了？看這模樣，馬服君是在書房廊下了。別急，看看這父子做何功課。惠文王向身後內侍揮揮手，站在竹林邊不動了。

片刻之後，少年吟誦停止，昂昂高聲道：「父親，趙括背完兵書十三部，你做何說？」

「天賦強記，原是不錯。」趙奢淡漠的聲音突然一轉，「趙括，兵書十三部你倒背如流，還在這些兵書上密密麻麻做點評批註。我問你，兵書作者，皆是身經百戰之兵家名將，兵書之言，皆是實戰而來。你從未上過戰陣，更不說統兵作戰，卻以何為憑據，做如此多方評點詰難？」聽羊皮紙嘩啦啦翻動，顯然是趙奢拿著兵書在對照，對上面的批點大皺眉頭。

「父親差矣！」少年趙括紅著臉高聲反駁，「兵書作者未必身經百戰。最多之吳起，終生只有七十六戰。最少之孫臏，終生只有兩戰。次之如太公，終生只有三戰，滅商之前只是一悠閒老叟而已，從未有統兵上陣之閱歷。由此觀之，久歷戰陣可成名將，精研兵學亦可成名將。前者如父親如廉頗，後者如太公如孫武如孫臏。趙括雖未入軍旅戰陣，然則讀盡天下兵書，相互參校，自能見其謬誤，如何不能評點？父親不說評點是否得當，而只對評點本身一言抹殺，豈非大謬也！」

「呵！小子倒振振有詞了。」趙奢翻動著羊皮紙，「你對《吳子》這番評點顯是無理。《吳子・論將篇》說：『凡人論將，常觀於勇。勇之於將，乃數分之一耳。夫勇者必輕合，輕合而不知利，未可也。』此斷至明也。你說，你是如何批點？」

「此斷大謬也，非兵家求實之論！」少年琅琅背誦，「無勇不成將，何能僅占數分之一耳？將之勇，在心不在力，在決斷之膽識，而不在戰陣之搏殺。吳起之誤，在於錯認將勇只是搏殺之勇也！」

「學宮論戰之風，全然不涉實際。」趙奢顯然是板著臉在說話。

「父親差矣！」少年趙括立即一口否定，「鬪與血戰，若論搏殺之勇，父親不如廉頗，亦不如樂乘。然則廉頗樂乘皆說不可戰，何獨父親主戰，且有狹路相逢勇者勝之名言？究其竟，父親勇略膽氣當先，自有名將之功。人云，廉頗以勇氣聞於諸侯，實則大謬不然！何也？凡戰必守，而無進攻膽識，談何勇氣？此等將軍，縱是終生戰陣，也必無一名戰。趙括立論端正，言必有據，如何不涉實際了？」

「不對不對！小子總是岔道，只不過老夫一時想不來罷了。」

趙括天真地笑了：「父親自己想不明白，還只說我岔道，真是。」

「且慢！」嗶啦一翻，趙奢又道，「《孫子・作戰》云：『善用兵者，役不在籍，糧不三載；取用於國，因糧於敵，故軍食可足也。國之貧於師者遠輸，遠輸則百姓貧。故智將務食於敵。』你又是如何批點？」

趙括應聲即答：「此論春秋可也，戰國之世拘泥此論，當敗兵！」

「一派胡言！」趙奢呵斥一句，「在敵國就地解決軍糧，向為大將之所求，用兵之至境，何以當世不可行？」

「父親熟知戰史。吳起之後，可有一國大軍取糧於敵國者？」

一陣沉默，趙奢顯然被兒子問倒了。過得片刻，又是趙奢聲音：「倒是當真沒有。你小子說，何以如此？」

「老父但想，」趙括臉上閃過一絲似頑皮似得意的笑，接著卻是與少年笑意極不相稱的老到論說，「春秋時諸侯上千數百，半日路程一個邦國，但有軍旅征伐，少有不穿越幾國者。邦國小，糧倉易見易奪。縱然不能奪得，也可就近向他邦借糧。最不濟時，還可搶收敵國與四周小國之成熟田禾。

唯其如此，春秋之世邦國相互借糧賑災救戰者屢有發生，故此有『征伐食於敵』之說。然則方今之世，天下已被七大戰國分割，二三十個小諸侯擠在夾縫裡奄奄一息。但有戰端，動輒數十萬大軍對峙，敵國糧倉要塞皆遠在戰場之外，而軍營糧倉則是重兵布防，如何能輕易奪得？縱然奔襲敵方糧倉成功，也只能斷敵之糧，而不能補充己方之糧也。是故，孫子此說不應戰國，戰國之世亦無此等戰例！」

「似乎在理。」趙奢聲音拖得很長，「然則，老父總覺何處不對，只不過一時間想不清楚……」

「想不清楚，不要想了。」惠文王大笑著走出了竹林，「後生可畏，信哉斯言也！」

趙奢連忙站起施禮參見，趙括也跟在父親後面行了大禮。惠文王高興地拍著少年肩膀連連讚歎將門虎子，回身笑道：「馬服君，我借你這兒子一用。」

「我王笑談了。」

「非是笑談。」惠文王收斂笑容，「太子趙丹，才智平平。本王想教趙括進宮伴讀，少年同窗切磋，以激勵太子奮發，馬服君意下如何？」

趙奢思忖片刻，肅然拱手道：「趙括雖有讀書天賦，然則老臣總覺其未經錘鍊，華而不實，若誤太子，老臣心下何安？」

「馬服君何其多慮也。」惠文王笑了，「初生之犢若畏虎，豈非你我老暮了？」轉身一拍少年肩膀，「趙括，你可願再讀幾年書？」

趙括挺胸高聲：「讀書歷練，願意！」

「好！」惠文王點頭，「那便定好了，明日你進宮拜見太子傅。」

「遵命！」趙括將軍般高聲領命，「趙括告辭，代父親下令上茶！」回身飛跑去了。

望著趙括背影，惠文王猶是一臉欣然，站在座案前兀自喃喃讚歎。趙奢也是若有所思，直到惠文王回身入座，才恍然笑了：「我王撥冗前來，必有大事。此間清靜隱祕，我王但說無妨。」惠文王收攏心神，將秦國要用十五座城池交換和氏璧的事說了一遍，末了道：「此事棘手，馬服君有何評判？」趙奢思忖一陣道：「秦國此等做法，意在挑起事端，原非尋常邦交之道。以老臣揣摩，秦國軍力一時無奈趙國，便以此等邦交手段試探周旋。趙若不加理睬，天下會視趙國畏秦如虎，不敢與我結盟；趙若將和氏璧交出，而秦國必不會當真割讓十五城。目下趙國無力與秦國決戰，其時徒然受騙被欺，大大有損我邦尊嚴；若斷然拒絕，則給秦國以尋釁口實，五大戰國不想捲入戰端，則會指斥趙國惜寶輕戰，力勸我邦達成交換，到頭來還是左右兩難。權衡起來，當真難以處置。」

「刁鑽秦王，此等齷齪伎倆，也虧他想得出。」惠文王憤然拍案，再沒了後話。

「且慢，」趙奢眼睛一亮霍然站起，「還是老話，狹路兩難勇者勝。」

「馬服君，你是說要與秦國開打？」惠文王大是驚愕。

「原是老臣突兀也。」趙奢歉然一笑，「老臣之意：邦交詭計，當以邦交手段破之。兩難斡旋，便需邦交猛士。若有一智勇兼備之特使，專司和氏璧周旋秦國，或可得完滿結局也。」

「有理。」惠文王輕輕敲著座案，「馬服君以為，何人堪當特使？」

「老臣不諳邦交，尚無人選。我王不妨召集大臣舉薦，或可得人。」

惠文王一拍案，「好！便是這般。」

次日清晨卯時，凡在邯鄲的大臣都奉王命進宮了。惠文王將原委說過，命大臣各自舉薦堪當特使的大才。由於封地制仍然保留，趙國大臣大多養有多少不等的門客，尋常舉薦賢能，除了官署吏員與風塵奇士，主要來源便是各府門客。當時之趙國，當數戰國四大公子之一的平原君門客最多，大體有近兩千人。然則平原君思忖半日，門客武士居多，除此則是略有一技之長的文士，謀勇兼備的邦交之才目下確實沒有。其餘大臣倒是說了幾個，然則又立即被知情者非議，不了了之了。眼看沒有個結果，平原君提出下書各郡縣求賢，偌大趙國，寧無人乎？惠文王雖覺太慢，也只好贊同了。

正午時分大臣散去，惠文王正要出殿，一直守候在王座旁的宦者令繆賢卻走過來一躬道：「敢問我王，老臣有一人才，不知可否舉薦？」惠文王不禁笑道：「非常之時，不拘常例，你說。」原來，這宦者令總管王宮事務並兼領所有內侍侍女，雖在大臣之列，本人也並非被閹割的內侍，但卻因是侍奉國君之近臣，各國便有不許宦者令與聞政事的法度。每逢殿議，宦者令是唯一不設座案而只能遙遙站在國君側後以備不時之需的大臣。因了如此，繆賢自然只能事後說話，且須經國君特許。

「老臣府中舍人藺相如，堪做特使。」繆賢拘謹寡言，一句話完了。

「總得說說，此人何以堪當大任？」惠文王笑了，「來，入座說話。」

「謹遵王命。」繆賢小心翼翼地跪坐案前，「當初，老臣依附公子成獲罪，想逃亡燕國。舍人藺相如堅執勸阻，問臣何以相信燕王。臣答，當年曾隨主父與燕王會盟，燕王私下曾拉著老臣之手說，願與老臣結交，故此欲投奔燕國。藺相如卻說，趙強而燕弱，足下乃趙王信臣，故此燕王方有結交之意，如何能做真誠結交論之？今日足下做逃亡之人，失勢失國，燕王畏懼趙國強兵，非但不會容留，且必然綁縛足下送回以示好趙國，足下何能自投羅網也！老臣請其為一謀。藺相如說，趙王寬厚，足下亦非元凶，但肉袒伏斧請罪，趙王必能開赦也。老臣聽從，果然我王赦了老臣，還官復原職……」

「噢——」惠文王恍然大悟，「老令當年請罪得脫，是此人謀劃？」

「正是。」

「不錯。」惠文王輕叩書案，「這個藺相如何方人氏？因何做了你的舍人？」

「啟稟我王：藺相如本代郡安陽縣令藺胡之子，曾在齊國稷下學宮修業六年，方回趙國，其父卻捲入趙章之亂而獲罪。藺相如奔走邯鄲謀求出路，經門客舉薦而入老臣門下，老臣命他做了門客舍人，總管府務。」繆賢素知用人奧祕，將關節處說得很是確切。

「卿以為此人堪用？」

「老臣以為：藺相如乃膽識勇士，更有智謀，可做特使。」繆賢沒有絲毫猶疑。

「好！」惠文王拍案，「下書藺相如，午後在西偏殿晉見。」

「老臣遵命！」繆賢興沖沖去了。

午後斜陽，西曬的偏殿一片明亮日光。惠文王從大木屏的望孔一瞄，便見一個紅衣束髮者在殿中悠然走動，身材勁健筆挺，白皙的臉膛高鼻深目稜角分明，三綹短鬚些許發黃，顯見有胡人血統。惠文王快步走了出來：「階下可是藺相如乎？」「代郡布衣藺相如參見趙王。」由於舍人只是家臣，沒有官身，藺相如以士禮晉見。

「藺相如，秦王以十五城交換我和氏璧，可以做麼？」惠文王直截了當入了話題。

「秦強趙弱，不可不許。」藺相如簡潔一句，無片言剖析。

「若秦國得璧之後不割城池，我卻奈何？」

「財寶互換，天下公理也。秦以城求璧，原是常道，趙若不許，理屈在趙。趙若交璧，秦不予趙城，理屈在秦。權衡兩策，寧可選擇交付玉璧而讓秦國理屈。」

「然則，這個特使卻難也！」惠文王長歎一聲。

藺相如慨然拱手：「目下我王必是無人，藺相如願奉璧出使。秦若割城，則璧留秦國。秦不割城，臣保完璧歸趙。」

「好！」惠文王拍案站起，「若得如此，則無論換與不換，趙國都立於不敗之地也。」轉身高聲吩咐，「御書頒書：藺相如職任特使，奉璧入秦。」

藺相如慨然應命，隨著御書在王宮辦理了一應儀仗國書印信，五日後入宮迎出和氏璧，帶著三百鐵騎護衛轔轔西去了。趙王書沒有封藺相如任何官爵，而只是任為特使。特使不是官爵，而只是一事一辦的國君使者，大臣可做特使，布衣之士亦可做特使。此時身為特使的藺相如，實際身分還是門客舍人，而門客歷來是家主之私臣，不是國家官員，說到底，依然還是布衣之士。藺相如很清楚，趙王之所以如此下書，一則是法度有定：無功不得受祿；二則是他的才具究竟是否堪當大任，還有待證實，驟然因事加爵，反倒會引起朝野非議。但無論如何，藺相如只抱定一點：名士但為國使，便當不辱使命。

旬日之間，藺相如抵達咸陽，將三百馬隊駐紮城外渭水之南，只帶十名趙王特派護璧的黑衣武士入城。先在驛館駐定，藺相如派副使奉趙王國書進入丞相府行人署，磋商一應相關事宜。次日清晨，行人署傳來秦王書令：著趙國特使奉和氏璧，即刻前往章臺晉見。藺相如接書，一行車馬在秦國行人陪同下出得咸陽過得灃水，奔章臺而來。

進得章臺，沿途警戒森嚴，藺相如心知必是秦國君臣在此會議。到得章臺宮正殿外，秦國行人先行進殿稟報，片刻之後出來高宣：「護衛隨從殿外等候，特使副使奉璧上殿。」藺相如略一思忖，示意護璧武士與幾名吏員在殿外等候，親自捧起那方碩大的銅匣昂昂進殿了。進得殿中一瞄，藺相如大覺蹊蹺，殿中雖多有人在，卻盡是護衛內侍與侍女，兩廂沒有一個大臣列座。顯然，秦王並非在這裡朝會，也並非鄭重其事地對待這場換寶邦交。雖則如此思謀，藺相如還是依照邦交大禮參見了秦昭王，雙手捧上了趙王國書。

「好！趙王獻璧，秦趙親善也。」秦昭王哈哈大笑著，將國書隨意地往旁邊一撂，「來，本王先看看這名動天下的和氏璧。」

見秦王如此輕慢，藺相如心中一沉，但還是鎮靜自若地捧著銅匣走上了王階，在王案上打開了銅匣，捧出沉甸甸的玉璧親手交給了秦王。秦昭王捧著玉璧，但覺眼前白綠相間光彩晶瑩，手中溫潤可人，當真一方舉世無匹的寶玉，哈哈大笑道：「趙國獻得此寶，果然天下無雙也！來，你等都開開眼界了。」遞給身邊內侍總管交衛士侍女傳看，渾沒將這件舉世重寶當作鄭重大事。內侍侍女驚訝傳看熙熙攘攘，一片聲高呼：「我王得寶！國之祥瑞！萬歲！」秦昭王也高興得站起來與幾個老內侍指點品評，只是津津樂道地議論此寶能派何用場。

藺相如長長一躬道：「秦王但知此寶之貴，卻不知此寶之瑕疵。」

「如此玉璧，竟有瑕疵？」秦昭王不禁驚訝，「來，你說說看，瑕疵何在？」

藺相如接過玉璧道：「此玉之瑕，當照以青銅之光方可見得。」抱著玉璧從容走到殿中銅柱旁，轉身看著秦昭王，倏忽正色道：「秦王可知，此寶何以名為和氏璧也？」秦昭王笑道：「無非和氏雕琢，豈有他哉？」藺相如肅然道：「此寶現世，有一個血淚故事。秦王可曾聞之？」秦昭王搖搖頭笑道：「血淚故事？未嘗聞也，你但說來。」藺相如道：「五百年前，楚國玉工卞和，於荊山覓得一方合抱大石。此石生於嶙峋山腰，石下浸出淙淙泉水。卞和天賦慧眼，識得此方大石中藏有不世至寶，便將此石進獻楚厲王，說此中寶玉但做王印之材，可使國運綿長。楚厲王當即傳來王室尚坊之三名玉工師評判，三玉師皆說此石粗樸無形，安得有寶，分明是此人欺世盜名。楚王大怒，立即砍掉卞和雙腳，趕出宮外。卞和出宮，抱著大石在荊山下風餐露宿日夜哭泣，三年間髮如霜雪形容枯槁，舉國視為怪異不祥。後來楚文王即位，派使者到荊山下詢問。卞和哭道，吾之悲哀不在失足，而在舉世寶玉隱沒頑石之間也！世無慧眼，寶玉作石。分明忠貞，卻認罪人。泱泱楚國，不亦悲乎！楚文王得報，立即帶玉工前赴荊山，剖開頑石，果見光華寶玉。楚文王當即下書，封卞和為陵陽侯，領地六十里。卞和卻只是長身一躬，國寶現世，和當去也。合身滾下山崖，死在了荊山南麓。楚文王心感卞和堅貞守寶，因命此寶為和氏璧。秦王以為，這不是血淚故事麼？」

「卞和蠢工也！」秦昭王被這個故事吸引了，皺著眉頭道，「何不自己剖開大石，取出玉石獻國，豈非省了斷足大災？」

「秦王不知做工之難也！」藺相如一聲歎息，「剖藏玉之石，須得特鑄鑌鐵刀具與北海細沙，此兩物非楚國所產，郢都尚坊尚須從他國買得，尋常玉工卻如何剖石切玉也？」

「原來如此，特使博聞。」秦昭王笑道，「說說，和氏璧瑕疵何在？」

「此璧之瑕疵，即此璧之神異也。」藺相如將和氏璧托起對著陽光，一縷紅光驟然一閃，「秦王須知，當初卞和一縷鮮血濺入玉身，使此璧於白綠亮色之中有了一縷炎炎紅光。楚人說，此為血光，亦是卞和靈魂歸附之所也！」

「血光何算瑕疵？有此血光，正合戰國大爭之道，真我大秦國寶也！」秦昭王一伸手，「來，本王再看看。」

藺相如猛然靠近銅柱，將玉璧高高舉起，怒火上衝道：「秦王若再近前一步，藺相如與玉璧一起毀於銅柱之下。」

「好個藺相如，突兀變臉，卻是為何？」秦昭王大為驚訝。

「秦王何明知故問也！」藺相如怒髮衝冠憤然高聲：「和氏璧天下重寶，趙王奉若神器，齋戒五日，方才鄭重送來咸陽。秦王得寶，卻傳之內侍侍女，輕慢辱弄天下名器，卻隻字不提割城交換之事，分明蔑視趙國。身為特使，藺相如何能忍之？」

秦昭王愣怔片刻，一陣哈哈大笑道：「好好好，來人，拿地圖來。」書吏匆匆拿來一卷羊皮大圖展開，秦昭王指點著地圖，「特使看好了，這河內十五城與趙國接壤，割給趙國如何？」藺相如冷笑道：「和氏璧價值連城，豈可一語了事？秦王當仿效趙王齋戒五日，舉行隆重朝會，交換割城國書，藺相如自當奉上和氏璧。」秦昭王思忖片刻笑道：「好！依你了，本王齋戒五日，你再獻寶。來人，將趙國特使安置廣成傳舍住下，五日後朝會。」說罷拂袖去了。

傳舍，客棧也。廣成傳舍，是章臺外一座最有名的客棧兼酒肆，寬敞整潔，偶爾也兼做國府驛館。外國使節但在章臺晉見秦王，大多住在這廣成傳舍。因了這個原由，職掌邦交的行人署在這廣成傳舍住了一名吏員，稱為傳舍吏，專司接待照應外邦使節。藺相如一行住定，已經是日暮時分。用過晚餐，藺相如叫過兩名黑衣武士商議一番，黑衣武士當即扮作商旅出了傳舍。片刻之後，藺相如帶著兩名護衛乘坐軺車公然出行，對傳舍吏只說是要到趙國特使營安置事務，轔轔去了。到得灃水南岸，正遇兩名黑衣商旅等候。藺相如將和氏璧交兩人收好，吩咐兩人即刻飛騎北上。藺相如為武士選定的路徑是，從咸陽北阪直上河西上郡，再西出離石要塞直入趙國。這條路比東出函谷關的大道要近得大半，兩名武士不出三五日已經回到了邯鄲。

送回和氏璧，藺相如在廣成傳舍泰然住了下來。

到得第六日清晨，傳舍外車馬儀仗大有聲勢，行人署奉王命前來迎接特使獻寶。藺相如也不說話，只從容登車進了章臺宮。這次章臺宮正殿當真是盛大朝會威儀赫赫，宣呼之聲隨著藺相如腳步從宮門外迭次上傳，直達正殿。依照禮儀參見完畢，王座上秦昭王威嚴矜持地開口了：「趙使藺相如，本王已經如約齋戒五日，今日當獻和氏璧也。」藺相如正色道：「秦王明察，不是趙國獻璧，而是秦國以城易璧。」秦昭王道：「便是以城易璧，本王也已對你指看了河內十五城，還有何說？」藺相如悠然一笑：「和氏璧已經安然歸趙，外臣請說其中緣故。」秦昭王驟然大怒拍案道：「大膽藺相如！竟敢戲弄大秦麼？」藺相如長身一躬道：「秦王明察：秦自穆公以來二十餘代國君，與山東諸侯從未有過堅明約束，口頭允諾立成泡影者多矣！藺相如誠恐見欺於秦王而有辱使命，故此完璧歸趙。秦王若果真以十五座城池交換，敢請立即派出交割特使，隨臣前往河內，一俟趙國接防十五城，藺相如當即奉上和氏璧。趙國雖強，終比秦國實力有差。趙國無意開罪秦國，更不欲以一方玉璧欺騙秦國而貽笑天下。秦王若罪我，藺相如願就湯鑊之刑，甘受烹殺而無怨也！」

大殿中一片沉寂，秦國君臣都被這個從容應對自請烹殺的趙國使臣震撼了，準確地說，還有幾分敬佩。雖則如此，畢竟是邦交難堪，大臣們紛紛怒聲指斥，趙國無信！褻瀆秦王！該殺！藺相如當下油鑊烹殺！

突然，秦昭王哈哈大笑一陣：「藺相如，算得一個人物也！本王縱然殺你，終是不能得璧，何苦來哉？璧城交換，原是買賣一樁，願做則做，不做也罷。諒趙王不致以一玉璧欺我大秦也！藺相如，本王放你回趙，此事日後再說。」一說罷逕自拂袖去了。

藺相如回到邯鄲，在趙國朝野聲名鵲起。惠文王更是感喟不已，立即下書拜藺相如為上大夫執掌邦交。一場由秦國發動的邦交危機就此不了了之，秦國從此不再提起交換和氏璧，趙國也不再提起割讓城池，兩大強國在這場邦交戰中又打了個平手。

三、趙瑟秦盆　藺相如盡顯膽識

戰場平手，邦交平手，事情自然沒有完結。

在趙惠文王正與一班重臣祕密謀劃準備推行第二次變法之際，秦國特使王稽再次進入邯鄲，邀趙王在河內與秦王會盟修好。這一突兀舉動，頓時又在趙國引起了種種猜測議論，赴約與否，幾名重臣紛爭不一。

此時的趙國，文武大才兼備，朝局生氣勃勃：馬服君趙奢傷病虛弱，力薦老將廉頗做了大將軍（註：大將軍，趙國後期的最高軍事統帥。此時秦國與其他戰國依舊沿用上將軍稱號，唯趙國改作了大將軍）統率軍事；國尉許歷襄助，名將樂乘、樓緩鎮守北邊長城，趙奢與隱居的樂毅父子則力所能及地不斷謀劃，軍爭大事前所未有的整齊。國政有文武兼備的平原君趙勝，邦交有後起之秀藺相如，堪稱明君強臣濟濟一堂。然則，如何應對秦國發動的又一次邦交之戰，大臣們卻是一時不能統一。大將軍廉頗與國尉許歷認為，秦國意在欺騙天下，堅持不贊同趙王赴約。樂乘、樓緩一班大將則主張，即或赴約，亦當在第三國選地，而不當在秦國河內。平原君趙勝、馬服君趙奢，都主張不宜拒絕修好盟會，畢竟，能夠當真與秦國修好而使趙國安定數年，對趙國也是求之不得的二次變法時機。然則，趙勝趙奢都有一個擔心，怕秦昭王故伎重演，使趙王做了楚懷王第二。雖說目下趙國之強大遠非昔日楚國可比，然則秦國對山東六國之威壓欺侮也是遠遠甚於從前。萬一趙王有失，對趙國便是無可估量的一擊，屆時縱是興兵攻秦，邦交尊嚴國勢衰頹也是無可挽回了。

只有藺相如主張赴約，理由只有一個：趙雖實力稍弱，然大體與秦國正當均勢斡旋之時，軍事兵爭猶不退讓，邦交安可畏敵退讓？至於邦交尊嚴，藺相如自請一力承擔。趙王本來也怕秦王有背後圖謀，不欲應約，然則經藺相如一番剖析，又覺得不能示弱於秦，思忖再三，下了一道王書：會盟秦王，交上大夫藺相如全權處置，其餘大臣各聽調遣。

藺相如奉命，先與秦國特使王稽會晤磋商，提出秦趙會盟當在第三國居中地，否則有失公允。王稽絲毫沒有為難，爽朗笑道：「秦王但謀兩國修好，意在河內盡東道之禮也。若趙王覺他國好，便是他國。上大夫確定會見地。」聽得王稽如此說法，藺相如知是秦國君臣已經商議好了應變之策，卻不宜說破，便也笑道：「既然如此，會見地在河外澠池（註：澠池，亦作黽池，春秋鄭國城邑，戰國屬韓，今河南省三門峽東南地帶）如何？」「好！」王稽拍案，「澠池韓地，兩王路途相當。便是澠池。」藺相如笑道：「既是我邦定了地點，請秦國確定時日。」「好說。」王稽一揮手，「秦王之意，可在中秋，如何？」「也好。」藺相如道，「中秋月圓，會盟好兆也。」

議定了會盟地點時日，藺相如來到大將軍府拜會廉頗。按照趙國的七級爵位——君、侯、上卿、客卿、五大夫、上大夫、大夫——上大夫尚只是第六級爵位。論實際執掌，邦交雖則是重要實權，但在各國歷來屬於丞相府轄制，藺相如以上大夫爵執掌邦交，雖說是直接面對趙王的列班大臣，但無論如何也還說不上高爵重臣。老廉頗不同，職任大將軍是一等一的重臣，爵位雖是上卿（第三級），但在非王族大臣中幾乎是最高爵位了。趙國法度：君侯兩級爵位有封地，非特殊功勳與王族大臣不能授予。目下之趙國，非王族封君者只有趙奢、樂毅兩人。廉頗雖然後來也被趙孝成王封為信平君，然此時爵位尚只是上卿。雖則老廉頗如此顯赫，但對於藺相如而言，與廉頗本無統屬，目下又是奉命全權調遣秦趙邦交，正是炙手可熱的新銳大臣，即便平禮會商也不為過。然則，藺相如對這位大將軍分外敬重。老廉頗非但是高職高爵重臣，且是藺相如素來景仰的趙國長城，藺相如寧願執下屬之禮拜會大將軍府。

門吏如飛般報進，藺相如尚在門廊下肅立等候，影壁後有力的腳步聲伴著蒼老渾厚的笑聲已飛了過來：「大賢士如此禮敬，老夫如何當得也！」笑語方罷，鬚髮雪白神色健旺一身紅色胡服軟甲的老將軍已經到了面前。藺相如連忙深深一躬：「在下藺相如見過大將軍。」老廉頗哈哈大笑著扶住了藺相如：「上大夫後生新銳，老夫粗莽武夫，正欲討教了。來，進去說話。」拉著藺相如手大步進了庭院。

來到水池邊一座茅亭下，廉頗笑道：「屋間悶熱，便在這裡說話。來，這是涼茶。」藺相如一看，亭下石案上除了陶壺陶碗，便是攤開的幾卷竹簡與一張羊皮地圖，顯見是廉頗正在這裡謀劃何事。飲得一大陶碗涼茶，藺相如一拱手道：「大將軍可是在謀劃，要於河內秦趙邊境部署大軍？」「噫！你如何得知了？」廉頗大是驚訝。藺相如道：「在下前來，正是要請大將軍，在兩王澠池會盟期間，切莫對秦國河內施壓。」「為何？」廉頗目光炯炯，「我大軍壓迫河內，趙王方得澠池安全。」藺相如搖搖頭道：「大將軍試想，趙軍壓迫河內，秦軍豈能不同等部署？兩支大軍對峙在側，兩王會盟豈非天下笑柄？趙國若要爭取會盟成功，不能大軍壓陣。」廉頗思忖一陣笑道：「說得也是。但沒有軍備，老夫總是擔心也。」藺相如道：「在下以為，大將軍目下軍備當在上黨。」「為何？」廉頗又驚訝了。「秦國若要施壓於我，必在此處。」藺相如指點著石案上的羊皮地圖，「趙國上黨，南與韓國上黨相連。秦國若奪取韓國上黨，等於奪取了趙國上黨之根基也。」「噢！老夫明白也。」廉頗恍然，「這叫敲山震虎，既不落進攻趙國之名，又實實在在地威懾了趙國，以白起之狡詐，有此可能！老夫便卡在這裡。」廉頗粗大的指頭當當點著上黨中部山地的壺關，「白起再來，老夫正好報一箭之仇。」藺相如起身一拱：「大將軍謀劃既定，在下告辭了。」

「且慢！」老廉頗猛然拉住了藺相如衣袖壓低了聲音，「趙王此行，當真無憂？」

「大將軍但出壺關，藺相如保趙王無憂也。」

「好，趙王若有閃失，老夫拿你是問。」老廉頗的黑臉驟然沉了下來。

藺相如目光一閃笑道：「大將軍當以全局為上，無得有擅自舉措才是。」

「藺相如，你說老夫有擅自舉措？」

「揣摩而已，尚請大將軍見諒。」

「藺相如啊，惜乎你不是重臣，否則，老夫也揣摩你一個了。」廉頗似乎不勝惋惜。藺相如笑了笑沒有說話，只一躬身悠然去了。

轉眼八月上旬，藺相如總領六千軍馬護衛趙王車駕儀仗，轔轔出了邯鄲。這一日剛剛過得漳水，卻見一支馬隊沿著漳水河谷從西邊風馳電掣而來。藺相如觀望有頃，走馬王車旁道：「臣請我王稍候，必是大將軍趕來了。」趙惠文王笑道：「這個老廉頗，急吼吼趕到這裡做甚？」說話之間，馬隊已到車前，廉頗飛身下馬向王車赳赳走來：「老臣廉頗，敢請我王移駕百步，老臣有密事啟奏。」惠文王略一思忖道：「好，到那片胡楊林去。」馭手一抖馬韁，四匹駿馬碎步走馬去了。

到得胡楊林邊，廉頗慨然一拱手道：「老臣終疑秦國不善，請以三十日為限，王若不歸，老臣則聯絡重臣擁立太子為趙王，以絕秦國脅迫野心！」惠文王心下一沉：「大將軍果真以為，本王是芈槐

（註：芈槐，楚懷王名字）第二？」廉頗肅然正色道：「為防萬一，老臣不敢掉以輕心。」惠文王思忖笑道：「也好，本王三十日不歸，你等擁立太子好了。」「老臣遵命！」廉頗一躬，飛身上車，親自駕著王車回到了儀仗之下，下車對藺相如慨然一拱：「上大夫重任在肩，老夫拜託了。」藺相如悠然笑道：「各司其職，大將軍放心便了。」老廉頗退後丈許，看著王車儀仗轔轔遠去，方才回馬去了壺關。

「上大夫，你知道方才廉頗所請何事麼？」惠文王若有所思地問了一句。走馬王車右側的藺相如從容笑道：「必是大將軍請命，我王逾期不歸，便要擁立太子。」惠文王有些驚訝：「廉頗也與你有約了？」藺相如搖頭：「臣非重職，大將軍不會約臣。」惠文王暗自鬆了一口氣道：「你以為此事如何？」藺相如道：「大將軍忠心耿耿，趙國之幸也，我王何其憂心忡忡？」惠文王道：「趙國痼疾，上大夫不曾聞得？」藺相如道：「此一時也，彼一時也。趙國縱有兵變痼疾，然絕非大將軍此等人所為也。」惠文王哈哈大笑：「說得好！上大夫可謂知人也。」

及至趙國車駕抵達，澠池已經是軍營連綿了。此次兩大強國會盟，地點在韓國，韓釐王大為興奮，看作是韓國斡旋大國邦交的絕好時機，要大大盡一番地主之誼。七月流火的時節，韓釐王命上將軍韓舉帶領一萬人馬，先期到澠池籌劃行轅事務。八月上旬一過，韓釐王親自到澠池迎接兩王。秦國車駕先一日到達，韓釐王虔誠迎接之餘，想與秦昭王好生盤桓一陣，訴說一番韓國的兩難處境，希望秦國不要將三晉看作一家，對韓國壓力太甚。誰知秦昭王只是打哈哈王顧左右而言他，說得一陣竟打起盹來。韓釐王大是尷尬，告辭走了。本想立即回新鄭，無奈已經見過了秦王，此時若走，分明不給秦國臉面，且還要引得趙王猜測。韓國已經是弱勢，兩強間誰也不能開罪，韓釐王只有強打精神迎候趙王了。秦國不待見韓國，趙國便是韓國靠山了。畢竟，趙國要與秦國抗衡，便要結盟韓國，諒來趙王不至於如秦昭王那般傲慢。

果然，一見韓釐王出迎，趙惠文王遠遠下了王車迎了過來：「韓王兄別來無恙？」韓釐王頓時大為感動。論年齡，他比趙王小得兩歲，說相仿也不為過。論王位資歷，惠文王趙何已經是二十年老王了，他卻只有十七年，還沒到這個約定俗成的老王關口。即或尋常人等交往，趙何也比他資深年長，理當敬重。更要緊的是，目下之趙國已經是與秦國抗衡的超強戰國，成了山東六國的主心骨，趙王之分量他這韓王如何比肩而論？如此情勢之下，縱是趙王輕慢，韓釐王自覺也可忍耐，誰料趙王竟遠遠下車迎來，非但全然沒有絲毫驕矜，反倒是超乎邦交禮儀的一片熱誠。驀然，韓釐王心中油然浮現出「三晉一家」這句已經被天下遺忘的老話，一時間情不自禁，迎上去拉住趙王雙手一聲哽咽：「趙王兄，韓咎……」便說不下去了。

「走！行轅說話，先叨擾你一酒。」彷彿久別重逢的老友，趙何笑得真誠爽朗。

「正是正是，接風酒宴早安排好了，走！」

在韓國行轅大帳裡，兩王酒不斷話不斷分外親密。韓釐王感慨萬端，說秦王這次也只帶了六千軍馬，與趙王人馬相當，趙國能與強秦平手周旋，山東六國便有指望。如此局面，談何容易。惜乎韓國日見萎縮，韓咎愧對祖先也！說著說著淚眼濛濛了。惠文王一番勸慰激勵，說強弱互變，數十年前趙國還不是一樣？只要韓王兄勵精圖治，韓國還是勁韓。韓釐王感奮不已，拍著酒案一陣慷慨，有趙王兄做靠山，韓咎便振作一番。三晉一家，此次會盟，韓咎做趙王兄臂膀了。惠文王哈哈大笑，好啊好啊，有韓王兄一句話，趙何有底氣也！直到暮色降臨，這場接風酒宴才告結束，韓釐王親自將惠文王送到趙國行轅，又叮囑絮叨一陣，方才呵呵笑著回韓國行轅去了。

酒宴期間，藺相如已經約見了秦王特使王稽，商議好次日磋商盟約，三日後秦趙兩王舉行會盟大典，盟約用印。回到行轅，侍女正在為趙王煮茶消酒。藺相如稟報了諸般會盟事務的排列，惠文王連連點頭，脹紅著臉興致勃勃地說了與韓釐王會面的情形。藺相如笑道，既然如此，臣動議會盟邀東道國列席如何?好，正當如此。惠文王拍案笑道，秦王沒有拒絕韓王列席的理由，只對我有利。

經過一整日磋商，藺相如與王稽終於將秦趙盟約議定了，等書吏們將盟約謄抄到羊皮紙上，並刻好竹簡本時，已經是天交三更了。按照邦交禮儀，秦趙兩王還有一日的最後定奪，若無異議，第三日便是會盟大典。藺相如很清楚，這次的秦趙盟約，只是秦國分化山東六國的一次邦交謀劃而已，更確切地說，是秦國在山東六國孤立趙國的謀劃。也就是說，秦國要通過這次會盟，將趙國變成與秦國同等的超強戰國，使其餘戰國將趙國也看成與秦國同樣雄心勃勃要統一天下的強敵，進而不敢靠近趙國，而秦國便能全力與趙國對抗。唯其如此，這種盟約既不會有重大的實際約定，最終也不能當真信實。然則，趙國卻必須會盟。說到底，趙國需要時間，而時間的核心，是沒有秦國這般強敵所能引發的舉國大戰；雖然與秦國會盟，會有在山東戰國中變成孤家寡人的危險，趙國依然得跨出這一步，尤其在秦國主動示好的情勢下更不能拒絕；根本原因便在於：秦國之強，發動大戰可使趙國有傾覆之危，山東五國疲弱，趙國即便一時孤立，也完全挺得過去。這便是邦交，唯以利害為根本，兩害相權，取其輕也。這樣的會盟，盟約形式比盟約內容更重要，只要修好意願昭示天下，盟約議定的具體條款實際是無足輕重的，根本無須兩王親自定奪。然則，這便是邦交，虛則虛之，必經的關節卻是不能少的。

直到次日中飯時辰，藺相如才走進了趙王大帳。

惠文王一氣睡了五個時辰，酒意全部消散，顯得精神奕奕，將藺相如呈遞的盟約瞄了一眼丟在了旁邊笑道：「明日大典，上大夫有何見教?」

「既是大典，我王泰然處之可也。但有非常，我王聽臣處置。」

「素聞秦王善飲，所帶趙酒可夠?」

「尚坊趙酒百桶，足以應對也。」

「要否給秦王送一車了？」

「此等細務，我王聽臣見機行事。」

「好！上大夫慮事周詳，我放心。」趙何本來還想提醒幾件事，見藺相如顯然有多方謀劃，也不再說起。

次日清晨，大河南岸的三片營地響起了悠揚的號角。隨著陣陣號角，西邊行轅的黑色儀仗，東邊行轅的紅色儀仗，南邊行轅的紅藍色儀仗，不疾不徐地向中央地帶的大營聚攏而來。三方匯聚，紅藍色的韓國儀仗在大營外圍的東南角紮定，單留一個百人馬隊簇擁著韓釐王的青銅軺車隆隆駛入大營轅門。進得大營中央的高臺之下，韓釐王下了王車登上高臺東側的一輛雲車，高高地長呼了一聲：「大韶樂起——會盟兩王入營——」

驟然之間，樂聲大起，鐘鼓悠揚，簫管清亮，玉磬平和，唱和肅穆。這是被稱為「大德極致，盡善盡美」的〈大韶〉。相傳這〈大韶〉本是舜帝時的樂曲，自西周之後成為與〈大雅〉、〈頌〉並列的天子樂舞。春秋之世，〈大韶〉流入諸侯殿堂，得到了禮樂名家的高度評價。吳國公子季札在魯國聽了〈大韶〉，激動萬分，盛讚〈大韶〉：「樂而不淫，憂而不困，勤而不怨，曲而有直，哀而不愁，怨而不怒，大德至矣！」孔子則讚歎說，〈大韶〉盡善盡美矣！從此，這〈大韶〉以其中和肅穆之特性成為重大邦交會盟中的常用樂舞。然則，〈大韶〉原本有九節，太顯冗長，戰國之世視當時情形而縮編或只演奏片段。此時演奏的，只是〈大韶〉的頭三節。韓釐王已經讓樂師事先算計好了，三節的時間恰恰是秦趙兩王從轅門外進入會盟臺的時間。

隨著宏大祥和的樂舞，黑紅兩隊王車儀仗同時從兩道轅門進入大營。這兩道轅門也是韓釐王的精心安排。尋常邦交會盟，都是一道轅門分先後進入。然則，這次是兩大強國首次會盟，秦國總想在氣勢上壓趙國一頭，趙國卻是事事都要爭平等邦交，不願在任何細節上屈辱於秦國。於是，這入場禮儀成了第一道難題。在藺相如動議之後，韓釐王實際上是這場會盟的東道司禮，自然是刻意呵護趙國尊嚴。與藺相如磋商時，韓釐王突然靈光閃現，有了！來兩道轅門，同步入場。藺相如拍案大笑，連連讚歎韓王高見。秦國沒有爭執，事情便這樣定了，韓釐王覺得分外光彩。

車駕進入大營，距會盟臺百步之外兩王同時下車，分別從東西兩條紅氈鋪地的甬道走到會盟臺下。此時韶樂恰好奏完，舞女恰好退出，中央場地一片寧靜。待兩王在中央兩張王案前面南站定，韓釐王一聲高宣：「大河之上，兩王書告天地——」

書告天地，本是諸侯會盟的傳統禮儀。尋常會盟，都是盟主告天，次強告地，其餘會盟者則只站在臺下念誦陪祭。然則，此次會盟本非尋常，韓釐王便揣摩出了這兩王同時告天的新禮儀，連兩王之前的國號都不念，而只念「兩王」，以免先後歧見。此等匪夷所思之禮儀，也是戰國會盟中一次奇觀了。

宣聲方罷，秦趙兩王一齊回身面北，分別在王稽、藺相如導引下登上了兩座三丈六尺高的祭天臺，各執一卷對天宣告完畢，走下了高臺。兩王都在盛年之期，各方相若，都想在細節上盡可能地顯示優勢（王位資歷雖然是秦昭王稍長，然趙惠文王卻是親政國王，絲毫不比秦昭王有短）。告天文書的念誦，兩王都是渾厚高亢中氣十足。念畢下臺，兩王不約而同地不要預設內侍攙扶，各自輕捷利落地走下三十六級臺階，同時在王案前站定，相視一笑，都是氣定神閒。

「盟約具名用印——」韓釐王走下雲車又是一聲高宣。

王稽藺相如在兩張王案上攤開了羊皮紙盟約。秦昭王與趙惠文王分別提起王案上的銅管筆，在盟約左下方寫上了自己的名號。之後，兩國掌印官員鄭重捧來了王印銅匣，秦昭王與趙惠文王分別打開了印匣，幾乎同時說了一聲「用印可也」。王稽藺相如便分別對著印匣長身一躬，捧出了王印，結結實實地摁在了羊皮紙盟約上。

「互換盟約，再度用印具名——」

「各執盟約，兩王禮拜——」

隨著韓釐王的宣呼，用印具名又交叉進行了一次，兩王各自捧起盟約，相互一個長躬，會盟大典的實際議程便宣告完結了。此時正近午時，韓釐王亢奮地呼喊出最令會盟者動心的最後一道議程：「會盟告成！大宴開始——」

在祥和悠揚的雅樂中，一場盛大的會盟宴會開始了。三張王案並沒有擺成尋常會盟的形制——秦趙並列面南，韓王面北做東道主相對——而是擺成了一個碩大稀疏的圓形：秦王西北位，趙王東北位，韓王東南位。韓釐王笑呵呵入座，如同打了一場勝仗般快慰。只有在這時，他才終於獲得了與秦趙兩王對等歡宴的禮遇，談何容易！更為難得的是，秦趙爭持，諸多幾乎只能是盟主主持宣布的關節，都自然而然地落到了他的頭上，使他這個原本無足輕重的東道王竟倏忽躋身「三強」，這是何等榮耀。此刻，韓釐王要盟主般顯赫一回，只見他向兩王一拱手，陡然一聲高宣：「鳴鐘開鼎——」

隨著餘音嫋嫋的鐘聲，三王同時用一支精緻的銅鉤鉤在了鼎蓋孔上，噹的一聲，鼎蓋掀起，驟然熱氣蒸騰肉香彌漫大帳。韓釐王滿面春風地舉著酒爵站了起來：「大宴伊始，韓咎身為東道，先敬兩王兄一爵！」趙惠文王正要舉爵，紋絲不動的秦昭王揶揄笑道：「看來呵，三晉皆有魏惠王遺風，都是盟主癖也。明是列席會盟，如何東道盟主一般作勢了？」一言落點，韓釐王頓時面色脹紅，舉著沉甸甸的大爵侷促得無所措手足。

趙惠文王明知這是秦王戲侮韓王嘲弄三晉，一時說不上話來，憋得臉色脹紅。正在此時，坐席在惠文王側後的藺相如站起來對秦王肅然一躬道：「韓王列席會盟，並兼東道司禮，雖是趙國動議，卻也得秦王首肯而成。秦王正在盛年，何其如此健忘也？且韓王一國之君，不惜降貴紆尊而執司禮之職，秦王不念其心殷殷其勞僕僕，卻是反唇相譏，何以樹大國風範？」

秦昭王見是這個凜凜頑石般的藺相如出面，有些不快，怎奈此人一番話句句事實句句在理，還當真不好陡然發作，思忖間一陣哈哈大笑：「原是戲言兩句也，上大夫當真了？來來來，趙王韓王，乾此一爵！」韓釐王雖則大是尷尬，卻呵呵笑著就此下坡：「秦王說得不差，戲言耳耳，上大夫何須當真也。來，秦王趙王，乾了！」頃刻之間，韓釐王硬生生將「王兄」兩字吞了回去。趙惠文王大是快慰，哈哈笑著立即乾了一爵，宴席間頓時輕鬆起來。

三王各懷心思，正事沒有多少說頭，只是嘻嘻哈哈邊飲酒邊觀賞樂舞邊有一搭沒一搭地說些天氣酒肉之類的閒淡話。秦昭王原本善飲，雖非猛士，酒量卻是極大，方才被藺相如嗆得一回，心下著意要找回這個面子，不斷下令更換樂舞，每曲都三五次舉爵與兩王輪番豪飲。如此飲得一個時辰，一章雅樂又到終了，秦昭王笑道：「聞得趙王精通瑟樂，請奏一曲助興，看比我秦箏如何？」趙惠文王正在酒酣亢奮之際，哈哈大笑著大袖一揮：「好！抬瑟來也！」

瑟是春秋出現的大型彈撥樂器，二十五弦，每弦一柱，形制彷彿一口大琴。在通常如〈雅〉、〈頌〉的大型樂章中，除了鐘鼓，主要是琴、瑟、笙合奏而成主調。當時天下的絃樂器還有八弦箏，然則由於箏是秦人的獨有樂器，音色宏大粗獷，入不得中原大雅之堂，便只被稱為「秦箏」。直到數十年後的蒙恬將秦箏增至十弦，秦箏才隨著強大的國勢進入了古典樂器的主流。而趙國屬於三晉之一，歷來是中原文明的中心之一，自然對秦箏不屑一顧。秦昭王一句「看比我秦箏如何」，竟使趙惠文王豪情勃發，立意要讓秦王領略一番中原大雅之樂，便欣然允諾。

兩名韓國樂工將一張大瑟抬到中央空地，擺好了瑟案，肅然侍立兩側。趙惠文王出得坐席，對著瑟案一個長躬，隨即肅然就座，抬手一個長撥定音，轟然之音驟然彌漫大帳，如蕭蕭馬鳴掠過廣闊的草原。隨即便是渾厚悠揚的〈大雅・文王之聲〉，隨著宏大的瑟聲，韓國歌女們肅穆地伴唱：「文王有聲，遹觀厥成，文王受命，有此武功。考卜維王，宅是鎬京。維禹之績，四方攸同。」

「大雅氣象，采！」韓釐王率先喝采一聲，卻立即覺得不妥，笑吟吟看著秦王，「趙王應秦王之請而奏樂，秦王評點了。」

「古董老樂，無甚稀奇。」秦昭王悠然矜持地一笑，「然趙王為本王奏樂，倒是值得國史一筆也。」轉頭看著王稽，「可曾記下了？」

王稽對著秦昭王座案後的隨行史官一揮手，史官捧著一卷竹簡站起來高聲念誦道：「秦王二十八年八月十五，王與趙王會飲，令趙王鼓瑟。」

秦昭王哈哈大笑：「名垂青史，千古傳之，趙王大幸也！」

驟然之間，趙韓兩國君臣大是難堪。趙惠文王原本興致勃勃的大紅臉頓時抽搐變青——可惡秦王，竟將堂堂趙王變成了他的樂工。但趙何素來缺乏急智，嘴唇瑟瑟發顫，偏是一句話說不出來。此時，藺相如一揮手，兩名內侍將趙王攙扶回了王座。藺相如回身抱起一個陶盆大步走到秦王座案前一躬：「趙王素聞秦王善為秦器擊打，請秦王奏盆甄，以相娛樂也。」

「豈有此理！」秦昭王勃然大怒，「本王何善擊打？一派胡言，退下！」

藺相如沒有退下，雙膝一跪高舉陶盆：「請秦王擊奏盆甄。」戰國之世，跪拜原不是常禮，即或君臣之間也不是動輒跪拜。今藺相如並非秦國臣子，行此大禮更非尋常，顯然便是告訴秦王：趙國可禮讓一籌，然則邦交尊嚴一定是要找回來的。

秦昭王心下一沉：「藺相如，你意欲何為？本王不遂你心。」

藺相如將陶盆往左肋下一夾，右手一伸，霍然從皮靴裡拔出一把寒光閃爍的短劍搭在了自己脖頸之上：「五步之內，藺相如頸血必濺秦王之身！」

王稽大驚，向後一揮手，八名秦國武士大步上前要拿藺相如。藺相如怒髮衝冠，衝身抵近秦王一聲大喝：「誰敢近前！我便血濺秦王！」王稽心念電閃，這行轅之內秦趙衛士相當，絕不能逼得藺相如鋌而走險。於是又一揮手教武士退後，自己上前肅然一拱：「上大夫此舉大是失禮，當自重退回才是。」藺相如冷冷一笑：「秦王若知失禮為何物，便當擊打盆甌了事。」說罷舉起左手，將陶盆遞到了秦昭王胸前。

秦昭王大是懊惱，一時哭笑不得，如此一個拚命之徒挺著一口短劍戳在鼻子底下，你能如何？回身走開麼？他豈能不如影隨形？殺了他麼？秦趙武士相當，頃刻便是血戰。果真如此，這次會盟豈非貽笑天下？百般無奈，伸出手指輕輕彈了一下那只抵到胸口的陶盆。誰知陶盆是韓國尚坊精製，體薄如皮，一彈之下噹的一聲大響，在肅靜無聲的大帳竟是餘音嫋嫋。

藺相如舉著陶盆高聲道：「趙御史記載：趙王二十年八月十五，秦王為趙王擊甌！」

秦昭王哈哈大笑：「好！此事了過，再來痛飲！」

趙王韓王大是高興，想著也須得給秦王臺階，一口聲道：「好！再乾！」

又飲得一陣，秦王側案的王稽老大憋氣，同為隨行特使，藺相如今日兩次使秦王難堪，自己顏面何存？思忖一陣對著趙王遙遙拱手道：「趙王明察：秦趙修好，當有實際舉動昭告天下；今我王壽誕之期臨近，臣請趙王以十五城為秦王祝壽如何？」

趙惠文王一愣神，如何？祝壽要十五城？依他所想，不管以何種名目，本來便是要準備向秦國有所讓步的，祝壽也未嘗不可，割出兩三城換得個秦趙息兵還是對趙國有利，畢竟趙國需要時日推行第二次變法；這次會盟，原本便是為了這個目標來的，藺相如兩次傷及秦王，適當時機還是需要彌補一番的，邦交之道原本便是實力利害，場面上過得去便可，弱國強橫只能招來大禍也；可這十五城也未免太出格，簡直就是一兩成趙國疆土，如何應得？思忖片刻，趙王正想開口許諾三五城看看，卻見藺相如向他目光示意，便笑著不說話了。

「臣啟秦王，」藺相如從容一拱，「來而不往，非禮也。趙王壽誕之期在十月，臣請以咸陽一城為趙王祝壽如何？」

頃刻之間，秦昭王如同吃了蒼蠅一般，大是懊惱王稽多事，有這個藺相如在場，你能討得便宜了？然則若再次僵局，便顯得秦國促狹過甚了，畢竟秦國要與趙國爭盟邦，落得個恃強凌弱總歸不利。思忖間秦昭王笑道：「秦國律法：嚴禁為國君祝壽。長史原是笑談，上大夫卻如此當真，未免鋒芒太過。來，最後再乾一爵！」

一場雖無實際內容，然卻又百般周旋的會盟便這樣結束了。

秦昭王大是憋氣，本想立即下書白起還趙國一個顏色。恰在此時，卻接到白起魏冄的聯名羽書急報：趙國大將軍廉頗親率大軍十萬駐屯壺關虎視河內，我王會盟後當立即回駕咸陽。這兩次對趙國邦交，都是秦昭王親自謀劃親自出面，只帶自己最信得過的長史王稽隨行左右，一應細節都沒有告知丞相上將軍兩人。其所以如此，秦昭王要給秦國朝野一個風信：秦王才具足以親政理國了！處處想在澠池會盟中壓趙國一頭，根本因由亦在於此也。不想兩次都未能如願，秦國強勢非但沒能彰顯，反倒是碰得灰頭土臉，如何不教秦昭王憋氣？然則仔細思量，丞相上將軍都主張會盟後收斂，自己何能一意孤行？邦交周旋不如意，還只是自己丟面子而已，若再得一次實際誤算，只怕朝野都要對自己側目了。

反覆思忖，秦昭王歎息一聲，斷然下令王稽：整頓車駕，立即回咸陽。

四、將相同心　大將軍負荊請罪

邯鄲城熱鬧起來了。

澠池會盟的種種傳聞迅速瀰漫了巷閭市井，國人紛紛在酒肆飯鋪官市民市聚集議論，一邊競相訴說自己聽來的神奇祕聞，一邊呼朋聚友博采賭酒。歷來靠天下商旅聚酒支撐的邯鄲酒肆，第一次被趙國人自己哄了起來。趙國人第一次揚眉吐氣了，甚至在趙武靈王大振國威之時，在馬服君第一次戰勝秦軍之時，趙人都沒有過這種國人自發慶賀的氣象。武靈王沒有來得及與秦國對抗便去了，馬服君則是慘勝秦軍，國人在茫茫屍骨面前實在是悲喜兩難。這次不然，趙國第一次在大國會盟中狠狠教訓了驕橫不可一世的秦王，秦國非但沒有討得便宜，更沒有如同對待他國那樣立即討伐。其間意味何在？還不是趙國真正強大了，秦國再也不敢對趙國頤指氣使了？還不是趙國出了個藺相如，敢與秦王直面抗爭？有實力，有強臣，還怕他秦國做甚？趙國能和天下第一強國並肩而立了，趙國人臉上光彩了，長久只知孜孜騎射奮力抗爭天下的緊繃繃國風，終於可以稍稍鬆弛了，興奮之情如何不從巷閭街市漫無邊際地流淌出來？

趙王車駕回到邯鄲的第三日，王宮傳出了消息：趙王封藺相如上卿爵位，與平原君同領相權治國，位列大將軍廉頗之右。消息傳出，邯鄲國人又一次沸騰起來了，稱頌趙王英明，慶幸強臣掌國，一時間紛紛湧到新上卿府邸前坐地飲酒唱和，興致勃勃地品評著絡繹不絕前來祝賀的高車駟馬，還要一睹新上卿首次出府的風采。

藺相如爵封上卿職掌相權，大將軍廉頗最是憤憤不平。

要說爵位同是上卿還則罷了，偏偏是「位列廉頗之右」，這教他如何受得？之右，便是之上，是指官員名冊書寫時的次序，右在左前，故右為上。按照戰國傳統，將相若是同爵，則相位在前，因為丞相是總攝國政首席大臣，大將軍或上將軍雖則也是要害大臣，然則畢竟只是軍事統帥；若將相爵位不同，則按照爵位高低排列。對於高爵重臣，這種排列的實際意義更多在於朝會時的座次排列，與實際職掌並無必然關聯。朝會排列大臣坐席次序，是按照國君封爵王書確定的名錄排列的。也就是說，按照「之右」這個排列，藺相如在所有的禮儀場合都比他這個上卿大將軍高一等，若是車駕相遇，他也得先在路邊迴避，等對方過去後方可行車。老廉頗無法忍受者，恰恰在於此也。

這一日，雁門關大將樓緩前來拜訪，說起朝野傳為佳話的澠池會盟，老廉頗憤憤然作色：「老夫三朝老將，出生入死百戰沙場，有攻城野戰之大功。藺相如者，本是一布衣之士卑賤門客，徒以口舌之勞竟位居老夫之上，當真令人汗顏也！」樓緩本是文武兼備的通才名將，當年比廉頗官爵還高，只因當初被趙武靈王指派為廢太子趙章領軍建功，被公子成莫名其妙地當作了「黨附叛逆」而遭貶黜。此時樓緩已年逾五旬，平日也是鬱悶在心，見老廉頗憤然感喟，也是一聲歎息：「朝局官爵，原是變幻莫測，老將軍何須傷懷，但一個忍字便了。」「豈有此理！」廉頗憤然拍案，「老夫偏是不忍為豎子之下！」樓緩驚訝道：「澠池會盟前，老將軍親來雁門關調兵，還盛讚藺相如才具練達，何今日竟如此不堪？」廉頗大手一揮激昂道：「藺相如只做個上大夫，自然無事。口舌之徒而居大位，豈能服人！」樓緩點頭道：「縱然如此，老將軍還是忍字為上，畢竟是趙王寵幸也。」一聽此話，老廉頗更是面色脹紅：「便是趙王不公，老夫何懼也！他日若見藺相如，老夫必得羞辱這個賤人門客。」

送走樓緩，廉頗喚來府務司馬吩咐道：「日後無論街行還是入宮，但見藺相如車駕，便給老夫頂頭上去！」府務司馬本是邊將出身，「嗨」的一聲便去安頓了。

風聲傳揚開去，自有一班好事者立即報到上卿府。

藺相如聽到後卻只是微微一笑，吩咐衛士百夫長日後避開大將軍車駕。這一年的三次朝會，藺相如都事先上書告病，避免了朝臣列座時的難堪。好在一年沒有幾次朝會，並不耽擱日常國務。一次，藺相如出邯鄲巡視民情，回程時已是暮色，軺車剛駛進府邸方向的一條長街，便聞前方車聲轔轔，正是廉頗車馬迎面而來。衛隊與馭手似乎忘記了藺相如吩咐，照常前行絲毫沒有迴避之意。站在六尺車蓋下的藺相如已經看見了那熟悉的雪白鬚髮、飛揚的大紅斗篷與那頂粲然生光的銅盔上的將矛，腳下用力一跺，馭手才將軺車匆忙駛進了旁邊的一條小巷。聽見身後傳來的哈哈大笑，所有隨行吏員與衛隊甲士都憤然作色，唯獨藺相如渾若無事，在車蓋下打盹瞌睡了。

回到府中，掌管府務的門客舍人跟進了書房，對著藺相如一拱道：「上卿明察：今日之事，我等不服也！」藺相如笑了：「何事不服，但說無妨。」門客舍人道：「我等所以放棄親朋而投上卿門下，只在敬佩君之錚錚風骨。今上卿與廉頗同爵而位列其右，廉頗口宣惡言，而上卿卻迴避逃匿，恐懼之情，庸人布衣尚且羞之，況於將相乎？我等為君門客，實在汗顏無地自容，今日請辭君而去也！」昂昂一句，轉身便走。

「且慢。」藺相如一揮手，「士不可屈節，自是來去自由。然則，你只答我一問，而後去留兩由之，如何？」

「上卿但問無妨。」

「在你等看來，廉頗之威比秦王如何？」

「自是不如秦王。」

「尚算明白也！」藺相如拊掌大笑，「夫以秦王之威，藺相如猶公然斥責於天下君臣之前，而秦國大臣武士無可奈何。今相如縱然駑馬，何獨畏懼廉頗老將軍之威勢哉？所念不同，所持不同。究其竟，我所念者：強秦不敢加兵於趙，是有老將軍與藺相如在也。若兩虎相鬥，必是兩敗俱傷。藺相如迴避老將軍，只是先國家之急，後一己私怨，豈有他哉！」

思忖良久，舍人肅然一個長躬：「在下謹受教。」

「相如言盡於此，舍人去留自便。」

門客舍人沒有說話，轉身大步去了。他找到衛隊，找到馭手，找到府中所有吏員僕役使女，向他們反覆訴說了藺相如的大義苦心，與衛隊馭手僕役人等約定：決意遵從上卿之令，不與大將軍府任何人滋生事端。上卿府邸終究是穩定了下來，吏員衛士僕役人等但在邯鄲遇見大將軍府中之人著意尋釁，都是遠遠迴避開去，絲毫沒有懊惱之情。在看重名節尊嚴的戰國，尤其在國風剽悍決鬥蔚然成習的趙國，上卿府上下人等的這種退讓，令各大臣府邸與邯鄲國人大惑不解，一時間議論紛紛了。各府邸吏員們紛紛私相盤詰嘲笑，上卿府吏員忍無可忍，終於將藺相如的一番話和盤托出，末了一句慷慨激昂道：「上卿一心謀國，我等豈能與上卿二心！」言談之間，非但沒有絲毫的屈辱憤激，反倒是油然生出一種忍辱負重而全大義的凜然之情，聽者無不悚然動容。

漸漸地，藺相如的一番話流傳了開去。

一年多來，老廉頗肝火日旺。藺相如不列朝會，他看著上手的空坐席直躥怒火。道上相遇，藺相如又遠遠躲開，每次都避開了他。老廉頗牛勁大作，對幾個司馬下令，尋釁上卿府吏員，逼藺相如出來與老夫理論。饒是如此，藺相如也還是不露面，連上卿府吏員僕役也是匪夷所思的好脾氣，只死活不與他府下人士碰面。威風是威風了，可老廉頗更是憋氣得火冒三丈了。無論是依行伍軍風，還是依朝野國風，受辱者都必與尋釁者有個了斷。這個了斷，在庶民士子是決鬥，在軍營是比武，在朝臣便是直面理論甚至相互仇殺。趙國本是晉國承襲者之一，趙氏一族歷來都是軍旅世家，國風剛烈民風剽悍風塵朝野多慷慨悲歌之士；朝局衝突動輒兵戎相見，庶民衝突動輒大舉械鬥，遇挑戰而退避三舍，便會被指為懦弱不肖，從此無人與之來往。按照本意，老廉頗也就是想羞辱藺相如一番，出口惡氣了事，絕不會聯絡群臣迫使趙王罷黜藺相如或與其兵戎相見。畢竟，廉頗是行伍出身的忠勇大將，藺相如也是趙王倚重的治國邦交能臣。老廉頗一心想的是個不服，一心要做的是個出氣，最終要得到的是你藺相如須得服膺老夫。然則氣昂昂尋釁年餘，竟夯錘砸到了雲氣裡軟綿綿無可著力，當真氣死老夫也！思忖一番，老廉頗決意上書趙王：辭去這窩囊大將軍，自請赴雲中統兵大戰秦軍，離開這令人憋氣的邯鄲，從此不再見這個教人膩歪的藺相如。否則，罷黜藺相如這個門客賤人，總歸是老夫與此等賤人勢不同殿兩立。

這日，老廉頗從武安軍營趕回邯鄲，一路思忖妥當，回府沐浴後換得一身乾爽的苧麻布衣進了書房，尚未在案前就座，府務司馬匆匆來到。老廉頗一瞄便知他有事稟報，站在了書案前道，有事便說，吞吐個甚來？府務司馬臉上白一陣紅一陣，期期艾艾開不得口。老廉頗大怒喝道，吭哧個鳥！教藺相如割了舌頭麼？府務司馬一驚，這才結結巴巴地說了聽到的藺相如的一番話，末了面色脹得通紅地低下了頭去。

「此話是藺相如說的？」老廉頗板著臉。

「正是。」

「還有誰聽說過？」

「邯鄲城都傳遍了。大將軍可證之於平原君。」

「真道怪了。」老廉頗嘟囔一句，半日無話，連府務司馬何時出去都毫無知覺。

這段時日以來，老廉頗也隱隱約約地覺察到同僚們的神色有些蹊蹺。車馬行於長街大道，國人也都遠遠地避開了，再也沒有那種爭相觀瞻老元戎風采的熱火氣了，總歸是走到哪裡都是冷冷清清。在府務司馬稟報之前，他都將這些事渾沒放在心上，只以為人各有事，誰整日只等在那裡欽敬你了？府務司馬這一說，老廉頗如同吞了一劑怪藥，半日回不過味來，只覺得原先那股火氣莫名其妙地化作了一片冰涼，心裡沉甸甸地不舒坦。細細想來，那些原本毫不在意的景象，此刻卻如此清晰地紛紜浮現在眼前，連朝臣國人的眼神也是那般清晰。是了，那是奚落嘲諷又夾雜著些許憐憫，朝臣們嘲笑老夫不能容人，市井國人憐憫老夫年邁昏聵。如此說來，在朝野上下看來，老夫已經成了一個倚老賣老無可理喻的瘋子麼？是了是了，肯定如此了。

驀地，老廉頗想起了半個月前趙王的一句話。那日他進宮與趙王商議如何蠶食韓國上黨的大計，末了趙王一聲歎息：「老將軍，邦國如同廣廈，獨木可是難支也。」他當時便赳赳挺胸回答：「我王毋憂，老臣定與平原君攜手同心，整軍經武，與強秦一爭高下！」趙王似乎還想說話，終是欲言又止。今日想來，趙王也分明知曉他尋釁於藺相如而致將相不和，方才有此感喟了。然則，趙王為何不明說？是信不過老廉頗？不，決然不會！老廉頗身經百戰出生入死歷經三代國君，從來不曾見疑於國君朝野，即或戰敗或謀劃不當，老廉頗的耿耿忠心蕩蕩胸襟都是無人有任何非議的。那麼，最大的可能，是對老廉頗有所期望？期望何在？老廉頗心中一沉，儘管獨自一人，卻驀然臉色脹紅了——趙王給老臣留下迴旋餘地，期望兩名重臣主動修好。目下想來，若是藺相如主動登門，老夫倒是可以就勢下臺言歸於好。念頭一閃，老廉頗又臉紅了。藺相如敢來麼？你老廉頗氣勢洶洶尋釁於人，人家迴避禮讓一年有餘，你個老東西的弓弦都沒鬆，人家來做甚？公然教你羞辱麼？要和，只有自己親自登門了。仔細回味，藺相如確實是個硬骨錚錚的名士，你老廉頗雖則上得戰場，可做了特使直面秦王未必有如此英雄氣概，孤身挺劍血濺五步，難道不如戰場搏殺？不！平心而論，比起千軍萬馬的戰場搏殺，藺相如非但需要同等的勇氣膽識，而且需要驟然應變的急智說辭。如此等等，你老廉頗行麼？不行。不行還不服人，這叫甚來？軍中叫「鼠肚雞腸該吃打」！更有甚者，你老廉頗原本也是農耕子弟軍旅行伍出身，做了幾日大將軍竟罵藺相如是「賤人」，當真老殺才也！論起來，藺相如還是縣令之子讀書士子，迫於無奈才做了門客舍人，此等情形在戰國名士中比比皆是，蘇秦張儀不是都做了丞相？人家是憑真本事掙得的功勞，你老東西泛得甚酸？你老東西泛酸，人家卻以國家安危為重處處禮讓，兩廂比照，你老廉頗算個甚等物事？惡行是自己做的，還想等著人家來給自己臺階下，廉頗啊廉頗，你枉自活得年逾古稀，坦蕩本色當真教狗吃了去也！

整整一宿，廉頗書房的燈燭亮著，麻布窗櫺上的高大身影一直徘徊到五更雞鳴。

清晨卯時，太陽堪堪爬上東方山巔，正是車馬流水市人當道新一日勞作伊始的喧鬧時刻。大將軍府邸的正門隆隆打開，車馬儀仗轔轔擁出，當先青銅軺車的六尺傘蓋下雖然空無一人，前行開道的衛隊甲士與車後隨行司馬卻是神色肅然，比尋常時日上道更加鄭重其事。

車馬儀仗轔轔出街，一個未及走開的市人突然一聲驚呼：「快看！肉袒負荊！」

這一聲喊，街邊匆匆行人呼啦啦圍了過來。一看之下，沒有一個人說話，都跟在車馬之後緩緩湧動著。

青銅軺車之後，走著一個鬚髮雪白赤裸上身的老人，古銅色的脊梁上綁縛著一支粗大帶刺的荊條，荊刺扎出的滴滴鮮血流成了一片殷殷紅線。老人神色肅穆，坦然地望著圍觀市人，只是默默一拱，跟在軺車後一步步走去。沒有一個好事者解說，任誰都明白大將軍廉頗要到何處要做何事。倏忽之間，慷慨豪邁的邯鄲國人一片感慨唏噓，雖然隨行者越來越多，卻肅靜得唯聞喘息之聲。

藺相如正在書房啟開一封羽書急報，尚未瀏覽，總管舍人急促的腳步聲伴著急促的銳聲驟然撲了進來：「上卿！快！老將軍來了！」

「莫慌。」藺相如轉身一笑，「老將軍既能登門，藺相如還能逃到何處？」

「不！老將軍肉袒負荊，請罪來了！」

驀然之間，藺相如一個愣怔，又立即下令：「快！打開中門，我立即便到。」

待上卿府的中門隆隆打開，吏員們匆忙激動地出門排列儀仗時，府前街巷與車馬場已經擁滿了肅然無聲的人群。就在大將軍車駕從人海甬道轔轔駛入正門之際，門廊下的總管舍人一聲長長的宣呼：「上卿恭迎大將軍——」隨著宣呼之聲，藺相如大步走出，束髮無冠，布衣左袒，在眾目睽睽之下迎著肉袒負荊的老廉頗肅然走來。驟然之間，萬千國人鴉雀無聲，不約而同地屏住了呼吸。

依照古老的習俗，肉袒負荊為最真誠的請罪，袒露左臂則是對重大提議或事件的認定。兩者之間原本沒有必然聯繫，而只是不同情勢下的不同標記。然則藺相如卻是急智非凡的明銳之士，頃刻之間便想到了如何應對老將軍這古老隆重的請罪。老廉頗在萬千國人注目下公然肉袒負荊，非但是向他藺相如請罪，更是坦蕩地向朝野上下請罪；而車駕隨行，則是老將軍的一種深重自辱：此肉袒負荊者是趙國大將軍，其行不配職爵，當受荊鞭之笞。老將軍如此赤誠肝膽，當真令人震撼。若以官身冠帶出迎，雖則不算錯，然在禮儀上卻有居高臨下之嫌，非但自己過意不去，看在國人眼裡分明也不舒坦；若以布衣之身相迎，禮儀算是平了，然卻總是欠缺了什麼。將相不和，你藺相如當真沒有絲毫錯失？僅僅是迴避挑釁便是為國赤心了？一年多來，你藺相如身為相職上卿總攝國政，對同爵重臣不理不睬，延誤了多少邦國急務，當真不感到慚愧麼？驀然之間，藺相如心頭震顫不已，一種深切自責油然湧出，立即除去冠帶，袒露左臂迎了出來。

走在車前的老廉頗原本也有著一絲不安，雖說自己真誠請罪坦蕩之至，心下也有了預備，縱是對方也如自己原先一般見識而藉機羞辱自己一番，也是自己該當。老夫有錯老夫認，上卿如何對待是上卿的事，想他何來？老夫認罪，對方還是做大，那只有井水不犯河水，豈有他哉！抱定這個心思，老廉頗在兩箭之外已走到了車駕前面，一路走來身軀晃動，粗長尖銳的荊刺反覆割劃，赤裸的脊梁上的血線已經變成了淋漓流淌的鮮血，順著那些紫紅色的累累刀疤蔓延下來，將本色緊身胡服褲腰也染得一片鮮紅，萬千國人無不悚然動容。老廉頗百戰之身，對此等血肉疼痛渾然無覺，雖則心下忐忑不安，卻也是坦然大步走來。

驟然之間，老廉頗釘在了當地，雙眼頓時模糊了，那、那布衣左袒者是誰？

「上卿！」大將軍老淚縱橫，一聲哽咽拜倒在地。

「老將軍！」快步迎來的藺相如也撲地拜倒張開雙臂抱住了廉頗，「相如後生，拘泥過甚，當真不肖也！」旋即轉身，「醫士何在？為老將軍去荊！」

「且慢！」老廉頗一拱手，「上卿如此胸襟，老廉頗更是無地自容也。上卿在上，受老廉頗三拜，後請上卿執荊鞭笞。」

「老將軍！」藺相如哽咽了，「若信得相如為人，相如請與老將軍結刎頸之交！」

驟然之間，老廉頗雙目生光：「此話當真？」

「老將軍豪邁坦蕩，藺相如敬佩之至！」

廉頗一陣大笑，溝壑縱橫的古銅色大臉熱淚縱橫：「藺相如大義高風，老廉頗三生有幸，誠當刎頸之交也！」

「好！老將軍在上，請受相如禮拜。」不由分說，藺相如扶起廉頗站好，伏地一個大拜，肅然立誓，「廉頗但去，相如墓前刎頸相隨！」廉頗顫抖著雙手扶起藺相如，肅然一個回拜：「相如但去，老廉頗絕不獨生！」藺相如拉起廉頗的手：「老將軍，你我與國人說得一句，便算全了這份生死盟約，如何？」「好！」廉頗慨然一應，兩人執手共舉，對著府前山海人群異口同聲喊出：「萬千國人作證：廉頗藺相如生死同心，刎頸無悔！」

「萬歲——」四面國人驟然歡呼，聲浪覆蓋了半個邯鄲。

這一日變成了大將軍府與上卿府的大喜之日，兩府上下人等一齊聚來上卿府歡宴慶賀。消息傳開，趙惠文王大是欣慰，立即趕到上卿府親賜一車尚坊趙酒，親自為大宴開鼎。群臣聞訊也紛紛趕來慶賀，上卿府一直熱鬧到中夜方散。群臣吏員散去之際，藺相如卻將趙王、平原君與廉頗請進了書房，拿出了那封羽書急報：秦國長史王稽祕密出使魏國，魏國祕密聯結齊國，三國可能結成連橫之盟。

「秦國終是對著趙國了。」平原君皺著眉頭，「為濟西之地，齊國與我本來便有一筆老帳想算。魏國衰頹多年，對我也是嫉恨多多。於是想與秦連橫，抗衡趙國威勢，不能不防。」

「上卿以為如何？」趙惠文王顯然是憂心忡忡。

藺相如從容一笑：「既是強國，必當面臨天下算計圍攻，若被天下遺忘，也無甚生趣了。秦國被山東六國算計圍攻近百年，還不是因秦國強大？時移勢易，趙國今成天下眾矢之的，乃趙國之榮耀也，我王不當為此憂心。但能應對得當，合圍便是錘鍊。」

「你只說如何應對。」老廉頗插了一句，顯然是心悅誠服地聽從調遣。

「我王，平原君，大將軍，」藺相如侃侃道，「為今之計，趙國實力稍遜於秦，當以靜制動：大軍嚴守要地關隘，出使多行邦交斡旋，盡可能延遲秦趙正面碰撞。邦交而言，當以韓國為側重，輔以楚燕。」

「側重韓國？」廉頗大惑不解，「韓國之衰，舉國抵不得秦國兩郡，出錢出糧費力周旋，有用麼？」

藺相如悠然笑了：「韓國雖弱小，卻有上黨險地。上黨若歸我，又當如何？」

「噢——是了！」廉頗恍然大笑，「如何這茬兒也忘了？秦國正對上黨垂涎三尺，若緊緊拉住韓國，將上黨給撬過來，這仗便好打！」

轟然一聲，君臣四人大笑起來。

五、撲朔迷離的大梁才士

已經到魏國三日了，王稽還沒有見到魏王，真有些懊惱。

日薄西山的魏國竟敢如此慢待大秦特使，還當真莫名其妙。在山東六國中，魏國最有邦交斡旋傳統，也最看重邦交禮儀。原因只有一個，魏國是中原文明風華的中心，也是山東六國最有實力根基的大國，但凡天下有事，都少不了魏國出來調停斡旋。魏文侯、魏武侯、魏惠王三代，魏國都是文武衡平一言堪定天下的赫赫大邦。倏忽又是三代，魏襄王、魏昭王、魏安釐王，魏國一代不如一代了。尤其是魏安釐王即位七年以來，魏國無聲無息在天下消失了一般，任你列國翻天覆地，魏國只是不出聲。韜晦息事還則罷了，魏國畢竟大邦，也沒有哪國輕易尋釁發動大戰。然則，秦國特使上門結好，還是不理不睬，就大是反常了。莫非魏國當真要像剩餘的十幾個小諸侯一般做縮頭不盟之國？不會，決然不會！但凡明白人都看得清楚，而今之魏國已經被秦趙兩大強國擠在了夾縫，再加東邊一個力圖再度振興的齊國，三座大山隆隆擠壓，稍有不慎，魏國便有亡國之危。如此險情，魏國當真麻木到毫無知覺？不會的。王稽很清楚，魏安釐王雖然算不得英雄君主，至少還是中才，算不得昏聵，再說還有戰國四大公子之首的信陵君魏無忌這等大才，魏國如何能聽任三座大山將它擠扁壓碎了？大象反常，背後必有非常之因。常理揣摩，目下與秦國結好正是魏國避免三強夾擊之急需，魏國不可能不重視秦國特使的到來。三日不見，必有隱祕。可是，這個隱祕在哪裡？

「備車，拜會丞相府。」一陣思忖，王稽決意弄出點響動來。

軺車駛進幽靜寬闊的王街，拐了一個彎，到了丞相府前的車馬場。目下這魏國丞相名叫魏齊，乃是赫赫威勢的王族嫡系公子。三晉素來有王族子弟當權的傳統，魏國尤甚。自魏惠王起，魏國丞相大體都是王族公子，而權勢最重者，第一是魏惠王時期的丞相魏卬（公子卬），第二便是目下這個魏齊。其所以如此，在於這魏齊是魏昭王的同母弟、魏安釐王的叔父，自己又做過領軍大將，被魏安釐王贊為「文武兼通之棟梁」，在魏國幾乎半個國王一般。只要疏通得當，王稽相信一定能從這個赫赫丞相口裡探出點虛實來。

按照禮儀，大國特使的軺車可直達丞相府邸大門，而無須將軺車停放車馬場再徒步到府門稟報入內。然則久在王側走動，王稽卻是心思周密，通曉此等貴胄之喜好，吩咐馭手將軺車圈趕到車馬場停好等候，自己只帶了一個捧禮盒的吏員從容來到府門前。

門吏一聽是秦國特使，吭哧著有些不好把持，及至王稽將一個裝著叮噹金幣的小皮袋遞到手裡，門吏二話不說飛步進去稟報了。片刻之後，白髮蒼蒼的丞相府家老迎了出來，殷勤地將王稽直接領了進去。穿過一片婆娑竹林時，王稽又將一袋秦國尚坊精製的金幣送給了家老。家老諾諾連聲，問王稽要在正廳見丞相還是在書房見丞相？王稽說尚未遞交國書，自然是書房好了。家老說，中大夫須賈出使歸來，正在書房向丞相稟報，須得稍等片刻。王稽心中一動笑道：「噢，須賈大夫出使楚國回來了？」家老低聲笑道：「出使楚國何來？是齊國。」「噢！」王稽恍然大悟地笑了，「我卻糊塗也，中大夫才幹出眾，定是凱旋而歸了。」家老鼻端一聳不屑地搖頭一笑道：「氣咻咻說個沒完，能是凱旋了？可能出事了。否則，老朽保你即刻便見丞相。」王稽連連道：「不打緊不打緊，我自等等無妨。」說話間家老將王稽領進一間異常雅致的小廳，吩咐侍女煮茶，說聲老朽去看看，便碎步去了。

剛剛飲得兩盞青綠幽香的逢澤茶，一陣呵呵笑聲傳來：「如此屈尊貴客，老夫如何擔待了？」接著是家老的殷殷笑聲：「丞相國務繁忙，原是老朽之失，已對大人說過了。」王稽連忙站起來走到了門廊下一個遙遙拱手：「秦國王稽，拜會丞相。」迎面一個綠玉冠大紅袍鬚髮灰白滿面紅光大腹便便者大步搖了過來，哈哈大笑著一拱手：「老夫怠慢大國特使，當真無禮也！」走過來拉住了王稽的左手，一團春風般進了小廳。

笑語寒暄幾句，王稽一拱手道：「初次拜會丞相，無以為敬，奉上藍田玉具一副，敢請笑納。」向後一擺手，吏員捧過來一個古銅方匣恭敬地擺在了魏齊案前。王稽上前打開笑道：「此乃精工藍田玉。素聞丞相精於玉具鑒賞，敢請評點一二。」

「玉龍金睛佩！」只瞄得一眼，魏齊雙眼陡然放光，及至用紅錦托起玉佩反覆端詳，當真是愛不釋手了。

佩玉本是華夏服飾的久遠傳統。三代以至春秋，將玉石雕琢打磨成各種飾物佩帶，從來都是天下共有的民俗。上層貴冑的玉器飾物名目繁多，佩玉便成為身分地位的象徵物之一。即或是庶民百姓，也常有玉魚、玉虎、玉墜等簡單玉器佩帶於身以示吉祥。戰國之世禮儀大大簡化，玉器飾物的佩帶也相對簡單多了。春秋時期那種一組十多件掛滿全身的大型長串佩玉已經不再是貴冑們的必需禮器了，單件玉佩開始成為日常飾物，各種玉具如玉璧、玉璜、玉人、玉劍等便成了寓意祥瑞的擺設器具。雖然佩玉禮儀簡化了，但由於進入了鐵器之世，琢玉工具大是進展，玉器製作比春秋時期更為精細了。精工製作的大型單件玉佩便成為天下難得的寶玉。當時，秦國的藍田玉是天下名玉之一，與西域胡玉（即後世所說的新疆和闐玉）、楚國荊玉一起被天下稱為「三玉」。王稽帶來的這具玉佩是以藍田玉為材，由秦國王室尚坊玉工精心琢磨的大型單件玉佩——玉龍金睛佩。這玉龍佩非同尋常，玉材潔白晶瑩，一看便是極為罕見的羊脂玉；玉佩分明是一方整玉琢成，通體九寸九分，連同龍頭龍尾共有十三道彎曲；最為神奇者，玉龍通背為黑色龍紋鱗甲，眼睛為火焰般紅色，眼珠卻是黃澄澄金色。若說這墨鱗火眼是難得的玉材天賦，這玉龍鑲金睛便是戰國之世天下一等一的琢玉技法——玉鑲金。金中鑲玉本來就已經是非常罕見了，這玉中鑲金簡直就是巧奪天工聞所未聞。饒是魏齊見多識廣，一時間也目眩神搖了。

「好！好！好！」魏齊一連重重地說了三聲好，「天賦奇材，絕世巧工，秦尚坊刻印，此三宗足使此寶萬世不朽也！老夫之見，叫它玉龍金睛尚坊佩！貴使以為如何？」

「丞相法眼天下第一，品評自是無差矣！」王稽連忙跟上一句。

「特使如此待我，老夫何以為報？」魏齊在廳中轉幾步，突然轉身，「特使便說無妨，何事相求於老夫？」

王稽笑道：「原是秦王敬重丞相當國，欲修兩國之好，豈有他哉！」

「秦國當真要與魏國修好結盟？」

「丞相明察：秦魏雖為夙敵，然則時移勢易，趙國齊國雄心勃勃，已成天下大患。當此之時，秦魏已無衝突，若不攜手抗禦趙齊，秦國不安，魏國更是危在眉睫也。」

「說得也是。」魏齊皺著灰白的長眉，「且不說這趙國素來覬覦大魏，便是這齊國，剛剛從滅國劫難中緩過勁來，便要對我大做手腳，當真不可思議也。」

「噢——想起來了。」王稽恍然一笑，「在下也曾聞得，齊國要收回被魏國奪取的老宋國土地。若是如此，秦國可援手魏國共抗齊軍。」

「不不不。」魏齊連連搖手，「與魏國開戰，目下齊國尚無那份實力。老夫所說，是齊國那個安平君田單，竟敢買通我方使臣做我手腳，分明是欺我魏國無人也！」

「有此等事？」王稽驚訝得睜大了眼睛，「中大夫須賈能被齊國買通，匪夷所思！」

「須賈乃老夫臂膀，忠心事國，如何能被收買了？被買通者，須賈主書也。」魏齊回身高聲問，「家老，那個書吏叫何名字來？」

守在門廊下的家老立即答道：「稟報丞相：叫范睢。」

「一個書吏，何勞丞相動氣。」王稽笑了，「莫非齊國文士都教樂毅殺光了不成？」

「對呀！」魏齊哈哈大笑，「齊王少見多怪，硬是認這個書吏做大才，派田單親賜他十金並一車齊酒，還要用五城交換這個小吏，豈非滑天下之大稽麼？」

「那，丞相如何處置這個書吏了？」

「老夫方才得知，還沒想好如何處置。哎，莫非特使也有意這個小吏？」突然，魏齊神祕地擠著老眼一笑。

王稽哈哈大笑：「笑談笑談，在下告辭。」

魏齊也是一陣大笑：「好！改日老夫教你晉見魏王，商定秦魏修好。」

一番笑語，家老又殷殷將王稽送到了府門。此時門吏已經特意將王稽軺車請進了大門庭院，王稽在影壁後登車，從車門轔轔去了。回到驛館正當暮色，王稽草草吃得些許飯菜，來到了小小書房，徘徊思忖，一時理不出個頭緒來。

臨行之前，秦王特意與他有過一次密談。雖然王稽官爵不高才具平常，卻是跟隨秦王三十餘年的老人了。當年秦王母子在燕國做人質，王稽是隨行家老。依照秦法，除非有大功勳，他這種官僕出身的事務家臣是不能做大臣的。秦王即位，他被封了一個「謁者」的官職。謁者是掌管國君文札傳送的事務官員，嚴格說，還只是「吏」，而不是「官」。但由於此吏是職掌國君事務，自然是實權機密要職，尋常大臣也不將他作吏員看待。謁者做了二十餘年，宣太后死了，秦王權力也漸漸大了，雖說沒有親政，但對身邊近臣的任免總是可以按照自己心願做了。於是，五年前，秦王以「歷經磨難，忠勤任事」為由頭，特賜王稽大夫爵位，職領長史。長史全面職掌國君事務，本是一等一的實權大臣。然則，秦王事實上尚未親政，一班大臣對此時的長史不那麼看重不那麼認真計較，秦王既然力主，魏冄與華陽君、高陵君、涇陽君等顯貴大臣也就放過了。王稽畢竟才具有限，對文事大計尤其不擅，做了長史，也依舊只是總管具體事務，王室典籍書令等一應文事，實際上都是副手大吏在做。雖則如此，秦王對他的信任還是無以復加，但有鬱悶，總是時不時與他說得幾句。

後來，終因王稽才具平庸朝有物議，秦昭王只有將他貶黜，做了長史府下的謁者傳書，專一執司文書傳遞。雖是「貶黜」，秦王對王稽的信任依舊。這次出使魏國，實則是給了他一個立功機會。臨行密談，秦王異常的親和也異常的認真，可是秦王一開口，就教王稽心中猛然一沉。秦王說：「王稽啊，還是教你做謁者出使，你當如何？」王稽一臉沮喪：「臣是無才，自當憑我王處置。」想起來，此話極是不得體，但秦王沒有絲毫顏色，反倒是哈哈大笑：「王稽啊，想到哪裡去了？我是想請你做一件大事，不得已如此也。」王稽連忙一躬觸地：「臣唯忠勤事王，何敢當我王言請？王但有令，臣赴湯蹈火在所不辭！」「這便好。」秦王扶他起來，託付了一件令他唏噓不已的祕密大計。

這個祕密大計，是出使魏國，祕密尋覓名士大才入秦。秦王說得很清楚，我要之人，須得堪為首相之大才，孝公有商鞅，惠王有張儀，武王有甘茂，太后有魏冄，我只要此等人才，曉得了？王稽當時倒吸了一口涼氣，惶恐一躬，我王明察：臣本庸才，何能識得如此乾坤大才？誤王大事，臣雖萬死不足以擔承也。秦王笑了，要你擔承個甚？此等事原本是王運國運，盡心訪求而已，誰保得定然成功？你雖不是大才，卻也不會嫉妒埋沒大才，只需謹細查訪。人過留名，雁過留聲。是名士大才，還能沒個響動？秦王最後語重心長地拍著王稽肩膀說，王稽啊，沒有丞相之才，嬴稷永世無法親政，曉得？辦好這件大事，便是莫大功勞，嬴稷這廂拜託了。秦王這一躬，王稽感奮唏噓地來到了魏國。

莫非當真是大秦國運如日中天，他剛到大梁便遇到了一個人才？

那個叫范睢的書吏，能在齊國得到賞識，可是非同尋常。且不說齊王田法章機警睿智，更有那個與當世名將樂毅抗衡了六年的田單，他等歷經大戰出生入死的名君強臣，能輕易以重金王酒結交一個微不足道的書吏？王稽縱不識人，田法章田單總是識人了，沒準這范睢還當真可能是個隱沒於家臣小吏之流的名士大才。看魏齊模樣，定然是要處置這個書吏了。會如何處置？想來總不至於處死了。只要這個人在，王稽相信自己能訪查出來。在大梁這個地方，只要有金錢，便沒有祕密。這次出使，他非但帶了幾件王室重寶，還帶了秦王一封密書，可隨時借支大梁秦國商社的各式金錢，還愁查不出一個想見的人來？

可是，此等事也不能顯山露水操之過急，否則打草驚蛇。今日有玉龍金睛佩，老魏齊話是多了，還有那神祕一笑，似乎是說，你要這個人老夫便給你以做回報。可王稽卻心明如鏡，若他當真要了，那個范睢便註定出不了魏國就死了。王稽沒有別的才能，揣摩此等酷好錢財珠寶的顯貴人物的心思，倒是很少差錯，這也是秦王始終信任他的原因：辦事精細縝密，從來不半道走風。看那個魏齊的作派，顯是個容不得人的霸道權相，但有人才在此等人麾下，他不用你你也休想逃走，要另擇明主，嘿嘿，先殺了你再說。唯其如此，王稽只有打哈哈過去，教魏齊覺得他根本沒在意這麼個小人物了事。當真那個書吏沒人理睬了，魏齊可能也就不在乎了。

「御史（註：御史，戰國秦官職，國君文書侍從，與後來職司彈劾糾察的御史有別）何在？」想得半日，王稽大體清楚了，走到廊下一聲吩咐。

一名年輕精悍的黑衣文吏聞聲而來，這是秦王特意給他遴選的一個臂膀，文武皆通，還做過祕密斥候，極是可靠。王稽對他一陣輕聲吩咐，這個御史快步去了。

次日，王稽留下一個隨員守在驛館等候魏齊消息，自己換了一身士子常服到街市閒晃去了。魏國風華中原第一，國人歷來有聚酒議政之風，但凡王城宮廷權臣府邸之祕聞抑或各國最新事態，無時無刻不在各大酒肆恣意流淌。百餘年相沿成習，無論是遊學士子還是各國商旅斥候，但到大梁，都要先到著名的酒肆徘徊徜徉一番以探詢最新消息。王稽很熟悉大梁，徑直來到氣派最大的「中原鹿」。這中原鹿是魏惠王時期的王族丞相公子卬祕密開辦，目下已經傳了三代，早已經成了魏國貴胄與列國使節、大商、士子的消息淵藪。

進得中原鹿，王稽沒有進棋室賭坊，那種地方最熱鬧，卻少有說事者；也沒有進論戰廳，那種地方只爭見識高下，消息卻是不多。王稽徑直來到散座大廳，找得一個臨窗角落入席，要得兩爵楚國蘭陵酒與一鼎逢澤麋鹿燉，便自消磨起來。這散座大廳是所有進中原鹿者的第一站，除了專一的約賭尋棋論戰者，尋常都是先在這裡浸泡得半日聽聽八面來風，而後再做計較。王稽素無玩樂心性，又兼正在上心探事之時，自然選定這裡守株待兔。

誰知聽得大半個時辰，盡是些談論趙國秦國相爭的祕聞，將澠池會盟、藺相如勇逼秦王及趙國將相和神話說得活靈活現，四周一片喝采叫好。王稽聽得膩煩，正要付帳離開，突然看見三名紅衣人走了進來，也到臨窗處落座，與王稽一座之隔。看衣色氣度，這三人很像是魏國吏員，王稽又安然坐了下來。三人落座一陣哈哈大笑，開酒之後你一言我一語地笑談起來。

「兄臺揣摩，金酒之外，那小子究竟還受了何等好處？」

「依我之見，目下齊國潦倒窮困，十金已是重金，難有更大財貨出手。」

「對！」第三個粗嗓門一拍案，「定然是許官許爵，籠絡那小子投齊。」

「金玉其外，敗絮其中也。」第一人冷笑著，「小子時常小瞧我等，原來自己卻是個十金便買得動的賤人，當真令人齒冷。」

「你等不知道麼？那小子家徒四壁孤身鰥居，十金可是買得兩三個女人！」

三人一陣哈哈大笑，一人低聲道：「你等只說，那小子還能活麼？」

「活個鬼！在下眼見他翻眼閉氣了，模樣很怕人也。」

「活著又能如何？」又是那個陰冷的聲音道，「肋骨折了走不得，牙齒斷了說不得，還不廢人一個？」

「想起來蠻可憐也！」粗嗓子接道，「依我說，我等三人收下這小子做個文奴，日每餵他三頓狗食，教他替我等草擬文告。那小子有才，我等立功，豈非好事？」

「好主意！」一人拍案，「日每還要打他二十竹鞭，那小子最小瞧我等三弟兄！」

「倒是不錯也。」陰冷聲音笑道，「只是不能教丞相知道，要悄悄辦理。聞兄先去丞相府，探探那小子下落；胡兄找到他家，看看人是死是活；我來探丞相心思，看還追查不追查這小子？丞相非要追他個死罪，我等也只有忍痛割愛也。」

「一個堂堂丞相，能死揪住一個小吏不放？」粗嗓子不以為然。

「你如何曉得？」陰冷聲音一副教誨口吻，「丞相素來狠烈，但整治部屬，可有誰個活著？還有那個須賈，毒蠍子一隻，叮上誰誰死。偏丞相信他，我等惹得了？」

「也是也是，還得按伊兄說的做，方算牢靠。」

「好！聽伊兄。」粗嗓子大笑拍案，「我只管調教狗文奴！」

飲得一陣，三人匆匆去了。王稽心思大動，也立即回了驛館，派出六名精幹吏員到大梁官邸民居四處探聽范雎消息。一連三日，石沉大海。被買通的丞相府吏員說，那個人早沒有了，丞相也正在詢查此人下落。民居街巷幾乎全部打問一遍，沒有一個人知道這個范雎下落，當真不可思議。

此時，魏齊派屬吏知會王稽，次日晉見魏王洽談修好盟約。王稽只有將這件事先擱置下來，全力應對魏王。周旋得三四日，盟約文本終於妥當，王稽派快馬使者將盟約送回咸陽呈秦王定奪用印，自己在大梁等候回音。正在此時，那名精悍的御史從臨淄兼程回到了大梁驛館，向王稽備細稟報了從齊國探聽到的消息。

在臨淄，御史通過秦國商社，找到了經常在商社為齊國購買秦鐵的一個市掾（註：市掾，齊國市吏，職掌民市交易），此人經常出入安平君田單府邸，對魏國使者的事很是清楚，後經御史多方印證，確實無差。

魏國派出的赴齊特使是中大夫須賈。須賈有個門客叫范雎，因了范雎頗有才具，是須賈的文案臂膀，須賈為這個范雎在丞相府請了一個書吏職分，名義上算作了國府吏員。須賈抵達臨淄時很是倨傲，拜見安平君田單時，公然嘲笑田單府邸簡陋如同大梁牛棚。田單只淡然一笑，固國不以山河之險，處政不以門第之威，中大夫可知這是何人所說？須賈抓耳撓腮大是狼狽，身後書吏高聲回答，此乃我魏國上將軍吳起名言，安平君敬重魏國，魏國亦當敬重齊國也！田單大是欣慰，對著書吏一拱，閣下一語道破邦交真諦與田單之心，敢請閣下高名上姓？須賈氣呼呼道，他只是本使一個書吏，安平君喧賓奪主，未免失禮也！安平君哈哈大笑，特使若有方才先生見識，田單自是敬佩。氣得須賈狠狠瞪了那個范雎幾眼，臉色都白了。

及至晉見齊王，須賈本不欲再帶范雎，無奈又怕自己遇到難題，著意教范雎捧著禮盒隨行，做了個侍者身分。到得王宮卻恰恰又與田單相遇。田單沒有理睬須賈，只對著捧禮盒的侍者一個長躬，先生原是名士范雎，田單有禮了。侍者只淡淡一笑，范雎不敢當名士之號，國務在身，恕不還禮。神態毫無受寵若驚之相。田單鄭重一拱手道，久聞先生大才博學，田單當擇日就教，尚請先生撥冗。范雎道，今日使節拜會齊王，非政莫談，非政莫聽，尚請見諒。田單一笑，先生果然國士之風也；須賈大夫，請。

須賈對田單這時才想起與他說話大是不滿，臉色不禁脹紅。范雎不過本使一隨行小吏，安平君抬愛若此，究竟何意也？田單正色道，中大夫差矣，人之才具不因位卑而減，不因位高而增，田單如何敢以先生位卑而漠然置之？須賈對田單直呼他中大夫而不呼特使更是來氣，一甩大袖進了王宮。

傲慢的須賈，不知自己使命，不知邦交禮儀，見了齊王當頭一問，不知齊國如何與我大魏修好？齊王田法章哈哈大笑，我與魏國修好？特使當真滑稽也！魏國參與五國滅齊之戰，今齊戰勝復國，魏國自己要與我大齊修好，如何反成齊國修好於魏？特使飲酒多了。說著話，臉色已陰沉了下來。饒是如此，須賈傲慢依舊，趾高氣揚道，國貧如洗，何談戰勝之威也。還沒說完，田單厲聲呵斥，須賈放肆！我大齊雖無昔日豐饒，卻有今日四十萬大軍。須賈見田單手按劍格，臉色頓時灰白，大睜著雙眼無言以對。

此時，跟在須賈身後的范雎將禮盒放置到側案，回頭一拱手道：「安平君，此非邦交之道也。」田單肅然拱手：「此等使節，先生有何話說？」范雎侃侃道：「國家利害，原不在使節一言。邦交之道，均以各自利害為本，以天下道義為輔。捨利害而就道義者，腐儒治國也。捨道義而逐利害者，孤立之行也。欲達邦交合宜，自以利害道義之中和為上。齊魏相鄰，同為大國。齊國挾戰勝之威，軍容頗盛，然久戰國疲，滿目焦土，四野饑民，必以安息固本為上。魏國雖未遭此大劫，然北鄰強趙如泰山壓頂，西有強秦奪我河內，兩強夾擊，魏國無暇他顧也。當此之時，魏齊兩大國各以相安為上。此為國使前來修好之本意。尚望齊王與安平君以兩國利害為重，莫言小隙，共安大局為上。」

田單尚未開口，齊王先拍案笑了，若有此等使節，夫復何言？田單略一思忖道，須賈大夫，請回復魏王並魏齊丞相，齊國可不計前仇與魏國修好；然則，魏國須得在一年之內，歸還五國攻齊時奪取的十座城池。那愚蠢的須賈，只氣哼哼說聲知道了，便戳在大殿不說話了。齊王狠狠瞪了須賈一眼，也甩袖去了。

那日晚上，須賈正在驛館設宴慶賀，一輛軺車轔轔駛進院中。須賈喜不自勝地碎步跑出，以為定然是田單或齊國高官來拜會他。不想走在牛車前的官員徑直便問，范雎先生在否？范雎這晚破例被須賈請來飲酒，聞聲連忙出來答話，我是范雎，閣下何人？來人一個長躬，在下安平君掌書，奉安平君命請先生過府一敘。范雎拱手道，請回復安平君，范雎身為國使隨員，公務之外不便私相往來，他日若有機緣，自當暢敘長飲。使者略一思忖，道聲先生保重，駕著軺車走了，對須賈始終沒有一句話。須賈看得憋氣，帶著一身酒氣一聲大嚷，好個范雎！沒了後話，氣咻咻自顧飲酒去了。

僅僅到此，事情也許就完了，畢竟范雎三番兩次救須賈於邦交危境，須賈縱然泛酸，也不至於如後來那般狠毒。偏是在魏國使者離開臨淄之時，齊王特派宮使駕一輛牛車前來，專賜范雎黃金十鎰、齊酒二十桶，並有一句口書：先生若願入齊，本王掃榻以待。范雎堂堂正正回答，邦交有道，使者有節，縱是齊王敬賢，范雎亦當嚴守國家法度，不敢受齊王賞賜。說罷轉身進入隨員行列，再也沒有與齊國任何人說一句話。

「特使明察，此乃范雎在齊行蹤，在下沒有任何遺漏。」

王稽聽得仔細，咀嚼之間一陣悵然。齊國探察，證實了范雎確實是個大才。可偏偏這個大才卻被魏齊須賈們整治得死活不知下落不明，自己原本也許可以立一件大功，如今卻化作了子虛烏有，如何不令人歎息？莫非這便是秦王說的王運國運？大才乍現，只驟然一個身影，還沒來得及看清楚，他便消失了，時也運也？

六、范睢已死　張祿當生

說也奇怪，兩旬過去了，咸陽還沒有發回盟約。

按照路程，從大梁到咸陽的特急羽書官文，快則旬日慢則半月，足足一個來回了，如何這次如此之慢？頭半個月王稽無所事事，覺得耗在大梁當真無聊，除了到各個盛情相邀的顯貴府邸飲酒，便是到街市酒肆聽消息傳聞，唯一的收穫，若也可以說是收穫的話，是各方消息印證：那個范睢確實死了，被竹鞭打死後，連屍體也被魏齊身邊一個武士拉去餵了狗。王稽聽得驚心動魄，卻還得跟著貴胄們談笑風生。從那時起，他對大梁陡然生出一種無可名狀的厭惡，恨不得立即逃離這個彌漫著奢靡腥臭的大都。可是，在三日之前，他卻又陡然窺視到了這座風華大都的神祕莫測，覺得時光未免太倉促，期盼秦王回書最好再慢幾日，容他再細細琢磨一番神祕的大梁。

峰迴路轉，眼前突然有了一絲亮光。

那日暮色，王稽正在庭院大池邊百無聊賴地漫步，一個紅衣小吏划著一隻獨木舟向岸邊漂了過來。王稽常在這裡徘徊，知道這是驛館吏員在查驗僕役是否將水面收拾潔淨，也沒有理會，逕自踽踽獨行。不想沿池邊轉三遭，那隻小小獨木舟始終在他視線裡悠然漂蕩。王稽笑道，後生，想討點酒錢麼？今日卻是不巧，老夫兩手空空也。這座驛館是各國使節居所，吏員僕役們常常以各種名目為使節及隨員們辦點兒額外差使，或打探消息或採買奇貨，總歸是要得到一些出手大方的賞金。若在他邦，這是無法想像的，然在商市風華蔚為風習的大梁，卻是極為尋常的。王稽多年管轄王宮事務，熟知吏員僕役之艱難，更知大梁之風習，是以毫不為怪。

「先生可要殷商古董？」獨木舟飄來一句純正的大梁官話。

「殷商古董？何物？」王稽漫不經心地站住了。

「伊尹。」

「如何如何？伊尹？」王稽呵呵一笑，「你說，伊尹為何物？」

「商湯大相。」

「……」王稽心下驀然一動，打量著獨木舟上那對機敏狡黠的眼睛，「你個後生失心瘋了？大賢身死，千年不朽，竟敢如此侮弄？」

「大人見諒。小人是說，我之物事，堪與伊尹比價。」

「你之物事？物與人如何比價？」

「此物神奇。大人視為物則物，大人視為人則人。」

「匪夷所思也。」王稽悠然一笑，「敢請足下隨老夫到居所論價如何？」

「不可。」獨木舟後生目光一閃，「大人說要，小人明日此時再來。大人不要，就此別過。」

「好！」王稽一抬手，一個巴掌大的小皮袋子擲到後生懷中，「明日此時再會，這是些許茶資。只是，此地說話……」

「大人莫操心，這裡最是妥當。」後生一笑，獨木舟飄然去了。

次日暮色，王稽準時來到池邊漫步。那名精悍的隨行御史帶了十名便裝武士，遊蕩在池邊樹林裡。夕陽隱山霞光褪去，水面果有一隻獨木舟悠悠漂來。王稽一拍掌笑道：「後生果然信人也。如何說法了？」幽暗之中，獨木舟上後生白亮的牙齒一閃：「小人鄭安平，丞相府武士。大人還願成交否？」王稽笑道：「人各有志。便是丞相，也與老夫論買賣，況乎屬員也。」「好！大人有膽色。」獨木舟後生齒光粲然一閃，「小人古董便在這裡，大人毋得驚慌才是。」說罷拍拍獨木舟，「大哥，起來了。」

倏忽之間，獨木舟上站起來一個長大的黑色身影，臉上垂著一方黑布，通體隱沒在幽暗的夜色之中，聲音清亮渾厚：「在下張祿，見過特使。」

「敢問先生，」王稽遙遙拱手，「張祿何許人也，竟有伊尹之比？」

黑色身影淡淡漠漠道：「伊尹，原本私奴出身之才士。方今之世，才具功業勝過伊尹者不知幾多，如何張祿比他不得？」

「先生既是名士，可知大梁范睢之名？」

「張祿原是范睢師兄，如何不知？」

「如此說來，先生比范睢如何？」

「范睢所能，張祿猶過。」

「何以證之？」

「待安平小弟與特使敘談之後，若特使依舊要見張祿，在下自會證實所言非虛也。」一語落點，獨木舟上不見了長大的黑色身影。獨木舟後生的齒光在幽暗中又是一閃：「大人稍待，小人三更自來。」說罷一陣水聲，獨木舟又飄然去了。

倏忽來去，王稽更是疑惑，只覺其中必藏著一番蹊蹺。那獨木舟後生昨日並未留下姓名，今日一見卻先報姓名，又自認是丞相魏齊的武士，意味何在？范睢身世已經訪查得清楚，都說他是散盡家財遊學成才之士，如何突然有了個師兄？果然這個師兄才具在范睢之上，完全可走名士大道公然入秦遊說，卻為何要這般蹊蹺行事？莫非……王稽心中突然一亮，立即快步回到秦使庭院，吩咐精悍御史作速清理餘事，做好隨時離開大梁的準備。一切安排妥當，王稽便在位置比較隱祕的書房靜坐等候。

驛館譙樓方打三更，書房廊下一陣輕微腳步。王稽拉開房門，幽暗的門廊下站著一個身披黑色斗篷的瘦高條子，只對著他一拱手，也不說話逕自進了書房落座。王稽跟了進來，遞過一個涼茶壺，在對面落座，只看著瘦削精悍的年輕武士，也不說話。

「大人可有聽故事的興致？」

「秋夜蕭瑟，正可消磨。」

武士咕咚咚喝下幾口涼茶，大手一抹嘴角餘漬，兩手一拱道：「小人鄭安平，在丞相魏齊身邊做衛士，月前親眼見到一樁駭人聽聞慘案，想說給大人參酌。」

「老夫洗耳恭聽。」

鄭安平粗重地歎息了一聲，斷斷續續地說了起來，嗚咽秋風裹著秋蟲鳴叫譙樓梆聲拍打著窗櫺，王稽似渾身浸泡在了冰冷的水中。

那一日，丞相府大廳要舉行一場盛大的百官宴席，慶賀中大夫須賈成就了魏齊修好盟約。凡在大梁的重臣都來了，丞相的幾個心腹郡守也不辭風塵地趕來了。除了魏王，幾乎滿朝權貴都來了。兩個百人隊武士守護在大廳之外，從廊下直排到庭院大池邊，鄭安平恰恰在廊下，將巨燭高燒的大廳看得分外清楚。

一番鐘鼓樂舞之後，丞相魏齊用面前的切肉短劍撬開了熱氣騰騰的銅爵，宴席在一片喜慶笑聲中開始了。魏齊極是得意地宣布了魏齊兩國結盟的喜訊，吩咐須賈當場宣讀了盟約文本。權貴們一齊高呼丞相萬歲，又向須賈大夫紛紛祝賀。魏齊當場宣讀了魏王書，晉升須賈為上大夫官職，晉爵兩級。舉座歡呼慶賀，須賈滿面紅光地更換了上大夫衣冠，先謙卑地跪拜了丞相，又躊躇滿志地舉爵向每個權貴敬酒。不消半個時辰，滿座權貴都是酒興大漲，紛紛吵嚷要舞女陪席痛飲。

此時，魏齊用短劍敲敲酒爵：「有賞功，便有罰罪，此為賞罰分明也。兩清之後再盡興痛飲。」舉座又是一陣丞相萬歲丞相明斷的歡呼之聲。聲浪平息，魏齊臉色倏忽陰沉：「此次出使，竟有狂妄之徒私受重賄，裡通外國，出賣大魏，是可忍，孰不可忍！」

簇新冠帶的須賈搖搖晃晃走到末座，在舉座一片驚愕中厲聲一喝：「豎子范雎，敢不認罪！」

論職爵，范雎原本遠遠不能入權貴宴席。因了使齊隨員一併受邀，范雎得以前來，坐席在接近廳門的末座。宴席一開始，范雎就如坐針氈，及至須賈晉職加爵，范雎便想悄悄退席。可旁邊幾名一同出使的吏員卻不斷向范雎敬酒，一時沒有走成。待到丞相拍案問罪，鄭安平看得很是清楚，那個范雎反倒坦然安坐，再也沒有走的意思了。須賈張牙舞爪疾言厲色，范雎卻一陣哈哈大笑，起身走到廳中高聲道：「敢問上大夫：私受重賄，裡通外國，有何證據？」

「證據？我就是證據！」須賈臉色發青，尖聲叫嚷著。

范雎坦然自若：「如此說來，須賈無能，有辱國體，在下便是證據。」

「大膽小吏！」魏齊勃然拍案，「可惜老夫不信你！」

范雎毫無懼色，從容一笑道：「丞相若只信無能庸才，夫復何言？然丞相總該信得齊王，信得安平君田單。事有真偽，一查便知，何能罪人於無端之辭也？范雎告辭！」大袖一甩，轉身便走。

「回來！」魏齊一聲暴喝，驟然嗞嗞冷笑，「老夫縱然信得田法章與田單，也不屑去查問。處置如此一個小吏，何勞有據之辭？來，人各竹鞭一支，亂鞭笞之！」

立即有僕役抬進大捆竹鞭，放置大廳中央。權貴大臣們酒意正濃，一時大是興奮，紛紛搶步出來拿起竹鞭圍了過來。須賈更是猖狂，呼喝之間將范雎一腳踹倒在地，尖叫一聲「打！」四面竹鞭在一片「打！打死他也！」的笑叫中如疾風驟雨交相翻飛。鄭安平說，范雎的淒慘號叫聲當時教他一身雞皮疙瘩。大廳中紅袖翻飛口舌猙獰，與紅衣鮮血攪成了一片猩紅，汩汩鮮血流到他腳下的白玉磚上，浸成了一片血花……

竹鞭，原本是劈開之軟竹條，執手處打磨光滑，梢頭薄而柔韌。打到人身雖不如棍棒那般威猛，卻是入肉三分奇疼無比。以擊打器具論，棍棒（杖責）若是斬首，這鞭笞則彷彿凌遲，一時無死，卻教你受千刀萬剮之鑽心苦痛。

打得足足半個時辰，那個范雎早已經血糊糊無聲無息了。魏齊哈哈大笑道：「諸位，老夫今日這操鞭宴如何啊？」權貴們氣喘噓噓地一片笑叫：「大是痛快！」「活絡筋骨！」「匪夷所思！」須賈一聲高喝：「來人！將這個血東西拖出去，丟進茅廁！」魏齊拍案大笑：「死而入廁，小吏不亦樂乎！來，侍女樂女陪席，開懷痛飲也！」

在權貴們醉擁歌女的笑鬧喧嚷中，丞相府家老領著三個書吏，將一團血肉草席捲起，抬到了水池邊小樹林的茅廁裡。鄭安平悄悄跟了過去，便聽幾個入廁權貴與家老書吏們正在廁中笑成一片。「每人向這狂生撒一泡尿！如何？」「妙！尿呵！都尿啦！」「尿！」「對！尿啊！哪裡找如此樂子去！」「老夫之見，還是教幾個樂女來尿，小子死了也騷一回！」哄然一陣大笑，茅廁中嘩啦啦彌漫出刺人的臊臭……

鄭安平走進了大廳，逕直對魏齊一個跪拜：「百夫長鄭安平，求丞相一個小賞。」

「鄭安平？」魏齊醉眼矇矓，「你小子要本相何等賞賜？樂女麼？」

「小人不敢，小人只求丞相，將那具尿屍賞給小人。」

魏齊呵呵笑了：「你，你小子想飲尿？」

「小人養得一隻猛犬，最好生肉鮮血，小人求用屍體餵狗。」

魏齊拍案大笑：「狂生餵狗，妙！賞給你了，狗餵得肥了牽來我看。」

就這樣，在權貴們的大笑中，鄭安平堂而皇之地將屎屍扛走了。

王稽臉色鐵青，突然問：「范雎死了沒有？」

「自然是死了。」鄭安平一聲歎息，「丞相府第二天來要屍體，在下只給了他等一堆碎肉骨頭，又將那隻猛犬獻給了丞相方才了事。」

「天道昭昭，魏齊老匹夫不得善終也！」王稽咬牙切齒一聲深重的歎息，良久方才回過神來，「敢問這位兄弟，這張祿當真是范雎師兄？你卻如何結識得了？」鄭安平閃爍著狡黠的目光，神色卻很認真：「大人，在下不想再說故事了。范雎之事，是張祿請在下來說的，大人只說還要不要見張祿。他的事當有他說。」王稽點頭一笑：「你等倒是謹細，隨時都能紮口，只教老夫迷糊也。」鄭安平一拱手道：「素聞大人有識人之明，斷不至迷糊成交。」王稽笑道：「素昧平生，你知老夫識人？」鄭安平道：「張祿所說。在下自是不知。」王稽思忖道：「老夫敢問，張祿不是范雎，如何不自去秦國，卻要走老夫這條險道？」鄭安平目光又是一閃：「在下已經說過，張祿之事，有張祿自說。大人疑心，不見無妨。」王稽略一沉吟道：「也好，老夫見見這個張祿。明晚來此如何？」「不行。」鄭安平一擺手：「大人但見，仍是池畔老地方，初更時分。」王稽不禁呵呵笑了：「老夫連此人面目尚不得見，這是個甚買賣？」鄭安平瘦削的刀條臉一副正色：「生死交關，大人見諒。」王稽點頭一歎：「是了，你是相府武士，私通外邦使節，死罪也。老夫依你，明晚初更。」「謝過大人。告辭。」鄭安平起身一躬，向王稽一擺手，示意他不要出門，逕自拉開門走了出去，沒有絲毫的腳步聲。

次日清晨，快馬使者抵達，帶回了用過秦王大印的盟約並一封王書。秦王書簡只有兩行字——盟約可成，或逗留延遲，或換盟歸秦，君自定奪可也。王稽一看便明白，這是秦王給他方便行事的權力：若需在大梁逗留，可將盟約遲呈幾日，若祕事無望，自可立即返回咸陽。琢磨一陣，王稽終於有了主意，將王書盟約收藏妥當，在書房給魏齊草擬換盟書簡，諸般文案料理妥當，天色也漸漸黑了下來。

譙樓打響初鼓，驛館庭院安靜了下來。除了住有使節的幾座獨立庭院閃爍著點點燈火，偌大驛館都湮沒在初月的幽暗之中。當那隻獨木舟蕩著輕微的水聲漂過來時，王稽已經站在了岸邊一棵大樹下。獨木舟漂到岸邊一塊大石旁泊定，一個高大的黑色身影站了起來：「特使若得狐疑，張祿願意作答。」王稽道：「先生無罪於國，無罪於人，何不公然遊學秦國？」黑色身影道：「以魏齊器量，張祿乃范雎師兄，如何放得我出關？自商鞅創下照身帖，魏國也是如法炮製，依照身帖查驗出關人等，特使如何不明？」王稽道：「如此說來，先生面目在魏國官府並非陌生？」「天意也！」黑色身影只是一歎，不說話了。王稽心下頓時一個閃亮，道：「後日卯時，老夫離魏，如何得見先生？」黑色身影立即答道：「大梁西門外三亭崗，特使稍作歇息便了。」說罷一拱手說聲告辭，獨木舟倏忽蕩開去了。

王稽在岸邊愣怔得片刻，回到了書房，與隨身跟進的精悍御史仔細計議得半個時辰，便分頭料理善後事宜了。這件事從頭至尾都是撲朔迷離諸多疑惑，見諸於求賢史話，更是匪夷所思——已經允諾帶人出關了，卻還不識此人面目，當真拍案驚奇也。然則事到如今，此險似乎值得一冒。畢竟，這個張祿是范雎連帶出來的一個莫測高深的人物，輕易捨棄未免可惜。促使王稽當即決意冒險者，是黑色身影說的照身帖之事。這幾日王稽已查得清楚，魏國官府吏員中沒有張祿這個人，大梁士子也從未有人聽說過張祿這個名字。若是剛剛出山的才士，一則不可能立即有照身帖，二則更不可能怕關隘比對范雎頭像認出。一個面目為魏國官府所熟悉的張祿，當真是張祿麼？再說，一路同行三五日，總能掂量得出此人分量，若是魚目混珠之徒，半道丟開他還不容易？

次日清晨卯時，王稽帶著國書盟約拜會了丞相府。魏齊立即陪他入宮，晉見了魏王。交換了用過兩國王印的盟約與國書，魏王又以邦交禮儀擺了午宴以示慶賀。宴罷出得王宮，已經是秋日斜陽了。依照魏齊鋪排：執掌邦交的上大夫須賈晚間拜會特使，代魏王賜送國禮；次日再禮送秦使出大梁，在郊亭為王稽餞行。王稽原本打算換定盟約便離開驛館，住進秦國商社，以免吏員隨從露出蛛絲馬跡。此刻欲當辭謝，又與邦交禮儀不合。魏國本來最講究邦交鋪排，強自辭謝豈非更見蹊蹺？思忖之間，王稽只有一臉笑意地依著禮節表示了謝意。

暮色時分，須賈在全副儀仗簇擁下帶著三車國禮進入驛館拜會，招搖得無以復加。王稽沒有興致與這個志得意滿的新貴周旋，沒有設宴禮遇，只是扎扎實實地回敬了須賈一車蜀錦了事。須賈原本是代王賜送國禮，自以為秦使定然要設宴禮遇，想在酒宴間與強秦特使好生結交一番，來時便帶了一車上好大梁酒，一則以自家名義贈送王稽，二則省卻王稽備酒之勞。誰知王稽卻不設酒，心下大是沮喪，及至看到一車燦爛蜀錦，頓時喜笑顏開，滿面堆笑地說了一大堆景仰言辭，方才顛顛兒去了。

須賈一走，王稽立即吩咐隨員將一應禮品裝車運往秦國商社。三更時分，隨行御史前來稟報：十二輛禮車已經全部重新裝過，中間有三輛空心車。王稽心下安定，召來幾名幹員計議了一番明日諸般細節，方才囫圇一覺，醒來已是曙光初顯了。

太陽初升，大梁西門外十里的迎送郊亭已經擺好了酒宴。須賈正在亭外官道邊的上馬石上瞭望，見官道上三騎飛來，當先一名黑衣文吏滾鞍下馬一拱道：「在下奉秦國特使之命稟報上大夫：特使向丞相辭行，車駕稍緩，煩勞上大夫稍候片刻。」須賈連連擺手笑道：「不妨不妨。特使車駕禮車多，自當逍遙行進，等候何妨？」

此刻，旌旗招展的秦國特使車隊堪堪出得了大梁西門。大梁為天下商旅淵藪，雖是清晨，官道上已經車馬行人紛紜交錯了。大梁官道天下有名，寬約十丈，兩邊胡楊參天，走得兩三里總有一條小路下道通向樹林或小河，專一供行人車馬下道歇息打尖。第一個下道路口，便是三亭崗。三亭崗者，一片山林三座茅亭也。一條小河從山下流過，小小河谷清幽無比，原是大梁國人春日踏青的好去處，自然也是旅人歇腳的常點了。目下正當秋分，枯黃的草木隱沒在淡淡晨霧之中，三亭崗若隱若現。到得路口，特使車馬儀仗駛出中央正道，緩緩停在了道邊，三輛篷車轔轔下了小路。

片刻之後，三輛篷車又轔轔駛了回來，隱沒在一片旌旗遮掩的車隊之中。頭前一聲悠揚的號角，特使車駕儀仗又迤邐進入官道中央轔轔西去了。到得十里郊亭，特使車馬儀仗整肅停穩，只有特使王稽笑著走下了軺車。須賈遙遙拱手笑道：「特使大人，宴席甚豐，請隨員們也一併下馬，痛飲盤桓了。」王稽淡淡笑道：「上大夫雖則盛情，奈何秦法甚嚴，隨員不得中道離車下馬，老夫如何敢違背法度也？」須賈頓時尷尬：「這這，這是甚個法度？這百十人酒席，是在下私己心意，無關禮儀……」王稽向後一揮手笑道：「來人，賜上大夫黃金百鎰，以為謝意。」須賈立時呵呵笑了：「這卻哪裡話來？須賈餞行，大人出金。」王稽一拱手道：「本使奉秦王急書，不能與上大夫盤桓了，告辭。」回身跨上軺車一跺腳，「兼程疾進！速回咸陽！」特使車馬風馳電掣般去了，須賈兀自舉著酒爵站在郊亭外喜滋滋愣怔著。

一日快馬，暮色時分王稽車隊已進了函谷關，宿在了關城內的官署驛館。王稽心下鬆快，吩咐一個精細吏員，將藏在空心車中的張祿隱祕地帶入驛館沐浴用飯；自己去吩咐一班隨員立即將車馬分成兩撥，十二輛禮車為一撥交僕役人等在後緩行，其餘隨員與使節軺車為一撥，五更雞鳴立即出發。安置妥當，王稽來找張祿說話，照料吏員卻說張祿沐浴用餐之後回篷車歇息去了，只留下了一句話：「到咸陽後再與特使敘談。」王稽思忖一番，也覺得函谷關驛館官商擁擠，要暢快說話確實也不是地方，便吩咐精悍御史親自帶領四名武士遠遠守護篷車，自己匆匆去官署辦理通關文書去了。

雄雞一唱，函谷關活了。號角悠揚長鳴，關門隆隆打開，裡外車馬在燈燭火把中流水般出入，一片繁忙興旺。王稽車馬隨從二十餘人，也隨著車流出了驛館。一上官道，王稽吩咐收起旌旗儀仗快馬行車。一氣走得三個時辰，將近正午時分，到了平舒（註：平舒，戰國秦要塞，今日陝西華陰縣城西北地帶）城外。王稽正要下令停車路餐，卻見西面煙塵大起旌旗招搖，前行精悍御史快馬折回高聲道：「稟報大人，穰侯旗號。」

「車馬退讓道邊。」一聲令下，王稽下車站在道邊守候。

片刻之間，穰侯魏冄的車騎馬隊已經捲到面前。魏冄此次是到河內巡視，隨帶兩千鐵騎護衛，聲勢驚人。遙見道邊車馬，魏冄已經下令馬隊緩行，正遇王稽在道邊高聲大禮，也高聲笑道：「王稽啊，出使辛勞了！」王稽肅然拱手道：「謝過丞相勞使。秦魏修好盟約已成，魏國君臣心無疑慮。」魏冄敲著車廂點頭道：「好事也。關東還有甚變故？」王稽道：「稟報丞相：山東六國無變，大勢利於我邦。」魏冄哈哈大笑：「好！老夫放心也！」倏忽臉色一沉，「謁者王稽，有否帶回六國遊士了？此等人徒以言辭亂國，老夫厭煩。」王稽笑道：「稟報丞相：在下使命不在選士，何敢越俎代庖？」魏冄威嚴地瞥了王稽一眼：「謁者尚算明白了。好，老夫去河內了。」腳下一跺，馬隊簇擁著輜車隆隆遠去了。

突然，篷車中傳出一個渾厚的聲音：「特使大人，張祿請出車步行。」

「為何？」王稽大是驚訝。

篷車聲音道：「穰侯才具智士，方才已有疑心，只是其人見事稍緩，忘記搜索車輛，片刻後必然回搜。在下前行，山口等候。」王稽略一思忖道：「也好，便看先生料事如何？打開車篷。」嚴實的行裝篷布打開，一個高大的蒙面黑衣人跳下車來，對著王稽一拱手，匆匆順著官道旁的小路去了。王稽第一次在陽光下看見這個神祕的張祿，雖則依然垂著面紗，那結實周正的步履卻仍然使王稽感到了一絲寬慰。

黑色身形堪堪隱沒在枯黃的山道秋草之中，王稽一行打尖完畢正要上道，東面飛來一隊鐵騎遙遙高喊：「謁者停車——」王稽一陣驚訝，又不禁笑了出來，從容下車站在了道邊。此時馬隊已到眼前，為首千夫長高聲道：「奉穰侯之命：搜查車輛，以防不測！」

王稽拱手笑道：「將軍公務，何敢有他？」淡然坐在了道邊一方大石上捧著一個皮囊飲水去了。片刻之間，二十多名騎士已經將王稽座車與三輛行裝車裡外上下反覆搜過，千夫長一拱手說聲得罪，飛身上馬去了。

王稽這才放心西行，車馬走得一程，遙遙便見前方山口佇立著一個黑色身影。車馬到得近前，王稽一拱手道：「先生真智謀之士也！」黑衣人悠然笑語：「此等小事，何算智謀？」逕自跨上了王稽軺車後的篷車，「公自行車，我要睡了。」王稽笑道：「先生自睡無妨，秦國只有一個穰侯。」

第十三章　遠交近攻

一、離宮永巷深深深

十月之交，秦川原野草木蒼黃。

這日午後時分，一隊車馬出了咸陽南門，過了渭水大石橋，轔轔開向了東南河谷的一座灰色城堡。幾乎就在車馬大隊堪堪進入城堡之時，一騎快馬從後飛來遙遙高喊：「謁者羽書急報！」馬隊簇擁的一輛青銅篷車停了下來，車旁一人立即從騎士手中接過羽書，利落拆開遞進了篷車。片刻之後，篷車裡傳出了一句話：「著王稽明日來見。」說罷腳下輕輕一跺，馬隊隆隆開進了城堡。快馬騎士飛去之時，寒涼的秋風鼓著暮色，徐徐湮沒了河谷城堡。

秦昭王很是煩悶，來到了這座很少駐蹕的行宮。這座行宮叫作離宮，是父親惠文王建造的。至於為何叫了如此一個名字，秦昭王實在說不清楚，記得當年問過母后，母后只是一笑：「毋曉得，叫甚是甚了。」母后的笑意，分明有著些許神祕，秦昭王卻也不再問了。他對撲朔迷離的宮廷隱祕素來很厭煩，甚至對一切密謀事體都有一種本能的不喜歡。然則，他卻偏偏生在了王宮，做了國王，且還是個權力交織最是盤根錯節的非親政國王。在孝公商鞅變法之後，秦國還沒有出現過如此錯綜復雜的權力交織。當此之時，若脫開密謀兩字，他註定要被碾得粉碎。上天何其昏瞶，如何偏偏教他這個厭煩權謀之人，頂起了非常之期最需要機謀的王冠，竟註定要終生浸泡在權謀之中？攝政太后、開府權相、赫赫四貴、巍巍武安君，他身邊到處聳立著權力的高山，他這個秦王始終只能在這些權力高山的峽谷中遊蕩，實在是驚悚莫名。攝政母后去了，大勢卻更為險峻。母后雖也獨斷，對他這個國君兒子卻是處處留有尊嚴。母后自裁前曾經對他說過，母后老了，你也長成了，明年開春，娘扶你親政。以母后之精明，此等大事不可能不對舅父丞相叮囑。然則，舅父丞相非但一個字也不提起，權力反而更是膨脹了。最教秦昭王頭疼的，是魏冄以賞賜軍功為名，將穰侯自己、華陽君、涇陽君、高陵君、武安君的封邑一舉擴大為百里，且欲變成實封。

秦法：功臣虛封，君侯地無過六十里，無治權。虛擴一百里猶可說，最要緊的是這實封。所謂實封，是封主有治民並收繳賦稅權。實封但成，私家軍兵會接踵而來，封地有可能重新變為規避郡縣官府的自治世族。此做法若成定例，秦法的堅實根基豈非要日漸瓦解？好在白起以「封地累贅，無人照料」為由，堅辭沒有受命，使秦昭王暗中鬆了一口氣。自三君受了百里封地，丞相魏冄與這三人同氣連枝，氣勢大盛，被咸陽國人呼為「楚四貴」。沒有了母后震懾魏冄，這位大權在握的老舅究竟會走到哪一步，秦昭王當真心中無底。以武安君白起的威望權力，本可以對魏冄有所牽制，誰料白起偏偏是個兵癡，除了打仗精益求精，對國事朝局之微妙幾是渾然無覺；加之魏冄素來激賞白起，每遇大戰必親自坐鎮糧草輜重，白起自然也就與魏冄形同一黨了。如此大勢，秦昭王孤掌難鳴，隨著年歲日增，自保稍有餘力，要整肅朝局卻是遠遠不足。

沒有親政，整日在咸陽宮只看一大堆已經被魏冄批閱過的文書，秦昭王自然是煩躁鬱悶，索性來到這座離宮過冬，好隔三岔五地在終南山冬日獵場放馬馳騁。誰料進了河谷離宮，心裡還是沉甸甸的，山水還是灰濛濛的，非但沒有絲毫的輕鬆舒坦，反倒平添了幾分空曠落寞。秦昭王也料到必是如此，帶來了全套《商君書》刻簡，要在離宮下工夫揣摩一番，看看自己能否從中尋覓出幾則有用謀略來。

次日午後，秦昭王正捧著一卷《商君書》在池邊茅亭外徘徊，內侍稟報說王稽到了。秦昭王吩咐侍女在茅亭下煮茶，令內侍將王稽徑直領到這裡來。過得片刻，王稽大步匆匆走了進來，秦昭王目光一瞥笑了：「腳下生風，謁者必有斬獲也。」王稽長長一躬：「我王所料無差，秦魏盟約結成。」將雙手捧著的銅匣恭敬地放到了王前石案上。秦昭王目光一閃：「沒有了？」王稽看看亭外老內侍與亭下煮茶侍女，秦昭王道：「本王身邊還算安寧，有話便說。」王稽低聲道：「老臣訪到一個天下奇才！」「是麼？」秦昭王目光驟然閃亮，卻又淡淡一笑，「姓甚名誰？有何奇處？」如此最簡單一問，王稽卻陡然打了個磕絆，又連忙道：「此人原本魏國中大夫須賈書吏，目下化名張祿，老臣疑為大梁名士范雎！」秦昭王不禁笑道：「你個王稽，誰是誰都沒弄得清楚，便認定奇才？」王稽一時窘迫，滿面通紅：「老臣何敢如此輕率？只是此人此事多有周折，尚請我王容老臣仔細道來。」秦昭王一指對面石案：「西曬日光正好，入座慢說。」

王稽整整說了半個時辰，秦昭王一句話也沒插問。及至王稽說完已是暮色殘陽，秦昭王依舊迷惘地沉默著。王稽素知秦王稟性，也不發問，只是默默對坐著。良久，秦昭王突然開口：「張祿是范雎，你能確證麼？」

「不能。」王稽一臉肅然，「張祿是范雎，只是老臣依情理推測。」

「此等推測，可曾說給張祿？」

「老臣說過三次，他只不置可否，末了只兩句話，『秦國得我則安，誰做誰何須計較？不見秦王，在下只能是張祿。』」

「你說，此話何意？」

「老臣之見：若張祿果真范雎，便是范雎畏懼魏齊勢力，認定只有秦王才能保他無性命之憂，此前不願走漏絲毫風聲。」

「能料定穰侯行止，足證此人機謀非凡。然則，才具大謀何以證之？」

「目下盡是事才佐證，要辨大才，唯我王聽此人論國論天下。」轉而低聲，「老臣自當隱祕從事。」

秦昭王陷入了沉思，良久霍然起身道：「書房說話。」逕自大步走了。

三更時分，王稽方才出得離宮飛馬而去，回到咸陽府中，已經是天交五鼓了。王稽顧不上沐浴用飯，先找來那名精悍御史一陣祕密吩咐。這個御史原本是王宮吏員，是秦昭王特意為王稽出使遴選的一個臂膀人物，並非王稽部屬，出使歸來本當歸署就職。但在王稽吩咐之後，精悍御史卻立即帶著兩名騎士出得咸陽，在淡淡晨霧中飛馬東去了。王稽此時疲累已極，進得寢室囫圇睡去，一覺醒來已經是午後光景，用得兩個春米飯團喝得一鼎肉湯，匆匆來到了偏院。

張祿正在院落裡小心翼翼地漫步。通向正院園林的石門口，一隻大黑狗守著門檻在秋陽下結實地打著呼嚕，一雙瞇縫的眼睛只對著漫步者撲閃。秋風吹過，滿院落葉沙沙，張祿信步走到石門前笑道：「看守便看守，打呼嚕能騙我了?笨狗！」大黑狗沮喪地嗚嗚一聲，驟然睜開大眼對著張祿一閃，當真閉上眼呼嚕過去了。張祿不禁呵呵笑著蹲在大黑狗頭前道：「小子還算行，回頭跟我看大院子去，這裡多憋屈也。」黑狗再也沒有回應，只扯著呼嚕橫在門檻下動也不動了。「只可惜啊，你黑豹也是生不逢主，只在這裡做得個看家狗也。」張祿兀自嘟囔一句，又在院子裡轉了。

王稽府邸很小，只有三進，最後一進是一片兩畝地的小園林，旁邊跨著這座茅屋小院。正經用途，偏院是僕役居所，住著兩男兩女四個僕役與四個衛士，占去了八間最好的茅屋。張祿前日匆匆而來，被臨時安置在這不會遇見任何訪客的偏院。好在秦國官員的僕役都是官署依法度派定的官僕，衛士更不消說得，在咸陽城都有自己的家宅，官員府中的衛士僕役偏院只是供輪值交錯時歇息而已。無人居家常住，自然是整順清幽。張祿在西廂末間住了兩日，除了送飯的使女，連一個人也沒有見著。中間一棵老桑，兩邊三五株白楊，三面十幾間茅屋，四周一圈沒有門的青石高牆，是這個院落的全部景致。無論出進，都得經過大黑狗把守的這道門檻，再從府邸門戶進出。這大黑狗生相憨猛，整日瞌睡不斷，實則精明得緊，誰該進誰該出，全一清二楚，臥在門檻前絕不會認錯了人。兩日之間，只要張祿轉悠到距它三尺處，它便會從喉嚨裡發出明顯的嗚嗚警告。後來見張祿白日轉夜裡也轉，並無逃跑的模樣，大黑狗也睜一眼閉一眼了。

張祿再次漫步門前，猛然卻見大黑狗一長身站了起來，前爪撐地肅然蹲在了石門內側。張祿正自覺得好笑，一陣輕微的腳步聲漸漸地清晰起來。「小子好本事！」張祿對著大黑狗一笑，轉身走了。

「黑豹。」王稽進得石門伸手摩挲著大黑狗頭頂，「這段時日無暇盤桓，賞你一根帶肉大骨頭！」說罷將手中荷葉包一伸，黑豹喉頭發出一聲興奮的呼嚕，一張嘴叼住了荷葉包。王稽拍拍黑豹頭低聲說了句「去吧，目下不會有事。」黑豹忽地躥到茅屋後去了。王稽笑吟吟來到西廂最後一間茅屋前，一拱手道：「先生高臥，打擾了。」

「謁者拜會麼？」茅屋內鼾聲突然終止，木門吱呀開了，散髮寬衣者當頭是一拱，「張祿怠慢，大人見諒也。」

「先生無須客禮，從容收拾，老夫在這廂等先生說話。」說著回身走到了庭院向陽處的一棵白楊樹下。此時已有兩個使女從後園石門來到小院，清掃落葉，鋪設坐席置案煮茶，片刻間茅屋小院一片和煦秋日。待張祿收拾利落出來時，小庭院已經是茶香彌漫了。自與張祿同路歸來，王稽也是第一次在光天化日下端詳這位神祕人物，對面一望，心中一個激靈。此人身材高大瘦削，那身苧麻布衣像挑在一副竹架上晃悠一般；顴骨鋒稜如同懸崖凌空，臉膛卻像寬闊的原野，雖一片貧瘠的菜色，卻絲毫不給人以寒酸之相；鬍鬚顯然是剃了，一雙細長的眼睛常常瞇縫著，然只要目光一閃，你的心頭便會掠過一道閃電。但是，最令王稽驚悚者，還是此人額頭耳根脖頸處的三道長長的傷疤，縱是光天化日之下，那豔紅欲滴的稜稜疤痕也令人觸目驚心。

「謁者受驚了。」張祿淡淡一笑，不待王稽作請逕自入席坐了。

「上天磨才，老夫徒生感喟也！」王稽歎息一聲又笑了，「先生但看老夫堪交，便互稱兄長如何？強如官稱生分也。」「好！」張祿一拍案道，「叨擾王兄，日後自有報答。」王稽便道：「張兄但是真才，便是最好報答了。」張祿笑道：「大梁有言：王兄只視張祿為伊尹，張祿斷不使王兄失望。王兄還有疑惑？」王稽搖頭一笑：「老夫些許疑惑不打緊，只秦王目下不在咸陽，要勞張兄稍待時日。」張祿目光驟然一閃：「秦王多有疑慮，在下只聽王兄安置可也。」王稽連忙道：「張兄差矣，秦王北上巡視去了。」張祿搖頭一笑：「秦國正在微妙傾軋之時，秦王焉能脫離中樞？王兄小瞧張祿也。」王稽略一思忖道：「老夫智拙，只問張兄一句：可耐得些許寂寞？」張祿笑道：「王兄割捨得這座小偏院，那隻大黑狗，在下便作太公望了。」「太公望？張兄好耐心。」王稽叩著石案，「布衣粗食，老夫原是不缺，只是有失敬賢之道。」張祿大笑道：「世間萬物，唯獨這賢字難測。譬如我張祿，在位可成無價，不在位則是狗彘不食！何敢當王兄敬賢？」王稽慨然一歎：「大難不死，張兄必有後運也。」

如此說得一時，天色黑了下來。王稽叫來家老部署了一番，將幾個僕役衛士的歇息處全部安置到後園三間茶室，府邸書房之書簡典籍悉數搬運到小偏院，權且做成一個臨時書房；一老僕一使女專門留在偏院照料，單獨在偏院起炊。末了，王稽將那隻大黑狗招手叫了過來指點道：「黑豹，張兄住這裡，你守護。他兩人進出自便，其餘任何人不許出入，明白？」黑豹聳聳鼻頭汪地叫了一聲，蹲在了門檻前發出一陣威嚴的呼嚕聲。張祿不禁笑了：「這小子堪稱狗才，王兄放心。」

一番折騰，直到三更天方才妥當。王稽走了，小偏院書房的燈燭一直亮到東方發白。

從此，張祿在這一方幽靜的小偏院過起了極其灑脫而又形同囚徒的日子。午後貓進書房，長夜秉燭，譙樓五鼓方才囫圇睡去；一覺醒來，往往紅日中天；沐浴用飯之後在小院中做徘徊遊，唯一的消遣；是與黑豹敘談，直到黑豹在他的絮叨中呼嚕呼嚕地閉上了眼睛，又貓進了書房。間或王稽來訪，將天下紛紜咸陽國事說得一時，張祿也只是漫不經心地聽著，從來不予置評。時日一長，王稽彷彿一個信使，消息一說完便告辭去了。倏忽之間冬去春來，張祿將王稽那兩車書簡反覆讀過了三五遍，一個夏日還將一部錯訛百出的《商君書》抄本重新校訂謄刻了一遍。

這日王稽又來拜望，進得書房看到整齊碼在書案上的刻工精湛縫綴講究的二十六卷《商君書》時，驚訝得眼睛都直了：「張兄，你這是憑何校訂來著？」張祿笑道：「胸中書庫耳，豈有他哉！」王稽連連驚歎：「呀呀呀，單是這份刻工，便進得咸陽校書坊也！」張祿不禁一陣大笑：「在下原本書吏，校書坊倒是本業。」王稽又連連搖手：「哪裡話來，我是覺這校訂本當真天下難得，怕你帶走也！」反覆指讀評點精華處，直是不忍釋卷。張祿道：「消磨時光耳耳，原本是為你校訂，我帶走何用？」王稽大喜，立即吩咐家老從正院拿來一罈老秦酒，又吩咐偏院使女做來兩盆青葵，與張祿對飲起來。

王稽說了一個國事消息：穰侯魏冄要親自統率十五萬大軍，越過韓魏兩國，進攻齊國綱壽（註：綱壽，戰國中期齊國西部靠近宋國之地域，具體位置無考）；華陽君坐鎮督運糧草，涇陽君、高陵君隨軍謀劃，不日出兵。

「上將軍白起何以不統兵？」張祿第一次對王稽的消息來了興致。

「白起患病在榻。」

「穰侯此舉，國人有何議論？」

「綱壽緊接穰侯封地，國人皆說，四貴意在拓展封地。」

「秦王可曾敦請白起出戰？」

「秦王深居簡出，尚無任何動靜。」

張祿默然思忖良久，突然拍案道：「敢請王兄明日晉見秦王，呈上這封書簡。」說罷從身後書架上拿下一個大拇指般粗細的銅管，雙手遞給了王稽，「去也留也，在此一書了。」

王稽大是驚訝，接過銅管一看，管頭泥封天衣無縫，直與王宮書房的高明書吏之技巧不相上下，兩個極為古奧的文字清晰地壓在封泥之上，王稽卻是不識。王稽曾做過幾年王宮長史，日每都要處置許多文書。在他的記憶裡，舉薦者替被薦者呈遞書簡，從來都是開口無封的。其中緣由，是秦國法度：舉薦者是被薦者之擔保，被薦者獲罪，舉薦者連坐追究。唯其如此，舉薦者與被薦者是利害相連形同一體，被薦者要上書秦王，舉薦者肯定要過目書簡，從來不會有舉薦者為被薦者呈送一件密封文書，且還要專門密送。

「上書何事，張兄可否見告？」王稽掌中掂著泥封銅管，頗有些難堪。

「唯其密封，王兄可得周全。」張祿只是淡淡一笑。

王稽心中一動：「張兄有說辭？」

張祿一字一頓道：「此人身無定名，行跡不測，臣唯謁者耳。」

「妙！」王稽拍掌大笑，「謁者原本便是信使，妙！老夫便如此說。」

次日清晨，王稽帶著一個百人騎士隊押送著一車文書出了咸陽，正午時分到了離宮。屬下文吏去向長史交割文書，王稽來離宮書房晉見秦昭王。將張祿情形說完，王稽將那個泥封銅管雙手呈上。秦昭王接過銅管打量著泥封道：「這是你的封印？」王稽連忙道：「此書為張祿原封，印鑒老臣不識，唯託老臣轉呈也。」秦昭王道：「張祿乃你舉薦，你竟做此等盲呈？」王稽肅然道：「此人身無定名，行跡不測，老臣唯做一謁者耳。」秦昭王不禁笑了：「你原本便是謁者，難為你竟有說辭。啟封。」王稽接過銅管利落啟開封泥，抽出管中一卷羊皮紙呈過，秦昭王展開瀏覽一遍，丟給王稽道：「你自看了。」王稽從書案上拿起羊皮紙，只覺有些不妙，飛快瀏覽，竟是觸目驚心：

布衣張祿頓首：權臣擅行徵發，秦危如累卵！五步之內，便有太阿，王何其盲乎？秦得張祿則安，然臣之長策不可以書傳也。但得面陳，一語無效，請伏斧鑕！良醫知人生死，聖主明於成敗。若張祿之言可為，秦可行而利國。張祿之言不可行，久留秦地無為也。士行有節，不遇而去。張祿閒居年餘待王，無愧秦國也。王若無睹危局，張祿自去也。

王稽也曾讀過無數名士書簡，如此上書聞所未聞。當頭危言聳聽，接著誇大其詞，再後更以才具要脅，赤裸裸要逼秦王用他，不用則去。如此路數，當真匪夷所思。難怪秦王面色陰沉，給他丟了過來。王稽越想越怕，額頭汗水涔涔而下，一句話也說不出來。

「謁者以為如何？」

「荒，荒誕絕倫！此人，當治罪！」

「當治何罪？」

王稽一時語塞，陡然憋出一句：「容老臣詳查律法，後告我王。」

突然之間，秦昭王哈哈大笑：「王稽啊王稽，你也當真只是個謁者。」笑聲尚在迴盪，又突然壓低了聲音，「明日午後，傳車載張祿入離宮。」王稽心思回轉不過，愣怔得一陣方才木然點頭：「老臣，遵命！」抬起頭來還想再問兩句，秦昭王已經不在書房了。

王稽出得書房，正逢文吏在廊下等候，稟報說已經將回運文書裝載妥當。王稽一揮手說聲走，逕自匆匆出宮登上軺車去了。回到咸陽府邸，王稽飯也沒吃急匆匆來到小偏院，對著正在院中徘徊遊的張祿當頭一句：「張兄做得好事！」犀利的目光一閃，張祿一陣大笑：「好！秦王果然明銳！」「明銳？」王稽驚訝道，「你卻如何知道？」張祿笑不可遏：「王兄臉色便是王書，豈有他哉！」王稽不禁沮喪地搖搖頭：「看來，老夫當真只能做個謁者了。」張祿肅然一個長躬道：「笑談耳，王兄何當如此？張祿也是正自忐忑也。王兄但看，我已準備離秦了。」說罷拉著王稽進了茅屋書房。三開間書房內已經收拾整齊，書案正中孤零零擺著一片竹簡，只有四個大字——張祿去也。

王稽不禁驚愕道：「我既回來，張兄可當面告辭。我若不回，你不知消息不會走。留這竹簡何用？」張祿笑道：「秦王若棄我，王兄今日必不來見我，張祿何須守株待兔？」「且慢！」王稽更是疑惑，「你如何料定老夫今晚不來，便是秦王見棄？」張祿道：「王兄長於事而短於理。秦王見棄，兄便難堪，須謀劃得一個由頭來與我周旋了。」王稽不禁笑道：「縱然如此，你夜晚如何出得這座院落？黑豹可是神異也。」張祿哈哈大笑：「神異者通靈，黑豹與我已經是神交知己了。」說罷一聲輕柔的呼哨，黑豹忽地躥了進來蹲在張祿腳下。張祿將書房門邊一個包袱挎在黑豹脖子上又一聲呼哨，黑豹又忽地躥了出去，對王稽看也沒看一眼。王稽不禁大是驚歎，嘖嘖連聲滿面通紅，沒有一句說辭。

次日拂曉，一輛密封的篷車轔轔出了謁者府邸。

車前插著一面六尺高的黑色三角大旗，旗面上兩個顯眼的大白字——傳車。車出中門，一隊在府門前整肅列隊的鐵甲騎士立即分成三列，左右後三面護衛著傳車隆隆去了。傳車者，運送王宮機密文書之專用車輛也，歸屬謁者管轄。秦法有定：傳車上道，凡官民車馬均須迴避於十丈之外，但有衝撞當場格殺。以實情而論，謁者護送尋常文書並不打出「傳車」旗號，只在護送特急羽書王書或兵符印鑒等公器時才出動傳車。今日傳車一駛上大街，直向咸陽南門而去。

秋霜晨霧彌漫了關中原野，傳車馬隊一過渭水白石橋飛車奔馬，半個時辰已到了離宮地界。駐守外圍的軍營驗過王稽的謁者金令箭，傳車馬隊直入園囿禁地。抵達城堡大門，金令箭再度勘驗，城堡石門隆隆洞開，傳車馬隊進了離宮中央庭院。依照王宮法度，謁者傳車徑直駛到了一座防守森嚴的偏殿廊下。這座偏殿背後是一片獨立庭院，庭院中央是離宮中樞——國君書房。偏殿與國君書房之間，有一條大約兩箭之地的祕密通道。謁者傳車一到偏殿廊下，傳車從專門車道駛入殿門，謁者隨車向職掌機密的長史或內侍總管清點交接密件，之後謁者傳車立即退出偏殿，裝載回程文書後出宮。

傳車駛進偏殿，內侍總管迎了過來。王稽親自打開了密封車廂的木門，伸手做一請禮，一個通體黑衣頭戴面罩高大瘦削的人下了車。白髮蒼蒼的內侍總管也不說話，只是伸手一請，轉身走了。黑衣人向王稽一拱手，也跟著去了。

偏殿走得三十餘步，黑衣人隨老內侍身影拐進了西側一道石門，眼前頓時一片幽暗。藉著遠遠間隔的銅人風燈，可以看出這是一條用黑色粗織布帷幔密封起來的長長隧道。一入幽暗隧道，老內侍一聲恰恰能使身後之人聽清的低語：「進入永巷，噤聲快步！」疾步匆匆地頭前行走了。黑衣人不緊不慢地走著，打量著與銅人風燈交錯間隔的隱在幽暗處的矛戈甲士，不時粗重地歎息一聲。

走得兩百餘步，前面一片燈光，兩扇高大的石門恰恰吞住了悠長的永巷。石門前燈光下佇立著一個玉冠長鬚的中年人，兩側肅立著四名帶劍衛士與四名少年內侍。老內侍側身布壁站立，一聲高呼：「秦王在前，大禮參拜！」

突然，遙遙跟隨的黑衣人一陣大笑：「秦國只有太后穰侯，何有秦王乎？」聲音轟嗡迴響，鼓人耳膜。老內侍愕然變色，回身一聲怒喝：「卑賤布衣！安得如此狂狷！」黑衣人悠然一笑：「天下皆知，何獨秦人掩耳盜鈴哉？」老內侍正要發作，卻見玉冠長鬚中年人從石門前快步走來，當頭深深一躬：「嬴稷恭迎先生。」黑衣人也是從容一躬：「布衣之身，何敢勞動秦王？」秦昭王道：「先生今日只做嬴稷座上嘉賓，無執臣民之禮，先生毋得拘泥。請。」黑衣人坦然笑道：「恭敬不如從命。」一拱手頭前舉步了。兩廂內侍衛士看得目瞪口呆。秦昭王對著老內侍低聲吩咐道：「關閉永巷。不許任何咸陽來人進入離宮。」說罷轉身去了。身後老內侍伸手一拍石門旁機關，兩扇厚重的石門隆隆關閉了。

進得石門，幾抹秋陽從厚重的帷幕縫隙灑落在厚厚的紅氈上，更顯得一片幽暗。秦昭王前行領道，穿過一道闊大的木屏，竹簡書架倚牆環立，書架前劍架上一口銅鏽斑駁的青銅古劍，中央一張長大的書幾上堆著小山一般的竹簡，書幾前一張座榻。整體看去，簡約凝重中瀰漫出一種肅穆幽靜。

秦昭王笑道：「這是離宮書房，等閒無人進來，先生盡可灑脫了。」說罷走到座榻前大袖一掃，回身對著黑衣人肅然一躬，「嬴稷掃榻，先生入座。」黑衣人坦然入座，無片言謙讓。秦昭王又是深深一躬：「敢問先生，何以稱呼為當？」黑衣人道：「權作張祿也。」秦昭王道：「敢請先生摘去面紗，真面目以對可否？」張祿道：「客不驚主，無顏以猙獰示人，尚請見諒。」秦昭王拱手作禮道：「先生既知秦國無王，何以教我？」張祿漫不經心地掃視著書房，口中只是唔唔地漫應著。秦昭王深深一躬：「先生既斷秦國危局，當為嬴稷指路。」張祿卻依舊掃視書屋，只唔唔漫應著。秦昭王片刻沉默，一聲歎息。張祿注視著壁上那幅〈大秦山川圖〉，也是一聲歎息，依然默默無言。倏忽之間，秦昭王熱淚盈眶伏地叩頭道：「先生果真以為嬴稷不堪指點麼？」愣怔之間，張祿連忙快步走來跪倒，眼中含淚道：「秦王拜一布衣，足見挽救危局之誠也。君上請起，范雎願披肝瀝膽以傾肺腑。」說罷一把扯掉面罩，「在下本是大梁范雎，身經生死危難入秦，不敢相瞞君上。」

一瞥那三道暗紅色的粗長疤痕，秦昭王一聲慼喟悚然動容：「辱士若此，曠世未聞也！天道昭昭，嬴稷若不能洗雪先生之奇恥大辱，枉為秦王也！」

此話出自秦昭王之口，不啻君王明誓復仇之驚雷。范雎頓時心如潮湧，撲地拜倒一聲哽咽，一句話也說不出來了。秦昭王扶起范雎肅然正色道：「秦國危局，足下大仇，全在先生謀劃之間也。嬴稷但得大安，先生與我榮辱與共也！」說罷轉身一揮手，一名侍女捧著茶具輕盈飄進，在旁邊案上煮茶了。須臾茶汁斟來，秦昭王親手捧給范雎一盅，兩人飲得片刻，都平靜了下來。

秋日苦短，倏忽日暮日出。帷幕遮掩的幽暗書房裡，秦昭王與范雎不知疲倦地一瀉千里而去，不知幾多時光。待出得書房，范雎一個踉蹌跌倒在地，內侍來扶，他卻已經是鼾聲大起了。秦昭王正自大笑，也是呼嚕一聲臥在了紅氈之上。

二、咸陽冬雷起宮廷

入冬第一場大雪紛紛揚揚落下時，東討大軍班師了。

與以往班師一樣，主力大軍一入關便回歸了藍田大營，等待王命特使專行犒賞。統軍主帥則率領全部將領與六千鐵騎直入咸陽，代全軍將士行班師大典。按照法度，秦王將率都城群臣郊迎於十里長亭，民眾也會自發地攜帶各種食物湧出城來歡慶勞軍。這是歷久相傳的「簞食壺漿，以迎王師」，也是任何出征將士都一心嚮往的班師盛況。然則，所有這一切這一次都沒有發生。當旌旗招展的將士車騎披著紛紛揚揚的雪花隆隆行進到十里郊亭時，只有秦王特使一車當道，當場宣讀秦王下書：大軍東討，勞師無功，各領軍大將立即回歸藍田大營，待上將軍白起號令，其餘將士官佐一律回歸本署。

「豈有此理！」統率大軍的穰侯魏冄頓時勃然大怒，「王稽矯書，給老夫拿下！」

「穰侯明察，」王稽不卑不亢，「都城咫尺，王印鑿鑿，一個謁者何能矯書？」

魏冄略一思忖，斷然下令：「拿下王稽！華陽君率諸位將軍先歸藍田大營，老夫擇日便來行賞！」華陽君芈戎與領軍大將們一陣愣怔顧盼，終於回身策馬去了。魏冄的臉色陰沉得可怕：「高陵君涇陽君各率三千鐵騎，隨老夫入咸陽。但有攔阻，聽老夫號令行事！」原本駕著戰車準備堂皇接受盛大儀典的高陵君與涇陽君，此時遊移不定，吭哧著不敢奉命。魏冄頓時暴怒大喝：「如此懦弱成何體統！老夫唯清君側，爾等不從便去！」高陵君涇陽君相互看得一眼，答應一聲「遵命！」各自一揮令旗駕著戰車隆隆分開。魏冄腳下狠狠一跺：「號角齊鳴！飛車入城！」中軍司馬令旗一劈，牛角號驟然大起，魏冄的六馬大型戰車隆隆驚雷般當先衝出，左右各三千鐵騎展開，巨大的煙塵激蕩著飛揚的雪花，風馳電掣般捲向咸陽。

巍峨的咸陽，在初冬的風雪中一片朦朧。

當煙塵風暴捲過寬闊的渭水白石橋撲到咸陽南門時，魏冄不禁驚愣了——咸陽城頭旌旗密布，各式弩弓在女牆垛口連綿閃爍，中央箭樓赫然排列著二十多架大型連發機弩；城下一字排開二百多輛戰車，洞開的三座城門中赫然閃現著猙獰的塞門刀車；戰車之後是兩個列於城門兩側的步戰方陣，一看氣勢便是最精銳的秦軍主力；戰車之後的兩個方陣之間，兩個鐵騎百人隊簇擁著一員大將與一位生疏文臣。

魏冄久做丞相，深知咸陽城防天下第一。但有準備，休說自己這六千鐵騎，便是十萬大軍也奈何不得這座金城湯池。驟然之間魏冄大急，不及細想從兵車上站起來一聲大喝：「蒙驁！你要反叛麼？」蒙驁未及說話，一陣大笑，那位生疏文臣揚鞭直指：「穰侯何其滑稽也！此話本當我等問你，你倒反客為主也！」

「你是何人？敢對老夫無禮！」頃刻之間，魏冄冷靜了下來。

「稟報穰侯，」大將蒙驁馬上一拱手，「此乃新任國正監、勞軍特使張祿大人。」

魏冄心頭驀然一閃，國正監乃重臣要職，沒有他的「舉薦」秦王竟能突然任命，分明是朝局有了意想不到的變化，當此之際，進入咸陽才是第一要務。心念及此，魏冄一聲冷笑：「好個國正監，如此勞軍麼？」

「敢問穰侯，私捕特使、鐵騎壓城、視君命如同兒戲，天下可有如此班師？」對面張祿也是一聲冷笑。

「太后有法：國政但奉本相之令！」魏冄聲色俱厲，「王稽王書未辨真假，分明有人要脅秦王亂國，老夫自要緊急還都。」

「穰侯大謬也！」張祿揚鞭又一指，「秦法刻於太廟，懸於國門，幾曾有太后私法？穰侯若不立即開釋秦王特使，謀逆大罪。」

魏冄面色鐵青，向後一揮手：「放了王稽。」轉身厲聲一喝，「張祿！老夫要還都面君，你敢阻攔，亂國大罪。」

「穰侯差矣！」張祿高聲道，「未奉君命，豈能私帶鐵騎入都？六千鐵騎渭橋南紮營，穰侯自可還都面君！」

魏冄氣得嘴唇瑟瑟發抖，一時無可奈何，片刻思忖間冷笑道：「好！老夫回頭再與你理論。」轉身高聲下令，「高陵君率鐵騎橋南紮營，涇陽君並幕府人馬隨老夫入城。」高陵君愣怔片刻，終於劈下令旗，率領六千鐵騎向身後渭橋退去。魏冄身邊只留下了中軍幕府護衛並一班司馬，加涇陽君護衛隨從等，總共大約千餘人。

及至高陵君鐵騎退過渭水大橋，蒙驁一劈令旗高聲一喝：「南門通道開啟！」頃刻間車聲隆隆馬蹄沓沓，兵車刀車騎士俱各兩列，一條直通城門的大道豁然眼前。魏冄二話不說，腳下一跺，六馬兵車轟隆隆飛馳進城了。

丞相府在王宮正南最寬闊的長陽街東側，距王宮南門不過兩箭之地，原是少有的顯赫地段。兵車一路駛來，魏冄卻覺今日長陽街大是異常。這長陽街雖無國人商市，高車駿馬卻是最多，尋常時日無論嚴冬酷暑夜半更深，都有朝臣車馬與諸般吏員從這裡穿梭般進出王宮，一日十二個時辰，絕無車馬銷聲匿跡之時。然則今日，除了漫天飛揚的雪花冰涼撲面，長陽街空曠得深山幽谷一般。透過朦朧雪霧，依稀可見王城南大門也關閉了，灰色的宮城箭樓下兩片黑濛濛長矛叢林觸目驚心。顯然，丞相府通向王城的寬闊大道已經被封閉了。剛回到府中，家老便來稟報，說護衛軍兵已經換了另外一個千人隊，府中幾位主要屬官也好幾日不來理事了，府中楚人子弟也逃亡了一百多人。魏冄聽得怒火中燒，已經明白了事態的峻迫，急切間一時無對，只在廳中焦躁踱步。

「穰侯當立即面君，扭轉危局！」涇陽君終於第一次開口了。

「不行。」魏冄已經冷靜了下來，揮手教一班吏員僕役退下，「嬴稷已經與老夫擺開了架勢，勝負不見分曉，他不會出面。這小子有耐性，老夫太曉得了。」

涇陽君低聲道：「我一路想來，那個張祿機斷利口，定然是突變主謀。」

「有何手段，說。」魏冄知道涇陽君曾執掌黑冰臺，心下頓時一亮。

「除卻張祿，釜底抽薪。」

「若行暗殺，須一擊成功。否則，連迴旋餘地也沒有。」

「除非張祿當真有上天庇護，否則斷無不成。」

「有此手段，老夫奇正相輔。你出奇，老夫出正。」

「穰侯是說，聯手武安君？」

「然也。」魏冄步履從容地踱步著，「數十年來，老夫鼎力扶持白起，與之情誼篤厚。白起出面，秦國大軍堅如磐石。只要嬴稷不能動用大軍壓我，老夫縱讓出些許權力，我等也還是大局底定。你以為如何？」

「大是！」涇陽君欣然拍掌，「武安君素有擔待，舉國大軍奉若戰神。他要面君論理，秦王不見也得見。只是，武安君此次不隨穰侯東討，有些蹊蹺。」

「你不知白起也。」魏冄篤定地笑了，「白起不征綱壽，原是政見不同也。當年胡傷攻趙，白起與老夫亦有歧見，然則並未損及老夫與白起之情誼，至今一樣。從秦國大局說，白起歷來明白說話，認為老夫與其聯手征戰最為得力！可是了？」

「有理。」涇陽君急迫道，「事不宜遲，今夜立即兩面動手，我這便回府。」

「好！你先走，片刻後老夫出車。」

涇陽君匆匆去了。等得大半個時辰，天色已經完全黑了下來，庭院中已經是白茫茫一片，魏冄才吩咐備車出門。駛過空曠的車馬場進入長陽街南拐，再過得兩條小巷，便是武安君府邸了。石板路面已經有了兩三寸厚的積雪，轔轔軺車變得悄無聲息，片刻駛到了長陽街南口，卻有一隊長矛甲士赫然橫在當街，喝令軺車退回。魏冄頓時大怒，老夫穰侯開府丞相也，何等鼠輩敢攔截老夫！對面一員帶劍將軍高聲回道，奉命定街，王城外長陽街非國君王書夜不放行。魏冄大急，霍然從軺車站起鏘鏘抽出腰間古劍：「這是宣太后親賜王劍，有生殺予奪之權！誰敢攔阻？衝將過去。」

話音未落，對面將軍一聲大喝，結陣抗車！一排粗大的鹿砦在飛雪中轟隆隆拉開，一片黑色盾牌矗在鹿砦之後，長矛森森然伸出堪堪封住了街口。魏冄不乏戰陣閱歷，一看速度陣勢，心知這是秦軍步戰主力銳士，而不是咸陽城防軍，此等結陣休說一輛軺車，一輛兵車也是徒然碰壁。魏冄頓時心下冰涼，秦軍主力入都，非上將軍持秦王兵符不能調遣，莫非白起已經被嬴稷拉了過去？抑或連白起兵權也被剝奪了？當此非常之期，只有忍耐一時了。心念及此，魏冄一跺腳：「回車！」軺車原地一個轉彎折回了丞相府。

此時的武安君府邸一片靜謐，唯獨書房窗櫺的燈光映出白起與范睢的身影。

離宮三日，范睢為秦昭王推出的第一謀是「固幹削枝，鞏固王權」。范睢詳盡剖析了秦國變法歷史，陳述了「法度以王權最高，王權不行，法度必亂。法度亂，則新法必亡」的法家學說，一針見血地下了斷語：以目下四貴分權、政出多門、多頭治國的亂象，秦國非但根本無法凝聚國力與趙國抗衡，且有迫在眉睫的內亂危機。秦昭王固憂國事，但要說內亂危機迫在眉睫，也覺得范睢未免危言聳聽，雖則沒有明說，但嘴角的那一絲笑容范睢卻看得清楚。范睢見事明快透徹，語氣頓時激烈：「綱壽之戰若大勝而歸，穰侯威勢更增，加之其封地由虛變實，頓成尾大不掉，秦王親政便遙遙無期。綱壽之戰若一無所獲，穰侯四貴則必然聯結武安君固勢，而致秦王不能依法追究其戰敗罪責。戰敗不能處罪，實封不能逆轉，秦法必然打滑，秦政必然迅速向舊制復辟。如此蛻變，不過十餘年，秦國新法則蕩然無存。其時，失地民眾追念新法，新軍將士多為平民子弟，焉能不對貴胄擴地視若仇讎？但有一軍不平，上下必然分崩離析。若山東六國趁勢而來，秦國豈能不一朝覆亡。如此危局，秦王若以為尚不迫在眉睫，無可救藥也，范雎自當告辭。」

這番話透徹犀利，秦昭王頓時悚然一身冷汗，一拱手道：「先生之意嬴稷盡知，只是在等待一個良才輔弼，等待一個妥當時機。如今有先生，只是選擇時機了。」

「目下正是最好時機。范雎唯恐錯過，方敢冒昧上書。」

「先生是說，四貴班師之時？」

「正是。」范雎一點頭，「綱壽之戰，穰侯已敗於齊國田單，喪師三萬，未得寸土。當此之際，正是罷黜權臣之良機。一旦錯過，悔之晚矣！」

「只是，」秦昭王猶豫沉吟著，「武安君與穰侯篤厚，穰侯尚有常執兵符，咸陽內史又是高陵君部屬，王城只有三千禁軍，急切間從何著手？」

「秦王見事差矣！」范雎痛下針砭，「在下閒居咸陽年餘，對秦國朝局處處留心，可明白斷定：武安君朋而不黨，絕以大局為重。穰侯雖握重權，然見事遲滯。其餘三君雖各有實職，然則才具平庸。只要秦王痛下決斷，一切有范雎謀劃。冬雷之後，秦王但行朝會親政。」接著，范雎將自己的謀劃和盤托出，一口氣說了半個時辰。

「好！」秦昭王慨然拍案，「先生放手去做，縱然功敗垂成，嬴稷無怨無悔。」

范雎肅然一個長躬：「秦王明斷如斯，大事若敗，天道安在哉！」

依照范雎謀劃，秦昭王立即頒布了一道王書：拜張祿為客卿，受中大夫爵祿，暫署國正監，查究權臣不法情事。這一番安排大有講究：秦法要害之一，是無功不得受爵任官。客卿為外來名士虛職，能否留秦任官，全在領事之後的功過而論，所以客卿之職不會引起任何波瀾。中大夫爵祿，只是一個臨時待遇，更不會引人注目。暫署國正監，卻是給了范雎一個大大的實權。國正監在秦國乃是職掌監察的大臣，幾可無事不涉。恰恰在宣太后死後，國正監一直空缺，對大臣的查究彈劾，由該署屬官稟報丞相府直接指派屬員處置，實際便是穰侯魏冄兼領監察大權。范雎領國正監，可以查究不法之名進出各方官署。而追加一句「查究權臣不法情事」，則是向朝野宣示一種態勢：秦王要依法整肅國政了，重在整治權臣不法，而不是舉朝動盪。

如此一個絕非顯赫的職位，范雎立即開始了環環緊扣的鋪排。

第一步，范雎徑直拜會武安君白起。

武安君府邸坐落在王城東南一條最是尋常不過的街巷。不算寬闊也不算窄小，不當通衢也不算僻背，恰在國人坊區與王宮官署街區之間，門前長街常有市人車馬絡繹不絕，誰也不因為這裡有赫赫武安君府邸而不敢涉足。府邸門前的車馬場很小，車馬也很少，六開間門廳雖然寬闊雄峻，卻只站了四名甲士，顯得空曠冷清。依白起之官爵威名，尋常人等很難相信這是威震天下的武安君府。當單馬軺車孤零零停在小小車馬場時，范雎不禁笑了，眼前的一切都確鑿無誤地證實了，他對白起的揣摩沒有錯。

走進這座外表極其尋常的府邸，范雎又被一種奇特的風貌深深震撼了。

跨過門廳，迎面一座高大的藍田白玉影壁，中間交叉鑲進了一張秦軍鐵盾與一口重型長劍，白石黑鐵，簡潔威猛得令人心頭一震。繞過影壁是寬敞簡樸的庭院，一色青石條鋪地，無石無水無竹無草，只有北面六級臺階上的八開間正廳威嚴如同廟宇般矗立著，門額正中鑲嵌著四個斗大的銅字——秦軍幕府，門廊下兩排長矛甲士挺身肅立如同石俑，比府邸大門的衛士多了幾倍。繞過幕府正廳是第二進，空蕩蕩一片沙土庭院，也是石水竹草樹全無，儼然一個小小校軍場。庭院東側是六排兵器架，分別掛著趙、齊、魏、楚、燕、韓六方大字木牌，各色兵器插得滿當當一無空隙。兵器架後是兩排長的石條凳。西側是一長排無字兵器架。這座兵器架旁立了一根粗大的木樁，樁上掛著一副黑色精鐵甲冑。

「足下何人？」一個渾厚低沉的聲音在身後響起。

范雎驀然回身，見一人從「校軍場」北面石牆中間的一道石門中走出，一身本色苧麻布衣，腰勒大鞶牛皮帶，無髮光頭銳利得像一支長矛。此人只往庭院一站，一片肅殺便在冰冷生硬的庭院中彌漫開來。

「客卿國正監張祿，參見武安君。」范雎立即深深一躬。

「國正監何事？」白起沒有還禮，只冷冰冰一句問話。

「奉秦王之命，受彈劾之書，查閼與戰敗之情。」

「既是國事，請入正廳說話。」白起一擺手，逕自穿過「校軍場」向幕府大廳去了。范雎也不說話，跟著進了廳堂。

這幕府正廳卻也奇特，一色的青石板地面青石長案，彷彿進了一個冰冷的石窟。青石長案後的大牆上，一面可牆大的「秦」字中軍大旗，碩大的青銅旗槍熠熠生光。對面大牆上則是一幅極大的羊皮大圖——天下軍爭圖。旗下一座劍架，橫置著一口秦王金鞘鎮秦劍。右側牆下一方石案，臺面銅架上插著一面黑色金絲邊令旗，旁置大銅匣上有兩個紅色大字——兵符。左側牆下是一排書架，擺滿了各式成卷的黃舊竹簡。

「武安君大有武道氣象，在下欽佩之至也！」范雎不禁一聲由衷讚歎。

「請入座。」白起一指帥案西側的石案，自己也席地坐在了對面偏案，一臉冷漠地看著范雎，靜候他發問。

范睢微笑中突兀一問：「武安君可是墨家院外弟子？」

「入得廳堂，但言國事，餘事恕白起無可奉告。」

雖依舊冷漠，范睢卻分明看見了白起目光中火焰閃爍，從容笑道：「有朝臣上書彈劾：武安君輕發閼與之戰，而致秦軍大敗，武安君作何說？」

白起驟然一陣愣怔，冷冰冰道：「如此責難，夫復何言？」

范睢正色凜然：「同有朝臣上書：穰侯兩次輕啟戰端，閼與之戰喪師八萬，綱壽之戰喪師三萬而寸土未得，實為大秦百年未見之國恥，當依法治罪。武安君職掌兵權武事，縱未統兵出戰，亦當有所與聞，卻作何等解說？」

白起默然良久，一聲歎息：「天意也！白起何說？若秦王認同此說，白起領罪。」

「武安君差矣！」范睢肅然道，「秦為法治之邦。法不阿貴，乃商君新法之精要。武安君雖與穰侯篤厚，然豈能以私情亂法，致使新法毀於一旦乎？君乃大秦柱石，稟性剛正而潔身自好，此朝野皆知也。然則，君私情太重，私義過甚，明知兩戰不可而不據理力爭，只保得一己『不為錯戰』之名也！事後依法查究，君又寧替他人背負罪責，不思律法公正，藏匿罪臣而徒亂法度。大臣若皆武安君者，秦國豈有護法之忠烈？秦法豈能綿延相續？在下雖職微言輕，然職責所在，為武安君汗顏也！」

這番話正氣凜然一擊而中要害，白起頓時面色脹紅。自入軍旅直到一路做到上將軍武安君高位，白起從來沒有被任何人如此正面指斥過。白起坦蕩剛直，雖在戰場機謀百出無可匹敵，然在朝局官場卻拙於應對。兵家之事，白起歷來傲視當世，不屑與任何人比肩，也從來以為，兵家恥辱永遠都不會落到自己頭上。然則，目下這位張祿說的恰恰卻是兵家之事上自己的錯失，且牽涉出如此深刻的一番道理，實在無法辯駁。細細想來，這個國正監說得確實在理。護法護國，便得如商君一般「極心無二慮，盡公不顧私」。若自己一般，對穰侯輕啟戰端有異議，只是稱病不朝，對穰侯更改封地之法有異議，只是婉言辭謝實封，僅此而已，委實令人汗顏。

心念及此，白起肅然拱手道：「先生之意，該當如何？」

「力挽狂瀾，鐵心護法！」

「護法護國，白起義不容辭。」白起目光一閃，大手輕叩著青石大案，「然則整肅朝局回歸法治，須得秦王定奪，而後統為謀劃方可為之。」

「秦王書命在此。武安君奉書。」范睢利落脫去外面黑色棉袍，再剝下苧麻夾袍，顯出貼身本色短布衣，一把擄下短布衣翻過，便見赫然三排暗紅色大字——國正監奉本王書令行事，武安君中流砥柱，一力助之！衣襟處一方鮮紅的朱文秦篆大印。

白起久為大將，日每處置機密，又曾親歷秦武王猝死之動盪危局，對非常之期的非常做法與王室種種密書方式自是瞭若指掌，一見密書便知是秦昭王手書，立即明白了面前這個破相客卿必是一個神奇人物，事先與秦王必定已經謀劃妥當了。驟然之間，白起幾個月以來的鬱悶一掃而去，肅然一拜道：「白起謹受命！」雙手接過血書霍然起身，「先生但謀，白起但做。」

就這樣，范睢與白起派出的中軍司馬一道，當天夜裡對咸陽城防做了一番大調換：原駐咸陽城內的兩萬步軍連夜開出，移駐章臺外圍營地；天亮之前，蒙驁率領的藍田大營三萬主力步騎已經開到，南門渭橋外駐紮一萬鐵騎，兩萬精銳步軍入城；城內要津、權臣府邸以及官署護衛，全數由蒙驁統轄。與此同時，白起密令大將王陵統率藍田大營駐軍，非國君王書兵符俱來，任何人不得調動一兵一卒；班師大軍但入大營，立即回歸原定部屬，不得擅出。范睢則進出各元老府邸，一一宣示穰侯兵敗與秦王重整法治的書令，穩定了一班被「四貴」長期冷落的元老大臣。與此同時，范睢又以咸陽內史（註：內史，秦國掌管京師咸陽並監察地方官的大臣）名義在城中張掛告示，曉諭國人並山東商旅毋以咸陽換防而生恐慌，秦國大勢穩定法制歸然，國人各安生計。如此這般，及至魏冄班師之日，咸陽城已經是今非昔比了。

范睢見事極快，一俟魏冄進入咸陽府邸，立即再度拜會武安君白起，請白起閉門稱病謝絕一切拜訪。白起原本已經做好了挺身而出支撐秦王整肅朝局法治的準備，范睢一說，大覺突兀，不禁臉色一沉：「國正監此話何意？信不得白起？」

「武安君言重了。」范睢笑道，「此事乃秦王之意，在下亦表贊同。然卻並非奉命強求，提醒耳耳，武安君自己掂量。」

「先生言猶未盡，明說。」

「其一，秦王知武安君與太后、穰侯情非尋常。」范睢真誠坦然，「太后呵護武安君如血肉同胞，穰侯支撐武安君堪稱不遺餘力。唯其如此，武安君對穰侯退讓，秦王不以為非，反贊武安君有名士之風。今武安君以大義為重，底定秦國大局，秦王已是深為欣然也。以武安君之篤厚重交，若穰侯親來或密使前來，非但左右為難，且徒引日後事端。與其如此，何如繼續稱病？此秦王苦心也，武安君或可體諒。」

白起默然，良久一聲喟歎：「知我者，秦王也。」

「再則，在下以為：武安君不善人際縱橫捭闔，但有一舉錯失，穰侯四貴可能死拖武安君下水；屆時非但武安君大節有損，更有甚者，大秦失卻戰神長城，豈不令老秦人痛哉！」

「好！」白起拍案，「但依先生。」

「謝過武安君。」范睢一個長躬，「但有上將軍坐鎮，破面之事，我這客卿來做。」

范睢軺車尚未駛出車馬場，便聽隆隆聲響，身後武安君府邸的大門已經關閉了。范睢心下一陣輕鬆，對馭手一聲吩咐：「去蒙驁幕府。」馭手馬韁一抖，軺車在積雪中無聲地駛上了長街。

軺車堪堪拐過一個街角時，一團白影在漫天飛舞的大雪中驟然淩空飛來。一聲短促的悶號，武士馭手已經橫身倒臥在了車轅上。范睢尚正沉浸在緊張思緒之中，聞聲一個激靈，不及思索縮身一滾，尚未滾出車廂，肩上已被快如閃電的長劍刺中。重重跌落雪地，那口長劍已帶著勁急的風聲淩空壓來。間不容髮之際，卻聞一聲大吼，一個黑影驟然從街角滾了過來，抱住了白影在雪地上翻滾起來。范睢掙扎站起，扶著軺車嘶聲大喊：「有刺客！有刺客——」兩聲方落，定街甲士的沉重腳步如隆隆沉雷般碾來。此時，又聞一聲悶號，那道白影鬼魅般倏忽消失了。

「壯士！」范睢撲上去抱住了倒在雪地上的黑影。

「嘿嘿，大哥……」黑影笑著哭了。

「鄭安平？」范睢不及細想一聲大叫，「快！抬進幕府療傷。」

蒙驁已經聞警而來，立即吩咐軍士將范睢二人抬進幕府救治。軍中醫官一番忙碌，兩人的傷口終是包紮停當了。范睢的肩頭劍傷距離脖頸要害僅僅三四寸，蒙驁看得驚悚不已，立即飛書急報秦昭王。未及半個時辰，秦昭王頒下緊急書令：著蒙驁立即調撥兩個百人鐵騎隊護衛國正監府邸，並遴選四名鐵鷹劍士做國正監隨身護衛。此等書令在秦國當真是史無前例，蒙驁驟然明白了這個國正監目下之重要及在秦王心中的分量，立即遴選軍士組成衛隊，親自護送范睢回到了府邸。

雖則帶傷，范睢毫無疲憊之相，先將突兀到來的鄭安平安置到一間隱祕居室療傷，而後立即進了書房，燈光一直亮到次日拂曉。午後大雪稍停，范睢軺車在兩百鐵騎簇擁下隆隆開到了穰侯府邸。

夜來被甲士逼回，魏冄立即派出一名心腹幹員喬裝成山東士子密訪白起。誰知武安君府邸所有門戶緊閉，護衛千長只說武安君患有惡疾，太醫奉秦王書令刻刻侍奉，謝絕見客。幹員回報，魏冄頓時頹然軟在了座榻上。目下之勢，唯白起有實力扭轉危局，以白起之絕世威望，縱是不出來為他強硬說話，只要不偏不倚，魏冄也不會有滅頂之災。然則看咸陽主力大軍密布要津的陣勢，若無白起號令，數十年不握兵符的秦王，焉能如此雷厲風行地成功換防？驟然之間，魏冄感到了深深的懊悔。他對白起顯然看走眼了。閼與之戰分明是自己主謀施行，八萬秦軍主力無一生還，愛兵如子的白起一腔憤懣，宣太后為此羞愧自裁，自己卻連自請貶黜的姿態也沒有，更沒對白起與將士們坦誠請罪；偶然說起，反是哈哈大笑，戰陣搏殺，何無生死也！霸道若此，白起豈不寒心？封地制欲由虛改實，原本是國之大計，他卻只與「三君」商議而置白起於不顧；白起不領實封，他也沒有在意，只將這番舉動看做白起無功不受賞的一貫稟性。綱壽之戰白起拒絕統兵出征，他非但沒有力邀，反倒竊喜自己有了親自統兵大戰的機會。不想卻恰恰遇到六年抗燕的田單，又是三萬主力戰死。當此之時，以白起之厚重剛烈，何能對自己還存著往昔那份敬重？說到底，自己是將白起看作了一個只知道打仗的「兵癡」，以為官場朝局之事，白起想當然以自己馬首是瞻了。畢竟白起是老秦人，自己內心深處也還與白起有著隱隱一絲隔膜，而將出自楚國的「三君」自然視為血肉鐵心。魏冄啊魏冄，你這老楚子何其蠢也！

正在唏噓感喟之時，涇陽君差人急報：刺殺張祿未遂，請穰侯急謀新策。

「天意也！」魏冄長歎一聲，再也不說話了。

范睢馬隊隆隆抵達府前車馬場時，宏闊雄峻如城堡的穰侯府邸，在漫天皆白的天地間分外的蕭瑟落寞。廣場沒有車馬如流，門廳沒有甲士斧鉞，只兩側偏門站著兩個霜打了一般的老僕，當真是門可羅雀。當先吏員一聲高喝：「秦王書到——」足足過了半頓飯辰光，兩丈餘高的銅釘大門才轟隆隆打開。

與所有權臣府邸不同的是，穰侯魏冄是開府丞相，府邸是丞相總理國政的官署，氣勢大是不同。在兩個鐵甲百人隊左右護持下，范睢帶著一隊吏員昂昂開進了府邸。按照法度，臣子接國君王書應力所能及地出迎，縱是權臣，也至少當在第二進庭院接書。但范睢一行走過了頭前兩進屬官官署，還是未見魏冄露面。右側書吏低聲道：「若是自裁，如何是好？」范睢悠然一笑：「莫慌，秦國沒那般鴻運。」說話間堪堪進入第三進國政堂，也就是丞相處置國務的正式官署，九級高階之上堂前門廳之下，孤零零佇立著一個白髮蒼蒼的黑衣老人，正是穰侯魏冄。書吏一揮手，兩隊甲士鏗鏘分作兩列，四名鐵鷹劍士黑鐵柱般釘在了范睢身後。

「你是張祿？」居高臨下地看著肩頭臃腫得穿戴甲冑一般的特使，魏冄一聲冷笑。

「客卿國正監、王命特使張祿。」范睢嘴角溢出一絲揶揄的笑意，「你是魏冄？」

「老夫敢問，客卿可是魏國士子？」

「然也。隨謁者入秦，從穰侯眼皮下脫身。」

「當日若是落入老夫之手，今日卻是如何？」

「法網恢恢，天道蕩蕩。縱是張祿落難，亦當有王祿李祿入秦。穰侯縱無今日，必有明日。」

「天意也！」魏冄愣怔片刻，一聲粗重的歎息，「秦王如何處置三君？」

「關外虛封，餘罪另查。」

「好，嬴稷尚念手足之情。宣書。」

兩名書吏打開竹簡王書展到范睢面前，范睢高聲念道：「秦王特書：查穰侯魏冄當國專權，不依法度，多以好惡理政；閼與敗於趙，綱壽敗於齊，使國恥辱；擅改法度，復辟封地；結黨三君，四貴專國；擅自征伐，擴己封地。凡此種種，動搖國本，禍及新法，雖有功於國而不能免其罪責。今罷黜魏冄開府丞相之職，奪穰侯封爵，保留原封地陶邑。王書頒發之日，著即遷出咸陽，回封地以為頤養。大秦王嬴稷四十一年冬月。」

「哼哼，總算還沒殺了老夫！」魏冄狠聲道，「好！老夫來春便走。」

「不行。」范睢冷冰冰道，「從明日起計，三日後必得離開咸陽。」

魏冄驟然暴怒：「豈有此理！老夫高年，雪擁關隘，如何走得？教嬴稷說話！」

「人言穰侯橫霸，果如是也。」范雎笑了，「負罪之身尚且如此，可見尋常氣焰了。在下奉勸一句，前輩卻自掂量：大罪在身去職去位，若滯留咸陽，引得國人朝臣物議洶洶，秦王其時難保不順乎民意了。」

一言落點，魏冄頓時默然，良久，一甩大袖逕自匆匆去了。

三日之後，一隊長長的車馬在大風雪中出了咸陽東門。旬日之後從函谷關傳來急報：穰侯財貨輜重牛車千餘輛，多載珠寶黃金絲綢並諸般珍奇，雖王室府庫不能敵，請令定奪。這次，范雎沒有說話。秦昭王思忖良久，一聲歎息道：「穰侯喜好財貨，又曾有鎮國大功，教他去。」

曾是一代雄傑的魏冄便這樣去了。數年之後，魏冄死於封地陶邑。秦昭王收回陶邑，立為一縣。華陽君、高陵君遷出函谷關做了無職世族，涇陽君因擅動黑冰臺刺殺范雎，被處以「遣散部族，關外監守孤居」之刑罰。至此，自宣太后開始的外戚當政在秦國永遠地銷聲匿跡了。

三、大謀橫空出

冰消雪開的二月初二，咸陽宮正殿舉行了隆重的朝會。

老秦人諺云：「二月二，龍抬頭。」說的是立春、雨水兩節氣一過，龍就會在即將到來的驚蟄時節騰空而起。從周人開始，關中庶民就將二月視為萬物復甦振興的祥和之期，將整個二月叫做「春社」，如同將六月最熱的一段時日叫做「三伏」一般。春社雖非二十四節氣，但卻是周秦老民對歲月流轉的一種獨特概括。春社之期，雨水催生驚蟄而使蒼龍振翼，農人在這段時日大起「社火」，以歡樂祭祀土地，祭祀從大地騰空的龍神，祈求五穀豐登。唯其如此，一進二月八百里秦川一片祥和喜慶，備耕的忙碌與歡騰的社火交相彌漫在春寒料峭的原野，到處都是熱氣騰騰。

大朝會在此時舉行，有著一種深遠的寓意。秦昭王即位四十二年，從來沒有在二月舉行過隆重的開春朝會。因由只有一個，宣太后與穰侯攝政，一切國事都在背後實際處置了，以國君為正尊的大型朝會，自然被各種各樣的理由衝淡了遺忘了。去冬一舉廓清朝局，四貴伏法，秦王親政。消息傳開，朝野一片歡騰。商鞅之後，老秦人雖然早已不排斥外國人身居高位治國理民，然而對於宣太后、穰侯四貴一班裙帶楚人長期秉政畢竟是心有彆扭。宣太后之後，穰侯四貴非但沒有還政於秦王，反而對秦國新法動起了手腳，民眾無言，心裡卻都是清清楚楚。如今「楚黨」盡去，秦國上下頓時如釋重負。老秦人根本不關心其中情由及刑罰是否適當等諸般細節，立即狂歡相慶，秦川社火鬧騰了個天翻地覆。

在這彌漫朝野的歡慶中，秦昭王率領百官先行出郊祭天，再回歸太廟祭祖，向上天先祖稟報了親政大計。午後未時，兩百餘名大臣整齊地聚集在咸陽宮大殿，舉行四十二年來第一次開春朝會。秦昭王第一次全副袞冕，戴上了黑絲天平冠，佩起了三尺王劍，肅穆地登上了中央王座。

「參見秦王！」舉殿兩百餘位大臣整齊肅立，一齊長躬作禮。

「諸臣就座。」秦昭王一揮大袖在王案前坐定，不由自主地向左右瞥了一眼，心中頓時一陣輕鬆。從前無論何種形式議事，王案兩側都有兩個並行座案夾持，使他如坐針氈，如今沒有了，寬闊的王臺上只有一張九尺大案威勢赫赫地矗立在中央，全部大臣都在九級白玉臺之下。一眼掃過連綿排座的大殿，如同掃過沉沉廣袤的大秦國土，秦昭王頓時湧起了一種從來沒有過的無法言傳的王權豪情，剎那之間，他幾乎要迷醉了。

「諸臣就座。秦王開會——」司禮大臣一聲宣呼，殿中頓時肅然。

開會者，朝會開始之發動也。如同宴會要由最尊者「開鼎」啟食一樣，朝會也須得由國君先行宣示宗旨，而後會同議論（會議）決事。司禮大臣的宣呼使秦昭王頓時清醒，咳嗽一聲道：「諸位大臣：秦國大勢已定，本王親政理國。但得如此，賴上天佑護大秦，使我得大才張祿入秦，一謀定國，廓清大局。今日開春朝會，須當議定秦國拓展之大謀長策。先生已有初謀，陳述之後合朝決之。」說罷伸手遙遙一個虛扶，「先生請。」

范睢坐席在大殿東區坐席的首位，從王座看是左手第一席，與之遙遙相對者，是右手第一位的武安君白起。雖然是一個客卿坐了首席，卻沒有任何人驚訝。畢竟客卿只是虛職，坐席在首也只是敬賢之道。這個被傳揚得高深莫測的魏國士子究竟有無真才實學，得看他今日大謀如何。秦昭王話音落點，舉殿目光齊刷刷聚到了范睢身上。

「秦王，列位大臣，」范睢從座席站起從容拱手，咬字真切的大梁口音立即在大殿中迴盪開來，「惠文王之後，武王三年猝死。秦王即位而太后穰侯先後秉政，至今已是四十餘年。當此四十餘年，秦國開疆拓土，東奪魏國河內，南取楚國南郡，堪稱聲威赫赫。然則，盛名之下，其實難副。自趙國崛起，秦國相形見絀，閼與大敗於趙，綱壽再敗於齊。兩次敗戰，堪堪將武安君百戰功勳消於無形。目下，秦趙抗衡之勢已成定局，秦國卻疲惰乏力，廟堂無長策大謀，大軍無戰勝之功，朝臣無奮進之氣，庶民無凝聚之力，強勢大秦竟至日見潰散。若無孝公、惠文王兩代之堅實根基，並武安君軍威，安知秦國不被山東六國再度鎖進關內？當此之際，秦國已成外強中乾之虛勢，若再不思奮力振作，十年之後便是危難之期！」

此言一出，舉殿臣僚大是不悅。這張祿未免太危言聳聽了，秦國如何便有了危難之期？當真匪夷所思。欲待反駁，急切之間卻又無由開口，話雖刺人，哪句卻不是言之鑿鑿？一陣粗重喘息，大殿又靜了下來。

「秦國危局因由何在？」范睢絲毫沒有因為朝臣變色而氣勢稍挫，慷慨激昂道，「其一在法治日漸鬆懈：廟堂開裙帶之惡風，權臣開實封之惡例，朝局行無功之封賞。倏忽四十餘年，秦國變法之根基，已滑入復辟之邊緣。其二在軍爭不務實利：南郡之戰固奪楚國腹地，然則卻不能供我兵員糧貨，欲行秦法卻鞭長莫及，竟成秦之雞肋也。閼與之戰、綱壽之戰，更是勞師千里損兵折將，大損強秦聲威也。」

這番話更是驚心動魄。根本處是公然指斥了最不能碰的兩個人——宣太后與武安君。宣太后攝政三十餘年，除了閼與之戰與任用四貴，倒實在是在秦國朝野留下了善政聲名。更重要的是，宣太后是惠文王愛妃、秦昭王生母，公然指斥未免無視秦王之尊嚴。然則，更出人意料者，卻是對武安君白起南郡之戰的指斥。以白起之軍功聲望與潔身自好，幾乎沒有一個大臣能夠挑剔，更何況挑剔白起的用兵缺失？話音未落，所有武臣倏然變色。

「人有痼疾，安得諱疾忌醫也？」秦昭王悠然一笑，「先生但開藥方無妨。」

有此一言，大殿頓時平靜下來。秦王尚不計生母被責，臣下何得有說？

「謝過秦王。」范雎一拱手江河直下，「秦國重振雄威，要害在二：其一，明法固本。當此之時，秦國當重中以新法為治國理民之根本，將復辟舊制列為謀逆大罪。在國，嚴禁外戚裙帶干政，非大功不得封侯封君；在官，全力整肅吏治，重刑貪贓枉法；在野，力行軍功爵法，重振國人耕戰之雄心。若得如此，三年之期，秦國必將朝野清明，舉國同心。」

「好！」舉殿大臣一聲讚歎。

「先生第二策如何？」大將王齕急迫一聲，他只急著要聽這位張祿的軍爭大謀。否則，公然指斥上將軍，他不服。

范雎從容一笑：「其二，遠交近攻。此乃軍政長策。」

「遠交近攻？究竟何意？」大將王陵也跟著喊了一聲。

「敢問列位：戰國以來，大戰數以千計，破城不計其數，然六國疆域卻並無大盈大縮。武安君大戰山東，破城百餘，斬首數十萬，六國還是六國。奄奄疲弱之國不能攻滅，皇皇戰勝之國不能擴地，其間因由究竟何在？」

「問得好。」見大臣們愣怔無言，秦昭王輕叩書案，「武安君以為如何？」

白起驀然醒悟，一拱手道：「臣尚沒有想透其中奧祕，願聞先生拆解。」

范睢侃侃而論：「自春秋以來，列國軍爭已成定則：城破取財，戰勝還兵；遠兵奔襲，堅固本土。打來打去，你還是你，我還是我。由此觀之，三百年來之戰爭，皆未打到根本也！何謂戰爭之根本？土地也，民眾也。田土之大小，民眾之多寡，國力盈縮之根基也。浮動財貨，譬如國力豐枯之血肉。國土能生財貨，財貨卻不能生國土。國土可招徠民眾，民眾卻不能平添國土。是以爭財爭貨爭民眾，而獨忽視擴展國土，是隔靴搔癢，偏離兵爭之根本也！」

「是了是了。」舉殿大臣不約而同地點頭。

「有癥結即有對策。」范睢一字一頓，「四個大字：遠交近攻！可為大秦外政軍爭之長策大謀也。相鄰之國為近，相隔之國為遠。攻遠而不能治，何如安撫？攻鄰而爭地，得寸為秦之寸，得尺為秦之尺，融入本土，一體而治，步步延伸，我盈彼縮。倏幾一日，天下必將化入秦制也！此乃近攻之實利也。以大秦之國威，交遠則遠喜，必不敢背秦之交而援手他國。攻近則近克，必不能賴遠援而保全。遠交近攻，相輔相成，鄰邦不能獨支，遠邦不敢救援。如此做去，則天下之地四海之民，數十年內必入大秦國之疆域矣！」

「好！」武安君白起第一個拍案而起，「先生鞭辟入裡，一舉廓清軍爭霧障，使人茅塞頓開。我大秦鐵軍可是心明眼亮，要大顯神威！」

「遠交近攻！采——」大臣們個個振奮，齊齊地喝了一聲采。

秦昭王一陣大笑：「妙哉斯言！遠交近攻。四十餘年之後，本王終是揚眉吐氣也！」說罷從王案站起走下九級玉階，向范雎深深一躬，「先生出此氣吞河山之長策，舉朝認可，國之大幸也！嬴稷代列祖列宗並朝野臣民，謝過先生。」

范雎連忙深深一躬：「臣得秦王知遇，自當殫精竭慮，何敢當此褒獎？」

秦昭王扶住范雎，轉身高聲道：「本王親政第一道書令：擢升客卿張祿為開府丞相，晉侯爵，遙封應地（註：應地，春秋古諸侯國，戰國中期為韓地，今河南省魯山縣東），總領國政！」

「秦王萬歲！應侯萬歲！」大臣們異口同聲地表示了對秦王的讚歎與對應侯的祝賀，大殿中一片數十年沒有過的昂揚振奮。

四、遠交近攻展鋒芒

秦昭王一道王書，穰侯府變做了范雎的丞相府。

這是秦昭王反覆思忖才下的決斷。以穰侯府邸之雄闊氣勢，且距離王城近在咫尺，咸陽大臣都主張將穰侯府邸併入王城以作官署，若賜重臣再作府邸，朝野又會徒然生出「權臣再現」之疑慮，於國不利。然則，秦昭王反覆琢磨了范雎之後，卻有著另一種思謀。范雎三策，一舉廓清朝局穩定國勢，將自己送上了真正的王座，此等功勳才具可謂獨步天下。秦國要重振雄風開拓大業，便要使此等大才永遠地忠心謀國。要得如此，秦國自要做到兩點：其一，決然為范雎雪恥復仇；其二，厚待范雎，使其恩遇超常。此次雖然封了范雎應侯爵位，但范雎事實上卻沒有封地，得在其他方面彌補。

秦國自商鞅變法之後，封地只作為一種賞功象徵存在，此所謂虛封。孝公後期及孝公之後，秦國收復河西進而東出爭雄，國土大增，虛封有了三種形式：一是封偏遠邊陲之地，如商君封商於、樗里疾封漢水、公子封蜀；二是封關外列國拉鋸爭奪或新攻取之地，如穰侯魏冄封陶地、華陽君芈戎封新城、涇陽君封宛地、高陵君封鄧地；三是關內關外皆有封地，如武信君張儀封五邑，關內有一邑。第三種封地極少，只有張儀與秦昭王太子安國君等有此殊榮。這種虛封之地，除非被貶黜，權臣事實上不可能常居。因與封地保持了較遠距離，而只能接受郡縣官署在收穫季節解來的少量賦稅。這便是秦國封地與山東六國「直領實封」之封地制的根本不同。范雎封侯爵，地位與白起的武安君不相上下，可謂尊貴之極。然則，白起乃秦人大將，宣太后將白起封地定在了關內一邑關外（河內）三邑。就事實說，儘管同是虛封，白起自然是更扎實。這也是秦昭王特意將范雎爵位提高的因由。范雎新入秦國，既無根基又無關內封地，秦昭王遂斷然決策：穰侯府邸賜作丞相開府官署。

書令一出，咸陽大臣們一陣驚愕一陣揣摩，最終卻都是欣然認可了。於是，有絡繹不絕的車馬流水般前來恭賀，應侯府一時成了門庭若市的新貴府邸。范雎既忙於應酬，更忙於國務，便教傷勢已經痊癒的鄭安平做了丞相府家老總管，打理一應僕役事務，自己整日奔忙在書房與國政堂之間。鄭安平幾次找這位大哥說話，都找不到一絲縫隙。

接掌國政三月，堪堪將整肅法治理出一個頭緒，接到河內郡守急報：山東六國紛紛派出特使前往邯鄲，要重新合縱，抗衡秦國。范雎思忖一番，沒有立即稟報秦昭王，而是下令職司邦交的行人署三日之內備好出使趙國的一應事務，並立即派出快馬斥候奔赴河內，查清各國赴趙特使詳情。分派妥當，范雎吩咐備車到謁者府。正當車馬備好，王宮長史卻飛車駛到，緊急宣召范雎進宮。一問情由，是秦昭王也同時得到密報，深感不安，宣范雎謀劃應對之策。范雎吩咐一名書吏到謁者府傳令，請王稽做好出使準備，立即跟著長史進了王宮。

「趙國密謀合縱，委實可恨。」秦昭王黑著臉，分明是感到了沉重壓力。

范雎一副輕鬆的笑容：「秦王毋憂，臣已有應對之策。」

「稍候。」秦昭王一擺手，「武安君片刻便到，這次要狠狠給趙何一個顏色。」

「臣之謀劃，並非立動刀兵。」

「噢？不打仗破得合縱了？」秦昭王頓時驚訝，「惠王以來，哪次合縱攻秦不是一場大戰，況乎今日有趙國主盟？」

「此一時也，彼一時也。」范雎笑著對大步匆匆趕來的白起一拱手，又轉身對秦昭王道，「當年六國合縱，有楚威王、齊威王、趙肅侯、魏惠王一班秦國夙敵在世，更有大才蘇秦斡旋主謀，四大公子推波助瀾，始成勢也。倏忽數十年，山東五戰國大衰，五國君主皆庸碌之輩，唯餘一個趙國做了泰山之石。其間，六國積怨如山遠甚當年，趙國縱有合縱之心，沒有一班胸襟似海可泯恩仇之君臣，必是哄哄一場兒戲而已，斷難成勢也！」

「也是一理。」秦昭王還是不放心，「丞相說有應對，何策？」

「揮灑金錢，分化收買，使其自行分崩離析，不戰而屈人之兵。」

「金錢事小。只是，行麼？」秦昭王皺著眉頭看了看白起，白起面無表情地坐著，目光只盯著范雎。

「六國之弊，臣有切膚之痛，我王與武安君遠觀，未免朦朧也。」范雎嘴角抽搐出一絲笑容，「但看宮中群狗，尋常或起或臥或行或止，皆相安無事，但投一塊骨頭，則會驟然猛撲撕咬相鬥。因由何在？利在眼前，起爭意也。目下趙國之外，五國君臣較之群狗，有過之而無不及也。」

秦昭王聽得不甚舒坦，仍然是呵呵笑了：「呵，武安君以為如何？」

「臣以為可行。」白起一拱手，「老相張儀當年屢用此法，幾無不成。」

「好！」秦昭王拍案笑道，「丞相欲以何人為撒金特使？」

「謁者王稽。」

「王稽？」秦昭王一陣沉吟，「王稽老臣工了，才具當得應變大任麼？」

范睢肅然一躬：「王稽雖非大才，卻有大功。非王稽之忠，臣不能入秦。臣之苦心，唯使王稽再立功動，得以脫低爵而擢升也。」

秦昭王恍然醒悟，驟然一陣哈哈大笑：「哎呀，此本王之過也，卻勞丞相為難了。」轉身一揮手，「長史擬詔：謁者王稽，引賢有功，爵加顯大夫，領河東郡守之職，許三年不上計（註：上計，戰國末期開始的考核官員政績的制度：歲末由郡縣守令將賦稅、戶口、墾田、錢穀收支等事項增減數目寫於木券，呈送京城接受稽核。三年不上計，即三年不受考核）。」轉身又對范睢一笑，「丞相以為如何？」

「臣謝過我王。」范睢大是欣慰，又是一個長躬到地。

出得王宮，范睢立即驅車來到謁者府。自范睢令人目眩地擢升應侯開府丞相，王稽便等待著自己的喜訊。按照常理，魏冄四貴罷黜，秦王無須再將他作為低爵低職的隱祕臣子，至少應當恢復他曾經有過的職爵。雖則如此，按王稽本心，卻對秦王晉升不抱奢望。他跟隨秦王太長了，辦理的密事也太多了。以他對秦王的了解，秦王似乎從來不想用他做顯職大臣。就實而論，王稽只有寄厚望於范睢，只想做個丞相府掌書。幾經周折，他已經覺得范睢確實是個非同尋常的神異大才，料事如神機敏快捷且恩怨分明，跟著此等人做屬官心中踏實。然則倏忽半年過去，兩頭皆無音信，王稽大大地鬱悶了。今日丞相府吏員飛馬傳令，教他做好出使準備，他卻半點也沒動。入官三十餘年的老臣了，還只是個永遠奔波的謁者特使，與列國使者周旋豈不汗顏，做得甚個勁來？何如辭官離秦悄悄做個富商算了？

正在此時，范睢突然親臨，身後還隨行一名王城使者。王稽正在後園鬱悶漫步，看見范睢五味俱生手足無措。范睢卻只對身後王使一擺手：「下書了。」及至王使將王書讀完，王稽愕然，一時愣怔得說不出話來。

「六百石高爵，王兄還不接書謝恩？」范睢悠然一笑。

王稽恍然，連忙一個長躬：「王稽接書，王稽謝恩！」囫圇得連自己也笑了起來。使者已經走了，王稽還覺得做夢一般。六百石以上俸祿，原本便是高爵重臣了，再加一個肥美豐腴的河東重鎮大員——河東郡守，非但赫然顯貴，且三年不上計全權自治！這是真的麼？

「王兄，是真的，不是做夢，醒醒了。」范睢呵呵笑著。

「見笑見笑。」王稽連忙拱手，「應侯請入座。」他無論如何也叫不出原本很順口的「張兄」兩個字，連忙吩咐使女煮茶，回身惶恐笑道，「丞相委我出使何方？」

「趙國。」范睢笑了，「王兄莫得拘禮，還是本色好。」略一沉吟又笑道，「此次出使是個極大美事，揮灑金錢。王兄可是做得？」

「大花錢？」王稽驚訝得眼睛都直了，「這叫甚個使命？」

范睢悠然品著清香濃鬱的新茶，侃侃將事情原委說了一遍，末了道：「此番出使須得如此行事：你先帶五萬金並珠寶一百件入趙，駐蹕武安而不入邯鄲，只在武安重金結交五國特使，明告其合縱抗秦之惡果。若能同時重金結交趙國大臣，動搖趙國心志，則更佳。王兄切記：散金愈多，功勞愈大。一月之後，還有五萬金隨後！」

「嗚呼！萬金之數？匪夷所思也！」王稽雙眼熠熠生光，連連咋舌。

范睢哈哈大笑：「國滅人滅金不滅，何惜一撒也！六國敗亡，又是原金歸秦，豈有他哉！」

三日之後，王稽特使車馬轔轔東去。不到一月，快馬密使急報：五國使團雲集武安，王稽只散得數千金並一半珠寶，燕齊魏三國特使已與趙國翻臉，要趙國先行歸還三國舊地再言合縱；楚韓兩使雖未公然鬧翻，卻一力主張趙國要先與秦國打一仗，證實有實力抗秦再說合縱；趙國君臣啼笑皆非，趙惠文王束手無策，丞相藺相如周旋無功，上將軍廉頗大為惱怒，三國特使已經準備離趙，六國合縱大體無望。

秦昭王大為振奮，頓時信實了范雎遠交近攻的威力，立即連夜宣來范雎白起，祕密計議趁此時機再度大舉東出之方略。以秦昭王之心，趙國合縱不成必然孤立，秦國此時出動大軍攻趙，正是事半功倍之機。雖則如此想，秦昭王已長期磨成了深思慎言的習性，但定大謀，言必在謀臣之後，從來不先說武斷。今日雖則興奮，秦昭王也只是要武安君白起先說，尋思白起對六國歷來主戰，定然與自己不謀而合。

「臣之思慮，目下雖則合縱破裂，然則大軍攻趙尚嫌倉促。」白起當先一句，令秦昭王大出意料，只聽白起接道，「遠交近攻既成國策，丞相必有詳盡謀劃，臣願我王聞而後定。」

「大是。」秦昭王頓覺自己未免心緒浮躁，向范雎道，「願聞丞相之謀。」

范雎笑道：「武安君沉穩明睿，臣深以為是。目下大舉攻趙，確實不是時機。趙已成強，無舉國充分準備，不能言戰。此其一，為實力之備。其二，目下遠交破合縱，孤立趙國，奠定秦趙決戰之基石。其三，秦趙大決，須得先清外圍而後步步進逼，一戰而決大局。唯其如此，臣之謀劃，目下近攻之方向在三。」

「三？做何拆解？」秦昭王頗有疑惑。

「其一，攻韓河外。其二，攻滅周室洛陽。其三，攻取韓國野王。兩年之內，此三地攻下，秦國之河外河內連成一片，切斷趙國與中原之通道。此後再下一地，便可對趙國成大決之勢也！」范雎略一喘息，侃侃補充道，「要使趙國衰頹，目下幾年是最後時機。趙國變法尚未徹底，國力比秦國畢竟稍遜一籌。若待趙國有了第二次變法，木已成舟，一切都晚了。唯其如此，從目下開始，要對趙國不斷挑起事端，不斷施加壓力，絕不能給它第二次變法之機會。」

「好！應侯大手筆也！」秦昭王興奮得氣息都粗了。范雎這三攻著著刺激，河外、野王、洛陽，哪一處不是秦國朝思暮想之地？哪一處不使趙國如芒刺在背？尤其一個王室洛陽，雖則唾手可得，誰卻曾想過目下要去吞併它了？想到可一舉滅得天子王畿，秦昭王心下怦怦直跳。片刻喘息，秦昭王恍然笑了：「丞相所說再下一地，卻是何地？」

「武安君必是成算在胸也。」范雎對著白起一拱手笑了。

一直沉思的白起陡然目光炯炯：「奪取上黨，卡住趙國咽喉。」

秦昭王恍然點頭：「然也！上黨正是趙國咽喉，先拿下上黨如何？」

「武安君已是全局在胸了。」范雎向秦昭王慨然拱手，「大計但定，臣請我王：特許武安君全局籌劃戰事。」

「自當如此。」秦昭王一拍王案，「遠交由丞相全局調遣，近攻戰事由上將軍全局籌劃調遣。籌劃方略但定，本王親自為上將軍坐鎮督運糧草輜重。」一言落點，白起大是感奮，心中一塊大石頓時落地，慷慨應命而去。

旬日之後，白起向秦昭王呈上了一卷詳盡的戰事方略。依白起方略：三年奪三地，先河外（包括洛陽王畿之河外與韓國河外），再野王，穩扎穩打而不使趙國恐慌；三年之後大舉進兵上黨，若戰國不救，則奪上黨而困趙國，再尋機決戰；若趙國來救，則與趙國大決。白起對范雎方略唯一改動，是暫時不滅洛陽王室，以免天下洶洶，掣肘秦趙大決。

秦昭王立即召來范雎祕密計議，反覆揣摩，覺得白起之方略切實可行。一則是秦國需要時日整肅法治整頓吏治凝聚國力，操之過急國力不濟便沒有勝算；二則是外圍戰不能打草驚蛇，若是緊鑼密鼓地連續大戰，非但趙國有可能警覺而發兵救援，其餘五大戰國也可能恐慌大起而再度合縱抗秦；若不滅周王室而只一年一戰，在戰國之世則實在平常，且所攻取之地幾乎都是明面上的拉鋸之地，不會引起列國強烈反彈；外圍鉗形大勢一旦形成，秦國便可放開手腳大爭上黨，其時列國縱然醒悟，也已被秦國封堵在戰場之外了。

商議完畢，秦昭王突然頗為神祕地一笑：「此謀之要，武安君尚有一處未曾言及，丞相以為可是？」范睢不假思索道：「至高機密，毋得洩露。」秦昭王道：「正是。此番謀劃，唯我君臣三人知曉。」說著將長卷竹簡順手丟進了腳旁大燎爐，明亮的木炭驟然躥起了熊熊火苗。

一月之後，河東守王稽突然快馬上書，請求秦王派兵攻取韓國陘地（註：陘地，戰國中期韓地，汾水支流澮水下游地帶，故城在今山西省曲沃縣西北）。

秦昭王命長史分送王稽上書，以供朝臣議決。王稽請求發兵的緣由是：韓陘夾於河東郡與河內郡之間，非但使秦國兩郡不能通暢相連有礙商旅，且每遇春荒窮困，庶民必逃荒進入秦國河東郡與河內郡，韓國事實上已經無力治理陘地，秦國弔民伐罪，當收陘地入秦。上書分完，前軍大將蒙驁立即請命攻陘。秦昭王分別徵詢計議，大臣們都贊同攻陘，卻都紛紛主張上將軍白起統兵。獨范睢說上將軍沉屙在身，攻陘小戰蒙驁足矣。秦昭王立即下書：前將軍蒙驁率兵五萬，擇日發兵攻陘。

出兵五萬之戰，在戰國之世幾乎是天天都有，各國隱藏在秦國的祕密斥候誰也沒有在意，自然不會有回報本國的興趣。於是，蒙驁的五萬步騎大張旗鼓地開出了函谷關，半個月後便拿下了陘地三城兩百里，使整個大河北岸的河東郡與河內郡連成了一片。此時韓國已是大衰。志大才疏的韓釐王已經死了，繼位的韓桓惠王是個顢頇貴公子，接到陘地丟失的軍報，竟如釋重負地歎息了一聲：「不毛之地也，秦人何貪得無厭乎！」對幾個大臣一說，也都是束手無策，不約而同地將虎狼秦國大罵一通了事。

誰知事情還沒有完。蒙驁奪陘之後，五萬步騎突然變成了十萬大軍，渡過大河來攻打汜水之地。這汜水源於韓國西部之鞏城（註：鞏城，戰國韓地，秦統一後設縣，今河南鞏縣）山地，北流入河，南北全長不過一二百里，是一處關津要害之地。北邊入河處，是赫赫大名的虎牢要塞（也稱汜水關）；東面是鄭國西北部要塞滎陽，距韓國都城新鄭不到百里；西面一百餘里，便是洛陽。最根本處，在於這汜水是韓國與周室王畿的分界地，對周對韓均是要害。周室奄奄衰微，韓國強弩之末，誰也無力吞噬對方，便依著這汜水相安無事，若陡然插進秦國一口利刃，韓周兩方頓時大險。

韓國慌了，周王室也慌了，一邊向列國告急求援，一邊倉促整頓軍馬準備應戰。偏在此時，秦國丞相張祿卻派來了河東守王稽做特使，向韓周兩方申明：秦國無意全部占領汜水流域，只求將與河東郡、河內郡遙遙相對的大河南岸的河段劃歸秦國做渡口，秦國可便立即退兵。戰國之世，列國相互封堵，對關隘要津的爭奪原是尋常。地勢不利之強國威逼占據要津之弱國割讓關津者，更是屢見不鮮。秦國特使一申明秦軍意圖，各國斥候立即飛馬回報本國。趙齊魏楚四大國一聽不是滅國之戰，立即鬆緩下來，嘈嘈發兵救援的聲浪也頓時平息了。如此一來，周王室頓時鬆了一口氣。洛陽王畿瀕臨大河的土地本來就荒無人煙，沒有國人居住，幾處要塞也無兵可守形同虛設，割給秦國何妨？與王稽會商的特使立即回報周赧王，這位老天子只是一句回話：「只要秦不滅周，特使但全權行事。」於是周室特使立即與秦軍達成盟約，割讓了洛陽王畿的河外渡口，不再跟著韓國四處奔波求援了。

韓國一見四大戰國退縮，周王室割地脫身，頓時沒了主張。與秦國開戰吧，分明是實力懸殊，割讓汜水北段吧，又實在心疼。大河北岸的秦國河內郡正與大河南岸的韓國遙遙相對，東西橫寬三百餘里，縱然只割得南岸河灘的二十餘里之地，東西也是茫茫一大片。更有甚者，大河南岸渡口一旦歸秦，非但韓國與趙國間的渡河大道被截斷，而且還將留在大河北岸唯一的飛地要塞——野王，孤零零地留在了秦國河內郡的汪洋大海之中；雖則秦國申明野王仍然是韓國城堡土地，可一塊無法控制的飛地還不等於白送了秦國？

韓國遲疑不決，秦國竟不著急，蒙驁大軍只虎視眈眈地壓在大河南岸也不出戰。魏國如芒刺在背，派出上大夫須賈做特使前來調停。王稽立即飛報范雎，范雎祕密回書做了一番部署。次日，王稽盛宴款待須賈，申明丞相張祿之意：秦國唯求河外渡口不被韓國封堵而已，絕無滅韓之心；然則，若韓國拒絕割讓，則秦軍便要與韓國大臣結盟，共同擁立願意割讓渡口的新韓王。這一著使須賈大為驚訝——韓桓惠王唯魏國馬首是瞻，有他在，魏國便無韓國隱患，在三晉中也才與趙國有說話分量，若秦國助力韓國貴胄元老擁立親秦之新韓王，對魏國豈非城門之火？須賈連忙飛書回報丞相魏齊，三日之後魏齊緊急回書，命須賈力說韓王退讓。

須賈領命，星夜奔赴新鄭晉見韓王。將大勢與來意一說，韓桓惠王頓時驚愕得說不出話來了。韓國本來有一班老貴胄盤踞封地，指斥韓桓惠王無能，不臣之心昭然若揭，若非王族掌軍，只怕是韓桓惠王早已不在王位了；若得秦國助力，老韓世族勢必弒君另立，甚或秦軍只要駐紮不動，只是授意，韓國也要大亂了……念及危局在即，韓桓惠王不再猶豫，立即派出密使與須賈趕赴秦軍大營，第二日便訂立了割讓河外渡口之盟。

秋天到來時，函谷關外直到白馬津的六百餘里河外渡口，全部成了秦國土地，所有的要津渡口都駐紮了秦軍大營。說是渡口，實際上是南北寬二十餘里、東西長六百餘里的大河南岸原屬周韓兩國的所有關隘要津。以攻韓陘為由公然出兵，最終兵不血刃地占領了大河中原段的全部要隘渡口，且不為山東六國警覺，實在是遠交近攻的一次大勝利。至此，范睢在秦國威望大增，在山東六國心目中成了威勢赫赫的強秦權相。

五、借得恩仇大周旋

秋風寒涼的時分，魏國特使須賈到了咸陽。

一進驛館安置妥當，須賈立即拜會丞相張祿，三日連續去了六次，都吃了閉門羹。巍峨門樓下的護衛千長每次都只冷冰冰一句，不是丞相進宮，便是丞相剛剛歇息。無論須賈如何拿出金幣錢袋對千長笑臉周旋，千長都黑著臉不理不睬。過了六天還見不上丞相，須賈著急了。自從出使齊國「成功結盟」之後，須賈才具大得丞相魏齊賞識。這次成功調停秦韓戰事後，須賈已經在魏國朝野享有「邦交大才」的美譽，成了執掌魏國邦交的實職上大夫，只須再有一次邦交功勳，眼見可成封君領地的重臣了。須賈春風得意，自請出使秦國，重結秦魏之盟。秦國在六百里河外駐軍後，魏安釐王與丞相魏齊頓時如芒刺在背，對前年輕率參與趙國發動的合縱抗秦大是懊悔，若能與秦國再度修好，自是求之不得。須賈請命，魏齊立即大加褒獎。安釐王立即下書：須賈為王命全權特使，賜千金入秦修好。離開大梁那日，魏安釐王親率百官到郊亭壯行，須賈風光得王侯一般，當場一番慷慨道：「臣與秦相張祿有厚交，若不能立得盟約，甘願受罰！」安釐王也是當場慨然許諾：「上大夫若立得秦魏盟約歸來，萬戶之封也！」須賈看得清楚，一班與他資望相當的大夫們看得眼睛都直了。

連日奔忙無果，須賈對當日大言深為懊悔了。

原本聽得傳聞，秦國特使王稽與秦相張祿交誼甚深，自己曾與王稽在河外周旋得幾日，襄助秦國拿下了韓國河外渡口，到了秦國，王稽能不大行方便？有此因由，須賈才公然大言自己與秦相張祿交厚，原不過是想借重秦國威勢為自己早日封君開道而已，何曾想到今日尷尬？入秦路過河東郡，須賈送了王稽三百金，力邀王稽與他同行咸陽。可王稽堅決推辭，說秦國法度嚴明，郡守不奉王命便是擅離職守，若獲重罪豈非事與願違？須賈無奈，只好自己硬著頭皮進了咸陽。眼見旬日之期，使節回報斡旋進展的第一道關口臨近，自己卻連丞相府還沒進，更不要說晉見秦王了。秦國邦交法度：使節入秦，先見隸屬丞相府的邦交官員「行人」，行人稟報開府丞相，而後排定使節行止日期。如今須賈非但進不得丞相府，連行人也不來驛館交接，竟成了個無人理睬的孤居客一般，須賈如何不大為煩惱？重金疏通吧，三百金丟給了王稽，剩餘大宗是要獻給秦相張祿的，又不能動。無奈之下，須賈鼓起勇氣腆著沉甸甸的大肚皮，到咸陽的魏國商社走了一趟，壓著商社捐了六百「義金」。然則，有了錢卻送不出去，秦國吏員沒有一個人敢收他那精美的棕色牛皮金幣袋，兩三日奔忙，一個金幣也出不得手。

須賈當真是無計可施了，只有窩在驛館苦思退路。一時想起當年那個范雎，幾句話便能使齊國君臣肅然起敬，須賈不禁長吁一聲，若是范雎不死，何有今日之難也？

「稟報上大夫：一落魄士子自稱故交，在廳外求見。」

須賈驟然一怔，故交？此地何來故交？想想左右無事，一揮手道：「領他進來。」

隨行文吏快步走了出去。片刻之間，一個布衣單薄神色落寞的中年士子走進了寬敞的正廳，一句話不說，只默默地盯著須賈上下打量。驟然之間一個激靈，須賈不禁臉色青白連連後退：「你你你？是人是鬼？范雎！你沒死麼？」一個踉蹌跌倒在座案旁喘息不止。

士子淡然一笑：「死裡逃生，苟且求存，上大夫何須恐慌也？」

一陣愣怔，須賈心中突然一亮，扶著座案站了起來：「范叔！來，入座了。」轉身高聲吩咐，「來人，上茶，一席酒飯。」

驛館之中原是方便，兩盞熱茶未罷，一席酒菜抬了進來。須賈捧著茶盅呵呵笑道：「范叔啊，趁熱快吃，不要餓著，吃了身子熱和也！」士子一笑：「上大夫不棄范雎寒素落魄，也算有進，我便消受了。」說罷逕自舉爵一飲而盡，淡淡漠漠地吃了起來。須賈只捧著茶盅細細端詳——面前這個布衣士子，除了短短上翹的鬍鬚與略微胖起來的身板，顯然便是當年的范雎。衣食有著而神色落寞，顯然是范雎逃入秦國後在市井謀生，依范雎之能，落魄市井豈能不落寞如斯？

士子一時吃罷，須賈悲天憫人地一笑：「范叔啊，十月之交，衣衫如此單薄，如何耐得秦國寒風？」一轉身一聲，「來人，拿件絲棉長袍來。」須臾之間，一個隨行出使的侍女捧來了一件紅色絲綢面的大梁上好棉袍。須賈笑著下令：「替范叔穿上。」侍女一怔，皺著眉頭扇了扇鼻端，不情願地為范雎披上了棉袍。

須賈哈哈大笑：「如何啊范叔，這可是魏錦絲棉袍，當得十金也！」

「如此謝過了。」士子依舊淡淡一笑，「來時見上大夫鬱鬱寡歡，莫非使秦不順麼？」

「小事一樁。」須賈呵呵一笑皺起了粗大的眉頭，「只是這丞相張祿難見得很，比當年田單還難侍候。范叔，你說老夫急也不急？」

士子微笑沉吟道：「我倒是與丞相府護軍千長有交，只是……」

「好也！」須賈立即拍案笑道，「范叔，你還是做老夫隨員，月俸十金。助我修好秦國，便是大功一件，老夫保你做個少庶子（註：少庶子，戰國時魏國重臣府邸掌管文書的吏員，商鞅曾經做過丞相公叔痤的中庶子）如何？」

「也好。」士子笑著起身，「敢請上大夫隨我去丞相府。」

須賈高興得大笑起來：「范叔可人也。來人！備車！丞相府！」一聲比一聲高。

軺車片刻備好，士子一拱手道：「在下道熟，駕車如何？」須賈正在興致勃勃，立即吩咐馭手改做騎士隨車護衛，自己笑呵呵登上了軺車。及至士子駕車出了驛館上了長街，便見一隊巡街官兵夾道拱手，並揮手喝令行人閃避。須賈大是快意，尋思這范雎是個強主命，但做隨員，主官便順當，今日一駕車，秦人便大敬魏使，當真匪夷所思也。

軺車駛到相府門前，沒有進車馬場停車，而是徑直駛到了城堡般的巍峨門樓前，護衛軍士無一人前來呵斥阻攔。須賈正在一頭冷汗，士子回頭笑道：「上大夫下車稍等，我進去找人。」說罷下車飄然進了丞相府，兩排長矛甲士戳得竹竿一般筆直，竟沒有一個人查問。須賈不禁大是驚訝，范雎縱然識得千長，卻如何竟有這般面子招搖進入丞相府而不受任何盤查？疑惑歸疑惑，須賈還是按照吩咐下了軺車，在門前徘徊等待。過得一時暮色降臨，車馬場軺車轔轔，冠帶大臣絡繹不絕地進了丞相府，從隨風飄來的隻言片語中，聽得是丞相宴請百官。須賈不禁大是振奮，今日若能得入秦相盛宴，回到大梁豈非大大一番榮耀？

誰知在風中等候了半個時辰，還是不見范睢出來，須賈有些不耐了。輕步走到門廳外一個遊動的帶劍頭目旁，須賈謙恭拱手道：「敢請將軍，能否將方才進去之人，他叫范睢，給我找出來？老夫先行謝過。」將一個金幣袋子塞了過去。

「范睢？何人？」帶劍頭目黑著臉推開了鏘鏘作響的皮袋，只硬邦邦一句。

「方才為我駕車者，進去找千長了，他是老夫隨員。」

「大膽！」頭目一聲呵斥，「那是大秦丞相張祿！知道麼？」

「如何如何？你，你再說一遍！」

「那是大秦國丞相！有眼無珠！」頭目鄙夷地罵了一句。

驟然之間，須賈只覺得渾身一陣冰涼，軟軟地倒在了大青磚地上。正在此時，門廳下走出一個文吏高聲宣呼：「魏使須賈進見——」抖作一團的須賈已經是恐懼已極，情不自禁地長跪在地惶急地向著燈火通明的丞相府叩頭不止。帶劍頭目走過來猛然一聲大喝：「爬進去！快！」須賈哭號一聲：「丞相，須賈請罪了！」邊嚎哭邊求饒，一條狗般匍匐爬行進了丞相府門廳。

在帶劍甲士的呼喝中，須賈一路爬過三進院落，膝頭已經滲出了絲絲鮮血，猶自驚恐地爬著叫著。爬到第四進正廳，廳中燈燭煌煌觥籌交錯，居中高坐的玉冠華服者分明正是范睢。哭叫著的須賈一爬進大廳，廳中便是一陣哄然大笑。范睢叩了叩座案，廳中立即肅靜下來。范睢悠然笑道：「何物入廳？報上名來。」

「小臣，狗……上大夫須賈，原是丞相魏齊官狗。」須賈帶著哭聲吭哧著，變調的語音與怪誕的賤稱，頓使全場又一次哄然大笑。

「上大夫也？狗也？究是何物也？」范雎微笑的嘴角抽搐著。

須賈狗狀抬頭：「狗！狗臣請罪……」

「請罪？狗有何罪也？」

「須賈狗有湯鑊之罪（註：湯鑊之罪，意即罪當水煮油煎。鑊，無足之鼎，幾類後世大鐵鍋），請流胡地與畜生為伍，任丞相生死！」

范雎笑道：「如此刑罰，爾究竟幾罪？」

「拔須賈之狗髮，不足以計狗罪！」

看著想笑不敢笑的官員們，范雎驟然正色道：「須賈，你有三大罪：疑忠忌才，攛掇魏齊陷害於我，罪之一也！魏齊酷刑加我，辱我於茅廁，你非但不止，且為幫凶，罪二也！你鼓人入廁，尿溺我身，令人髮指，罪三也！你今何說？」

須賈瑟瑟發抖，上牙打著下牙，一句話也說不出來。

范雎沉重地歎息一聲：「你須賈非但忌才貪功，且毫無大臣風骨，屢辱邦國使命。今日之事，你若能硬骨錚錚，堂堂正正為魏國斡旋，范雎尚可不計前仇，國事公辦。誰料你貪生怕死，自取其辱到如此卑賤地步，當真令范雎汗顏！國有如此卑鄙無恥之徒當道，安得不滅不亡也！」

不管秦國官員們如何感喟，須賈只自顧叩頭，長跪伏地狗一般抬頭哭喊：「小臣狗唯求不死而已！而已！」

范雎鄙夷地一笑：「念你一飯一袍，我今免你一死也。」

須賈頓時綻開了卑賤的笑臉：「小臣狗，謝丞相再生之恩。」

范雎大皺眉頭，突然厲聲道：「爾既自認狗臣，應有一罰。」

「認罰，小狗臣認罰。」須賈自甘贖罪般高聲應答。

范雎轉身對一個侍立僕人吩咐幾句，轉身又道：「好，我回你一食。」

過得片時，一侍女手捧黑托盤走進廳中，將一只粗大陶碗置於須賈頭前地面。須賈一看，竟是一大碗碎草黑豆狗食馬料。正自驚怔莫名，兩名臉上烙印的鯨刑官奴走了過來，兩邊夾持住須賈，猛力將他的頭臉摁進了大陶碗。

眾官大笑：「咥！快咥也！」

須賈連哭喊也沒了聲音，只嗚咽哼唧著費力地吞著草料，兩頰沾滿了草屑豆渣，卻又被強壯的官奴威逼著不得不伸出舌頭舔乾淨了草屑豆渣。在滿堂哄笑中，須賈麻木地吃著，終於舔乾淨了粗大的陶碗，喉頭呼嚕一聲，趴在了地上。

「須賈狗臣聽著！」范雎冷冷地盯著直翻白眼的須賈，「秦國可以與魏國結盟修好，只是魏王須得立即將魏齊狗頭獻來。否則，大秦便與趙國結盟，兩分魏國。」

「丞相，當真？」須賈陡然沙啞地笑了起來，「交出魏齊，秦魏修好？」

范雎冷笑道：「你不信？」

「信信信！」須賈連連點頭，「小狗臣也恨這隻老狗，定要魏王交來老狗之頭！」

范雎大袖一揮逕自去了。大廳中一片哄笑，僕役衛士們一齊圍住了須賈喊道：「小狗臣，爬出去！快！」須賈高興得哈哈大笑，絲毫也不覺得難為情地飛快爬了出去。

回到驛館，須賈立即下令隨員整頓車馬，連夜出咸陽東去了。

一路上，須賈高興得飄起來一般。官場數十年，唯有兩個人使他又恨又怕，一個是當年自己的門客舍人范雎，一個是丞相魏齊。范雎之才如同身邊一支明亮的燈燭，處處照得他猥瑣卑俗，須賈既用他又整他。原以為范雎生生教魏齊給打死了，誰想這范雎竟死裡逃生成了秦國丞相。爬進相府那一刻，須賈當真以為自己死定了。不想范雎只輕輕懲罰自己吃了一碗草料便放過了自己，看來縱是結仇，也當與此等君子結仇了。你看范睢，要復仇還一條條數人罪狀，眼見自己吃完了草料，臉上顏色都變了回頭便走。假若是魏齊抑或老夫須賈，一定是臉不變色心不跳，如法炮製教他喝尿吃屎，玩弄夠了再用細細的竹鞭文火慢燉地抽死他。看來啊，此等君子連復仇都臉紅，這君子名士有個甚做頭了？說是羞辱仇人，卻又給仇人撂下了一個天大的恩情——迫使魏國交出魏齊。

雖說魏齊擢升了自己，但目下卻已經成了自己的絆腳石攔路虎，只有拿下這個老匹夫，自己才能做封君丞相。無奈這老匹夫凌厲霸道且整人最狠，若害他不成，定是滅族之禍。不想正在自己整日算計之時，卻出來范睢這一著，豈非天遂人願也，如何不令須賈要從心底裡大笑出來？世人原是一團糨糊，苛責君子而寬待小人。譬如這范睢，雖則只是對自己羞辱了一番，卻必定在一班文士眼裡，在史家筆下，要變成睚眥必報的刻薄人物了。又譬如老夫，縱然放過魏齊，做個君子又能如何？還不是被那些迂腐書生們橫豎挑剔？何苦來哉！強如發狠整人痛快了？如今范睢放過了自己，天下便再也沒有人能奈何自己了，若自己再親自將魏齊人頭送往秦國，秦王范睢對自己必是器重有加，豈非連魏王也要畏懼自己三分了？到那時，嘿嘿……須賈越想越是醉心，一路只催隨員們快馬兼程趕路。

回到大梁，須賈沒有依照慣例先見魏齊，而是破例地立即祕密晉見魏安釐王。須賈如此這般一說，安釐王大皺眉頭。魏齊是安釐王叔父，雖則霸道武斷且常有僭越之舉，使安釐王很是不快。然而，魏齊畢竟又是撐持魏國的一根大柱，若將魏齊殺了，誰來撐持魏國？見魏王猶豫，須賈也不敢弄險進言，思忖一番告辭出宮，接著又去了丞相府。

魏齊正在與幾個心腹夜飲談笑，聽說須賈到來，散了酒宴立即在書房與須賈密談。須賈說，自己車馬剛進大梁，便被魏王密使在丞相府街口截進了王宮。魏齊驚問緣故。須賈神祕兮兮地訴說了自己在秦國如何費力周旋，方才與秦王和張祿達成盟約的經過，末了恍然醒悟般突然問，丞相可知，當今秦國丞相是何人？魏齊有些不悅，秦相張祿威壓天下，何須明知故問？須賈壓低聲音變色道，不，是當年那個范雎！丞相可曾記得？魏齊臉色頓時發白。須賈更是繪聲繪色地將自己在秦王宮如何見到范雎，范雎如何咬牙切齒提出要魏國交出魏齊的「故事」說了一遍，末了抹著眼淚長歎一聲，秦王倚重范雎，便將在下做了個傳信使者放了回來，要在下明告魏王：只有送上丞相人頭，便可秦魏修好，否則與趙國結盟瓜分魏國。魏齊聽得驚心動魄，連忙問魏王何意？可有口風？須賈沮喪搖頭道，魏王只說可惜王叔也！在下不知何意？魏齊頓時臉色大變，在書房焦躁徘徊半日終是笑道，老夫平安無事，你去。須賈連番哽咽，說了一陣上天庇護丞相保重的話，方才依依不捨地告辭去了。

次日清晨，大梁傳出了一個驚人消息：丞相連夜逃出大梁，不知去向！

須賈實在是憋不住滿心歡暢，跑進後園哈哈大笑手舞足蹈了足足半個時辰，又抹著眼淚進了王宮，痛不欲生地向魏安釐王稟報了丞相逃亡消息。魏安釐王頓時癡傻一般愣怔了好大一陣，末了問須賈，上大夫以為該當如何處置？須賈伏地大哭道，目下急務，當立即派一與秦友善之大臣入主丞相府周旋，否則魏國危矣！魏安釐王恍然大悟，當即下書命須賈暫署丞相府處置急務，應對秦國。須賈淚如泉湧，明誓一通，精神抖擻地入主了威勢赫赫的丞相府。

旬日之後，祕密斥候急報大梁：丞相魏齊逃亡邯鄲，住在平原君趙勝府邸。

代丞相須賈思忖一陣，立即派出快馬特使飛報咸陽丞相府：魏齊得趙國平原君庇護，魏國無奈趙國，唯秦王丞相馬首是瞻耳！沒有幾日，秦國特使隨同魏使來到大梁，轉達秦王口書：魏齊既已出逃，秦國不再追究魏國君臣；然則魏國須得承諾兩事，方可與秦國結盟：其一，魏國不得再接納魏齊；其二，魏國與趙國須得斷絕邦交。魏安釐王召來須賈商議，須賈一力主張秦魏結盟。魏安釐王也是百思無計，不能擺脫秦國近在咫尺的軍威，只好與秦國特使訂立了秦魏修好盟約。

至此，趙國與一個淵源最為久遠的傳統盟邦分道揚鑣了。

特使回到咸陽，秦昭王立即與范雎密商下一步對策。范雎說，平原君是趙國三朝支柱，根基比廉頗藺相如一班重臣更為堅實，只要將平原君威望勢力削弱，趙國大有可圖。秦昭王頗有疑慮，怕反而會激起趙國上下同心仇秦。

范睢搖頭一笑，向秦昭王說了一個故事：

當年的鄭國人，將沒有雕琢的玉叫作「璞」。周人將沒有晾乾的鼠肉，也叫作「樸」。有個周人揣著未乾鼠肉路過鄭人店鋪，喊道：「誰人買樸？」鄭人從店中走出道：「我想買，只看你璞如何？」周人道：「我樸上好，名副其實。」掏出了布袋裡的樸。鄭人一看是老鼠肉，扭頭走了。秦昭王笑道，樸璞混淆，與平原君之事何干？范睢笑道，平原君自以為名動天下，妄自尊大，將趙武靈王靈位遷出太廟，貶黜到沙丘宮祭奠。武靈王趙雍乃絕世雄豪，趙人對平原君已經大有怨聲了。只不過天下君王不明真相，還將平原君當作大賢棟梁敬重罷了。若君王有鄭國商人之明，試「樸」便知非「璞」，何疑之有也？

秦昭王大笑，立即派出特使向趙國送去一信，邀平原君入秦作十日之飲。

這時的趙國，在位二十三年的惠文王趙何已經死了，太子趙丹即位堪堪年餘，這便是趙孝成王。趙丹雖不若其父有主見，聰敏睿智卻是過之，眼見自己年輕不能震懾一班元老，便將大政交付了叔父平原君。其時恰有楚國名士虞子入趙，草鞋竹笠晉見趙丹，一番說辭大是不俗，力主趙國結盟三晉修好楚齊燕，以孤立秦國。趙丹大為欣賞，當即賜虞子黃金百鎰、白璧一雙。次日趙丹與平原君密商，再次接見虞子，立封虞子為上卿，與藺相如同領相權，位在藺相如之上。從此，這虞子被趙人呼為虞卿，與平原君一起成為趙丹的兩大支撐。藺相如與老將廉頗的權力，漸漸小了。

秦昭王特使一到邯鄲，趙國君臣犯難了。

平原君之妻乃魏國公主、信陵君妹妹，原是趙國維繫魏國的要害人物。魏齊正是魏國王族大臣中力主與趙國共進退的強權大臣。如今魏齊為秦國所威逼，逃到唯一能抗衡秦國且與自己有深厚淵源的趙國，平原君如何能不接納？若交出魏齊，眼見魏國漂向秦國，分明對趙國有重大危害；若保得魏齊平安，再尋機在魏國擁立新王，而後護送魏齊重回大梁執政，魏趙便還是三晉老盟。如此利害權衡，趙國自是不情願平原君赴秦王之邀。然則如此一來，秦趙兩國則會立即對峙起來，發生大戰也未嘗可知。趙國新君即位不到兩年，朝野大局尚多有錯綜阻隔，驟然開戰分明對趙國不利。如此權衡，則不能與秦國硬對硬僵持。更有為難處在於：秦國此舉並非對趙國叫陣，而只是為丞相復仇；戰國之世恩怨分明，名士復仇屢見不鮮，以魏齊當年對范睢之殘忍凌辱，便是范睢親率大軍追殺魏齊，天下公議尚不足為奇，況乎與趙國商議交人？若平原君不赴約，顯然拒絕秦國會商交人，趙國分明失禮，屆時秦國大軍壓境要脅迫趙國交人，列國無由為趙國說話，趙國又能如何？

藺相如慷慨陳詞，當先一句道：「邦交無定勢，唯利害耳。趙國斷不能將邦國命運，捆在趙魏結盟之戰車上。」接著歷數魏國之反覆無常，末了力主將魏齊解送回魏國，將這個火炭團回給魏國，教魏國自己與秦國了帳；趙國要強大，除了維持與秦國不發生大戰，當不理睬列國齟齬，全力推行第二次變法。

誰知虞卿大不贊同。虞卿當年流走列國，魏安釐王嫌棄虞卿寒酸破相而不用。魏齊卻賞識虞卿才具，盛宴款待，力勸虞卿留在丞相府做首席主書襄助自己執政。虞卿雖辭謝而去，卻從此自認魏齊對自己有知遇之恩，不濟處也常到大梁魏齊府公然討金，每次都是養息數月攜帶百金而去。今日魏齊逃趙，虞卿如何能贊同藺相如將魏齊解送魏國？虞卿雖則不說國家利害，卻將恩義必報的一番操守說得驚心動魄：「人言范睢一飯必償，睚眥必報。今追魏齊，足見其恩怨分明也！秦為虎狼之國，君相猶能如此，何獨我大趙無情無義也？魏齊友趙二十餘年，一朝危難入趙，趙國不思保全，反屈從於虎狼之危而落井下石，有何面目以大邦立於天下！」

反覆爭辯，莫衷一是，趙丹要平原君決斷。反覆思忖，平原君終是主張保全魏齊，決意應秦王之約赴咸陽周旋。

這年三月，平原君帶著一百名武士門客與一千鐵騎進入咸陽，受到了秦國君臣的盛大歡迎。所有鋪排禮儀過後，秦昭王在咸陽宮偏殿與平原君小宴盤桓。飲得幾爵，秦昭王笑道：「素聞平原君高義，本王敢有一請，不知君有否擔待？」平原君心下一沉拱手笑道：「秦王吩咐，趙勝自是量力而為也。」秦昭王道：「齊桓公得管仲為仲父，嬴稷得范睢亦若王叔也。今范君之夙仇魏齊在君之家，請足下派使歸趙，取魏齊人頭交來咸陽如何？」平原君笑道：「若不能為，秦王如何？」秦昭王笑道：「不消說得，只有請平原君長住秦國了。」平原君正色道：「貴而交友，為賤而不相忘也。富而交友，為貧而相周濟也。魏齊乃趙勝之友也，危難來投，縱在我府亦不能交出，況目下已經不在我府也。」秦昭王拍案大笑：「呀！今日方曉魏齊不在平原君府也。如此自是好說，君且在咸陽盤桓幾日，我自設法取魏齊人頭，與君一睹也。」

當夜，秦昭王派出快馬特使飛赴邯鄲，呈給趙丹一封國書，聲言趙國若不交出魏齊人頭，非但要發兵攻趙，且要長期拘押平原君。趙丹一看秦昭王如此殺氣騰騰，頓時大驚失色，平原君若不在，秦國攻趙如何支撐？一時不及細想，立即下令出動王宮禁軍包圍平原君府搜捕魏齊。偏是平原君走時有祕密叮囑，總管家老聞得王宮發兵消息，立即從密道放走了魏齊。魏齊孤身逃出平原君府，連夜來到虞卿府躲避。虞卿思忖趙國朝局，知道此時已經無法說動趙王，匆忙封了相印遣散了僕役，只帶著六名心腹武士，五更時分竟與魏齊在大霧彌漫中逃出了邯鄲。出得邯鄲四野茫茫，哪一國都不敢去，計議半日，最終還是喬裝成商旅潛進了大梁。虞卿本是楚人，提出設法拜會信陵君，以平原君名義請信陵君致書楚國春申君，但有春申君庇護，便可在楚國高山大水中逍遙隱居了。魏齊立即贊同，虞卿當即祕密來到信陵君府請見。

此時的信陵君因與魏齊政見不合，早已經成了深居簡出的高爵閒臣，驟聞虞卿來見，竟一時想不起虞卿何許人也，吩咐不見。時有魏國老名士侯嬴在側，將虞卿其人其事大大讚頌了一番，末了嘲諷一句：「人固不易知，知人亦未易也！」信陵君深為慚愧，立即追出府門，卻已經不見了虞卿。次日出城尋覓，斥候報說魏齊已經羞憤自殺，虞卿逃遁不知去向了。恰在此時，趙國特使趕到了大梁，立即割下了魏齊人頭，徑直飛送咸陽。

秦昭王接到魏齊人頭，親自郊送平原君歸趙。平原君滿腹憤懣無處發作，只有快快去了。秦昭王親自將魏齊人頭送到范雎丞相府，大宴群臣慶賀。待群臣散去，秦昭王留下白起與范雎又祕密計議片時，白起連夜趕往藍田大營去了。秦昭王見范雎似乎並無大快之意，笑問一句：「范叔啊，還有甚心事未了？說出來。」

「臣大仇已報，唯餘一恩未了。」范雎見問，不遮不掩。

「一恩？」秦昭王恍然笑了，「可是救你之人？」

「正是。」范雎一拱手道，「此人兩次救臣，臣卻無以為報。」

「此乃本王之過也！」秦昭王慨然拍案，「救得丞相，自是於國有功，何能不加封賞？范叔但說，此人何名？今在何地？」

「鄭安平。在臣府做舍人。」

「應侯但說，此人從文從武？」

「鄭安平原是武士，自然從武。」

「好！」秦昭王拍案，「本王定爵：鄭安平晉軍功五大夫爵！實職，著上將軍白起安置，應侯以為如何？」

「范雎謝過我王！」追殺魏齊之時，范雎已在天下恢復了真名實姓，此時大是快意。

秦昭王笑道：「范叔，今日快意之時，能否說說這鄭安平當初是如何救你了？」

「當年之危，一言難盡也！」范雎一聲感喟，不禁淚水盈眶，斷斷續續對秦昭王訴說了當年那段逃生經歷——

鄭安平將滿身鮮血臭尿的范雎用草席一捲，扛著走了。鄭安平的家在大梁國人區的一條小巷深處，是一座破舊空闊的院落，房倒屋塌荒草叢生，唯有祖上留下的一座破舊木樓尚值得幾個錢，除此一無長物。鄭安平一進破院子立即隨手關了大門，藉著月光將血尿屍身扛進小木樓底層，輕輕平放在唯一的一張木榻上，開始了緊張的忙碌：在屋角吊起陶罐，在院中揀來一堆乾樹枝生火煮水，又將一把鋒利的短彎刀塞進沸騰的陶罐裡，接著又從屋角一個磚洞中摸出一包草藥，在一只小陶碗中搗成糊狀，又從靠牆處搜尋出兩塊近二尺長的白木板拿到范雎床前。

雖則一切就緒，看著血糊糊的范雎，鄭安平還是惶恐得不禁拱手向天禱告一番，才開始咬著牙脫去了范雎的血尿衣衫，用彎刀刮掉渾身三十多處傷口的淤血，一一敷上草藥汁。傷口處置完畢，鄭安平將兩塊木板夾於范雎兩肋，用一幅白布從床下繞身而過，將范雎整個身子捆包固定在榻上，又抱來僅有的一床舊棉被蓋住了范雎。一切做完，鄭安平又趕緊用陶罐燉羊肉湯，燉得一個時辰，撬開范雎牙關，硬給他灌了一大碗肉湯……

三日之後，范雎終於醒了。一番感喟答謝，一番散漫對答，范雎才知道鄭安平祖上曾是藥農遊醫，自己在軍中也偶然為弟兄們治些急傷，治他這等駭人重傷，實在是誤打誤撞。由於父母早亡家道窮困，鄭安平至今仍是孤身一人。

後來，鄭安平在丞相府聽到秦國特使來了，找驛館武士幫忙，在不當值時悄悄駕著一條獨木舟等住了王稽，才有了後來諸般事情。范雎入秦後，鄭安平在丞相府聽說秦國有了一個新大臣叫張祿，便以尋祖陵遷葬父母為名，輾轉到秦國尋覓，恰遇刺客，又救了范雎一次……

「天意也！」秦昭王不禁慨然一歎，「鄭安平若再有功勳，便做大秦封君也是當得。本王何吝賞賜？」

范雎一番拜謝，次日與鄭安平一起到了藍田大營。白起正在中軍幕府與幾員大將密商大計，聞得應侯到來，立即親自出迎。及至范雎將來意一說，白起將鄭安平一番打量便道：「按照法度，五大夫爵可為十萬軍之將。然則，鄭安平尚未有領軍閱歷，可先在前軍蒙驁將軍帳下做司馬，而後憑才具戰功授職，應侯以為如何？」范雎原是以為秦王有書，白起自當立即任命鄭安平為一軍之將，不想白起如此處置，卻也無話可說，拱手笑道：「武安君言之有理，便先做司馬了。」見鄭安平大皺眉頭，白起破例笑道：「五大夫毋憂。秦軍歷來不窩軍功。大戰在即，你但立功，我立即授你將軍實職。」「謝過武安君！」一得素來不苟言笑的赫赫武安君安撫，鄭安平頓時精神大振。

范雎的一絲不快也煙消雲散，進得幕府與白起祕密計議半日，暮色時分欲回咸陽。正在白起送出營門之時，一騎斥候快馬飛到，稟報了一個緊急消息：韓國上黨郡守馮亭，正在密謀帶上黨之地歸趙。

范雎、白起大為驚訝，低聲商議幾句，立即一同起程，連夜趕回了咸陽。

第十四章　對峙上黨

一、天險上黨地

秦趙對抗，上黨具有非同尋常的地位。

先得說說地緣大勢。若以兩國腹地本土論，秦趙之間堪稱天險重重距離遙遠。函谷關東出，中間隔著周室洛陽王畿、韓國、魏國的數千里河山。從秦國的河西高原東出，且不說河西高原本身之險峻，從九原雲中大草原洶湧南下的大河更是難以逾越的第一天險。過了大河，又一天險呂梁山。呂梁山東北至西南走向，東北接樓煩的管涔山，西南至大河禹門口接龍門山，依河逶迤近千里，連綿群峰高聳，彷彿是上天為大河刻意築起的一道接天大堤。過了呂梁山是豐饒的汾水河谷平原。河谷平原的北部是趙國秦國拉鋸的晉陽，中部南部是魏韓兩國的河東、河內之地。越過河谷平原，則是又一道南北綿延千里的天險——太行山。

太行之名，古已有之。《山海經．北次三經》云：「北次三經之首，曰太行之山。其首曰歸山。」後世《博物志．山》云：「按太行山而北去，不知山所限極處，亦如東海不知所窮盡也。」在古人口中，這太行山又叫五行山、王母山、女媧山，歷來大大有名。這道大山與呂梁山一樣，也是東北至西南走向，東北起於趙國代地的拒馬河谷，西南至於魏國河內的大河北岸，也同樣是綿延千里。

呂梁山與太行山夾峙的汾水河谷平原，還有太行山以東直抵大河入海處的千萬里廣袤土地，春秋時期都是天下第一大諸侯——晉國之領土。魏趙韓三家分晉，天下進入了戰國。戰國分野：太行山以東以北為趙國，呂梁山南端（河東）、太行山中段及南端（河內）並大河南岸平原，為魏韓兩國。也就是說，秦國要向東進入趙國，這太行山是最後一道天險。

太行山之為天險，在於它不僅僅是一道孤零零山脈。太古混沌之時，太行山南北連綿拔地崛起，轟隆隆順勢帶起了一道東西橫亙百餘里的廣袤山塬。於是，太行山就成了南北千里、東西百餘里甚至數百里的一道蒼莽高地。更有甚者，這道綿延千里的險峻山原，僅有東西出口八個，均而論之，每百餘里一個通道而已。所謂出口，便是東西橫貫的峽谷，古人叫做「陘」。這八道出入口，便是赫赫大名的「太行八陘」。自南向北，這八陘分別是：

軹關陘。軹者，車軸之端也。軹關者，通道僅當一軹（車）之險關也。這個陘口位於河內太行山南端（今河南省濟源縣西北），是河內進入上黨山地的第一通道，歷來為兵家必爭之地。魏國早年在軹陘口修築了一座駐軍城堡，叫做軹邑，專司防守這個重要通道。

太行陘。亦名太行關，位於河內太行山南麓之丹水出口，正對韓國野王要塞，是為韓國連接上黨的唯一通道。

白陘。亦名孟門，位於河內太行山北折處（今河南省輝縣西）。魏國早年在這裡也同樣修築了防守城堡，叫作共邑。

滏口陘。因在太行山東麓滏水河口而得名，位於趙都邯鄲西南的石鼓山（古稱滏山），山嶺高深，形勢險峻，為趙國進入太行山以西之上黨的最重要通道。

井陘。亦名土門關，位於太行山東麓井陘山，為趙國西出汾水河谷的重要通道，更是秦國從晉陽一路進入趙國的重要通道。

飛狐陘。亦名蜚狐陘，位於太行山東麓恆山之峽谷口。兩崖峭立，一線微通，迤邐蜿蜒百有餘里，是燕趙通胡之要道。

蒲陰陘。亦名子莊關，位於太行山東麓之燕國易縣西北，是燕國向西進入樓煩的唯一通道。後世稱為金陂關、紫荊關。

軍都陘。亦名關溝，為太行山最北之通道，位於燕國薊城北部之軍都山，是燕國北上胡地之通道。

如此天險，秦國大軍要越過太行山，卻是談何容易。

這八條通道中，北邊四條（井陘、飛狐陘、蒲陰陘、軍都陘）秦國是無法利用的。因為秦國大軍只有從河西高原渡過黃河、翻越呂梁山、穿過汾水河谷平原，才有利用北邊兩陘（井陘、飛狐陘）的可能。一則是這條路線在當時根本不可能行進大軍，二則是縱然千方百計行軍抵達，大軍也沒有可以展開的戰場，不堪對方一軍當關。這種情勢，決定了秦國不可能從太行山北段進逼趙國。從秦趙抗衡的軍爭大勢看，此時的秦國已經穩定占據了河東、河內兩郡，北邊的晉陽（今太原）也在與趙國拉鋸之中。最可行的進逼趙國腹地的通道，是太行山南段的四條通道——軹關陘、太行陘、白陘、滏口陘。這四條通道，除了滏口陘在趙國腹地，其餘三條恰恰都在目下秦國的河內郡。

然則，整個這四條通道卻都要通過一片要害山地。這片山地便是上黨。

上黨者，以其高「上堪與天黨」之讚譽得名也，可見其巍巍乎高踞中原之威勢。

太行山巨浪排空般崛起時，連帶掀起了一大片崢嶸高絕的山地，西面威逼汾水河谷，東面鳥瞰邯鄲谷地，這便是橫亙於兩大谷地平原之間的上黨高地。這片高地北起闕與，南至河內與太行山連為一體，南北長三百餘里。西起少水，東至漳水與太行山渾然一體，東西寬二百餘里。上黨山地嵯峨，河流紛紜，峽谷交錯，林木蒼茫，除了四條陘口出入，整個上黨彷彿一個渾然無孔混沌未開的太古封閉之地。在這四條陘口漸行交會的東部高地，恰有一座險峻關口當道，這是赫赫大名的壺關。此地兩山夾峙，狀如壺口，春秋晉國在這裡設置城堡關口，得名壺關。有了壺關，你縱進入上黨，也無法繞過它而進入趙國；當然，趙國從滏口陘進入上黨，不越過壺關，也無法南下西出。

如此看去，上黨山地便成了巍然矗立在太行山西麓的一道峻絕天險。趙國得上黨，便是邯鄲西部天然的戰略屏障，可一舉將秦國壓制在河內。秦國若得上黨，則可居高臨下地逼近到邯鄲百里之內，趙國腹地大開，無險可守。雖然秦國也可從安陽北進趙國，然卻必須渡過漳水之險方可北進，其威力遠遠不如奪取上黨。

唯其如此，上黨天險陡然大放異彩，成為秦趙兩強的必爭之地。然則，微妙之處在於：此時的上黨天險既不在秦國手裡，也不在趙國手裡，卻在韓國手裡，是韓國北邊一個郡。如此一來，爭奪上黨頓時成了天下最為矚目的一件大事。

二、三晉合謀易上黨

白起接到密報時，上黨之變正在緊鑼密鼓地行進之中。

還在秦國威懾周王室與韓國割讓河外渡口之地時，韓國的一位大臣警覺了。這位大臣，是上黨郡守馮亭。馮亭本是東胡名士，少年遊學入中原，曾在燕國上將軍樂毅滅齊時做過中軍司馬，後來樂毅遭罷黜，馮亭也憤而離燕南下。路過新鄭，恰逢韓釐王求賢守上黨，馮亭慨然應之，從此做了韓國的上黨郡守。馮亭才兼文武，穩健清醒，硬是在韓國日見衰弱的情勢下將上黨治理得井井有條，防守得水洩不通，無論秦趙魏三國如何滲透，總是不能亂其陣腳。秦國奪取韓國河東、魏國河內兩郡後，上黨郡事實上成了漂浮在秦趙兩國間的一座孤島，與韓國本土連接的通道只剩下了一條路：南出太行陘，經野王要塞南下渡河進入韓國。縱是如此險峻，馮亭還是鎮靜如常，率領五萬守軍穩穩地駐紮在上黨。倏忽十餘年過去，馮亭非但成了韓國棟梁，而且成了秦趙魏三國時刻關注的搶眼人物。

然則，秦國兵不血刃地奪取東西數百里河外渡口後，馮亭驟然緊張了。

上黨高地原本屬於晉國，魏趙韓三家分晉時，鬩與以東的上黨高地分給了趙國，其餘絕大部分上黨高地全部歸屬韓國。於是，韓國有上黨郡，趙國也有上黨郡。同是上黨郡，在兩國的重要性卻有著天壤之別。趙國將上黨看作抗秦戰略屏障，看作邯鄲西部一道不可逾越的天險長城。而上黨對於韓國，卻越來越成為沉重的飛地累贅。戰國初期，上黨尚是韓國北部抗擊樓煩、東北抗擊中山國與趙國的屏障。及至秦國東出，河東河內皆歸秦國，上黨便成了韓國在大河北岸的一塊飛地。上黨雖然是三晉兵家聖地，然而卻是個民生窮困之地，若無源源不斷的糧草輜重輸送，五萬大軍是無論如何撐持不到半年的。秦國未奪河外渡口時，韓國尚可從大河水道北上野王輸送糧草輜重。河外渡口之地歸秦，水路立即斷絕，再要北上野王，便要依商旅之道向秦國交付關稅並經秦軍查驗貨物方可通行。經年累月如此，日益窮困的韓國如何吃得消？若繞道趙國進入壺關，雖則不用關稅，路途卻是遠了幾倍，一路上人吃牛馬吃，運到也所剩無幾了。這便是軍諺「千里不運糧」的道理，誰卻支撐得起？如此一來，上黨可能立即陷入饑荒。上黨十七座關隘城邑，本來就存糧無幾，若斷絕輸送，不出三個月便會崩潰。

春風料峭的三月，馮亭兼程南下，連夜渡河回到了新鄭。

「公有謀劃，本王聽你便是。」韓桓惠王一見馮亭便知來意，愁苦地皺起了眉頭。

「臣啟我王。」馮亭毫不猶豫，「窮邦不居奇貨。上黨眼看不守，當適時出手。」

「出手？如何出手？」

「河外道絕，目下又正當春荒，三月之後上黨軍民必亂。若秦國奇兵突襲，亂軍必不能應。上黨若歸秦，趙國岌岌可危矣！趙國若亡，韓魏必接踵而亡也。不若將上黨歸趙。趙思上黨久矣，得之，必感韓國之情。秦亦欲得上黨久矣，其時必力奪上黨而攻趙國。趙與秦戰，必親韓，韓趙結盟則魏國必動心，韓趙魏三家同心，則可抗秦於不敗之地也！」

「哎——」韓桓惠王長長地驚歎了一聲，「好謀劃！左右要丟，何如丟個響動，也教秦國難堪一番？你只說，如何鋪排？」

馮亭如此這般說得一番，韓桓惠王立即拍案定奪，連夜開始了種種籌劃預備。次日清晨，韓王特使立即祕密北上邯鄲。與此同時，馮亭的請降密書也送到了行丞相事統領國政的平原君府邸。平原君一接到馮亭密書，頓覺此事非同小可，立即連夜進宮稟報。孝成王趙丹剛剛與韓國特使密談完畢，要與平原君商議。兩下一說，平原君覺察到了一絲異味：同是一事，韓國為何分作兩路來說？莫非背後還有其他情由？思忖不透，平原君主張重臣會商，以免在此緊要關頭出錯。

次日清晨，趙國重臣濟濟一堂。孝成王趙丹開宗明義：「韓王特使昨日入趙，言韓國河外道絕，上黨難守而欲交趙國；上黨守馮亭亦致密書於平原君，欲帶上黨軍民歸降趙國。兩路一事，我當如何處置？事關重大，諸位但盡其所言，毋得顧忌。」

話音落點，大臣們驚訝得相互觀望起來，顯然是在探詢誰個與聞消息，卻又都輕輕地相互搖頭，顯然是誰都覺得突兀。畢竟，上黨之地是太顯赫太重要了，韓國如何要拱手讓給趙國？接納不接納？各自後果如何？因應對策又如何？如此環環相扣之連續謀劃，驟然之間如何想得明白？一時之間，大臣們良久默然。

「老臣以為：韓出上黨，目下是一發而動全局之大圖也！」還是素富急智的藺相如先開了口。身為先王舊時權臣，雖則相權名存實亡，藺相如事實上只在邦交事務上保留得些許權力，但藺相如卻是一如既往地直言不諱，「上黨之地已成秦趙對抗之要害，然在韓國卻是死地。唯其如此，韓國要出手上黨，此為大勢使然也。然則出此重地，韓國必有大局圖謀，絕非馮亭一人心血來潮耳。否則，不當一事兩路。為韓國計，老臣以為其圖謀在於：藉獻上黨而與趙國重結抗秦盟約，進而引魏國而成三晉抗秦之盟。如此可借趙國魏國之力，保實力最弱之韓國長得平安也。」

「相如之言大是！」

虞卿立表贊同。魏齊自殺後，虞卿連夜逃楚。不想春申君黃歇對他與信陵君夙敵魏齊交厚大是反感，毫無舉薦他在楚國做官之意。萬般無奈，虞卿只好又回到了趙國。素來尚友尚義的趙國人，全然沒將虞卿掛印出逃當作叛逆之舉。更兼平原君對魏齊之死原本深為愧疚，絲毫沒有追究虞卿之罪，依然將他官復原職，只是沒有了相權，成了與藺相如一般的空爵上卿。自此以後，虞卿再也沒有了初時相權上卿的那般新貴氣焰，與藺相如交好起來。兩人多閒暇，常聚議天下邦交，竟是十分的投機融洽。今日見藺相如開了先河，虞卿立即跟上，「韓國之謀雖從己出，卻與大局有利。秦壓河外，韓國岌岌可危，魏國惶惶不安。趙國雖強，單抗秦國卻也吃力。若得三晉重新結盟，天下格局必是為之一變。」

「言不及義也！」平陽君趙豹（註：趙國兩趙豹，前一趙豹是武靈王時之陽文君，此趙豹為惠文王所封，孝成王叔父）冷冷一笑，「兩位上卿只說，究竟接納上黨否？」

藺相如淡淡道：「平陽君必有大義之見，願聞其詳。」

「老夫之意，上黨不能要！」趙豹沉著臉，「無故之利，貪之大害也！」

「韓國信服趙國，如何無故之利了？」孝成王不禁插了一句。

「此言差矣！」趙豹以叔父之身，對孝成王毫不客氣，「秦國斷絕河外之道，顯然是要逼韓國交出上黨。韓國明知秦之圖謀，卻偏偏將上黨獻於趙國，分明為移禍之計也！秦服其勞而趙受其利，縱是趙國強大也未必穩妥，況乎趙國未必強於秦也，如何不是無故之利了？趙國若受上黨，必然引秦國大舉來攻，豈非引火焚身？一言以蔽之，上黨是個火炭團，萬不可中韓人之算計，受此招禍之地。」

「平陽君何其大謬也！」隨著一聲響亮的指斥，一個玉冠束髮的英挺年輕人從後排霍然站起，正是馬服君趙奢之子趙括。其時趙奢已死多年，趙括承襲了馬服君虛爵，尋常被人稱為「馬服子」。由於曾在宮中與當年的太子趙丹一起讀書多年，孝成王對趙括分外讚賞，一即位便授趙括以職掌邯鄲防衛的柱國將軍。論官職，柱國不是高位重臣，然則由於趙括承襲了馬服君爵位，便成了封君大臣。更兼趙括幼時大有才名，成年加冠後更是見識不凡，在趙國朝臣中已成了最是光彩照人的後起之秀。當然，更根本處在於趙奢聲望與孝成王之器重讚賞，趙括才得以位列高爵重臣之祕密朝會。此時趙括一開口便咄咄逼人地指斥這位極其傲慢的王叔，大臣們一則振奮二則緊張，殿中鴉雀無聲，連平原君也不禁瞪了趙括一眼，覺得趙括未免過分。饒是如此，趙括旁若無人，侃侃高聲道，「固國不以山河之險，失國不因四戰之地。先君武靈王時，趙無韓國上黨，卻胡服騎射拓地千里震懾天下。唯其如此，趙弱趙強，趙存趙亡，固不在上黨險地也，在國力也，在軍力也，在朝野之氣也！」只這幾句，大臣們眼睛便是一亮——不愧馬服君之子，有膽氣！

「接納上黨與否？根本處不在韓國圖謀如何，而在趙國情勢如何。」趙括辭色凌厲，一瀉直下，「若趙國無國力、無大軍、無壯心，縱是韓國無圖謀而拱手相送，趙國可能守得上黨？若趙國有國力、有大軍、有圖霸王天下之雄心，縱是韓國不獻上黨，趙國亦當奪來，又何懼移禍之計哉！今平陽君先自認趙弱，徒滅志氣，而後視韓國獻地為移禍之算，誠可笑也！若以此說，上黨歸趙為韓國移禍，上黨歸秦莫非便是韓國依附虎狼？夫一弱韓，自忖險地難守，危難之際思大局，獻地於同根之邦，圖謀結盟抗秦，於情於理於道於義，何者有差？何獨不見容於平陽君而中傷若此乎！」

平陽君怒不可遏，戟指大喝：「豎子無謀，大言誤國！」

趙括哈哈大笑：「小言有謀，大言無謀，平陽君何其滑稽也！」

「豎子只說！趙國抗得秦國麼？」

「我便為平陽君一算。」趙括掰著手指，「秦國大軍五十餘萬，趙國大軍也是五十餘萬；秦國人口千萬左右，趙國人口也是千萬左右；秦國倉廩有十年軍糧可支，趙國倉廩也有十年軍糧可支；秦國軍資器械有多少，趙國也一般有多少，還多了林胡草原的數十萬馬匹牛羊，戰馬比秦國尚居優勢；秦國有名將，趙國也有名將；秦國有能臣，趙國更有能臣；秦人尚武好戰，趙人更是舉國剽悍胡風。平陽君但說，趙國哪一樣抗不得秦國？」

「豎子誤國！」趙豹面色鐵青，「邦國戰陣，有如此算帳麼？」

趙括揶揄地笑了：「依平陽君之見，該當如何演算法？抑或混沌不算，只猥瑣避禍便了？」

趙豹嘴唇抽搐，一跺腳離席大步去了，走到殿口又驟然回身吼了一句：「豎子誤國！」

殿中一時默然。大臣們對趙括氣走平陽君雖覺不妥，然而對趙括的一番道理卻是不得不服。就實而論，除了還沒來得及推行第二次變法，趙國比秦國確實不差，趙括所數宗宗細目也絕無誇大。如此看去，接納上黨與否似乎不言自明瞭。雖則如此，有平陽君堅執反對，趙王與平原君也都還沒有說話，大臣們一時又都僵住了。

「老將軍，」孝成王看著廉頗笑了，「你說說，依趙國軍力，上黨能否守得？」

老廉頗慨然拱手道：「連同禦胡邊軍，趙國大軍六十餘萬。論戰力，趙軍與秦軍不相上下。只要趙國沒有攻秦之心，而只做抗秦防禦，上黨堅如磐石！」

「大將軍言之有理。」職掌財政的內史大臣趙禹冷靜接道，「平陽君言韓國移禍，實則是顧慮趙國不足抗秦也。我大趙今有六十萬大軍，若依舊畏秦如虎而不敢接納上黨，誠為天下笑耳！」

「老臣贊同。」已經是兩鬢白髮的國尉許歷道，「當年無上黨，馬服君尚血戰秦軍而大勝。趙軍戰力何輸秦軍分毫？目下我軍資糧草充盈，若再得韓上黨歸趙，趙國西部矗立起一道橫寬三百里的天險屏障，何以平陽君此時卻畏懼與秦軍抗爭？老臣實在不解也。除非趙國聽任秦國蠶食山東，否則不能丟棄上黨。」

「王叔之見？」孝成王看著一直默默思忖的平原君。

平原君一拱手道：「老臣原在猶豫不決，然則諸位大臣之言使老臣茅塞頓開。馬服子趙括言之有理：接納上黨與否，根本處不在韓國圖謀如何，而在趙國情勢如何。平陽君雖老成謀國，然卻失之畏縮退守。百餘年來，凡趙國畏縮避禍游離於中原之外時，無不國勢大衰，凡大刀闊斧開疆拓土周旋於天下時，都是國勢昌隆。就上黨而論，趙國原本有東上黨，今受西上黨而成一體屏障，亦是題中應有之義；而秦國爭上黨，分明是為誅滅三晉尋求根基。當此之時，退縮則危局接踵而來：上黨歸秦、韓魏附秦，則趙國孤立，最終將被秦國蠶食壓縮，甚或一舉滅國。銳意進取則大局有大利：上黨歸趙，三晉結盟，甚或可能重新結成六國合縱，孤立秦國。長遠看去，秦趙爭天下勢在必然。天予不取，反受其咎，豈有他哉！」

「采——」一言落點，大臣們齊齊地喝了一聲采。

「好！」孝成王興奮地拍案，「接納上黨事，由平原君領虞卿、藺相如籌劃；大軍整備事，由大將軍領老國尉、馬服子籌劃。」

三日之後，平原君的特使馬隊浩浩蕩蕩地開進了韓國上黨郡的治所壺關。郡守馮亭率領將士吏員，在壺關北門外郊禮迎接。平原君當場頒布了趙王書令：上黨郡守馮亭，明察時勢，大功卓著，封為華陽君，食邑三萬戶；十七員關隘大將與十三名縣令俱封侯爵（註：趙國封君最高，侯爵次之，與秦國大體相同），食邑三千戶；所有軍民皆賜爵三級，賞六金。

平原君委藺相如暫署府庫郡政交接事務，委虞卿從趙國輸送糧草物資救濟饑民，委趙括暫署關隘要塞諸般軍務交接。忙碌半月，諸般軍政事務大體就緒，大將軍廉頗與國尉許歷率領十萬大軍也堪堪抵達。接收所有關隘之後，廉頗下令：原韓國上黨的五萬守軍，全部開出上黨，移防趙國腹地。這是大將軍廉頗、國尉許歷、馬服子趙括在查核防務之後的新決斷。老少三將軍異口同聲：「韓軍渙散疲惰，留駐上黨徒亂軍心。」平原君也贊同了。

上黨大體安定，平原君來壺關幕府拜望馮亭。平原君提出的方略是：東西兩上黨合併為新上黨郡，仍由馮亭以封君之身做大上黨郡守，不治軍唯治民；若馮亭不願留任上黨，可回邯鄲做國尉，換許歷來做郡守。馮亭思忖良久，喟然一聲長歎：「我棄上黨，已成天下不義之人也！若得入趙封君，只怕對爭取魏國合盟不利。馮亭唯願回歸韓國，輔佐韓王與趙國結盟。」

平原君思忖再三，終是不能勉強，請准趙王，賜馮亭黃金千鎰，禮送馮亭出境了。新郡守許歷不解，平原君笑答：「韓桓惠王素無主見，若有馮亭在，韓國便是趙國鐵盟也。」許歷仍是困惑：「馮亭獻地而不做封君，雖有隱士之風，卻分明是無擔待之人。若回韓首鼠兩端，豈非大害？」平原君搖頭笑道：「身為大將，馮亭已負不義之名，且必令秦國恨之入骨，除非回歸東胡隱居，何能再首鼠兩端也？」許歷恍然大笑：「平原君果能算人，許歷不及也。」

平原君一班大臣在上黨忙碌並郡時，藺相如已經祕密趕到了大梁。

這時的魏國已經對情勢變化漸漸清楚，隨著一個個祕密斥候的消息急報，大梁君臣亂了方寸。領丞相事的須賈與一班親秦大臣，力主維持秦魏盟約不變，魏國絕不能攪到韓趙結盟的泥潭中去。因魏齊倒臺而復出佐政的信陵君與一班老臣子，卻都主張魏國暫時騎牆中立，在秦趙之間待價而沽。魏安釐王莫衷一是，倒是真正做了騎牆之君。在這激烈爭辯的當口，藺相如風塵僕僕地來了。

信陵君素負盛名，又與平原君有聯姻之親，藺相如便先行拜會了這位持重明銳的王族公子。信陵君只一句話：「三晉之勢，今非昔比，趙國已成中流砥柱，魏國無足輕重也。」藺相如也只一句話作答：「騎牆壁上觀，只怕牆腳鬆潰也。」信陵君笑道：「秦魏有盟：絕不再蠶食河外寸土。牆腳堅實無憂也。」藺相如哈哈大笑道：「公子當真滑稽也！虎狼發誓不再吃羊，羊卻信以為真了？」信陵君素聞藺相如膽識才具，心下不禁敬佩有加，一番思忖道：「羊雖生角，惜乎身軀無力，奈何？」藺相如道：「趙以濟西八城之地資魏，魏可作軍輜重地，何能無力也？」信陵君目光頓時一亮：「但得如此，無忌有對策也！」

次日藺相如晉見魏王，將大勢說得一遍，再將趙國借八城之地與魏國的事一說，魏安釐王立即滿臉笑意，慷慨允諾與趙國結盟抗秦。藺相如尚不放心，又與信陵君密商一番，方才回趙國去了。

藺相如一走，須賈一班親秦大臣立即紛紛進宮，輪番勸諫魏安釐王。眼見魏安釐王又有鬆動，信陵君與幾位王室老臣密商對策。元老大臣們原是對沒有根基卻又張揚跋扈的須賈恨得咬牙切齒，一口聲喊殺。信陵君反覆思忖，覺得群臣上書威逼魏安釐王罷黜須賈，仍然不能根除這個大奸，遂向隱居大梁的老俠士侯嬴求教。侯嬴悠然一笑：「為國除奸，原是游俠本分，有何難哉！」次日便向信陵君舉薦了一個隱居風塵的遊俠朱亥。這個朱亥看似木訥，大袖中卻時常密藏一把十斤重的短柄大鐵錐，慷慨好義，被侯嬴視為堪託生死之士。信陵君自是信得侯嬴，立即將須賈的諸般行止對朱亥細說了一遍。朱亥一句話沒說轉身走了。

三日之後，大梁傳開了一則驚人的消息：代相須賈暴死王街，頭顱被砸成了肉醬。身邊一幅白布寫著八個大血字——嫉賢妒能，惡貫滿盈。一時間大梁國人驚乍相傳：秦丞相范睢派來刺客，殺死了仇人須賈。親秦大臣們惶恐不安，紛紛指斥范睢出爾反爾不堪邦交。魏安釐王也是心驚膽戰，生怕記死仇的范睢哪一日再來尋釁自己，立即派信陵君祕密前往邯鄲，與趙國韓國結盟抗秦。

驟然之間，三晉形勢大變，秦國多年累積的河外優勢幾是蕩然無存了。

三、秦國戰車隆隆啟動

當白起與范睢星夜趕回咸陽時，已經是三更將盡了。一直在東門外等候的王宮長史二話不說，將兩人匆匆領進了王宮書房。秦昭王正在與國尉司馬梗密談，見白起范睢到來，立即吩咐上來兩席酒飯，教兩人邊吃邊聽司馬梗敘說各路密報。及至兩人吃罷，司馬梗也將三晉上黨之變的大致情形堪堪說完。侍女煮茶間，秦昭王吩咐內侍總管守在書房門廳之外，任何夤夜晉見者一律擋回，回身看一眼白起又看一眼范睢：「說說，如何應對了？」

「三晉合謀，實出所料。」范睢見白起沉思，先開了口，「臣一路思忖：三晉結盟，力不足懼，唯勢堪憂也。爭奪上黨乃我邦長遠圖謀，將成未成之際，卻被韓國一變而驟然牽動全局。全局之變，一則在於三晉之盟有可能誘發山東六國再度合縱抗秦；二則在於趙國挾上黨天險屏障，而對我河東河內成居高臨下之大攻勢；河東河內但丟，秦國數十年東出戰果便將化為烏有！此所謂勢堪憂也。唯其如此，臣以為與趙國大決之時已經到來。但有退縮，天下山河巨變！」

秦昭王粗重地喘息了一聲：「武安君以為如何？」

「應侯之言，洞察至明。」白起稟性，愈是危局愈見泰然，此刻面色肅然，語氣冷靜舒緩，「趙國全據上黨，又與韓魏結盟，分明是要壓迫我從河內河東退縮，若不與之針鋒相對，秦國之山東根基將丟失殆盡。時也勢也，敵方有變，我亦當隨之應變。固守既定方略，兵家之大忌也。為此，秦趙大決之機已經不期然到來。秦國唯以大勇應戰，決而勝之，方可圖得大業。」

「好！」秦昭王拍案讚歎，「武安君有此膽氣，我心底定！」

白起語氣一轉道：「然則，以軍爭大勢論，我軍尚未築好最扎實根基。兵力尚欠，糧草輜重尚未囤積到位，一班大將也還心中無數，軍兵對趙戰事尚未充分演練，等等。唯其如此，臣有一請：大戰籌劃，聽臣全權調遣，我王不得催逼督戰。」

秦昭王哈哈大笑：「不謀而合也！長史，宣讀王書。」

長史捧著一卷王書匆匆走來展開，高聲念道：「秦王王命：對趙戰事，悉聽武安君白起全權謀劃調遣，國尉司馬梗輔之糧草輜重；授白起舉國兵符並鎮秦穆公劍，得拒王命行事！秦王嬴稷四十五年四月。」

偌大書房一片肅穆。白起嘴角一陣抽搐，話也說不出來了，連范睢也驚訝得眼睛直稜稜看著秦昭王不說話了。如此王書，簡直就是將秦國交給了白起。鎮秦穆公劍不消說得，臨戰上將軍受生殺大權，原是戰國通例。要緊處是那「舉國兵符」與「得拒王命行事」——全權調動舉國兵馬且可以不聽王命！天下何曾有過如此君王書令？一時間白起冷靜下來，對著秦昭王深深一躬：「臣，敢請秦王收回舉國兵符與得拒王命。臣唯求權衡進退而已。」范睢略一思忖道：「臣亦此意。武安君陷於物議，於國不利也。」

「豈有此理！」秦昭王慨然拍案，「武安君身負邦國興亡之責，無大權豈能成得大事？本王不諳軍旅，若有心血來潮之亂命，便是邦國覆亡，拒之有何不可？武安君百戰之身，當此非常之時，舉國託之，唯見其忠。若得物議，嬴稷決而殺之！」轉身一揮手：「長史，第二王書。」

長史又捧過一卷竹簡展開念誦：「秦王書令：對山東之邦交斡旋，悉聽應侯范睢全權謀劃調遣，河東守王稽輔之；授范睢任意支取王室府庫財貨之權，可與六國全權盟約。秦王嬴稷四十五年四月。」

書房大廳又是一陣默然。素有急智的范睢只深深一躬，破例地沒有了應對之辭。只秦昭王沉重地踱步著，君臣幾人都感到了一種沉重的壓力。良久，秦昭王悠然一笑：「應侯已將大勢說得明白，目下之要在二：一則使合縱不能成勢，二則使上黨不能積威。重擔兩分，應侯執邦交破合縱，武安君率大軍壓上黨，本王坐鎮安國兩相策應。但得我君臣同心，朝野同心，勝之大決何難？」

「赳赳老秦，共赴國難！」白起霍然起身，突兀冒出一句秦人老誓。

君臣幾人一時肅然，異口同聲一句：「赳赳老秦，共赴國難！」

旬日之間，秦國朝野緊張忙碌起來了。郡縣忙著徵發新軍，各地府庫忙著向關外調運糧草輜重，咸陽王宮與所有官署都是日夜燈火通明吏員如梭。連六國商區尚商坊也出現了異常，六國商人的鹽、鐵、皮革三宗貨物大是熱賣，三五日之間便沒了存貨。商旅們大是驚喜，連忙晝夜兼程地從關外向咸陽輸送貨物。一時間，咸陽東方大道上車馬絡繹不絕，東去的秦國車隊與西來的山東車隊轔轔交錯，晝夜川流不息。及至貨物運到咸陽，又是頃刻告罄。一夜之間，咸陽商市彷彿成了吞噬鹽鐵皮革的無底黑洞，任是你隆隆如山而來，都消解得無影無蹤。有機警商人終於疑惑了，扮作咸陽國人轉到秦國官市打量，一看之下大是蹊蹺——秦國官店中這三宗貨物排列如山，卻無人來買。疑惑詢問，秦國官商只一笑：「山東貨品精細，秦人喜好，豈有他哉！」回去一說，山東商人頓時議論紛紛。秦人素來喜好本邦物事，國人買家常物事極少光顧山東商旅店鋪，六國商旅得利之主顧，全在秦國官府與入秦之中原人，如何陡然之間秦人偏偏就熱衷了山東鹽鐵皮革？既非荒年，又無大戰，秦人如何瘋了般囤積鹽鐵皮革？一個月下來，山東商人終於漸漸看出了名堂，秦國要打大仗了。可是，當年秦國打魏國河內、打楚國南郡都沒有如此鋪排，如今打哪一家竟能比打魏楚還緊張？戰國之世，商旅本有「義報」傳統。咸陽如此聲勢，商旅們心下惴惴不安，其中三晉商旅尤為恐慌，立即將消息祕密送回了本國。然則兩三個月過去，報回去的消息泥牛入海，商旅們漸漸又覺得氣餒了，徒然憂國多此一舉也。

疑雲密布之中，秦國戰車已經隆隆碾向了關外。

方略一定，白起帶著上將軍府三十餘名司馬駐進了藍田大營。統帥幕府一立，白起立即開始了祕密調遣。第一路，王齕率步騎大軍十萬，先行開赴毗鄰上黨的河內郡駐紮。此時的王齕已經是左庶長高爵的大將，尋常戰事幾乎都是王齕帶兵出戰。白起向王齕反覆申明四點：其一，駐軍河內北段，確保軹關陘、太行陘、白陘三條進入上黨的通道不被趙國封堵；其二，大張聲勢開進，教山東六國明白看到秦國爭奪上黨之決心；其三，除非趙軍已經占領三陘封死上黨通道，否則不許開戰，唯保對峙之勢可也；其四，進入上黨只以確保三陘為要，絕不能擅自深入，即或偶有無軍防守之關隘，也不許擅自占領。末了，白起沉著臉叮囑：「大軍前出之要害，唯在先期形成對峙之勢，為應侯斡旋山東造勢，為大軍跟進確保通道。貪功冒進散開兵力，便是先敗。」王齕「嗨」的一聲領命，又慷慨一句：

「但有失誤，王齕提頭來見。」趔趄去了。

第二路，步軍主將桓齕率精銳步卒三萬，輕裝密出河西離石要塞，東經晉陽補充給養，再祕密南下，由幾條河谷分別進入上黨以西沁水河谷祕密駐紮。白起對桓齕的叮囑是：「此路為奇兵，行軍之要不在快捷，而在隱祕，唯求不為趙軍覺察。一月之內抵達，便是大功。進入沁水河谷，軍食由王齕從軹關陘輸送，不許起炊。」

第三路，騎兵主將王陵率鐵騎五萬出河內，攻克韓國通向上黨的唯一要塞野王。由於野王事實上已經沒有韓國重兵防守，所以白起對此路要點的申明是：野王之要不在戰而在守。大軍駐定，立即修築長期囤糧之大型倉廩，並同時拓寬野王北進上黨、南下大河之官道，以備糧草輜重源源輸送。王陵此時已經是五大夫爵位的大將，與蒙驁同爵，僅僅次於王齕。由於王陵機敏幹練，白起便選定王陵來擔當這兼具軍民事務的重任。

第四路，大將蒙驁祕密統籌後續兵馬源源開進。蒙驁此時已是軍中老將，非但資望深重，更是難得的穩健縝密，只要沒有大仗惡仗，白起不在軍中時，歷來都委任蒙驁主持中軍，反倒是猛將王齕從來沒有主持過中軍幕府。這統籌後續兵馬之事可謂千頭萬緒，最大難點在兩處：一是隱祕有序地輸送藍田大營全部的大型攻堅與防守器械，二是不斷將各郡縣輸送來的初訓新兵員編排成軍，且要再度嚴酷訓練三月，而後隨時聽命開進河內。全軍大將，捨蒙驁無人擔得此等煩瑣重任。

第五路，國尉司馬梗坐鎮函谷關督運糧草輜重。這個司馬梗，是秦惠王時名將司馬錯的長子，穩健清醒有如乃父，疆場征戰之膽識卻稍遜了一籌。多年前司馬梗奉乃父遺命入秦，秦昭王徵詢白起考語之後，命司馬梗做了國尉，處置軍政而不職司戰場。白起對司馬梗的軍令是：「一年之內，車不絕道，河不斷舟，國中倉廩之軍糧悉數輸送野王。」司馬梗大是驚訝道：「《孫子》云：智將務食於敵，食敵一鐘，當吾二十鐘；秸稈一石，當吾二十石。武安君縱不能全然食敵，亦當視戰場情勢而囤糧。舉國軍糧巨額無計，如山堆於險地，若戰事早完，豈非暴殄天物？」白起罕見地哈哈大笑起來：「兩百餘年過去，孫子此話尚被你這名將之後奉為圭臬，誠可笑也！春秋小邦林立，百里之內必有倉廩，破軍殺將而奪敵軍糧，自可快如飆風。今日天下七大戰國，河內唯有一座魏國敖倉，毀敵糧倉可也，斷敵糧道可也，你卻如何奪敵之糧？縱能奪得些許，數十萬大軍如何足食？」白起驟然斂去笑容道，「秦趙大戰，乃是舉國大決。戰場一旦拉開，必將是曠古未見之慘烈，不做舉國死戰之備，安有勝道？現存舉國軍糧猶恐不足，談何暴殄天物也！」司馬梗悚然警悟，一個長躬道：「武安君之勢氣吞山河！謹受教。」

諸路大軍啟動，白起立即返回咸陽，向秦昭王與范睢備細稟報了諸般調遣與總體謀劃。秦昭王大是振作，拍案笑道：「應侯伐交，似可成行了。」范睢笑道：「武安君之謀劃，臣已盡窺壯心。山東伐交，臣自當與武安君之雄闊戰場匹配也！」君臣三人一時大笑，初時之沉重一掃而去。

次日，范睢帶著精心遴選的一班吏員並兩個鐵騎百人隊，高車快馬直出函谷關奔赴河東郡治所安邑。其所以將伐交大本營紮在安邑，范睢是經過深思熟慮的。上黨一旦形成大軍對峙陣勢，天下便會立即騷動起來，未入三晉之盟的齊楚燕三國必然要重新謀取向中原進展的機會，三晉之間也會隨之出現種種微妙局面。所有這些都需要臨機處置，直接與戰場相關的事態更是要當機立斷先發制人，若坐鎮咸陽，一切部署的推行都要慢得十多天。對於如此一場有可能曠日持久的大決戰，事事慢得旬日，則可能導致無法想像的結局。范睢駐紮安邑，便在實際上與白起形成了一個可隨時決斷一切的大戰統帥部，更可連帶督察兵員糧草之輸送，舟車牛馬勞役之徵發，稱得上事半功倍。

白起部署大軍之時，范睢也在遴選自己的伐交班底。范睢的第一道書令，是從藍田大營調來了鄭安平。范睢思謀：鄭安平雖然做了高爵司馬，但看白起之意，無實際軍功顯然不可能做領軍大將，而不做大將又如何建功，長期教鄭安平如同顢頇無能的貴胄子弟一般高爵低職，何報兩次救命之恩？范睢畢竟了解鄭安平，知道此人之才在市井巷閭之間堪稱俊傑，只要使用得當，未必不能建功。反覆思慮，范睢與鄭安平做了一番長夜密談，給鄭安平專門設置了一個名號——山東斥候總領，將原本隸屬丞相府行人署（註：行人署，秦國執掌邦交具體事務的官署，隸屬開府丞相）的國事斥候全數劃撥鄭安平執掌。同時劃給鄭安平的，還有一支祕密力量，這便是原本由涇陽君執掌的黑冰臺。涇陽君被貶黜出關後，黑冰臺一直由行人署兼領，實際上聽命於丞相范睢。對於這支令人生畏的力量的使用，范睢是極為謹慎的，王宮也是極為關注的。然則用於邦交大戰，卻是一等一的名正言順，所以范睢沒有絲毫的顧忌。除了這兩撥精悍人馬，范睢還從王室府庫一次調出三萬金給鄭安平。當鄭安平在黑冰臺祕密金庫看到成百箱耀眼生光的金幣時，眼睛都瞪直了。

「安平兄弟，錢可生人，亦可死人。」范睢冰冷的目光銳利地在鄭安平臉上掃過，「若只想做個富家翁，范睢立請秦王賜你萬金，你安享富貴如何？」

「不不不！」鄭安平連連搖手，紅著臉笑道，「小弟老窮根了，何曾見過如此金山？大哥見笑了。」

「那便好。」范睢依然板著臉，「你要切記兩點：其一，辦國事當揮金如土，然若有寸金入得私囊，便是邦交大忌。其二，黑冰臺武士與行人署斥候，盡皆老秦子弟，你乃魏人，但有荒疏浮滑而錯失誤事，秦王會立即知曉。你若得惕厲奮發重築根基，這次便是建功立業之良機。否則，雖上天不能救你。」

「小弟明白！斷不使大哥失望！」鄭安平回答得斬釘截鐵。

邦交斡旋，范睢選定了王稽做主使。王稽久在王城做官，如今雖然做了高爵河東郡守，實際上卻是施政無才，若沒有秦昭王那個「三年免上計」的賞功特書，只怕第一年已被國正監彈劾了。范睢清楚，王稽唯一的長處是奉命辦事不走樣，最是適合不需要大才急變的邦交出使，若非王稽期期渴慕一個高爵重臣之位，他倒寧可主張王稽做個高爵虛職的清要大臣；調出王稽做此次伐交主使，也是想教王稽在這扭轉乾坤的秦趙大決中立下一個大功，而後回咸陽做個太廟令一類的高官。

王稽聽范睢一說，自是慨然領命：「邦交周旋，原是輕車熟路，應侯儘管交我！」

「王兄莫得輕視。」范睢肅然叮囑，「此次大決，關乎秦國存亡大計，但有閃失滅族大罪也。你之使命，全權周旋齊楚燕三國，使其不與三晉同心結盟。還如上次一般，金錢財貨任揮灑，吏員武士任調遣，唯求不能出錯！如何？」

「謹遵應侯命！」王稽深深一躬，「老夫身晉高爵重臣，原是應侯一力推舉。若有閃失，累及應侯，老朽何顏立於世間？」

「王兄明白若此，范睢無憂也！」

范睢進駐河東郡旬日之後，高車駿馬絡繹不絕地出了安邑，向山東六國星散而去。

四、長平布防　廉頗趙括大起爭端

秦國兵馬東進，趙國立即緊張起來了。

一得斥候急報，趙孝成王急召平原君與一班重臣商議對策。君臣一致判定：秦國只開出大軍十萬，且以左庶長王齕為統帥，說明秦國並未將爭奪上黨看作大戰；最大的可能，是秦國圖謀先行做出爭奪態勢，而後視六國能否結盟抗秦再做戰和抉擇。基於這一判定，平原君提出了十二字對策：增兵上黨，連結合縱，逼秦媾和。君臣幾人一無異議，當即做了兩路部署：虞卿、藺相如全力連結六國合縱，使齊楚燕盡快與趙國結盟，一舉對秦國形成天下共討之的威懾；增兵十萬大軍，由趙括統領兼程趕赴上黨，使趙軍對秦軍保持優勢一倍的兵力，使秦軍知難而退。

趙括果然幹練，三日之內調齊了十萬大軍西進滏口陘，旬日之間便抵達了壺關城外的大軍營地。大將軍廉頗大是振作，立即在行轅會聚諸將下達布防軍令。廉頗沉穩持重，進駐上黨兩月，已經帶著軍中將領跑完了全部十七座關隘要塞，踏勘了所有山川重地，已對韓國留下的上黨瞭若指掌。與大將們反覆計議籌劃，廉頗宣示的方略是：三道布防，深溝高壘，不求速戰，全力堅守。大軍進駐的三道防線分別是：

西部老馬嶺（註：老馬嶺後名空倉嶺。長平大戰後，因秦軍曾在此處築空倉引誘趙軍，留有遺址得名。此取原名）營壘。上黨西南部的沁水至中部的高平要塞，有南北長八十餘里的一道山嶺，是上黨西部的天然屏障。上黨東部南部均有太行山天險阻隔，西部的沁水河谷便可能成為秦軍進攻的主要方向。這道山地有三處要害：北段老馬嶺，中段發鳩山，南段武神山。其中以老馬嶺為最要害處。廉頗以這三座山嶺為依託，派出五萬精銳步軍防守。

中部丹水營壘。上黨中部有一條貫穿南北的河流，名曰丹水。丹水發源於高平要塞的丹朱嶺，東南出太行山處，正當太行山南三陘（軹關陘、太行陘、白陘）之中央地帶，是秦軍從河內北進上黨的必經之路。由於丹水沿岸地形較為開闊，廉頗在這一線非但派出六萬步兵深溝高壘防守，而且同時配置一萬精銳騎兵做飛兵策應。因了丹水防線是正面迎擊秦國河內大軍的軸心大陣，所以老廉頗同時下令：中軍幕府立即從壺關南遷，在丹水防線北端的長平要塞重築行轅。

東部石長城營壘。馮亭當年率領韓軍駐守上黨，因兵力單薄，在東部壘起了一道東西百里的山石長城，以備敵軍萬一攻破陘口而深入，便在石長城內做縱深防禦。這道長城西起長平關外的丹朱嶺，沿著連綿山巔向東經南公山、羊頭山、金泉山，直抵壺關城西的谷口馬鞍壑。這道長城背後（北面）是漳水流域，前出（南面）是丹水流域。山石長城所在的山坡由北向南傾斜，山南坡陡谷深，山北卻高而平緩，一軍居於長城之上，對南便是高屋建瓴之勢。廉頗軍令：這道石長城防線駐軍八萬，同時做全部上黨防線的總策應。

軍令下達之後，廉頗森然道：「百里石長城營壘，既是上黨總根基，亦是邯鄲西大門。萬一西南兩線失守，這石長城便是封堵太行山，不使秦軍東出威逼邯鄲的血戰之地！為此，本大將軍親自兼領石長城營壘。」

軍令發布完畢，廉頗正要請國尉許歷增撥各營大型防守器械與各種弓弩，陡然一聲響亮話音：「且慢，我有話說。」眾將注目，正是增兵主將趙括。

趙括率軍西來，原為增兵。趙王書命並未明確他是否留在上黨輔助廉頗，亦未明確他在到達上黨之後是否立即返回。趙括聰穎過人，揣摩趙王之意是想看看他能否與廉頗合得來，合則留，不合則回，於是也不請命明確，便自率兵疾進上黨。因了自幼好兵，趙括自然希望親上戰場，一路行軍十分地留心山川地形。畢竟，上黨對於他是太生疏了。一到壺關交接完畢，趙括立即帶著兩名司馬在韓上黨馬不停蹄地踏勘了三日，回來又連夜在一方大木板上畫了一幅「上黨山川圖」，對上黨情勢有了自己獨有的見識。此刻聽完廉頗部署，趙括大不以為然。雖說廉頗是大將軍百戰之身，論王命論情理論資望，廉頗都是當然統帥，自己理當敬重。然則趙括稟性，從來都是激情勃發，有見識便說，連在趙王面前都是不遮不掩，況乎行轅之兵家大計？更有要緊處，若是趙括不說，趙軍部署便成定局，戰事成敗自是比敬重之情更根本，何能忍之？

「抬上圖來！」趙括轉身吩咐一聲，立即有兩名司馬將軍榻大小的一張木板圖立在了廉頗的大案前。廉頗尚在疑惑，把不定究竟要不要制止這個二路主將，便見趙括指點著木板大圖當先一句斷語，「老將軍之部署大謬也！」只此一句，滿帳愕然。

「馬服子但有高見，說便是。」老廉頗平平淡淡。

趙括目光閃閃，激昂地說了開來：「審時度勢，秦攻上黨必將引來天下公憤，六國合縱只在朝夕之間。秦國有軍十萬，我有大軍二十萬，倍敵而出此畏縮守勢，令人汗顏也！《孫子》云：十則圍之，五則攻之，倍則分之。今我大軍雲集，兵精糧足，老將軍不思猛攻之分割之，而一味退守，以三道防線龜縮我二十萬精兵；戰不言攻而只言守，最終必將師老兵疲而致敗局也！」

「馬服子之見，該當如何部署？」老廉頗溝壑縱橫的黑臉已經沉了下來。

「丹水河谷地形寬闊，我當以至少十萬大軍在此與秦軍正面決戰。再分兩路鐵騎各五萬，西路出沁水，東路出白陘，兩側夾攻河內秦軍。如此三面夾擊，一戰必勝，焉有秦軍猖獗之勢！」趙括說得斬釘截鐵。

「老夫敢問：趙軍與何軍為敵？」

「便是秦軍，何能畏敵如虎也？」趙括揶揄地笑了。

一大將憤然高聲道：「大將軍以勇氣聞於諸侯，何能畏敵如虎？馬服子有失刻薄！」

「就事論事，目下部署已是畏敵如虎。」趙括又是揶揄地一笑，「如此戰法，只怕老將軍要以退守聞於諸侯了。」

廉頗向側目怒視的大將們擺了擺手，冷冷地看著趙括道：「攻守皆為戰，最終唯求一勝。馬服子以為然否？」

「要害處在於：如此退守只能求敗，何言求勝？」趙括立即頂上。

「馬服子聽老夫一言。」廉頗沉重緩慢地走出了帥案，「就實而論，秦軍之精銳善戰強於趙軍，秦之國力亦強於趙國。唯其如此，秦軍挾百戰百勝之軍威遠途來攻，無疑力求速戰速勝。但得曠日持久，秦軍糧草輜重便要大費周折，自然對我有利。此其一也。其二，更有武安君白起統帥秦軍。白起何許人也，無須老夫細說。若開出河內以攻對攻，老夫自忖不是白起對手。便是放眼天下，只怕老樂毅也未必是對手。對陣不料將，唯以兵法評判高下，老夫不敢苟同。」

「老將軍大謬也！」趙括又是一句指斥，「白起根本沒有統兵，老將軍便被嚇倒，何其滑稽也。天下可有如此以勇氣聞於諸侯者？」

「白起雖未統兵，然只要是秦軍，老夫便當是白起統兵！非如此，不能戰勝也！」老廉頗忍無可忍，聲色俱厲。

趙括毫無懼色道：「老將軍只說，進攻之法何以無勝？退守之法何以有勝？否則混沌打仗，趙括不服！」

老廉頗臉色鐵青：「老夫為將，只知目下猛攻恰是投敵所好，唯深溝高壘而敵無可奈何。」說罷拿起帥案令旗一劈，「諸將各歸本營，明日依將令開赴防區！」令旗當地插進銅壺，逕自大步去了。

趙括大是尷尬，狠狠瞪了廉頗一眼，也逕自去了。

見兩員主將起了爭端，國尉許歷大是憂心。當晚正要去勸說趙括顧全大局，毋得與大將軍公然爭執，卻不料趙括派來的司馬已經飛馬到了帳外，請許歷前去商談軍機。許歷笑問都有何人？司馬說出了七八個當年趙奢的老部將名字。許歷頓時警覺，臉色一沉道：「老夫不能前去。你只對少將軍說，此舉大是不妥。」司馬一去，許歷立即修書密封，派一名幹員晝夜兼程送往邯鄲。

平原君接到許歷急報，大皺眉頭，念及趙括與趙王有總角之交並深得趙王器重，立即進宮稟報。孝成王看罷許歷密書，不禁笑道：「這個馬服子，說不下老將軍便挖牆腳，成何體統也。」平原君道：「老臣之見：趙秦首次大戰，當謹慎為上。老將軍三線布防深溝高壘，原是穩妥之舉。」孝成王思忖一陣道：「王叔通得戰陣，所謀自是不差。那便教馬服子回邯鄲。只是……」平原君立即接道：「老臣親赴上黨！」孝成王高興地笑了，立即命御書草擬王書。片刻之後一切妥當，平原君立即飛騎西去了。

兩日後抵達上黨，老廉頗已經率領中軍幕府南下長平，趙括的幕府人馬連同三千護衛甲士卻直下丹水出口了，壺關只有許歷的糧草輜重大營與城外馬鞍壑的駐防大軍了。聽許歷一說情勢，平原君頓時大急，當即帶領衛隊越過長平直接南下，終是在丹水出口的峽谷中看到了趙括大營。

「平原君前來督戰，戰勝有望也！」趙括興奮異常地將平原君迎進了大帳。

「君為大將，可知軍令如山？」平原君面沉似水，當頭冷冰冰一句。

趙括默然有頃，突然抬頭高聲道：「邦國興亡，大於軍令，何況趙括並未擾軍！」

「趙括大膽！」平原君陡然怒喝，「亂命便是亡國，擅動便是擾軍，爾何得強辯！」

趙括面色驟然脹紅，大喘著粗氣，終是咬著牙關忍住了。在趙國，平原君趙勝是從少年時期便極富才名的王族英傑，被天下呼為「戰國四大公子」時，平原君還不到二十歲。無論是馬上征戰，還是邦交斡旋，抑或俠義結交，平原君都是聲威赫赫，更兼資望深重，在趙國是無可動搖的棟梁權臣。趙括縱是心高氣傲，素常也很是欽敬名士大才，嘗對人笑談：「人以才學見識勝，趙括便服。惜乎天下無才，教趙括如何服人？」有人說給孝成王，孝成王哈哈大笑：「坦誠若此，馬服子可人也！」在趙國，趙括也就是對平原君尚存些許欽敬，只因了平原君是他眼中趙國唯一的「通才名臣」，其餘如藺相如、廉頗、樂毅父子等，在趙括眼中都是「執一之才，不足論也」。今日平原君雖則以威勢壓人，兩句指斥卻也是無可辯駁。尋常之時，人得平原君這兩句指斥，立即便是殺身之禍，而對自己，平原君也僅是指斥而已，並無刑罰加身之意，你趙括還當如何？

一陣喘息，趙括平靜了下來，請平原君入座，將廉頗部署與自己的戰法謀劃仔細稟報了一遍，末了道：「平原君公允論之，趙括錯在何處？」

「馬服子勇氣可嘉也！」平原君淡淡一笑，「然則老夫以為：數十年來，秦趙無十萬以上之大戰，今番雙方雲集大軍於上黨，將成天下矚目之大決。老將軍初取守勢，縱不能使秦軍知難而退，至少可在不敗之勢下探究敵情之虛實，查明秦軍之長短優劣。相持有許，若情勢確有可攻之戰機，老廉頗也是虎虎猛將，自當大攻秦軍也。君之戰法雖亦無錯，然卻有一大隱患：一旦猛攻決戰有失，上黨立即便是危局，趙國想增兵都來不及。馬服子熟讀兵書，如何不知此理？」

「未戰先懼敗，夫復何言？」趙括終於是有些沮喪了。

「不說也罷。」平原君笑了，「自古兵無二將，馬服子還要留在上黨麼？」

趙括猛然抬頭：「未奉君命，將不離軍。」

「老夫以為，你當回邯鄲，使大將軍事權歸一。」平原君的笑意倏忽消失。

「趙括只想出丹水與秦軍一戰，試探秦軍戰力。」

平原君向後一擺手：「宣書。」隨行書吏立即打開一卷王書高聲念誦起來。孝成王書很是明確：趙括交接大軍已罷，立即隨同平原君回邯鄲另事。趙括聽罷王書，嘴角一陣抽搐道：「君命如此，趙括自當遵從。」平原君很是不悅，沉著臉下令趙括立即拔營起程，先回壺關等候。趙括無奈，只好拔營快快去了。

平原君風塵僕僕地另路北上了。到得長平關下，已經是暮靄沉沉。但見關西丹朱嶺上火把連綿東去，宛如無邊無際的一條火龍，滿山號子聲聲，鼎沸一般。前行司馬來報，說廉頗不在行轅，一直在丹朱嶺督修長城。平原君一陣感慨，命隨行護衛在長平關下紮營，自己只帶了兩名司馬舉著火把上山去了。

從陡峭的南坡爬上丹朱嶺，那道遍體鱗傷的殘破巨龍赫然展現在萬千火把之下：鬆動坍塌的石條橫七豎八地散落在山坡，即或較完整的牆段，垛口也十有八九都頹衰鬆動了，丈餘寬的城牆地面到處都是山洪衝刷的坑洞，儲存滾木礌石與兵器的石板倉幾乎無一例外地或坍塌或破損，總之是不能用了。平原君從來沒到過這道赫赫大名的韓國石長城，今日一看，心頭大是沉重。如此百里長城，縱能在開戰之前倉促修葺完畢，卻有效用麼？

驀然之間，平原君耳邊響起了趙武靈王渾厚的聲音：「趙軍以輕銳剽悍為長，遇戰宜攻不宜守。但守堅壁，事倍功半也。」平原君雖然沒有做過統兵大將，但自少年便在軍中磨練，軍旅大要卻是清楚的。大凡堅守，必須以重甲步兵與大型器械見長，且須保證源源不斷的輜重糧草輸送。論戰力，趙國精兵十有八九都是騎兵，若是在大草原般的平原開闊地決戰，趙軍堪稱無可匹敵。然則要說到重甲步兵，趙國實在是一短。百年以來，戰國先後湧現過四支精銳步軍：最早是吳起嚴酷訓練出來的「魏武卒」，其次是田忌孫臏時期的齊國「技擊之士」，再次是商鞅時期練成的秦國新軍「銳士」，最後是樂毅練成的燕軍「遼東堅兵」。如今魏齊燕三大精銳步軍全部衰落，唯餘秦軍「銳士」之旅稱雄天下。趙國胡服騎射的軍法大變革，先後練成的三十餘萬飛騎自然可傲視天下。步軍雖然也是二十餘萬之眾，但與秦軍「銳士」相比，顯然有兩大缺陷：一是單兵戰力與整體結陣戰力不如秦軍，二是重型防守器械不如秦軍完備。說起來，趙國也是多山多險之邦，理當有一支長於守禦山地隘口的精銳之師，如何當年武靈王便忽視了？如今看來，天下整體精銳者唯有秦軍了——秦軍鐵騎與趙軍不相上下，步軍強於趙軍，舟師水軍已經超過了楚軍，各種攻守大型器械更是完備豐富，糧草後繼更是……

「平原君身臨戰陣，老卒不勝欣慰。」

「啊，老將軍。」平原君恍然醒悟，情不自禁地猛然拉住了那雙粗糙的大手。

回到長平幕府，廉頗立即吩咐整治了兩案軍食酒肉為平原君洗塵。廉頗已經得到了趙括被召回邯鄲的消息，心下輕鬆，對平原君細細說起了自己的種種謀劃，侃侃半個時辰兀自意猶未盡。平原君笑道：「老將軍將一個『守』字說得淋漓盡致，趙勝實在是欽佩了。」話音一轉，憂心忡忡，「然則，老將軍長遠之策如何？畢竟，一個『守』字勝不得秦軍也。」廉頗不禁哈哈大笑：「天下何曾有唯守將軍了？趙國精兵之長在攻，老卒數十年疆場，豈能如此昏聵也！」

「好！」平原君拍案大笑，「老將軍一言中的，你只說，何時方可攻秦？」

「攻秦之要在二。」廉頗壓低聲音道，「其一，六國合縱成，至少三晉同心出兵，便是戰機。其時魏國出河內，韓國出河外，秦軍背後動搖，我便兩路大軍攻秦：騎兵出安陽南下，步軍出太行三陘直逼河內。其二，或切斷大河舟船糧道，秦軍必亂，我則一鼓而出。」

「老將軍……」平原君長吁一聲如釋重負，「如此趙國無憂也。」

廉頗一陣思忖，躊躇著道：「老卒尚有一請，平原君忖度。」

「老將軍但說無妨。」

「老卒以為：此戰當以老樂毅為帥，老卒副之，可得萬全。」

平原君心下驟然一沉：「老將軍，莫非有甚心思？」

廉頗面色脹紅，吭哧片刻一聲喘息：「老卒所慮，酣戰換將之時，再說便遲了。」

平原君倏忽變色：「老將軍何有此慮？何人何時有換將之說？」

廉頗搖搖頭：「老卒雖則善戰，卻不善說，只恐到時說服不得……」分明是言猶未盡，卻生生打住了話頭。

平原君頓時明白，慨然拍案道：「邦國興亡，趙王便要換將，我等豈能坐視無說？老樂毅隱退多年，更不熟悉趙軍，縱是滿腹智計，何如老將軍對趙軍如臂使指？老將軍若得顧慮，趙勝今日便明說：馬服子若得發難，有趙勝說話！」

驟然之間，廉頗老淚縱橫，對著平原君深深一躬。

五、相持三年　雪球越滾越大　勝負卻越來越渺茫

最炎熱的兩個多月裡，秦趙兩軍分外的緊張忙碌。

自二十多年前白起冬戰河內，酷暑嚴冬無戰事的古老傳統早已經被打破了丟棄了。馮亭春二月獻了上黨，趙國三月進駐大軍，秦軍四月緊跟而來，環環相扣步步緊逼，誰顧得去講究個春夏秋冬了。在上黨這樣的廣闊高地對峙，雙方大軍各以兩郡為根基：秦國的河東河內兩郡，趙國的邯鄲上黨兩郡，若再連同牽動的魏韓兩國並洛陽王畿，整個大河上下的中原地帶都覆蓋了前所未有的大戰陰雲。唯其戰場廣闊，唯其關涉興亡根本，兩軍各自抵達戰地後都沒有立即開戰。趙國以逸待勞取守勢，忙著修築深溝高壘。秦軍遠道進軍取攻勢，忙著肅清函谷關以東的關隘河道，忙著輸送、囤積糧草，忙著清理外圍戰場，忙著設伏、探察、部署等諸般大戰前的準備。整個酷暑炎夏，兩軍一直沒有接戰，彷彿各自演練攻防一般。

一進七月，藉著上黨山地第一縷清涼的秋風，秦軍的外圍進攻戰拉開了帷幕。

第一戰，搶奪太行南三陘。王齕早已經將趙軍主力的三道防線探聽得清楚，知道最靠近太行山南端的丹水防線距離三個陘口尚有數十里山路，三個陘口各由三名都尉（註：都尉，趙國軍職，秦國為「軍尉」，千夫長之上，當為數千人之將）率領兩千步兵鎮守。對於趙軍，這三個陘口是前沿要塞關隘，卻不是核心防線，縱大軍駐防也無法展開，兩千精兵是最能施展戰力的防守。兩個多月來，王齕已經對三陘地形兵力瞭若指掌，派出三路精銳步軍，每路三千，夜攻三陘。為了擾亂趙軍判斷，王齕同時派出八百斥候營飛騎，祕密插入趙軍丹水防線與三陘之間的山谷地帶，伺機騷擾並截擊趙軍聯絡通道。

月黑風高的三更一點（軍營刁斗第一報），預先已經在三陘口外埋伏好的秦軍銳士同時出動，悄無聲息地撲向了三處要隘。所謂陘口要隘，是狹窄的峽谷山道之上凌空架一座山石城牆、城樓或城堡，兩邊各有一座千人軍營；但有敵軍來犯，城樓士兵立即凌空放下千斤石門堵塞峽谷，同時以滾木礌石箭雨正面居高攻敵，兩側山腰也同時夾擊，事實上極難攻陷。此所謂一夫當關萬夫莫開也。秦軍事先反覆謀劃演練好的戰法是：不走關下陘道，每五百人一路，分作六路，不打火把，摸黑潛行進入陘口兩側山嶺；在突然襲擊兩側軍營的同時，兩路（一千人）立即夾擊中央城樓，同時分割猛攻，使三處不能相互為援。

如此戰法果然大見成效。半夜激戰，西段軹關陘與中段太行陘終被攻克，趙軍四千人全部戰死，還斬首了四名都尉。這便是「二部四尉」之首戰。東段白陘雖未攻克，卻也殺敵一千，並斬首趙軍裨將（註：裨將，戰國通行軍職，軍中副將）弧茄。原來，在突襲猛攻白陘剛開始半個時辰，突有一支數百人騎兵從北向南進入陘道。領軍大將立即下令一部騎兵棄馬步戰殺上山腰。趙軍騎兵個個精於騎射，未及接戰便是長弓夜射，箭箭皆中火把下的黑甲秦軍。在這千鈞一髮之際，秦軍斥候飛騎突然殺到，一面與谷中趙軍騎兵猛烈搏殺，一面分兵殺上山腰增援。殺到天色已亮，關隘猶是難下，秦軍步卒餘部突圍殺出了戰場。

此戰秦軍戰死三千，其中東路戰死一千六百，其餘六千人個個帶傷，可謂慘勝。

王齕大怒，頓時將白起叮囑拋在了九霄雲外，休戰三日，立即發兵八萬猛攻趙軍西部老馬嶺防線。王齕之所以將大舉猛攻之地選在老馬嶺，一則因上黨西部在太行山屏障之外，攻陷老馬嶺防線便可直接進入上黨腹地；二則因沁水河谷已經先有桓齕的三萬步軍隱祕埋伏，可攻趙軍出其不意。王齕是秦軍著名的猛將，每戰必衝鋒陷陣而後快，這次親自率領五萬步騎同時猛攻老馬嶺南段。

老馬嶺是一道南北走向的石山，嶺高陡絕，跋涉維艱，百姓也叫作乏馬嶺。這道山嶺從北向南逶迤八十餘里，中段有一道橫貫東西的峽谷陘口，便是上黨西部險關高平關。這高平關險峻異常，南峭壁，北陡澗，唯中間峽谷通得東西。這道峽谷東西長約一里，南北寬約兩里，是河東進出上黨的咽喉要道，也是整個老馬嶺防線的要害樞紐。趙軍駐守老馬嶺一線，除了無法攀緣陡峭高山，凡可進兵的山坡地段都挖掘壕溝，儲備滾木礌石以防守。五萬守軍分作前後呼應：山腰壁壘有三萬守軍，高平關背後（東）的河谷地帶駐紮兩萬守軍，以策應各方險情。如此部署，可見廉頗之苦心謀劃。

大霧彌漫的清晨，秦軍突然發起了猛攻。北段桓齕的三萬步軍早已經分散成二十個千人隊，潛入趙軍壁壘附近一切可以藏身的山腰樹林溝坎埋伏。桓齕則親率一萬步軍銳士，蟄伏山下做後援攻擊。號角一起，立即漫山遍野向山塄壁壘撲來。趙軍根本沒有料到秦軍會在此時開戰，士兵們都窩在壁壘中鼾聲連天，陡聞殺聲大起，驚慌失措跳起應戰，已經是一片亂象了。秦軍有備而來，鐵甲銳士在強弩箭雨掩護下藉著山石塄坎縱躍跳躍，紛紛撲入壁壘與趙軍纏作一團搏殺。趙軍防守優勢的要害原在於居高臨下之時的滾木礌石強弓硬弩，如今被秦軍突襲直接撲入壁壘搏殺，最大優勢頓時喪失，成了赤裸裸比拚戰力。趙軍步兵原比秦軍步兵稍遜一籌，此刻近戰，面對山坡的防守優勢全部喪失。藉著壁壘糾纏的大好時機，蟄伏山下的桓齕一萬銳士大起衝殺，片刻間衝上壁壘加入了搏殺戰團。如此不到一個時辰，老馬嶺北段溝壘防線全部被秦軍攻陷。

與此同時，王齕也在中段發動了猛攻。王齕將五萬軍馬分作兩部：攻高平兩萬，另三萬堵在高平以北山林埋伏。南北兩邊戰端一起，高平關後的兩萬趙軍立即分兵兩路策應。北上增援老馬嶺的一萬趙軍，堪堪進入山道便被秦軍伏兵猛烈突襲，死傷大半後匆忙回兵。高平關攻防卻是異常慘烈，直到正午尚不見分曉。王齕原已派出兩千山民子弟組成的奇兵，攀緣跋涉祕密潛入高平關南北兩山，對高平關做居高臨下之猛攻。然則趙軍在兩里寬的谷底仍然駐紮了一軍，南北山腰的關城守軍雖被山頂秦軍的箭雨巨石壓得無法攻出，谷底趙軍卻巋然不動。便在此時，高平關後的一萬趙軍也從谷底陘道殺入，兩軍合一，與秦軍頓時僵持住了。

西谷口王齕大急，陡然心中一亮，以旗號遙遙下令南北兩山頂秦軍重新猛攻山腰關城，自己親自率領一萬鐵騎飆風般衝進谷底陘道。谷底趙軍受山頂秦軍牽制，得不斷躲閃凌空砸下的山石箭雨，面對西面谷口修築的壁壘便有所疏忽。山地大戰極少出現騎兵，王齕鐵騎突擊大出趙軍意料，冒著不甚密集的箭雨，一個衝鋒便殺入了趙軍壁壘。步卒抗騎兵，不藉壁壘結陣便大見劣勢。壁壘一破，趙軍步卒大亂，幾個迴環衝殺，殘餘趙軍逃進了兩邊山林。王齕立即下令騎士下馬步戰，分兩路從山道攻關，上下夾擊搏殺一個時辰，高平關終於陷落。

待廉頗親率三萬鐵騎從長平西來馳援時，已經是暮色蒼茫了。看著高平關兩面山嶺火把連綿黑色旌旗獵獵飛舞秦軍漫山吶喊鼓噪，老廉頗面如寒霜，令旗一劈掉轉馬頭去了。

回到長平大營，廉頗連夜上書趙孝成王，同時飛報平原君詳細戰況，請求立即增兵十萬。孝成王原本對趙括的正面大攻說心下尚是認可，接到廉頗緊急上書不由自主地心跳了；與平原君、藺相如等一班重臣徹夜密商，立即向上黨增兵十萬，同時下令廉頗：務必堅守丹水與石長城兩道壁壘，與秦軍做長期對抗，不求速勝，唯求上黨不失。

旬日之間，十萬趙軍抵達上黨。經此一役，廉頗非但絲毫未見慌亂，反倒是更見篤定了。雖然丟失了西線壁壘與高平要塞，然則也大大平息了趙括在趙軍將士中蔓延開來的狂躁輕戰心緒。西線之敗，與其說敗在戰力，毋寧說敗在輕率求戰的輕敵之心。趙軍數十年縱橫天下無敗績，便是對秦軍，也有過閼與之戰的皇皇勝功。此次與秦軍第一次做大軍抗衡，無論老廉頗如何反覆申明秦軍優勢而主張堅守待機，事實上都沒有消除趙軍將士的輕攻輕敵心緒。如今猛遭一敗，趙軍將士悚然警覺，頓時對上將軍當初的部署苦心有了痛切體察。正因為如此，老廉頗才更是篤定了——有鐵心堅守的趙國猛士三十萬在手，秦軍銳士縱是虎狼之師，也休想再占趙軍便宜。

長平升帳，廉頗重新布防：丹水防線向西前出二十里，以六萬大軍構築堅實壁壘防守，封堵秦軍從高平東攻之路，同時與丹水壁壘互為犄角策應，兩線共十三萬精兵，決意不使秦軍東進一步。與此同時，石長城防線增兵兩萬，十萬大軍做百里防衛。長平大營駐紮三萬飛騎，由廉頗親自統率策應各路。一切部署完畢，老廉頗面色肅殺，第一次發出了大將軍生殺令：除非秦軍突襲猛攻，不奉號令出戰者，立殺無赦！

在趙軍重新布防之時，武安君白起也從安邑的祕密行轅趕到了上黨的秦軍大營。

王齕奪取西線壁壘的捷報，在秦國朝野引起了一片歡呼。秦昭王大為振奮，立即飛書白起：「原對趙軍戰力似有高估，武安君可酌情決戰，早平上黨。」白起接近上黨，戰況自然是一清二楚，連夜飛騎進入上黨。王齕一見便興沖沖問了一句：「奪得西壘，武安君以為如何？」白起不置可否，只教王齕細報傷亡數目。王齕稟報完畢，白起依然是不置可否，一句話不說帶著兩個司馬到軍營去了。王齕是白起老部屬，深知白起雖則寡言，對戰事卻從來不含糊其辭，今日不說話，分明是這西壘之戰有錯失處。可錯在哪裡？時機不對？傷亡過大？王齕一時揣摩不透，心下大是不安。武安君軍令原是明白無誤：除了奪取太行山南三陘，其餘關隘即或趙軍設防疏忽，也不能擅自攻占。自己強攻西壘，分明是違背軍令了。然則武安君非但沒有處罰，連公然申斥都沒有，又分明是強攻沒有全錯了。對，錯就錯在違背軍令。以武安君之威嚴，從來都是令行禁止，你違背軍令，勝了又能如何？王齕思忖一番，決意上書秦王並向武安君請求：此戰不記功，以補違背軍令之過。

誰知一連三日，白起都教王齕跟著他翻山越嶺查勘趙軍陣勢。及至三日後回到行轅，王齕已經不說話了。擊鼓聚將之後，白起對大將們肅然道：「西壘之戰，誠然激勵士氣。然則在我大軍未聚之前，卻是打草驚蛇，使趙軍增兵堅壁。上黨本是易守難攻之險地，三十萬雄師堅壁據守，更有老廉頗穩健統兵，秦軍縱是同等三十萬也無法攻克。諸位須知：秦趙大決，不在小戰之勝負，而在大戰之勝負；要得大戰而勝，便得聚集大軍，尋求最佳戰機。若無最佳戰機，寧可對峙抗衡而不輕易出戰。你等但看，如今趙軍壁壘之森嚴，便知廉頗已經窺透上黨對峙之精要。」

「王齕輕戰，請武安君處罰！」王齕摘下頭頂銅盔，心悅誠服地低頭一個長躬。

白起一擺手道：「王齕有輕戰之過，亦有醒我將士之功，功過相抵，仍領原職率軍對峙。」

「武安君明察！萬歲！」帳中大將異口同聲地歡呼了一聲。

白起臉上罕見地掠過了一絲笑容，突然高聲問：「誰讀過《吳子》？」見眾將紛紛搖頭，白起肅然背誦道，「《吳子・論將》云：凡人論將，常觀於勇。勇之於將，乃數分之一耳。夫勇者必輕合，輕合而不知利，未可也。故將者所慎者五：一曰理，二曰備，三曰果，四曰戒，五曰約……」大帳一片靜謐，王齕與將軍們的額頭都滲出了涔涔汗珠。

當夜，白起立即上書秦昭王，大要稟報了趙軍態勢變化，請求增兵二十萬與趙國對峙。此時秦昭王已經得到了鄭安平從邯鄲發回的飛騎密報，醒悟到大勢並非自己所想，立即回書：「舉國兵符在君，兵馬調遣唯君以情勢定之，無須請命耽延也！」白起接書，當即發出兵符軍令到藍田大營。一月之後，大將蒙驁率二十萬大軍陸續開出函谷關抵達上黨。至此，秦國藍田大營駐軍已經全部開到了戰場，秦國在上黨總兵力一舉達到了三十八萬。也就是說，若得再行增兵，便得從各個邊地關隘抽調城防守軍了。大軍雲集，針對趙軍已經成型的布防與秦軍所占地形，白起立即重新部署了上黨對峙的壁壘防線：

西部沁水壁壘。沁水中游河谷是秦軍在上黨西邊沿的屯兵要地，也是進軍上黨的西部根基防線。這段沁水河谷呈西北東南走向，長約八十餘里，河谷寬闊，水源充足，堪稱天然屯兵之所。河谷中段一片突兀的高地上有一座石砌城堡，叫作端氏城（註：端氏城，戰國初期為魏地，中後期為秦國河東郡城邑，在今山西沁水縣城東北），為春秋時期晉國端氏部族之封邑。這座石頭城是沁水秦軍的防守樞紐。白起命左庶長王齕率十萬大軍駐守這道沁水防線，實際上是將這裡看作西部大本營。

中部老馬嶺壁壘。老馬嶺是秦軍新近奪取趙軍的西壁壘，西邊背後二十里是沁水秦軍防線，東邊與趙軍的丹水防線隔水遙遙相望，實際是秦軍最前部陣地。因其居於咽喉衝要，白起派了勇猛刁鑽的大將桓齕率領八萬精銳步軍駐防，大本營設在險峻的高平關。

南三陘壁壘。是以河內山原為依託的太行山南部三陘口的防線。這道大陣西起軹關陘，東至白陘，東西二百餘里，正對北面趙軍的丹水防線，既是秦軍的南部大本營，也是全部秦軍的總根基所在。三陘口分作三道防守線：進入陘口十餘里的太行山北麓，每陘口修築一道東西橫寬二十里的山石壁壘，作為陘口北端的第一道防守；三陘口關隘加固壁壘，做第二道防守；陘口南出太行山十里，則築起一條東西橫寬二百里的最後防線，依據地形，石山則築壁壘，土原則掘壕溝。太行山北麓防線每段一萬步軍，共三萬精兵防守；陘口關隘每陘五千步軍，其中三千人為弓弩手，共一萬五千人；太行山南麓防線則是六萬步軍嚴密布防，大部重型防守器械都設置在這裡。南三陘三道壁壘的十萬餘大軍，白起派了最為穩健縝密的蒙驁統領。

三大壁壘之外，白起還部署了兩支策應大軍：

第一支，由騎兵大將王陵率領五萬鐵騎，專一策應各方險情。由於陘口之外是河內丘陵平川，南邊更有糧草基地野王與大河舟船水道，一則需要重兵防守，二則有利於騎兵展開，白起便將騎兵主力駐紮在野王以北的開闊地帶，確保隨時馳援各方。

第二支，駐紮沁水下游河谷的五萬步騎混編的精銳大軍，由白起親自統率，做全軍總策應。這五萬大軍的領軍主將是王族猛士嬴豹。嬴豹是當年公子虔的孫子，勇猛暴烈大有乃祖之風，在秦軍中除了白起誰也不服。嬴豹熟知白起最險難關口定然要親自衝鋒陷陣的戰場稟性，將軍中二百名鐵鷹銳士專門編成了一個鐵鷹死士隊，專司執掌護衛統帥大旗，形影不離地跟定白起。

及至秦趙兩軍的第二次部署全部完成，已經是嚴寒的冬天了。進入臘月，中原久旱之後終於有了第一場大雪。呼嘯的山風攪著漫天雪花撲進了軍營，撲進了壕溝壁壘，撲進了關隘要塞。山巒連綿起伏的上黨變成白茫茫一片混沌，雄偉的太行山宛如銀色巨龍聳立在天地之間，傾聽著蒼莽山塬中的蕭蕭馬鳴，傾聽著無邊無際的隱隱人聲。

便是這茫茫飛雪，便是這嚴冬苦寒，也沒有冰封這廣闊戰場在天下激起的巨大漣漪。往昔雪冬，山東道上商旅鳥獸皆絕跡，如今卻是車馬如梭行人匆匆。特使的車騎，斥候的快馬，滿載糧草的牛車，牟取軍利的商賈，逃離戰火的難民，各色人等今年冬日都神奇地復活了，不窩冬了。一場曠古大戰便在眼前，多少邦國的興亡，多少生民的命運，都將為這場大戰的結局所左右，縱是嚴冬飛雪，天下又如何能得安寧？

秦國大軍一進上黨，趙國君臣便大為不安。眼見鋪排越來越大，分明是國命大決了，孝成王第一次有了一種不可言說的恐懼，夜來臥榻，莫名其妙地總是一陣心驚肉跳。枕不安席，索性召來一班重臣連夜商議。一見大臣們憂心忡忡躊躇不言，柱國將軍趙括頓時慷慨激昂道：「決國如同決戰，狹路相逢勇者勝！戰場已經擺開，大軍已經對峙，可謂箭在弦上不得不發。當此之際，陣腳鬆動者必是大潰。諸位身為邦國棟梁，疑懼不定，當真令人汗顏也！」一番話擲地有聲，一班大臣頓時面紅過耳。孝成王心頭一跳笑道：「諸位大臣思忖謀劃，未必便是疑懼，馬服子未免過甚。諸位但說，如何與秦國周旋了？」平原君立即接道：「大軍成勢，馬服子所言大是在理，此時稍有退縮，崩潰無疑。老臣之見，秦國兵力已經超過我軍八萬，我當立即調邊軍十萬南下，一則對等抗衡，二則昭示天下：趙國決意抗擊秦國虎狼！」「大是！」虞卿重重拍案，「唯有兵力均勢，六國合縱方可有成！」藺相如點頭道：「山東畏秦，日久成習，我若無大勇之舉，也實在難以合縱也。」樓昌歎息一聲道：「我接趙商義報：魏國又奪了信陵君相權，韓國也將馮亭任了閒職。此中之要，便是兩國對我軍能否勝秦心存疑慮。」樓昌原是趙國名臣樓緩之子。樓緩年邁，子襲父爵，上黨對峙開始後邦交頻繁，樓昌被孝成王任為上大夫之職輔助邦交。

「豈有此理！」孝成王顯然生氣了，「韓魏反覆無常，當真可惡！」

「趙王息怒。」藺相如很是冷靜，「秦國近四十萬大軍壓在河內，對魏韓猶如泰山壓頂，猶疑觀望原是常情。趙軍十萬南下但能成行，臣等三人立即分頭出使。非但韓魏，便是齊楚燕三國，也可穩定。」

「好！」孝成王斷然拍案，卻又突然猶豫，「邊軍南下，胡人匈奴捲土重來……」

「我王毋憂。」趙括笑了，「臣舉一年輕將軍，但有兩三萬之眾，足以鎮守北地。」

平原君先驚訝了：「哦？何人？」

「李牧！」

「李牧？」平原君目詢，幾位大臣都搖了搖頭。

趙括笑道：「三年前，臣曾北上為邯鄲守軍增置戰馬，識得李牧。其時此人年僅十八歲，已是邊軍千夫長，今年已是都尉了。李牧兵戶子弟，十歲入軍，精通兵法韜略不在臣之下，多有疆場實戰卻在臣之上。但有考察，我王便明。」

孝成王點點頭：「既然如此，請王叔立即北上，若邊地能妥為安置，立即調遣十萬大軍南下。」平原君立即慨然領命。孝成王又道：「出使列國，諸卿何時成行？要否等候大軍南下之後？」藺相如道：「但有決策，何須等待？明日我等便可成行！」孝成王一點頭，看了看趙括道：「昨接廉頗軍報：國尉許歷老寒病發作，難以撐持繁重軍務。本王之意，馬服子謀勇兼備又正在英年，可換回老國尉坐鎮邯鄲防務。王叔以為如何？」

平原君思忖片刻道：「上黨大軍雲集，糧道之任極是繁重，確需精壯之士擔此重任。然則馬服子氣勢太盛，動輒與老將軍帳前爭執，老臣卻是憂慮。」藺相如素來心思機敏，立即接道：「若得馬服子明誓與老將軍同心，誠為上佳人選！」孝成王笑道：「馬服子如何？」

換回許歷，本是趙括昨日得到軍前消息後進宮慷慨自請。孝成王當時是答應了，卻並未下書。趙括本想議事完畢後留下來再度請命，卻不料孝成王這時提出來公議，頓時一喜一憂。喜者，顯然是趙王對他信任有加。憂者，平原君大半要阻撓。及至平原君一說出口，趙括大感難堪——西壘之失後，趙軍將士已經公認趙括輕戰，自己雖則不服，也只得緘口不言。平原君如是說，顯然是不贊同他代替廉頗了。及至藺相如一說趙王一問，趙括頓時感奮挺身，一拱手高聲道：「但得軍前效力，趙括若不與老將軍同心，死在萬箭之下！」一言落點，君臣們一陣驚訝，又是一陣大笑。

平原君喟然一聲歎息：「少將軍立此血誓，夫復何言！」

次日午後，邯鄲四門車馬紛紛。平原君馬隊北上了，藺相如、虞卿、樓昌的特使軺車南下了，趙括馬隊打著「柱國督軍使」的大旗西進了。孝成王最後在西門外送走了趙括，望著紛紛揚揚的漫天大雪，望著西部混沌難辨的白色天地，情不自禁地對著上天一陣喃喃禱告，願天佑趙國，使自己成為戰勝強秦的天下之王。

當此情勢，秦國朝野也是一片緊張忙碌。

料得冬雪之季兩軍對峙無戰，秦昭王將白起與范雎召回咸陽商議後續應對之策。白起對軍勢對峙的預料是：趙國必然繼續增兵，秦國也得做好增兵籌劃；以趙軍戰力，秦軍不可能以少勝多。秦昭王思忖道：「增兵但憑武安君調遣便了。只是這新徵發之兵，戰力可靠麼？」白起道：「新徵士卒，只能修築壁壘壕溝做輔助戰力。只要六國不成合縱，各邊地關隘尚可聚集二十餘萬大軍。」范雎笑道：「伐交得當，他如何便能合縱？我意：先與楚國結盟，南郡兵力可立即北上。」秦昭王眼睛一亮：「應侯有成算？」范雎點頭道：「王稽已在楚國，春來便有好消息。」

君臣正在議論，忽有鄭安平密報到達，說趙國平原君已經北上調兵，三路特使也一齊南下了。秦昭王臉色頓時陰沉。范雎悠然笑道：「趙國君臣原以為只要與我大軍對峙，合縱便是水到渠成，此時覺察情勢有異方才大急，已是遲了。」白起困惑道：「如何遲了？」范雎道：「尚未及向武安君通報，魏國信陵君相權已免，韓國馮亭亦形同賦閒，此二人一去，三晉盟約便沒有根基了。」白起不禁大是驚訝：「此兩人盡皆棟梁，如何說去便去了？」范睢哈哈大笑：「不罷棟梁，大秦府庫的金錢豈非白白扔了？」白起歎息一聲：「匪夷所思也！」秦昭王笑道：「原是武安君不在意此等事，棟梁不棟梁，本在君王之斷，豈有他哉！」白起目光一閃，終是沒有說話。范睢一轉話題道：「目下急務是糧草。關中郡縣府庫之糧倉，已經大半輸送河內。以武安君之算，大約儲得多長時日之糧草方可？」白起思忖片刻，一字一頓道：「以對峙之大勢，此戰三年不能了結。」

「如何如何？三年？」秦昭王第一次聽到白起如此論斷，不禁倒吸了一口涼氣，「田單一城之兵抗燕國四十餘萬大軍，以弱磨強也才六年。上將軍當年東取河內、南下南郡，都是與敵兵力相當，都是無過半年雷霆萬鈞取勝。如今我軍多於趙軍，如何要這般遙遙無期？」

白起一說軍事便來精神，又是不善笑談，一臉正色道：「君上之心，老臣倒是沒有料到。田單抗燕，如何能與秦趙大決相比？魏國楚國，又如何能與趙國相比？趙國崛起已是三代，大軍六十萬與我不相上下，邦國實力也與我相差無幾，名將名臣濟濟一堂，目下之趙王亦非平庸之輩。如此兩強大決，每一步都牽動天下大局，三年有成，老臣以為已是上天佑秦了。趙若如楚如魏，如此大戰老臣便可三月拿下。然則這是趙國，這是趙軍，統帥是老而彌辣之廉頗，若無上佳戰機，老臣寧可與他對頭相持，絕不輕戰。」

秦昭王見白起如此認真，說的又實在無法指斥，釋然一笑道：「本王原是沒有細想，三年便三年，便是再有三年，還不也得撐下去？」范睢見白起嘴角一抽搐又要說話，恍然醒悟般笑道：「上將軍方才所說之上佳戰機，不知何指？」白起頓時坦然，侃侃道：「戰機者，敵軍異象也。就實而論，或敵方糧草不濟而軍兵騷動，或輕躁求戰而我可伏擊，或突然更換主帥等，不一而足，唯精心捕捉而已。」范睢目光一閃：「譬如燕國罷樂毅而任騎劫，便是田單戰機了？」「大是也！」白起讚歎拍案，「這一戰機田單等了六年。樂毅若在，豈有火牛陣大勝也！」范睢若有所思，良久沉默。

「應侯想甚？」秦昭王不禁笑了。

范雎渾然無覺，嘴唇兀自喃喃，陡然笑道：「失態失態，容臣揣摩一番再說。」

倏忽已是春日。

各種消息隨著特使軺車隨著斥候快馬隨著商旅義報，在天下縱橫飛舞起來。趙國十萬精銳邊軍南下了！燕國武成王拒絕趙國合縱，還圖謀在趙國背後做黃雀突然啄上一口！新齊王田建沒有聽藺相如說辭，也沒有聽老蘇代的「唇亡齒寒」說，硬是悄悄騎牆作壁上觀！韓王魏王忒煞出奇，只追著趙國特使虞卿死問一句：趙軍如此強大，為何不打一場勝仗長長三晉志氣？然而，春天最驚人的消息是來自楚國的故事：老楚王芈橫（頃襄王）死了，春申君黃歇迎接在秦國做人質的太子芈完回郢都即位。秦國先不答應，後來卻又答應了，還派特使王稽護送芈完回國。芈完一即位，立即與秦國訂立了修好盟約，秦國駐守南郡的八萬大軍立即拔營北上了！這些消息故事中還夾有一個神祕離奇的傳聞：秦國特使王稽不知給楚國辦了何等好事，楚王竟賞賜了他五千金還有十名吳越美女。

消息紛紜中，春天不知不覺地過去了。隨之，秦趙兩軍各自再度增兵十萬。如此趙軍五十餘萬，秦軍五十八萬，上黨大戰場雲集大軍百萬有餘。也就是說，秦趙兩國各自都將全部大軍壓到了上黨，真正成了舉國大決。面對這種亙古未見的戰場氣勢，天下三十餘個大國小邦都一時屏住了呼吸。邦交使節沒有了，口舌流播的傳聞沒有了。眼看兩座雄偉高山要震天撼地地碰撞，無邊廣袤的華夏大地驟然之間沉默了。

然則，半年過去了，一年過去了，天下恐懼期待的曠古大戰硬是沒有發生。

被震懾而蟄伏的紛紜傳聞，又如潺潺流水般彌漫開來，使節商旅的車馬又開始轔轔上路了。議論源頭的遊學士子們，在各國都城進行著一個永遠沒有公認答案的論戰：舉兵百萬，對峙兩年，空耗財貨無以計數，卻依然還在僵持，秦趙兩強究竟有何圖謀？有人說，這是兩強示威於列國，待列國折服，秦趙便要瓜分天下。有人說，這是韓國安天下的妙策，拋出一個上黨教兩虎相爭，縱留勝虎也是遍體鱗傷，天下合力滅之，中國便是永久太平了。有人說，狼虎兩家怕，秦趙兩國誰也不敢當真開戰，對峙全然是勞民傷財。

進入第三年秋天，天下惶惶之時，突然一個驚人消息傳開：秦國武安君白起身染重病，氣息奄奄了！隨著這則消息的流播，山東大勢竟在一夜之間發生了微妙的變化：楚國立即與趙國訂立了修好盟約，卻也不廢除與秦國的盟約；齊燕魏韓四國，則紛紛派出密使催促趙國開戰。各國使節一出邯鄲則立即趕赴咸陽，紛紛帶著各國的神醫祕藥爭相探視武安君白起。一時間，白起府邸車馬如流門庭若市，只是誰也踏不進府門半步。

半月之後，楚齊魏燕四國特使才獲得秦昭王特許，在丞相范睢陪同下探視武安君。獨留一個韓國特使韓明孤零零守在府外，雖大是尷尬，卻又只得守候，畢竟，這個消息太重大了。半個時辰後，四國特使匆匆出來了。韓明眼見范睢遠遠望了一眼自己，立即叫住了四國使節低聲叮囑了幾句，方才一拱手進去了。四國特使個個繃著臉從韓明身邊走過，誰也不理會他，各自登車轔轔去了。

當晚，韓明悄悄拜會了楚國特使，送上了沉甸甸的三百金與兩套名貴佩玉，楚國特使才壓低聲音訴說了一番：「噢呀，儂毋曉得，武安君當真不行啦！一臉菜色，頭髮掉光，眼窩深陷得兩個黑洞一般也！我等問話，他只嘴角抽搐，始終沒說一句話啦！末了只拉著范睢，流出了兩股淚水，儂毋曉得，誰個看得都痛傷啦。英雄一世，毋曉得如何得了這般怪病，天意啦天意啦！」

「范睢在府門對你等說甚了？」

「能說甚，不許對韓趙漏風啦！誰教韓國丟出個上黨惹事啦！」

韓明出得楚使驛館，連夜回了新鄭，將情勢一說，韓王與幾名大臣立即眉頭大皺。一番計議，見識驚人的一致：強秦如此冷淡韓國，分明已是記下上黨這筆死仇了，無論韓國如何作壁上觀，秦國都不會放過韓國。為今之計，韓國只有緊靠趙國了。又一番祕密計議，韓明兼程北上邯鄲了。

趙孝成王與平原君立即召見了韓明。韓明向趙王備細稟報了他如何在四國特使之外單獨探視白起的經過，將白起奄奄一息的病情說得纖毫畢現，末了道：「武安君顯見是即將過世之人了。韓王以為，此乃天意也。望趙王當機立斷。」平原君微微一笑：「韓國獻上黨而致大戰發端，秦國不嫉恨倒也罷了，如何對特使如此青睞？竟能單獨探視武安君？」韓明笑道：「平原君知其一，不知其二。韓國雖獻上黨於趙，卻也將馮亭賦閒。再說，趙國合縱，秦國便要連橫，示好於韓，分明是要瓦解三晉老盟。豈有他哉！」平原君揶揄笑道：「河外秦風大，韓國尚記得三晉老盟？」韓明正色相向道：「平原君之意，莫非趙國多嫌弱韓不成？」孝成王擺擺手笑道：「王叔笑談，特使何須當真計較也。你只說，若趙國開戰，韓國能否助一臂之力？」韓明不假思索道：「趙國若戰，韓國假道魏國，接濟趙軍糧草。」平原君拍案笑道：「著！唯此堪稱老盟也！」

武安君白起沉屙不起的消息一經證實，趙國君臣精神大振。傲視天下的趙軍長持守勢，與其說基於國力判斷，毋寧說懼怕白起這尊赫赫戰神。白起領軍以來，每戰必下十城以上，斬首最少八萬，與山東戰國大戰二十餘場，全部是乾淨徹底獲勝，其猛其刁其狠其算其謀其智其穩其冷，堪稱爐火純青，對手從來都是毫無喘息之機。近二十餘年以來，凡白起統帥出戰，山東六國已經是無人敢於掛帥應敵了。這次上黨對峙，秦軍由左庶長王齕統兵，趙軍稍安。事實上，白起也已年過五旬，好幾年不帶兵出戰了。饒是如此，只要這尊神在，趙軍將士與趙國君臣始終是忐忑不安。山東列國之所以皆作騎牆，一大半也是因了白起而將戰勝可能傾向於秦。如今這尊令人毛骨悚然的戰神終於奄奄待斃，如何不令人驟然輕鬆。

邯鄲國人奔走相慶了。上天開眼，這凶神惡煞終是得報也！沒有了白起，趙國五十萬大軍便是無法撼動的山岳，便是無可阻擋的隆隆戰車，終將要碾碎秦軍。一時間，邯鄲國人求戰之聲大起，理由只有一個：秦壓趙軍三年，該到趙軍大反之時了。

在這舉國請戰聲浪中，邯鄲傳出了一個教趙人百般感慨的消息：秦軍不懼老廉頗，唯懼馬服子趙括。

第十五章 長平大決

一、年輕的大將軍豪氣勃發

秦軍畏懼馬服子的傳聞，在趙國君臣中激起了非同尋常的反響。

孝成王第一次聽到，也只是笑了笑而已。可短短旬日，先後有二十多位大臣向他稟報巷閭市井的這個消息，越說越有本，越說越有證，孝成王也不禁怦然心動了。這日平原君進宮商議上黨糧草事宜，孝成王笑著問了一句：「人言秦軍畏懼馬服子，王叔可曾聽說？」平原君稍事沉吟道：「老臣早已聽說，唯恐流言有詐，故未敢報王。」「王叔所慮原是不差。」孝成王思忖道，「事出有因，能否派出密使斥候查勘一番？」平原君道：「王有此意，老臣自當部署查勘。」

旬日之內，斥候從上黨陸續回報，秦軍將士中確乎流傳著各種馬服子父子的故事，兵士們夜間在篝火邊閒話，也是高一聲低一聲地說馬服子如何如何，然則卻始終沒有聽到怕馬服子的說法。只有一個喬裝成河內運糧民夫混入秦軍營地的斥候說，他聽到秦將王陵高聲大罵：「鳥！馬服子沒來撤個甚！廉頗老卒會打仗麼？過夏生擒這個老匹夫！」又過旬日，派到咸陽的密使回報：咸陽國人也多議論只當年馬服君勝過秦軍，目下武安君雖則不行了，但只要廉頗統軍，秦軍哪位大將都可勝得這老卒，秦國照樣滅趙。最重要的，是密使通過楚國大商，與秦國國尉府的幾個吏員有幾次飲酒聚談。吏員們都為武安君即將辭世長吁短歎，但說到戰局，卻都是輕鬆隨便，說王齕可能與馬服子不相上下，但對付老廉頗綽綽有餘也。

平原君揣摩再三，不知如何決斷了。

平心而論，平原君對趙括的種種作派很是不以為然，對趙括的兵家才能也實在是心中無底。然則三年過去，兩國大軍對峙終須有個結局，長守也不是出路，加之白起將死，莫非當真到了扭轉乾坤的時機？若有此千古良機，自己卻因一己好惡而埋沒良將，豈非趙國罪人了？至少，趙括舉薦的李牧，平原君是極為讚賞器重的，一番長夜談，立即任命李牧做了雲中將軍。若趙括有李牧那番沉雄氣度，夫復何言？若說選將，平原君是本能地喜歡李牧。然則回頭想去，李牧也沒有趙括那般激情勃發才思噴湧談兵論戰從容如數家珍；再說李牧比趙括還年輕，軍中尚無聲望，震懾六十萬大軍談何容易？相比之下，趙軍將士多有當年馬服君部將，幾乎人人都對少將軍趙括欽佩三分，趙括統軍，決然不會生出將令不行的尷尬。可是，老將軍做何想法？三年前自己與老將軍在軍前有約，誓言為老廉頗做邯鄲根基，自己一退，老將軍何以處之？

輾轉反側一夜，仍是莫衷一是。清晨寅時三刻離榻，平原君還是趕著卯時進宮了。孝成王正聽藺相如稟報列國情勢，見平原君進得書房，擺擺手教藺相如稍等，轉身對著平原君一笑：「王叔匆匆而來，想是查勘有定？」平原君將各方回報一一說明，末了道：「此事老臣難決真偽，但憑趙王決斷。」孝成王聽得興奮，拍案道：「果真如此，天意也！」「我王差矣。」一直安坐靜聽的藺相如突然插話，「邯鄲傳聞，臣亦聞之。姑且不說，此等流言完全可能是秦國用間。但以實情論之，馬服子不可為將也。」

「為何？」孝成王有些不悅。

藺相如神色坦然道：「趙括才名雖大，卻只是據書談兵，不知據實應變之道。用趙括為將，猶膠柱鼓瑟也。」

「膠柱鼓瑟？此話怎講？」

「調弦之柱被膠黏住，瑟便無以發聲。趙括為將，如同膠住了五十萬大軍變通之道，唯餘猛攻死戰一途，後果不堪也！」

趙孝成王一時默然，思忖片刻笑道：「上卿對趙括之論，未免偏頗過甚了。」

「老臣論才，但以公心，上天可鑒！」

「也好，本王與王叔思謀一番再說。」孝成王一擺手，顯然是要藺相如不要再說了。藺相如本已經成為隔代褪色的老臣，與孝成王遠非如與惠文王那般君臣篤厚，更兼孝成王已經顯然斷定他論才不公，再評說趙括則是適得其反。藺相如畢竟明銳，如此想得明白，一拱手告辭去了。

次日，邯鄲又傳開了一則消息：藺相如與廉頗有刎頸之交，詆毀馬服子，圖謀朋黨私利。傳聞沸沸揚揚，幾日之內朝野皆知。平原君覺得這則傳聞實在蹊蹺，進宮提醒趙王當機立斷，否則上黨大軍不穩，邯鄲民心也不穩。雖未明說，平原君卻是顯然希望趙王將廉頗藺相如之傳聞看作秦國用間，打消起用趙括之念，撫慰廉頗而平息流言。誰知孝成王已經在傳聞流播之時，召見趙括做了一次長夜密談，此刻已是另一番思謀。平原君一催，孝成王當即斷然下書：拜馬服子趙括為大將軍，統帥上黨大軍決戰秦國！

消息傳出，邯鄲國人奔相走告，一時滿城歡騰，朝野臣民盡皆慷慨請戰。孝成王大是振奮，第一次覺得自己做了一個順天應人的聖明決斷，立即又下了一道王書：三日之後，親自率領舉朝大臣為大將軍郊亭壯行。

王書頒出，孝成王立即召平原君進宮，要平原君前赴上黨坐鎮，一則督察大軍，二則做趙括大軍的糧草輜重總後援。實際上便是趙括代廉頗，平原君代趙括，孝成王坐鎮邯鄲做最終決策。平原君不假思索，慨然應允。趙王已經即位七年，諸多事體已經流露出獨斷跡象，自己若執意守在邯鄲領政而推辭赴軍，實在也是不妥。大計已定，在君臣計議統籌糧草的諸般細節時，老內侍來稟報，說馬服君夫人抱病求見。

「快請。」孝成王已經站了起來走向門廳。

趙奢遺孀已經是白髮蒼蒼的老夫人了，拄著一支竹杖欲待行禮，被笑吟吟的孝成王攙扶住了。雖則如此，老夫人還是執意向孝成王微微一躬身，方才坐在了內侍搬來的繡墩上。

「老夫人，大是安康也！」孝成王笑著高聲一句祈福辭。

「君上，可是用趙括做了大將？」老夫人突兀一問，神態分外清醒。

孝成王點頭笑道：「對。馬服君將門有虎子！」

「君上差矣。」老夫人搖搖頭，喘息幾聲平靜了下來，「馬服君在世時，曾幾次對老身說及：若趙括為將，必破軍辱國。老身問何以見得？馬服君說，趙括三病，無可救藥。」

「三病？」平原君不禁笑了，「哪三病啊？」

「讀兵書尋章摘句，有才無識。」

「馬服君屢次被兒子問倒，氣話，不作數也！」孝成王大笑。

「盛氣過甚，輕率出謀，易言兵事。這是二。」

「此等斷語大而無當，老夫人何須當真！」

老夫人不斷搖頭，自顧認真地說著：「其父在時，但受君命為將，不問家事而入軍；王室賞賜，盡皆分與將士共用；親友者百數，無攬一人入軍。而今趙括為將，王室賞賜歸藏於家，用以大買田產；在軍不親兵，升帳則將士無敢仰視……此父子原非一道，願我王收回成命，毋得誤國。」

孝成王一陣默然，終是禁不住道：「老夫人，此等細務縱然有差，亦非為將之大節也。人非聖賢，孰能無過？何獨對趙括之稟性細行大加苛責？如此說來，廉頗老卒無文，藺相如曾為乞食門客，都做不得棟梁之材了？」

老夫人默然良久，喘息一聲道：「知子莫若父母也。君上執意用趙括為將，請君上准許老身與族人，不連坐其罪。」

「准請！」孝成王慨然拍掌，「馬服君有首敗秦軍之功，老夫人與族人自當免坐。趙括建功之日，老夫人與家人族人卻要一體封賞！」

「父母之心，唯天知之也。」平原君歎息一聲過來撫慰，「老夫人，言盡於此，此等話不要再說了。成命一出，軍心民心不可亂也。」

老夫人不再說話，抹著眼淚點點頭，被侍女攙扶去了。孝成王看看若有所思的平原君，轉身一聲吩咐：「宣趙括進宮。」

上黨相持進入第三年時，趙括的軍務日見減少，後來簡化為一件事：每月在邯鄲與上黨間來回一次，在邯鄲國尉府統籌輸送糧草，在上黨廉頗大帳交接糧草。雖說再也沒有與廉頗橫生齟齬，畢竟是話不投機，趙括與廉頗幾乎從來沒有磋商過戰場見識。但趙括也絕不是無所事事，更不是沒有了見識，相反卻更忙碌了。這忙碌，是本職軍務之外的諸般軍情揣摩。只要在上黨，趙括總是到趙軍壁壘逐一踏勘，回到行轅便繪製一幅壁壘圖。兩年多下來，趙括已經將兩大防區的四十六處壁壘全部踏勘完畢，四十六張大圖也全數畫完。在武安君白起將死的傳聞流播之時，趙括又再次對所有壁壘踏勘一遍，回到行轅對照壁壘圖，竟發現所有壁壘三年來都沒有絲毫變化。趙括頓時憤怒了，立即帶著大卷壁壘圖兼程趕回邯鄲，連夜求見孝成王。這便是趙括與孝成王的那次長夜密談。趙括的一番話使孝成王大為震撼：「老廉頗曾對平原君聲言：但有戰機，自當攻秦。既然如此，便當逐年做攻敵之備，或設置器械，或前移壁壘，或隱祕挖掘前出地道。然則，全數壁壘三年無變，趙軍何有攻敵之心？如此堅壁防守，臣實不解老將軍終將如何！」

看著滿滿攤了幾大案的壁壘圖，看著已經變得黝黑精瘦的年輕將軍，孝成王心下感奮不已，不禁拍案感喟：「馬服子啊，白起這惡煞終是要到頭也！你若為將，卻當如何？」趙括一聲長歎：「惜乎趙括生不逢時也，竟不能與白起並世交鋒！」孝成王雙眼頓時大亮：「馬服子期盼與白起對陣，壯哉壯哉！」趙括坦然道：「固國不以山河之險，勝敵不以弱將而成。若我國人將戰勝之道寄予白起之死，實為僥倖圖存之心，不足取也。軍勢當攻則攻，當守則守，豈能以敵方何人統帥而定策？若此作為，田單以商賈之身，不當抗擊樂毅也。白起縱是方今戰神，也須得以戰場之法打仗，何懼之有也！」

這番夜談，使孝成王對趙括驟然有了沉甸甸的感覺。決戰決勝的氣度並非人人都有，對於大將，則更是難能可貴。老廉頗以勇氣聞於諸侯，然則也並非沒有過畏戰守成之心。當年秦軍鐵騎進犯閼與、武安時，老廉頗畏懼不敢出戰，今日又如何能說不是？當年之秦軍也是所向披靡，山東六國對秦軍無一勝績。若依尋常之才，趙軍自然只能據險防守了。然則恰恰是父王慧眼決斷，不用廉頗，不用赫赫盛名的樂毅兩子，卻毅然起用了喊出「狹路相逢勇者勝」的趙奢，才有了那場大勝奇蹟，才一舉使趙國與秦國比肩而立。若無此舉，趙國安得大出於天下！而今面對天下畏如尊神的白起，趙括獨能以求戰之心對之，且戰場踏勘如此扎實，能說是輕躁氣盛之心？有得趙括此人，未嘗不是趙國又一次大出的機遇，你趙丹若無父王慧眼決斷之膽識，便將永遠失去這再也不會重現的千古良機。

唯其如此，孝成王的心志絲毫沒有動搖。

此刻，孝成王要做的，是撫慰趙括，使他毋得受老母之言而亂其心。及至趙括匆匆進宮，聽孝成王平原君一說，輕鬆地笑了起來：「老父終生輕我，盡人皆知。老父此話，非但對老母說過，也對先王說過。趙括若是計較在心，成何體統？」平原君不禁大笑：「馬服君父子，天下一奇也！父子相輕，直言相向，連帶老母捲入，卻誰也不做計較。」轉而低聲笑道，「少將軍若要置買地產，先不要忙，此等事老夫幫你，先打仗再說。」趙括朗聲大笑道：「人言誠可畏也！我在武安谷地買了六百畝草場，那是專一為我千騎隊馴馬之所。傳入老母耳中，便成了置買私產，夫復何言？」平原君不禁驚訝了：「大將軍千騎護衛，自有軍馬，何勞自己買地馴馬？」趙括笑道：「去歲之時，李牧受我之託，在陰山林胡部族為我買得六百匹未馴野馬。我想盡快就近馴出，替換千騎隊老馬，使千騎隊成為一支風暴鐵騎。君不聞白起但在軍中，必率三百鐵鷹銳士麼？」孝成王聽得大是感奮，立即吩咐身邊老內侍：「立傳王令：再賜大將軍黃金千鎰。」趙括毫不謙讓，慷慨一躬：「謝過我王！」平原君又是一陣大笑：「壯哉馬服子！老夫做你督軍使了！」君臣三人同聲大笑起來。

三日之後，當初秋的太陽堪堪掛上雄峻的箭樓飛簷時，邯鄲西門外已經是車馬轔轔行人如潮了。趙孝成王親率百官從官道西來，邯鄲庶民萬人空巷，從四面八方湧向那座古樸碩大的迎送石亭，歡呼雀躍地堆在山丘，掛在樹梢，矗在任何一個可以遙望石亭與官道的塄坎上，都要一睹以與白起並世對陣為榮的年輕大將軍的風采。

日上半山，遙聞鼓聲大作號角連天。邯鄲西門外軍營旌旗飛動，一彪軍馬如火焰般掠地捲來。片刻之間，一杆紅色大纛旗一個斗大的「趙」字滿當當湧入眼簾。大纛旗下，一員黝黑高䠷的英挺將軍端坐在雪白的戰馬上，大紅繡金斗篷獵獵舒捲，頭頂帥矛燦燦生光，一身棕色緊身胡服皮甲，直是天神般威武。身後千騎更是一色的紅鬃陰山烈馬，僅僅是那隆隆如戰鼓般整齊的馬蹄聲，便使人皆騎射的趙人一片喝采。及至騎隊風馳電掣般捲來，又在亭外半箭之地齊刷刷山岳般驟然人立，漫山遍野響徹了「上將軍萬歲！」「馬服子萬歲！」的歡呼聲。

朝臣夾道，樂聲悠揚，孝成王踏著厚厚的紅氈迎了上來，對著迎面大步走來的趙括，從身後內侍的托盤中捧起了碩大沉重的青銅酒爵。趙括拱手一聲「臣甲冑在身，不能全禮」，雙手接過青銅大爵汩汩痛飲而下。一連三爵甘烈趙酒，趙括面頰飛紅，慷慨高聲道：「我王親率朝野臣民為臣壯行，臣請歌一曲，以明心志。」

「好！」孝成王轉身一擺大袖，「樂工，〈趙風〉！」

戰國諺云：秦趙同宗。趙人樂風與秦人樂風如出一轍，同是慷慨豪邁幾如嘶喊，同是肺腑悲聲苦絕其心。〈趙風〉一起，黃鐘大呂弦管激揚。趙括鏘然拔出彎月胡刀，青光閃爍間一聲清越高絕的嗓音破空而出：

兵書千卷　雕弓天狼
九州烽煙　壯士何傷
鐵衣胡馬　長驅上黨
掃滅秦虜　大趙皇皇

隨著響遏行雲的一聲高腔，趙括的彎刀入鞘了。滿場人眾肅然無聲，孝成王淚光盈盈，對著趙括深深一躬。驟然之間，歡呼聲震天動地淹沒了邯鄲郊野。趙括挺身向孝成王一拱手，飛身上馬。一陣鼓聲，一片飛動的火焰捲著一點雪白絕塵去了。孝成王望著遠去的馬隊，久久佇立著。

二、長平換將　趙軍驟然沸騰起來

換將風聲傳到長平行轅時，老廉頗震怒了。

半年以來，軍營流言不斷，真真假假虛虛實實，老廉頗大是頭疼。他堅信這些流言都是秦國那個烏黑冰臺惡意散布的。甚個山東五國都不理睬趙國了，趙國府庫缺糧了，趙國無兵可調了，匈奴要趁機南下大掠趙地了，林胡要東山再起了，等等，兵士日每都有新傳言，軍營日每都是一驚一乍。對這種來無影去無蹤的風傳，老廉頗實在找不出破解之法，除了大罵秦人卑劣，只有嚴厲申飭全軍：傳播流言者立斬不赦。饒是如此，流言還是鬼魅般遊蕩在軍營。更令人氣惱的是，有些傳聞竟迅速得到了正統途徑的證實，譬如白起將死，譬如合縱未成。老廉頗軍令再嚴，也不能日每殺人。時間一長，老廉頗對這鬼魅般無孔不入的流言也只好睜一隻眼閉一隻眼了。兩三個月前，軍營流傳出秦軍不懼老廉頗而獨懼馬服子的消息時，老廉頗破天荒地哈哈大笑起來：「滑稽滑稽！秦人造謠術太得拙劣也！竟說自己怕一個翩翩書生，當老趙人磁梃愣種麼？鬼才信！」於是，老廉頗非但沒有禁止這則流言，反倒是走到哪座軍營說到那座軍營，總是大笑一通，以這則最是荒唐的流言譏諷秦人造謠術的拙劣。在廉頗看來，秦人製造的這則流言荒誕過甚，是搬起石頭砸自己的腳，只能使所有流言在趙國朝野變成一陣煙霧飄散。誰知便在他兀自哈哈大笑的時候，一則驚人的消息在軍營迅速傳開：趙王決意換將，拜趙括做大將軍，老將軍要去職了。

廉頗臉色鐵青，當即升帳聚將，嚴厲追查流言來源。誰知四十多員大將一片沉默，沒有一個人出聲。廉頗大怒，雪白的鬚髮驟然戟張，拍案一聲大吼：「司過將軍，立即查核。無論兵將，傳謠皆殺！」正在這滿帳肅殺之時，突聞行轅外馬蹄如雨，中軍司馬飛步而來，低聲在廉頗耳邊說了幾句。老廉頗臉色驟然一變，對司過將軍吩咐一句：「你只查核，老夫片刻即回。」轉身大步出了行轅。

朦朧月色下，一個熟悉的身影大步走了過來。

「相如，你如何來了？」廉頗驚訝得聲音都顫抖了。

「患難刎頸，我不來誰來？」藺相如淡淡一笑。

「老兄弟後帳稍等，處置完軍務你我痛飲。」

「將士何罪之有也！老哥哥，不要再錯殺了，聽我說。」藺相如拉起廉頗到了行轅戰車的角落處。隨著初秋的涼風，藺相如的喁喁低語不啻一聲驚雷，廉頗木樁般呆滯了。藺相如的聲音依然清晰地說著說著，一直將三年來的種種大事說了個巨細無遺，反覆拆解條分縷析不休不止地說著，說著。

「明白也！老兄弟不說了。」終於，老廉頗粗重地喘息了一聲。

「老哥哥若不願留趙守邊，選個立腳之地，相如送你。」

「老夫之心，涼透也！趙國之外，老兄弟說個地方。」

「楚國。我已與春申君說好了，或隱居或為將，皆由你便。」

「明日交接完畢，老夫即刻便走。」

「也好。邯鄲家人，相如一力護送入楚，那時與老哥哥終日盤桓。」

「如何如何？你老兄弟也要掛冠？」

藺相如淚眼大笑道：「趙國連長城都不要了，藺相如何足掛齒也！」

「天亡趙也！夫復何言？」廉頗喟然一聲歎息，覺得身後有異，猛然回身端詳，驟然間老淚縱橫——四十多員大將整齊肅立在轅門庭院，無聲地圍著他，卻沒有一個人說話。對著朝夕相處的將軍們，老廉頗不禁深深一躬，直起腰揮揮手，拉起藺相如大步去了。

次日傍晚，趙括與平原君的馬隊開到了長平。廉頗一身老粗布衣平靜地迎接了先頭入關的平原君，只淡淡一句：「平原君不須說了，老夫今夜便行交接。」平原君原本尚有疑慮，著意做了漸進安排，勸說趙括先在長平關外駐紮一夜，由他先期撫慰老將軍並通報眾將後，再行定奪軍令交接日期。目下廉頗如此行頭如此說法，竟教平原君心頭猛然一跳。老廉頗坦誠執拗勇冠天下，部下大將更是浴血患難，但有不服便是事端，此話是真心還是示威？

「趙勝食言，萬般無奈也。老將軍記恨，趙勝請罪了。」平原君深深一躬。

老廉頗笑了：「此乃天意，老夫何敢罪人也？平原君不信，隨老夫入軍便了。」

進得長平幕府，聚將廳燈燭煌煌，眾將肅然列座，帥案上赫然明列兵符印信令旗王劍等一應軍權公器。老廉頗淡淡一笑：「如何？全軍大將四十六員，一個不差。」平原君畢竟通得軍旅，知道這大將齊聚便是軍中無事徵兆，頓時放下心來笑道：「老將軍忠誠與國，趙勝先行謝過。」轉身對隨身司馬一聲吩咐，「請大將軍入關接防。」

片刻之後，千騎馬隊隆隆進入長平關。趙括帶領著一班軍吏與四名護衛武士，氣昂昂進了幕府聚將廳。四十多員大將依舊是肅然無聲，連平原君也是默默站著只是看。老廉頗對著趙括只是淡淡一笑，朝著趙括一伸手。趙括激情勃發而來，一路上不知想像了多少種交接情形，謀劃了多少種應對之策，卻偏偏沒有料到目下這種毫無生趣的交接。趙括本想將王書慷慨宣讀，誰知廉頗一伸手自己竟將王書接了過去。廉頗看也不看，將王書丟在了帥案，然後一揮手，一名中軍司馬一宗一宗地將兵符印信等諸般將權公器打開陳列，兩名司馬又抬來了一大案卷紮得整整齊齊的竹簡，便肅然退了下去。「這是將權。這是軍務。這是四十六員大將。這是全班司馬軍吏。」老廉頗伸手一番指點，一轉身逕自嗵嗵砸了出去。

趙括嘴角一陣抽搐，臉色鐵青，待要發作，平原君低聲笑道：「老將軍心下不快，隨他去了。上將軍，還是接得大軍要緊。」趙括長吁一聲，臉色頓時舒展，立即下令：「隨來軍吏司馬，立即清點將權軍務。」轉身又對滿廳大將下令，「諸將回營，安撫將士毋得喧譁。明晨卯時聚將，本上將軍部署大戰。」

「遵命！」大將們一聲答應，魚貫出廳去了。趙括原本想留下幾個自己熟悉的將軍以及父親的老部將謀劃一番，眼見將軍們腳步匆匆沒有一個人遲滯，終是沒有開口。

秋霧濛濛，太陽還沒有出山，長平關外的幾條山道上響起了急驟的馬蹄聲。各營大將紛紛提前趕到了幕府轅門外等候。寅時末刻，轅門口內第一通聚將鼓隆隆響過，大將們紛紛整肅自己的衣甲，按照職爵高低迅速排成了兩行。廉頗在時，原是無人在意如此細行，但踏著鼓點不誤點卯便了。然則軍中早已傳聞：這新大將軍馬服子最是講究軍容整肅，且處罰部屬極為嚴厲。今日第一次聚將號令，誰敢不小心翼翼？及至第二通鼓聲響過，大將們衣甲整肅地魚貫進了聚將廳，依照各自座次，挺胸在各自將墩前站成了左右兩廂六大排。三通鼓響，中軍司馬一聲高呼：「大將軍升帳——」

一陣清晰有力的腳步聲，趙括從那面威風凜凜的猛虎大屏後走了出來，肅然對著帥案正中的印劍令旗一躬，退後一步肅立不動了。中軍司馬接著一聲高呼：「卯時點將——」肅立帥案側後的一個軍吏展開手中竹簡，高聲念著一個個名字點了起來，被點到之將赳赳挺胸響亮的一嗓子「嗨」，此所謂應卯也，須得精神抖擻，高亢洪亮，絕不許有畏縮窩囊之態。此謂「軍容」，也就是軍中禮儀。

對軍營訓練最有講究的《司馬法》云：「國容不入軍，軍容不入國。軍容入國，則民德廢。國容入軍，則軍弱。在國言文而語溫……在軍抗而立，行而果，介者不拜，兵車不式，城上不趨，危事不齒。」這番道理被古人說得很透澈，軍營的言行風貌與尋常國人是完全不同的。此中根本，是軍士的一言一行都要張揚膽氣，堅決果敢，而漸漸浸化出慷慨赴死的勇士精神。你看：昂首挺立（抗而立），步伐果敢（行而果），著甲冑不跪拜（介者不拜），兵車甲士不拱手（兵車不式），城頭不能恐慌急走（城上不趨），驟然遇險不能張口亂喊（危者不齒）。一宗宗明確具體，長年做去，不由你不生出一種豪情一種膽氣。

片刻間嗨嗨連聲，點卯已告完畢，四十六員大將齊刷刷一個不缺。

「大將軍發令——」

趙括「刷」的一聲，一個大步到了帥案之前，目光掃過眾將，激昂痛切地開始了初帥令：「諸位將軍，上黨業已防守三年，可謂兵疲師老。無須猜測，無須揣摩，趙括受命統兵，是要與諸位一道掃滅秦軍，共建不世之功業！我大趙自從武靈王胡服騎射而成新軍以來，大軍西滅中山、樓煩，北卻匈奴、林胡，拓地千里，大出天下而與強秦並立。自秦趙並立天下，唯一交手之戰，也是趙軍大勝。然則，受降上黨之後，趙國大軍卻成了一堆爛泥。倏忽之間，丟三陘，丟西壘，損兵折將，節節龜縮。以致今日被秦軍壓在丹水之東區區三百里山谷，使趙國大軍蒙受六十餘年來之最大恥辱！」驟然之間，趙括從帥案鏘然拔出那口金鞘鎮軍王劍，憤然一砍，帥案一角隨著一道青光砰然砸到地上。

「何以如此？」舉帳蕭然之時，趙括喘息了一聲，語調略是平緩，「皆在我軍一味防守，一味退縮也。當年田單抗燕，孤城艱危尚刻刻籌劃反攻，始得有勝。而今兩軍對峙，我方營壘三年不做攻敵之備，談何戰勝攻取？趙括景仰廉頗老將軍既往戰功，卻不能苟同老將軍一味防守。」見將領中有人目光一瞥，趙括冷冷一笑，「諸位若以為是白起之死而使趙括請戰，錯也。國之良將者，唯以戰場之變而變之。今秦軍疲惰，糧草道遠，營壘鬆懈，久屯厭戰。主將王齕，更是一勇之夫。當此之時，若再一味固守，便是食古不化，便是敗軍亡國！」

將軍們已經漸漸被趙括的激昂雄辯所折服了。若趙括一味攻訐老廉頗，或只是蠻勇主戰，這些久經沙場的將軍們必然不服。而今，趙括非但沒有攻訐老將軍，且將改守為攻的道理大體已經說清。更根本處在於，自白起將死的消息傳開，對秦軍不利的傳聞便接踵而來，趙軍將士也是精神大振，求戰之心日見迫切。說到底，軍營將士的主流精神，永遠都是迫切求戰，古今皆然。如今一經趙括點撥激發，將軍們壓抑三年的求戰之心頓時勃然噴發，舉帳一陣高喊：「願隨大將軍一戰！」「血戰秦軍！」「大將軍萬歲！」

「諸位將軍有戰心，國之大幸也！」趙括大是振奮，待帳中平息下來又道，「為大戰之勝，本大將軍今日發布兩道軍令：其一，原幕府司馬、軍吏，各加爵一級，悉數充任各部傷亡都尉；新幕府之司馬軍吏，由本大將軍之隨帶吏員充任。」

這種「易置軍吏」的做法，本是軍中忌諱。忌諱處不是大將軍無權，而是易置軍吏對戰事大大不利。如同換官不換吏一樣，換將不換吏也是軍中傳統。這些司馬、軍吏事實上都是掌握軍務細節的實幹吏員，其可貴處不在於智慧才思，而在於對繁雜軍務的精熟與長期磨練的處置經驗。除了最重要的軍令司馬，也就是尋常所說的中軍司馬，一班軍吏與將帥並無生死黨附，而都是以軍令是從。無論何人為將，司馬軍吏都是處置軍務不可或缺的一套人馬。今日趙括初帥便易置軍吏，大出眾將意料。誰知司馬軍吏們卻沒有怨言，齊齊一聲遵命，當即站到將軍們身後去了。此中要害，是趙括對司馬軍吏們每人晉爵一級，事實上有所撫慰。按其才具，這些司馬軍吏原本便是軍中士子才做得的，尋常帶兵都尉倒未必做得。唯其如此，司馬軍吏中也不乏期盼戰場立功擢升者。既能加爵一級，又能馳騁戰場，未必便是不好，誰卻去與這個深得趙王信任且講究甚多的大將軍認真理論了？見司馬軍吏們如此泰然，將軍們也會意，自沒有一人出來再生異議。

「第二道軍令！」趙括語氣驟然凌厲，「自今日起，各營立即做攻敵之備。半月之內，散守營壘之軍兵，集結成營駐紮。專一防守器械退入輜重營，弓弩火器雲梯雲車等諸般攻敵器械，作速入營。營壘軍炊器具一律退庫，軍士復我趙軍剽悍輕猛之風，人各六斤乾肉、兩袋馬奶子，做一往無前之衝鋒陷陣！」

「嗨！」大廳轟然一聲，炸雷一般。

正午一過，整個趙軍營地沸騰起來了。三年以來，趙軍都是營壘堅壁死守，驟然間要轉入進攻準備，談何容易？幾度春秋寒暑，營壘幾乎變成了兵士們的家室。每道營壘後都挖掘了無數山洞，避風處的山洞睡覺，通風處的山洞造飯，溪流邊的山洞沐浴，深澗旁的山洞做茅廁，營壘中段寬大敞亮的山洞，便做了各個都尉的「幕府」。日復一日無仗可打，猛勇的士兵在這種軍營「山居」中也實在有些散漫了，有些疲惰了。如今將令雷厲風行，要在半月之內回歸大草原血戰一般的輕兵大營，有多少事情要做？一時間，長平四面的四十多座大營壘裡，人聲鼎沸戰馬嘶鳴車馬交錯兵隊穿梭，入夜遍山火把，白晝旌旗獵獵，半個上黨都燃燒起來了。

在這沸騰燃燒的時刻，趙括的中軍幕府悄悄遷出了長平關，北上三十里，在丹水上游的一座高地連夜構築了新的中軍行轅。

長平大戰之後，後世對這座高地及其餘脈有了兩個名字：一叫作韓王山，一叫作將軍嶺。韓王山之名，當是後世得韓人之稱而流傳，說的是當年馮亭守上黨以這座山為中軍幕府。將軍嶺之名，當是後世得趙人之稱而流傳，說的是趙括在此駐紮幕府與秦軍大戰。趙括在昔日踏勘中早已熟悉了長平地形，所選這座山頭，恰是丹水、小東倉水與永祿水之分水嶺，平地拔起二十餘丈，底部土坡，山腰以上則是石山，山坡不甚陡峭卻也不易攀登，山頂一片平坦高地，可駐紮數萬精兵。遠眺而去，四方河谷與秦軍黑色營壘皆歷歷在目，確是難得的中軍號令之所。

行轅一紮定，趙括立即下令設置雲車大纛旗等以做三軍總號令。當清晨的太陽爬上萬千溝壑時，一團火焰般的「趙」字大纛旗在將軍嶺獵獵飛動了。

三、秦國朝野皆動　白起祕密入軍

趙括替代廉頗的消息一傳出，秦國朝野波瀾頓生。

諸般傳聞原是鄭安平人馬的受命之作，秦國最高層當然清楚。然則對於不明真相的朝野臣民而言，趙括為將的消息不啻是秦趙大決的一道戰書。用老秦人的話說，秦人綳著心與趙國撐了幾十年，老是摔個平跤，沒逮著個甚便宜。反倒是趙國有了「首勝強秦」之名，赫赫然成了山東守護神。如今這猛子趙國分明要與秦國生決死戰，秦人雖則不怕，仍然是渾身一個激靈。此其時也，秦人公戰之風早已蔚為傳統，消息一傳開，立即舉國請戰，各郡縣官署庶民盈門，一口聲要上陣斬首立功。咸陽官員大臣們絡繹不絕地進宮求見秦王並紛紛上書，幾乎是異口同聲一個調：不能服軟，早定國策，與趙國一決！

與此同時，山東六國也立即緊張起來。趙人尚武好戰，秦人虎狼成性，一個生猛，一個凶狠，活生生天下一雙死硬對頭。如今一旦舉國大決，鹿死誰手實在是難以預料。為今之計，只要不連帶受災便是萬幸，誰卻顧得斡旋調停？於是，驟然之間天下噤聲，都睜大眼睛看著這兩座高山轟轟然逼近，都屏住呼吸等待著那震天撼地的對撞風暴降臨。

秦昭王立即召范雎、白起夤夜密商，君臣三人誰也沒有一絲笑容。事關大戰，秦昭王教白起先說。白起喘口粗氣道：「對策只一個字，打！然則，要一口咥下六十萬人馬，我軍兵力尚嫌不足，糧草尚嫌不便。老臣難處，唯此兩點。」范雎坐鎮後援，聞言大是困惑：「我軍糧草輸送從未間斷，在野王已經囤積成幾座大倉，如何還是不便？」白起搖頭道：「不便，並非不足也。我王、應侯有所不知，此番大戰曠古未見，一旦發起，兩方大軍百餘萬必是犬牙交錯。上黨山地多有山溪河流，水源不乏。屆時隨身軍糧之多少，便將成為戰力命脈。我軍縱有軍糧，運不上去枉然，運上去無法造飯也是枉然。相比之下，趙軍已成胡風，人各隨帶馬奶子乾肉，立可保得旬日輕裝大戰。我軍雖也有乾肉炊餅之習，然則倉促間無法大量製作，如此軍糧便是一難。老臣反覆思慮，此事最難。」

「噓——」范雎倒吸了一口涼氣，「居然有此等事，有糧毋得吃？」

「小戰無，大戰便有。長平大戰，更會有。」白起幾乎是一字一頓。

秦昭王良久默然，陡地拍案：「本王親赴河內做大軍後援，便是河內三百里家家起炊，也要兵士隨身足食。」

「君上！」范雎驟然一驚，「河內新郡險地，不宜輕涉。此乃臣之本職，何勞我王。」

「唯是新郡，才用得本王。」秦昭王斬釘截鐵，「關中不能再徵兵，否則老秦人根基便空。目下之河內河東，正是吃重之時。」喘息一聲又道，「丞相坐鎮咸陽，理國署政，統籌後繼糧草。」

「君上……」范雎兩眼淚光，無話可說了。

秦昭王微微一笑：「要咥得六十萬大軍，不得氣吞山河？」

白起一直沒有說話，此刻起身對著秦昭王深深一躬：「老臣代三軍將士，謝過我王。」秦昭王扶住白起一陣哈哈大笑：「如此說來，本王也得謝過三軍將士了。」對著白起也是深深一躬。范睢不禁道：「臣謝無可謝，免了也罷。」一語落點，君臣三人同聲大笑起來。

商議完畢，白起一如既往地沒有回府向荊梅辭行，徑直帶著那個沒有任何旗號的百人鐵騎隊風馳電掣般東去了。黎明出得函谷關，初秋薄霧未散便到了河東安邑。草草用罷幾個舂麵餅一塊醬牛肉，在窄小的軍榻上呼呼大睡了三個時辰。一覺醒來，恰是暮色降臨，兩桶冷水一擦身立即上馬，藉著濃濃的夜色向東北去了。三更時分，馬隊進入沁水河谷，悄無聲息地進了老馬嶺的秦軍幕府。

「武安君？」王齕光著膀子跳起一個激靈，「好快！」

「去，澆一桶冷水來說話。」白起一擺手，「立時便走。」

這是白起的慣常做法，夜半議事，必先要被召大將光身子澆一桶冷水，徹底清醒再說軍務。王齕久隨白起征戰，不說也是清楚，立即去後帳大澆一番冷水，渾身黑紅地穿戴好甲冑，赳赳大步來到廳中身子一挺：「左庶長王齕受令。」

白起低聲道：「一、立即遷徙幕府到狼山。二、下令萬軍將以上之大將，明晚初更到狼山幕府聽令。」

「狼山？」王齕一怔，「武安君明示。」

白起沉著臉不說話，身後司馬連忙低聲道：「長平關以西，光狼城外荒蕪山嶺，當地藥農叫作狼山。」王齕恍然大悟，脹紅著臉一挺身：「末將粗疏，該當軍法。」白起只一擺手道：「立即下令，我與你等同行。」王齕二話不說，「嗨」的一聲去了。片刻之後，幕府全班人馬並六千步騎整肅集結在行轅之外，跟著白起的百人馬隊偃旗息鼓地出了老馬嶺。

長平關西面大約二三十里，有一座古老的城堡叫作光狼城（註：光狼城，戰國上黨要塞之一，地名在戰國後湮滅。史家考證，當為今日山西高平西北之康營地帶）。這座光狼城不大，卻恰恰卡在長平、高平與老馬嶺之間的三條河流交匯處，是上黨腹心地帶的衝要處，也曾經是趙韓兩國爭奪上黨的拉鋸之地。多年前，白起圖謀打通上黨，曾在攻占河內後率領一軍奪下過光狼城，對這裡很是熟悉。光狼城東面有一道林木蔥蘢的山嶺，人跡罕至而狼群出沒，韓趙山民叫它狼山。狼山嶺西北至東南走向，與丹水幾乎平行，地勢比光狼城與長平關還要高，顯然是丹水上游河谷的最高地段。除了林木遮掩與奇石洞穴，狼山嶺上大都是平坦寬闊的高地，登臨眺望，視野極是開闊。此時的光狼城，早已經與老馬嶺營壘一起被秦軍奪下，只不過王齕沒有在城外的狼山駐紮人馬而已。就位置而言，狼山與光狼城恰恰在秦軍老馬嶺營壘的中間段稍微前出，正與長平以北的趙軍幕府遙遙相對。

一到狼山嶺下，白起下令在山麓紮起一座小營，所有戰馬都留在營地由一千軍士留守，其餘將士一律背負物資步行登山。大軍對峙三年，狼群也消失得無影無蹤，唯腳下處處可見的白色乾糞團做了昔日狼群的統治印記。到得山頂，白起的中軍司馬與王齕一陣低語，王齕指派兵士軍吏清理整治一座最大的山洞，同時設置雲車纛旗等一應號令器具。天亮之後，白起又下令王齕調來五萬精銳步軍，在狼山前坡立即開始構築壕溝壁壘，務求隱蔽於林木之後，使趙軍遠望不能覺察。

暮色降臨，山頂布防山間道路等已經就緒，山洞幕府也已經整治妥當。山洞中燈燭煌煌，整個山嶺卻是一如既往的一團漆黑。隨著陣陣馬蹄，軍吏們將到達山下的將軍一個個領上了山洞幕府。初更時分，五十六員將軍全部整肅坐在了兩列六排石墩上，最前排是王齕、蒙驁、王陵、桓齕、嬴豹、胡陽六員大將與國尉司馬梗。嶙峋猙獰的山洞壁石下，一方碩大的青石板做了帥案。洞壁上靠著一張足足兩人高的木板大圖，圖題赫然四個大字——上黨山川。大板圖下是肅然佇立的白起：一身精鐵甲胄，一領黑錦金絲斗篷，拄著一口只有鐵鷹劍士才能擁有的重型長劍，兩鬢斑白如霜，通體黑如鐵柱，兩道粗大的口紋托著溝壑縱橫粗糙黝黑的臉膛，一雙秦人特有的三角眼凝著一束亮光動也不動地釘在了大將們臉上。

初更刁斗「噹」地一響，王齕從前排霍然站起：「秦王下書！」

將軍們「刷」的一聲整齊站起，拱手赳赳一聲：「接王詔！」

白起身邊的中軍司馬跨前兩步，展開一卷竹簡高聲誦讀：「大秦王特書：長平會戰，事關興亡，特命武安君白起祕密出掌大軍，左庶長王齕副之。三軍將士，但有洩露武安君為將者，立斬無赦。秦王嬴稷四十七年八月。」

「武安君出令！」王齕對著白起一拱，坐回了將墩。

「諸位，長平大決，是秦趙兩國的生死大戰。」白起拄著長劍兩大步到了帥案之前，渾厚威嚴的聲音在山洞中激蕩著，「閼與之敗後，老夫與諸位期盼這場大戰，盼了三十餘年。今日，終是教我等盼到了。生為秦軍將士，我輩當真大幸也！」

「大秦鐵軍，百戰百勝！」舉座大將齊聲一吼。

「戰勝之心，摧堅之勇，誠然可貴也。」白起語調陡地一轉，「然則，老夫今日第一道軍令是：但有輕視趙軍而玩忽戰陣者，軍法立斬。」白起目光掃過大將們緊繃繃的臉膛，「人言，趙軍善攻不善守。然則，我軍與趙軍對峙三年，何僅得一道西壘而已？此足可證：趙軍善攻亦善守，為天下攻守兼備之精銳大軍。諸將謹記，趙軍有四長：輕猛剽悍，隨身足食，久守求攻，主將氣盛。唯其如此，輕敵必敗。」

「謹遵將令！」舉座將軍肅然一呼。

「然則，趙軍亦有四短。」白起嘴角一抽搐，笑意未及蕩開便淹沒在黝黑粗糙的溝壑之中，「其一，攻戰心切而棄壁壘。其二，倚仗隨身軍食，忽視軍炊糧道。其三，攻堅器械不足，多賴弓弩長刀。其四，主將輕敵，偏頗一謀。此趙軍四短也。」

山洞中靜得唯聞喘息之聲。將軍們都很清楚，每遇大戰，武安君都要先行廓清兩軍大勢，往往是所說敵情之翔實連身處前敵的將軍們都大是驚訝，而廓清敵情之後，則是大刀闊斧的破敵之策。將軍們屏息等候的，正是這最令人心跳的時刻。

「我軍破敵，十六個大字。」白起一字一頓，字字夯進山石一般，「以重制輕，以退制進，斷道分敵，長圍久困。」

王齕一拱手：「武安君明示。」

「十六字方略，以重制輕為根本。」白起回身伸出長劍一圈大板圖，「上黨雖縱橫六百里，然卻是山巒重疊水流交錯。唯長平三水河谷間，堪堪容得大軍戰場。而絕非陰山數千里大草原，可任意縱橫馳騁。當此戰場，輕猛馳突必得受制。我軍若以輕銳之師對陣，一則正投其所好，二則大失地利依託。《孫子》云：夫地形者，兵之助也；料敵制勝，計險厄遠近，上將之道也。趙括代廉頗，棄壁壘壕溝而輕銳猛攻，如此必然失卻地利之便。我軍唯反其道而行之，但以重兵重器困其於重地，最終擊其疲惰。此謂以重制輕，破敵之道也。」

將軍們不約而同地長吁了一聲，欽佩之情油然寫滿臉膛。然則武安君素來剛嚴不苟言笑，將軍們也從來不敢在他的帳下喝采讚歎，只都興奮地凝視著這位高山仰止般的赫赫戰神，期待著他的詳盡部署。

此時，白起的長劍篤篤點地兩聲：「今日初帳，言盡於此，餘皆開戰時部署。最後一事：秦王已經親臨河內，做我三軍總後援。旬日之內，將有無數炊餅醬肉之隨身軍食源源入軍，各營務必整裝足食，堅甲重兵，枕戈待旦以候軍令。」

「秦王萬歲！」將軍們終於敞開喉嚨喊了一聲。

次日清晨，非但秦軍各大營立即緊張起來，整個河內河東兩郡都緊張沸騰起來了。此時，秦昭王已經祕密抵達河內野王，緊急下書河內河東兩郡：十五歲以上男子，攜帶鐵鍬鏟耒等農具，悉數開赴長平；除去病弱，能走動之婦幼老者，全數在各個縣城外結成軍炊大營，日夜舂麵舂穀，趕製硬餅、醬肉與飯團；徵發全部牛車馬車，源源不斷地將製好的現成軍食裝好口袋運往軍前。秦昭王又向官民當即頒發〈行賞書令〉：兩郡庶民，人各先行賜爵一級；援軍功勞，大戰後以秦法之〈軍功爵法〉論功行賞。如此一來，庶民立即歡呼起來，有吃有住有軍功，不亦樂乎？旬日之間，太行山以南至大河北岸的廣袤原野上，車馬人流不斷，雞鳴狗吠相聞，炊煙晝夜裊裊，山川鼎沸一般。

秦軍將士的緊張與趙軍恰恰相反。第一件大事，加固舊營壘，構築新營壘。所有開來的民夫大隊都迅速編入了各營，除了與兵士們一起掘壕築壁，便是採集搬運各種適合做滾木礌石的粗大樹段與鋒利山石。最大的調遣是，河內山塬的南三陘營壘的十餘萬兵力全部向北推進三十里，重新構築新營壘。這道營壘與西部老馬嶺營壘遙遙構成了一個巨大的「L」形，兩道營壘間是水流湍急水面寬闊的丹水。

老馬嶺秦軍另有一番忙碌，加固壁壘的同時，在臨近丹水河谷的山坳裡修築六座糧倉，通往糧倉的山坳出口構築最有聲勢最為堅固的防守壁壘。後世將這道山嶺叫作空倉嶺，便是因了這六座糧倉。這是後話。除了這最要緊最費時的勞作，再是隱蔽安置源源不斷運來的大型防守器械：重型連弩、猛火油車、塞門刀車、拋石礮車、鐵輪衝車、望樓雲車、鐵皮木牛等，都要在旬日之內安置妥當，且要不為遠處察覺，當真是頗費工夫。

朦朧夜色之中，白起的百人馬隊飛向了河內的鐵騎大營。王陵、嬴豹兩員鐵騎大將聽完白起對軍令的反覆申明與叮囑，又祕密計議得半個時辰，各自帶著兩萬五千最精銳騎士偃旗息鼓地進了太行陘與白陘，插入上黨腹地去了。兩支鐵騎一出發，白起立即下令河內原留做總策應的剩餘五萬餘步騎大軍連夜進軹關陘北上，在狼城山背後隱蔽駐紮。白起對統率這支大軍的主將桓齕嚴厲下令：「非老夫親令，不得擅自馳援出擊！」

日月交錯，倏忽間旬日過去，一場曠古大戰終於在滿目蒼黃的秋日來臨了。

四、等而圍之　兵法破例

第一次犯難了，趙括在行轅大帳反覆徘徊揣摩著，總是不能決斷。

趙括之難，在於選定一個妥當的進攻方位。斥候反覆密探，證實秦軍主力集結在老馬嶺營壘與丹水南三陘營壘，西部沁水營壘不是重兵；秦軍丹水營壘已經北進三十里，與另兩道營壘隱隱然形成了三面照應，似乎只給趙軍留下了上黨東部的迴旋地帶。從大勢看，趙軍在長平關外與丹水兩岸已經集結了五十餘萬大軍，背後又有十多萬大軍防守百里石長城營壘，大軍退路以及與邯鄲糧道的暢通是完全可靠的。說起來，趙括也不是全部放棄了防守，而是在確保背後營壘的前提下，集中南路大軍攻秦，態勢上是進可攻退可守，不失為完善方略。更重要的是，秦軍總兵力也是五十餘萬，與趙軍大體相等。趙括精熟兵法經典，回憶一番，誰也沒有對軍力對等之時的戰法有過論述，能記起的只有《孫子》一句「敵則能戰之」。而《孫子》此句，說的恰恰是兵力對等時要設法戰而勝之。也就是說，對等之時最能體現「兵無常勢，水無常形」，根本就沒有拘泥一道之戰法，唯有一點明白無誤，這便是戰勝敵方。趙軍之長原是輕銳猛攻，若充分施展大舉進攻，當有極大優勢。《孫子》又云：十則圍之，五則攻之，倍則分之。據此論斷：秦軍兵力既不能包圍趙軍，也不能進攻趙軍，更不能分割趙軍；但要決戰，只有三種情形，或對峙互守，或相互進攻，或一方主動進攻。時至今日，兩軍對峙已經三年，秦軍依然沒有進攻態勢，剩下的只有趙軍猛攻了，否則只能永遠地在上黨對耗下去。趙括對秦軍戰略意圖的判斷正在於此：名將不在，攻取上黨沒有勝算，只有長期對峙，以國力拖垮趙軍。敵之所欲，我自不為也。秦軍要久拖，我便要速決，否則，趙國陷入泥潭甚事也不能做，第二次變法更是夢想了。

方略既定，剩下的只是進攻時機與進攻方位了。反覆思忖，趙括將開戰日期定在了八月初。此時白日晴空萬里，夜來月黑風高，晝夜皆對攻方有利。然則，這第一拳打向何處才能打得最為響亮結實？趙括卻頗費思量。

「稟報大將軍：斥候營總領急報！」

中軍司馬急促的聲音使趙括恍然醒悟，只一揮手便坐到了帥案前。斥候營總領匆匆進帳一躬道：「稟報大將軍：我營斥候喬裝老韓民進入秦軍營壘，探得老馬嶺新建了六座糧倉，隘口處有重兵布防。我斥候在山中帶回一個老韓藥農，熟知糧倉四周地形。」

「請老人家進來。」趙括平靜地吩咐一聲，站了起來步下帥臺，對著走進來的乾瘦的白髮老人一拱手，「老人家，請入座。來人，軍食一案。」片刻間一案軍食抬了進來，老人說聲多謝，狼吞虎嚥地大吃起來，馬奶子乾肉黃米飯團一股腦兒掃了進去。末了，老人抹著嘴角一聲長歎，秦人虎狼，餓煞老韓人也！趙括問起糧倉之事，老人擺起案上碗筷盤盞作比方，細細地將六座糧倉的山勢水流地形說了一遍。趙括才思揮灑，當場用木炭在木板上畫了下來，看得老人嘖嘖稱奇。送走老人，趙括一番徘徊揣摩，不禁放聲大笑起來。

太陽初升。薄霧尚未消散。長平以南的趙軍大陣出動了。

這是趙括的第一波試探攻勢。中央步軍十萬，兩翼騎兵各五萬，總共二十萬紅色胡服大軍，如秋色中的楓林，火紅火紅。中央方陣是趙括的攻堅主力——分作三個梯次的步軍方陣：第一梯次三十列每列千人的牛皮盾牌彎刀兵，第二梯次三十列每列千人的長矛投槍手；第三梯次三十列每列千人的強弩弓箭手。如此九萬人方陣之後，是趙括親自統率的一萬最精銳的刀矛兩備的步軍與那個千人飛騎隊。方陣兩側各有一座三丈多高的望樓雲車，獵獵飛動著巨大的「趙」字紅色纛旗。兩翼騎兵盡皆陰山胡馬，人各一口長刀一張彎弓，千騎一旗，部伍極是整肅。二十萬大軍之後，是分駐長平關南北的兩大營三十六萬主力大軍。如何投入這三十餘萬主力，趙括要視今日第一次攻勢戰況而定。畢竟初次大戰，孤注一擲是沒有必要的。

一陣嘹亮勁急的號角，秦軍營壘的大軍出動了，漫漫黑色如同遍野松林。看陣勢，秦軍大體也是二十餘萬，連陣勢都與趙軍大體相同，兩翼騎兵中央步兵。這是實力堪堪抗衡而風格卻是迥異的兩支大軍：秦軍是堅甲重兵，步卒是又窄又高的烏鐵盾牌；趙軍是輕銳靈動，牛皮盾牌又大又圓；秦軍是闊身長劍，趙軍是彎月戰刀。兩翼騎兵之不同，在於秦軍鐵騎之戰馬有護甲，騎士也是鐵甲長劍背負長弓，而趙軍騎士卻是輕便的緊身胡服牛皮軟甲。秦軍中央縱深處的雲車上一面黑色大纛旗，大書一個斗大的「王」字。王齕立馬雲車之下，輕蔑地望著趙軍只是冷笑。秦軍大陣隆隆推進之時，陣後煙塵大起，加上薄霧遮掩，老馬嶺營壘完全被湮沒在煙塵秋霧之中。

趙軍陣中一將高聲道：「大將軍，秦軍後陣不清，須提防有詐。」望樓雲車下的趙括一擺手冷笑道：「煙塵向我方飄動，秦軍增加兵力而已。任何詐術，都擋不得雷霆萬鈞一擊。」說罷舉起手中令旗，大喝一聲：「起！」令旗斷然劈下。

陡然之間，鼓聲號角大起，雲車大纛旗在空中不斷向前掠動，兩翼紅色騎兵頃刻發動，山呼海嘯般向對面松林捲地包抄過去。中央步兵方陣則跨著整齊步伐，山岳城牆一般向前推進，每跨三步必大聲喊「殺！」從容不迫地隆隆進逼。

與此同時，王齕手中令旗劈下，淒厲的牛角號聲震山谷。秦軍的兩翼鐵騎也山呼海嘯般迎擊上來，中央重甲步兵同樣是無可阻擋地傲慢闊步，彷彿黑色海潮平地捲來。

終於，兩大軍陣排山倒海般相撞了，若隆隆沉雷響徹山谷，若萬頃怒濤撲擊群山。闊劍與彎刀鏗鏘飛舞，長矛與投槍呼嘯飛掠，密集箭雨鋪天蓋地，沉悶的殺聲與短促的嘶吼直使山河顫抖。這是戰國之世最強大的兩支鐵軍，都曾擁有常勝不敗的皇皇戰績，都有著慷慨赴死的猛士膽識。鐵漢碰撞，死不旋踵。猙獰的面孔，帶血的刀劍，低沉的號叫，彌漫的煙塵，整個山原都被這種原始搏殺的慘烈氣息所籠罩所湮沒……

大約半個時辰，望樓雲車上的趙括眼睛驟然亮了。遙遙看去，紅色趙軍顯然在緩慢進逼，黑色秦軍已經開始向後蠕動。趙括興奮得聲音都顫抖了：「大旗將令：中軍策應出動，一舉破敵！」隨著紅色大纛旗猛烈擺動，雲車四周的一萬最精銳步軍呼嘯吶喊著撲入了戰陣。

艱難死戰的黑色秦軍，漸漸退到煙塵邊緣，眼看就要被紅色浪潮淹沒了。趙括在雲車上終於綻出了一絲笑容，兀自喃喃讚歎著：「秦銳士真鐵軍也，竟能與我相持一個時辰。」正在此時，秦軍後陣煙塵中殺聲大起，衝出兩支騎兵，殺入紅色黑色交合點，秦軍步兵竟從生死搏殺中脫離接觸，紛紛隱沒在煙塵之中。

趙括臉色驟然一沉，對身旁中軍司馬一聲叮囑：「你來掌旗，立即調遣長平主力參戰。」飛身跳出望樓，靈猿般飛步下了雲車，飛身上馬一聲高喊：「千騎隊掩殺——」那支一色林胡野馬做戰馬的精騎風馳電掣般撲向了無邊的煙塵之中。

黑色秦軍在煙塵掩護下邊戰邊退，旗幟陣形已經散亂不整。趙軍士卒眼見大將軍飛騎隊一馬當先，頓時一片歡呼雷動，遍野吶喊著追了下去。秦軍雖在撤退，卻是殺一陣退一陣，那「王」字大旗總是時隱時現地飄飛著。眼見又一個時辰過去，趙軍雖是步步緊追，卻還是無法包抄全殲這支秦軍。正在此時，遙聞丹水東岸殺聲震天馬蹄如沉雷動地，顯然是長平的趙軍主力殺到了。陡然之間，散亂秦軍中一陣淒厲號角，秦軍大肆吶喊著：「快跑啊！趙人援軍來了！」一隊隊消失在漫天煙塵之中。

煙塵漸漸散去，秋日暮色之下，眼前是連綿橫亙的老馬嶺，沿著山麓是南北一望無邊的秦軍營壘，蒼黃的山腰旌旗招展，營壘後山谷的幾座糧倉隱隱可見。趙軍漫山遍野地壓了過來，四野旗號都在詢問大將軍號令，是進攻還是後撤？

「原地紮營！明日攻敵！」趙括一聲令下，大軍在暮色之中忙碌紮營造飯了。

陸續趕來的各路大將正在向趙括稟報戰場清點結果，一陣急驟的馬蹄聲在轅門前陡然停止，幾名都尉大步匆匆進帳急報：山口被攻占的一座秦軍糧倉是空倉，秦軍有詐。趙括思忖一陣冷笑道：「都尉只說，何詐之有？」為首老都尉挺胸高聲道：「末將等以為：秦軍敗退，是有意誘我軍入伏！」趙括有些不悅道：「你等都是這般看麼？」「是！末將等都以為秦軍有詐！」八名都尉異口同聲。趙括臉色更見陰沉：「那你等說，該如何對策？」老都尉赳赳高聲答道：「立即退回丹水東岸，堅守長平，尋機再戰。」

「豈有此理！」趙括終於忍無可忍，「分明是秦軍不敵我軍戰力，如何便成誘敵？王齕好勇鬥狠之徒，能拋下三萬多具屍體誘敵麼？一座空倉，有何詐術？秦軍建了六座糧倉，能在旬日之間都裝滿了？老馬嶺之下，我軍大占優勢，兵力倍敵，縱有小詐，能奈我何。」

「大將軍差矣！」老都尉撲拜在地，「末將等追隨馬服君抗秦多年，又追隨廉頗老將軍與秦軍對峙三年，素知秦軍戰法：不戰則已，戰則無退。絕不會傷亡三萬餘，反退回壁壘堅守不出。秦軍圖謀，顯然是要吸引我軍聚攏在此，好圍而攻之。」

「願大將軍納諫！」八名都尉齊齊跪拜在地。

「老都尉，你等當真滑稽也！」趙括哈哈大笑，「圍而攻之？兵法云，十則圍之。你等只說，秦軍有多少兵力？五百萬麼？王齕拿甚來圍我？說甚戰則無退，那是遇上了廉頗與你等怯懦將軍。三萬傷亡而不出壁壘，是吸引我軍聚攏麼？那是怯戰，不敢出壘！我軍正是要聚攏猛攻老馬嶺，縱是他要誘我，我不能反客為主？我便不能將計就計？虧了你等追隨先父多年，鬪與血戰之膽識沒有留下，倒是跟著老廉頗學了一副軟骨頭！」

這一番凌厲斥責嬉笑怒罵極盡揶揄嘲諷，八名老都尉不禁面色慘白，默默起身一拱，都悄無聲息地出帳去了。趙括也不理會，轉身忙著各營巡查去了。將近三更時分趙括剛回到轅門，斥候營總領飛馬前來，下馬一聲急報：營後河谷，八都尉一齊剖腹自殺！

趙括大驚，立即上馬隨斥候營總領飛馳而去。穿過大軍營地一箭之地，一道清波滾滾的河流橫在眼前，這是趙軍的目下水源。河邊已經是火把汪洋了，一片圓滑的白色大石後，八具怒目圓睜的屍體人各直挺挺跪坐在一張草席上，臨水列成一排，雙手緊握著插進腹中的短劍劍格，鮮血濺得白色鵝卵石點點殷紅。一幅大白布橫在河灘，赫然八個大血字——老夫八人，絕非軟骨！萬千士兵們在火把下鐵青著臉色，沒有絲毫人聲，只有秋風吹動著火把的呼呼聲，只有小河流水的嘩嘩聲。趙括緊緊咬著牙關跪了下去，抱著老都尉一聲嘶喊：「老都尉！何至於此啊！」（註：後人感念這八位將軍義士，這條河叫了八諫水，河邊山嶺叫了八諫山，附近村落叫了八義村八義鄉。八諫水即今上黨淘清河支流，八諫山即今上黨南五龍山餘脈，八義村八義鄉，即今山西高平此山此水旁之今日村鄉名稱。兩千多年依舊如斯，何能不令人扼腕一歎也！）

蕭瑟秋風中，趙括驟然起身大喊：「將士們，趙括輕言，致使八位老將軍蒙羞自戕。大戰之後，趙括情願一死報償，將士們毋得寒心怯戰！我軍仍要大破秦軍，只有大勝，才能安撫八位老將軍在天之靈。」

「大破秦軍！大破秦軍！」河谷山野震天動地的吶喊呼嘯。

次日清晨，當太陽掛上山頂薄霧散去之時，趙軍發動了排山倒海般的猛攻。這次趙括兵分兩路：第一路二十六萬大軍，自己親自統率，向西進攻老馬嶺；第二路二十五萬大軍，由副將趙莊統率，向南開進二十里，攻取秦軍大將蒙驁鎮守的丹水壁壘。之所以如此部署，在於趙括算定，即或秦軍兩道防線以最密集之兵力計，最多也只是五十萬，自己兵力完全可兩面大舉施展，使秦軍不能為援。

先說老馬嶺。這裡原是趙軍之西壘，即西部防線，三年前被王齕初戰奪得，至今已經固守三年。這道壁壘橫亙老馬嶺將及山頂處，南北八十餘里，中段是高平關要塞，兩端是連綿山嶺與壕溝壁壘。白起的山洞祕密行轅，正在老馬嶺南端的光狼城外的狼城山。趙軍步卒方陣洶湧衝上山坡，第一道險關便是距離營壘半箭之地的山腰壕溝。秦軍在壕溝中早已塞滿了樹枝乾柴，趕趙軍先頭士卒堪堪鋪墊好壕溝車，後續大隊即將過溝時，突然戰鼓大作，山頂秦軍營壘火箭齊發。這火箭箭頭纏布，布疙瘩滲滿火油，壕溝中事先澆了猛火油的木柴樹段一遇火箭，驟然間烈焰衝天黑煙滾滾，山坡林木連帶燃燒，趙軍士卒頓時陷入滿山火海。與此同時，高處營壘的石礮與滾木礌石轟隆隆密集滾砸下來，趙軍士卒的衝鋒陣形大亂，一時海水退潮般嘩地退到了山下。饒是輕靈快捷，士卒也多有死傷。

看得一時，趙括高聲下令：「全軍後撤三里，盡燒山坡剩餘林木。大火熄滅後再攻！看秦軍有多少猛火油。」片刻之間趙軍後撤，上下齊燒，老馬嶺頓時成了汪洋火海，沿山連綿燒去，整整燒了一日一夜。次日清晨，老馬嶺已經變成了焦黑醜陋的一道山樑，煙霧漫捲草木灰隨風旋舞，遮天蔽日一片混沌。將近正午，煙霧漸漸散去，老馬嶺山頂營壘一片寂靜人影皆無，連秦軍的黑色旌旗也沒有了。

趙括在雲車上瞭望良久，斷然下令：「再度攻壘！」

紅色大軍潮水般捲上山坡，山頂營壘依舊一片寂然，秦軍似乎當真被山火燒退了燒死了。然則，趙軍正要越過壕溝之時，突聞隆隆戰鼓驚雷般響起，焦黑的營壘齊刷刷冒出大片黑黝黝松林，一面「王」字大黑旗迎風獵獵，頃刻間是滾木礌石夾巨礮當頭砸來。同時一陣響亮急促的梆子聲，秦軍強弩萬箭齊發，箭雨裹挾著尖厲的嘯叫傾瀉而下。秦軍強弩全部是連弩機發，箭桿粗長幾如兒臂，箭頭粗大幾如矛頭，任你堅甲厚盾也是鋒銳難當。更有奇者，此等粗大長箭，便是收斂撿起，趙軍士卒的弩力輕弓也無法使用，這對精於騎射的趙軍當真是無可奈何。眼看秦軍猶在壁壘且防守戰力有增無減，趙軍只得又一次退下山來。

正在此時，斥候司馬飛馬來報：「趙莊將軍南線受阻，無法攻克秦軍壁壘！」

南部丹水防線，是蒙驁大軍在十日之內趕修的營壘。這道營壘西與老馬嶺南部壁壘隔河相接，從丹水東岸向東北伸展數十里，恰恰搭在太行山西麓山嶺上。雖然是緊急趕築，卻也是深溝高壘器械齊備，絲毫不亞於西線老營壘。由於有丹水阻隔，老馬嶺山火幷未燒到丹東山地，趙莊大軍的猛攻輪番不休。蒙驁原本以穩健縝密見長，將器械兵力之交互配置部署得天衣無縫，任趙莊大軍輪番不休地猛攻，十五萬大軍的營壘巋然不動。

接到南路受阻消息，趙括心下一沉，如此攻法，眼看是無望突破秦軍壁壘了，然則不攻又當如何？趙括一時沒了主意。思忖一番，趙括心中一亮，下令休戰，後撤十里紮營，同時下令趙莊大軍也向北後退十里紮營，大軍重新聚攏。趙括的謀劃是：明日若再不能攻陷老馬嶺，便原地紮營對峙吸引秦軍主力，而後派出五萬輕騎東出滏口陘插進河內，突襲秦軍背後。

暮色時分，兩軍剛剛聚攏，炊煙堪堪升起，行轅外馬蹄驟響，斥候營總領一馬飛到，鐵青著臉色急報：秦軍一支鐵騎插入石長城背後，切斷了趙軍與邯鄲腹地之通道！趙括尚未回過神來，又是一騎飛到急報：秦軍王陵率一支鐵騎插入長平背後河谷，切斷了長平大軍與石長城營壘的連接。

突然一陣眩暈，趙括幾乎要踉蹌倒地，幸被身旁司馬一把扶住。回過神來，趙括強自鎮靜心神，又詢問了一遍戰報，一陣長長沉默。若不能盡速殲滅插入的兩路秦軍，趙軍便是大險之勢：東面與趙國腹地隔絕，沒有了後繼糧草兵員；石長城營壘是上黨趙軍的總後援倉廩，一旦與長平大軍隔絕，長平大軍立成無本之木。良久，趙括突然一跺腳：「秦軍插入兵力單薄。立即下令：前後夾擊，全殲王陵嬴豹兩軍，打通我軍通道！」

一切都來不及了。

此時，趙括大軍已經與秦軍營壘鏖戰四日四夜，兩路秦軍騎兵已經牢牢地釘在了已經構築好的營壘上。

在趙軍猛攻三日後的夜裡，白起祕密下令：蒙驁南路軍抽調三萬步卒兼程北上，歸入王陵營壘；王齕西路軍抽調一萬步卒兼程東北，歸入嬴豹營壘。白起嚴令王陵嬴豹兩將：死守要道隘口，若趙軍攻克連通，提頭來見！與此同時，白起下令做總策應的桓齕部派出一萬鐵騎，專司護持向兩路穿插大軍輸送糧草。

兩路之中，以「遮絕趙軍兩壘」的王陵軍壓力最大，要承受南路趙軍與北面石長城營壘的兩面夾攻。只要南路趙軍不能攻克王陵防線，石長城背後的嬴豹大軍便只是一面防衛，趙軍東去本土腹地的通道，也無法打通。白起做千夫長時，王陵是鐵騎百夫長，後來一直是秦軍的騎兵大將，非但剽悍勇猛，且又狡黠靈動不拘常法。白起但出奇兵，首選大將便是王陵。趙軍第一次猛攻之時，王陵親率先頭五千鐵騎祕密插入了長平關背後的山麓河谷（註：史家考證，這條河流即今日山西高平之小東倉河），立即連夜構築壁壘。次日兩萬鐵騎主力抵達，王陵下令戰馬隱蔽山谷，一半鐵騎警戒不測之敵，一半騎士改作步卒構築壁壘。兩日之後的深夜，三萬步卒開到，立即全部進入壁壘並繼續擴大加固，全部騎兵則隱蔽山谷林木之中待命。

趙莊的八萬大軍從南路撲來之時，石長城營壘也出動五萬步軍從北面壓來。秦軍三萬步軍據守壕溝營壘，倚仗諸般大型器械兩面防守，堪堪一個時辰就險情百出。正當此時，王陵的山谷鐵騎從營壘南北同時殺出，猛攻兩支趙軍側後。南北趙軍同時受到兩面夾擊，陣形頓時大亂。北路趙軍較弱，又沒有騎兵掩護，被王陵一萬鐵騎馳突衝殺得根本無法再攻，丟下萬餘具屍體倉促退回了。南路趙軍卻是步騎混編的主力大軍，又是人懷死戰之志，騎兵迎擊王陵鐵騎，步軍死力猛攻。饒是王陵的北路騎兵加入戰陣，也眼看要支撐不住。

這千鈞一髮之時，蒙驁的主力大軍開出營壘，在趙括大軍背後發動了猛攻。與此同時，王齕主力大軍也出動騎兵五萬，飛馳突襲趙莊大軍。長平南北四面混戰，殺聲震天。苦苦撐持兩個時辰，趙莊大軍終於潰敗南撤了。

秋日殘陽吻上了山原，谷地中累累屍體黑紅交織，遍野焦木冒著青煙，壁壘中的黑旗大部分變成了破絮，在暮色秋風中緩緩飄動著。兵士們在血跡煙塵中忙著清理壁壘，傷兵滿當當倚著壁壘等待軍醫包紮。王陵頭上纏著白布，額前滲著血漬，大步在壁壘間連聲大喊發令：「造夥營，要咥飯！快！」

一個輜重營軍吏從忙亂的人群中躥出，灰土滿面一頭大汗，匆忙回覆道：「稟報將軍：將士隨身軍食已經咥光，糧道運來的只有整車整車生麵團，做熟到口，要等一半個時辰。」

王陵怒聲大喝：「如何如何？一半個時辰？餓死弟兄們哪！早做甚了！」

軍吏拭淚唏噓著：「造夥營五百兄弟，全數加入激戰，死了兩百多人……」

王陵頓時默然，思忖片刻突然問：「大麵團都運上來了？」

「麵團盡有，乾肉也還有一些。」

「鳥！不早說。」王陵大手一揮，「有辦法，傷兵每人一塊乾肉，現咥。全活兵人各一大塊麵團子，自己動手。」

「自己動手？」軍吏大是惶惑，「沒有恁多鍋啊。」

「鳥！」王陵哈哈大笑，「要鍋做甚？急有急法，鐵盔架火自己烤。」

軍吏恍然大悟，跳腳一聲大喊：「弟兄們，領麵團子了，架火！」

河谷篝火之下，兵士們頓時譁然歡呼，竟比有現成軍食還興奮。一時間麵車一輛輛從夾道士兵們中間駛過，一把把短劍在喧鬧聲中紛紛伸出，人人都抱著一大塊生麵團子嬉鬧著去了。王陵站在土丘上一聲大喊：「不准出壁壘！架火烤麵了——」

八月初旬的瘦月下，兵士們支起了一個又一個火架。火架上倒吊著兵士們的精鐵頭盔，一堆堆篝火如同一條橫貫谷地的火的河流。王陵也在篝火邊支起了一個架子，將麵團子拍得又厚又圓，「啪」地丟進頭盔，高聲大笑著：「鳥！就這樣，還怕咥不上麼？」兵士們對這新奇的造飯方式大是刺激，整個營壘一片嗷嗷笑叫。片刻之後，一個兵士用短劍將麵團從鐵盔中插起一看，竟是一面焦黑，大喊起來：「哎！糊了！有香味了！」又一個士兵也笑叫著將麵團子從盔中倒出，尖聲叫喊著：「呀！頭盔一樣！弟兄們看！」將焦黑似黃的餅盔往頭上一扣，卻燙得雙腳跳起，餅盔頓時飛向空中。旁邊一兵士笑著叫著用短劍向落下的餅盔一揮，餅盔頓時成兩片分開，冒著騰騰熱氣落下。兩人一人搶著一塊，各是一口大咥。

「燙！」

「香！」

營壘中一片哄然大笑。火光中，士兵們紛紛從盔中將分明還是半生的焦黑帶黃的麵團子倒出，喊著笑著大咥起來。有人一聲大喊：「哎，這物事怪也！總該有個名字了！」炊營軍吏笑道：「王將軍法子，王將軍取名字！」「對！將軍起名字！」兵士們一片喊聲。王陵正捧著一塊焦黃麵團子邊咥邊端詳，晃悠著手中一個大坑似的焦黃麵團子高聲笑道：「以盔為鍋，似鍋似盔，我看哪，就叫鍋盔。」

「鍋盔！」「妙！」「采！」「粗麵鍋盔！」「便是鍋盔！」營壘中紛紛叫嚷。

炊營軍吏笑喊：「我來唱幾句歌。對了，就叫鍋盔歌。」

「好——鍋盔歌——」幾名軍尉從懷中摸出陶塤，吹起了悠揚激越的秦風曲調，炊營軍吏舞著手中鍋盔唱了起來：

鍋盔鍋盔　麥麵鍋盔
鐵盔硬麵　焦黃香脆
煙熏火燎　又厚又黑
千古戰飯　大秦鍋盔

秋風掠過河谷山塬，篝火伴著蕭蕭馬鳴，「千古戰飯，大秦鍋盔」的激越和聲響徹了整個營壘，彌漫了長平戰場。

五、金戈鐵馬　浴血搏殺

旬日過去，在秋月最亮最圓的時候，長平戰場的大勢完全明朗了。

趙國五十餘萬主力大軍，被五十餘萬秦軍困在了長平河谷山塬裡。消息傳開，天下各國始則驚駭莫名，繼則嘖嘖稱奇——華夏自有戰事以來，何曾有過五十萬大軍圍住五十萬大軍這等戰例？等而圍之，分明千古奇蹟。想都不敢想的事，竟生生教秦軍做成了，如何不令人咋舌變色。一時間天下議論蜂起，紛紛揣測秦軍究竟能否吃掉趙軍。等而圍之難，等而吞之更難。無論如何，秦軍畢竟完成了等而圍之，難則難矣，已是無須揣測了。然則究竟能否消滅趙軍，大大的未可知也！五十餘萬大軍啊，那可是小諸侯一聽都要閉氣的數字也。縱是赫赫七大戰國，除了秦趙兩家，誰又開得出五十餘萬大軍了？若是別個還則罷了，偏偏是與秦軍同樣剽悍善戰的趙軍，縱然一時陷於困境，充其量趙軍也只是落得戰敗，多折損些許人馬而已，秦軍斷然不能一口吞下這支赫赫雄師。

唯其如此，戰國邦交風潮又一次旋風般捲起。

趙國使節奔走求援，秦國使節處處狙擊，山東五國則費盡思量地拿捏情勢，盤算著在這最微妙的關頭將這份最要命的邦國大注押在何方？押在趙國，若秦國滅軍戰勝，則立時便是滅頂之災。押在秦國，若趙國奮力脫險，縱不立即復仇，也必是牢牢記住了這筆最危急時刻的落井下石之仇。於是，有了種種奔波周旋，有了連綿不斷的虛與委蛇，有了種種穿梭般的刺探，有了誰也看不清楚的雲遮霧障，有了邦交歷史上聞所未聞的哼哼哈哈王顧左右而言他。

暫且拋開邦交波瀾，還是先來看看這亙古未見的大戰場。

中軍行轅的燈燭徹夜煌煌，趙括第一次不說話了。整整一夜，趙括都佇立在那張兩人高的板圖前，不吃不喝不挪腳，越看心越涼，越看越沒有了狂躁之氣。漸漸地，趙括終於明白了目下趙軍的處境，嘴角一抽搐，長長地一聲歎息，趙括啊趙括，你熟讀兵書，自認天下莫之能當，卻竟不知「因地而戰」之理，實在是愚蠢之極也！

趙軍被困的這片山川，在長平關以南，在老馬嶺以東，在丹水以西，在蒙驁營壘以北，方圓數十里的有山有水有平地的上黨腹地。論軍力，秦軍自是無法圍困與自己相等數量的一支善戰大軍。然則，趙括對長平之地形一番揣摩，竟恍然發現：長平戰場雖則廣闊，四周出口卻是極少，若有幾支大軍封死隘口出路，除了吃掉敵軍戰而勝之，縱是大軍數十萬也插翅難逃。

此中根本，便是上黨腹地之特殊地形所致——

首先，有王齕的老馬嶺營壘，趙軍西出河東的通道被堵死。

其次，有蒙驁的南線營壘，趙軍沿丹水河谷突圍南下的通道也被堵死。

再次，有王陵的北插營壘，趙軍與北部後援基地石長城的連通又被掐斷。

再次，有嬴豹插入石長城東北的營壘，東出太行山的通道整個被堵死。

最後，東面是連綿高聳的太行山，直通邯鄲的滏口陘一旦不通，眼看便是萬山屏障無可逾越。

從謀劃之道說，也還有一則方略：趙國立發援軍入上黨，突破滏口陘，與石長城固守趙軍會合而攻陷秦軍北壘，長平趙軍同時向北夾擊，縱是不能戰勝秦軍，至少可撤出主力大軍。然則，這第一步便是要趙國有兵可發。就實而論，趙國大軍已是全軍西進上黨，唯餘雲中兩萬邊軍苦撐匈奴林胡，李牧能保得不敗已是萬分不易，如何能空關南下？若徵發新軍，倉促無訓，如何能有戰力與虎狼秦軍搏殺？如何能突破秦軍防守的滏口陘？這一方略，顯然是與自己一般的書卷談兵，不可行也！

就趙軍目下處境而言，最可怕的不是被圍，而是糧道被遮絕。五十萬大軍被圍，浴血大戰何懼之有？若僅憑血戰，秦軍根本不可能奈何得趙軍猛士。然則，趙國腹地無法向上黨運糧，石長城倉廩無法向長平大軍運糧，這便立見危機。趙軍隨身軍食至多撐得旬日，石長城營壘縱是通暢，最多也是兩個月糧草。如此便很明顯，攻不下王陵營壘，旬日之後大軍饑荒斷糧。攻下王陵營壘，只能得到兩月糧草周旋。

「死戰血戰！也要攻陷王陵營壘！」趙括狠狠一跺腳，望著秋霧濛濛的曙光，嘶聲喊道：「來人！聚將升帳！」

將軍們很快聚齊到行轅聚將廳，疲憊沉重寫滿了每個人的臉膛。當趙括提著一口長劍從大屏後赳赳大步出來時，看到大將們的沮喪，一時愣怔了。默然片刻，趙括對著將軍們慷慨一拱道：「諸位將軍想必已經明白，我軍兩壘已經被秦軍分割，長平大軍陷入困境。事實如此，無須隱諱。趙括要說的是：我軍失利被困，將之罪也。戰不算地，拒納良策，趙括兩大錯也。」一聲沉重歎息，趙括對著眾將深深一躬，「八都尉含冤自戕，六萬餘將士死傷，全軍陷入困境，趙括愧對三軍將士。大軍脫困之日，趙括自當向趙王請罪伏法，絕不推諉。」抬起頭時，趙括已經是兩眼淚光了，「今日趙括一請：我軍主力尚在，但請諸位公推一謀勇之將統率全軍破圍。趙括自請一軍死戰開路，以贖罪責！」

偌大的聚將廳一片寂然。大將們眼見傲視天下的赫赫大將軍低下了高傲的頭顱，坦誠地承擔了全部罪責，本來就已經寬宥趙括了。軍旅之風，從來崇尚敢作敢當。殺人不過頭點地，一個三軍統帥如此認罪，還要如何？畢竟，趙括也不是平庸之輩，更不是一無是處，那膽識之過人，見事之機敏，戰法之果敢，決斷之快捷，連同今日自省之明，確實都是三軍諸將無法望其項背的。這些久經戰陣的將領們，對一個將軍是否大將之才有著天生的直感，幾次行令他們就看出了，若假以時日再經幾次大戰，此人一定是趙軍最為傑出的統帥。及至趙括請諸將公推大將而自己領軍死戰，將軍們深深被震撼了。大軍主將能有如此大公胸襟，能有捨身赴死而救全軍之氣概，夫復何言？

副將趙莊掃了一眼大廳，轉身拱手高聲：「擁戴大將軍！統率三軍，殺出血路！」

「擁戴大將軍！統率三軍，殺出血路！」聚將廳齊齊的一聲吼喝。

驟然之間，趙括淚水盈眶，心頭第一次生出了深深融入大軍血脈的堅實感覺，老父當年的話語閃電般掠過心頭，「戰場唯艱險，輕言者必敗也」，而今三軍大將這一聲真誠擁戴，便是將五十萬大軍的性命壓在自己肩頭了！也是第一次，趙括的心頭一陣猛烈地顫抖，「將者，三軍司命也」這句兵諺轟轟然砸進了心田。也是奇了，如何自己原來絲毫沒有如此沉重心緒？假若往昔有今日之三分戒懼，八都尉何得喪命？大軍何得如此困境？是了，往昔自己所慮者，唯在施展才智以證實自己天下無敵，而今自己思慮者，卻在國家存亡，在五十萬將士之生命。天壤互見，趙括啊，往昔的你何等淺薄，何等無知！思緒紛紜飛動，一種肅穆的深沉的使命感瀰漫了趙括全身，他終於冷靜了下來。

「諸將以三軍生死託於我身，趙括責無旁貸。」對著眾將一拱手，趙括堅定而清醒，「我軍主力尚在，戰力尚在，脫困之路，唯在血戰。前次未能攻陷王陵壁壘，在於未能同時阻截南部西部之秦軍主力側擊，致使我軍中道而退。今次之謀劃：我軍主力兵分兩路出擊，第一路，我親率十五萬大軍北出，輪番猛攻王陵營壘；第二路，趙莊將軍率領三十萬大軍，同時對秦軍西部南部發動猛攻，鎖敵主力於營壘之中，使其不能出擊，諸將以為如何？」

「謹遵將令！」面對趙括第一次詢問，將軍們異口同聲地贊同領命。

「諸將回營，厲兵秣馬，午後立即出戰。」

「嗨！」轟然一聲，將軍們大步流星地去了。

正是秋高氣爽的八月中旬，廣袤的上黨山地晴空萬里，蒼黃的山巒在碧空下連綿起伏，片片河谷正彌漫著最後的陽春氣象。一到正午時分，竟有些熱烘烘的氣息。這時，長平谷地驟然響起了陣陣淒厲的號角，大片紅雲般的旌旗向北向南分作兩路疾飛，隆隆的馬蹄騰騰的腳步如同沒有盡頭的沉雷，轟轟震撼著連綿群山。趙國主力大軍四十餘萬傾營出動了。

北線王陵營壘立即陷入了空前惡戰。

趙括將十五萬大軍分作三路：主力步軍十萬分作兩陣，半個時辰一換，輪番進攻，不給王陵營壘以任何喘息之機；五萬精騎兩翼守候，專一截殺王陵隱蔽在山谷的突襲騎兵。此時，趙軍上下都已經明白了此戰關乎全軍生滅，自是人人鼓勇拚死。趙括大旗在山丘一揮，五萬步軍隨著戰鼓號角展開陣形呼嘯著撲向了秦軍營壘：兩側弓箭大隊箭雨掩護，先頭大隊立即湧上將木板與壕溝車壓上壕溝，但遇火溝段，立即有無數密集土包砸入；衝過壕溝，雲梯與各種木梯蜂擁搭上壁壘，彎刀盾牌長矛勇士便洶湧而上。堪堪半個時辰，前陣稍感力怯，立即有第二陣替換猛攻。如此山呼海嘯殺聲震天連番血戰，四個輪次下來，王陵營壘已經是大大吃緊了。要命處在於，王陵隱蔽在山谷的兩萬五千鐵騎，在趙括五萬優勢騎兵攔截下，全然失去了突襲趙軍側背的作用。更兼趙軍間不容髮地輪番猛攻，秦軍的機發連弩、猛火油櫃、巨石礮等大型器械但有故障已無暇修復。饒是王陵機變，當即放棄了北面防守，又將一萬騎兵改作步軍投入營壘，全部六萬步軍都轉向了南面壁壘之防守，仍然是險象環生。此時若有北面石長城趙軍殺來，王陵壁壘幾乎必然陷落。

堪堪暮色將至，遍野火把點燃，趙軍攻勢仍是一浪高過一浪，其狠勇之勢壓得剩餘三萬多秦軍眼看是支撐不住了。偏偏在這個節骨眼上，石長城出動三萬餘步軍喊殺攻來，秦軍營壘頓時被兩邊的紅色巨浪淹沒。王陵披散著長髮揮舞著長劍血獅子般跳出壕溝嘶聲吶喊：「老秦兄弟們！死戰了！殺——」瞬息之間，所有秦軍將士都放棄了器械跳出了壕溝，揮舞著刀劍長矛開始了最慘烈的直面搏殺。

恰在這萬分危急之時，戰場形勢又一次發生了驟然變化！

還得從南線主戰場說起。大軍據守要隘而困住趙軍主力，秦軍將士都是一片歡騰。白起卻沒有絲毫懈怠，立即向全軍頒布了一道訓令：「困獸之鬥，歷來兵家所畏，故有圍師必闕之古訓。今我將士圍此五十餘萬大軍，實是圈猛虎於咫尺之內，與虎謀皮，何能輕乎！今曉諭我三軍將士：真正血戰，自此始也！但有懈怠輕慢忘乎所以，軍法從事。」訓令一出，大軍無不肅然生出戒懼之心，秦軍上下又是整肅如故。對斥候連番密報做一番思慮之後，白起昨夜在狼城山洞穴幕府第二次聚將，對即將到來的大戰整整部署了一個時辰。部署完畢，白起又一如既往地與幾員大將做了單獨商討，四更時分方才散帳。

正午時分，趙莊大軍兩路出營殺向秦軍營壘。誰料前軍開出不到兩里地，便遇秦軍主力大軍迎面隆隆開來。西面老馬嶺前是「王」字大纛旗，南面丹東河谷是「蒙」字大纛旗。秦軍開出營壘迎戰，分明是不想被趙軍堵在營壘之內。趙莊也是百戰大將，一見秦軍陣勢，便知今日必是死戰，立即下令：「兩路大軍分頭迎擊秦軍！絕不使秦軍主力越過長平關！」一時戰鼓大起，兩軍四路在長平河谷展開了暴風雨般的惡戰。

大戰一開，白起登上了狼城山望樓。白起的部署是：南路蒙驁大軍猛攻趙軍，西北王齕大軍只需頂住即可；王齕大軍須分兵六萬突破趙軍，北上增援王陵營壘。白起對王齕說得很是清楚：此戰之要在王陵營壘，趙軍南線主力出動，真實圖謀在於封堵秦軍主力不能北援；秦軍不守營壘而出陣，是擺脫被鎖營壘之困境，保持快速增援之可能；唯其如此，秦軍之要害不在長平谷地擊敗趙軍主力，而是全力突破趙軍阻截，保得王陵營壘不失，從而久困趙軍。之所以要王齕分兵，是因了王齕一軍以猛勇見長，衝鋒陷陣勢不可擋。然則眼見一個時辰過去，王齕鐵騎竟硬是不能突破趙軍的騎兵大陣，白起漸漸便皺起了眉頭。王陵營壘所處河谷狹窄，雖利於防守，卻無處囤積重兵，鞏固這道要害營壘的唯一辦法，是隨時保持重兵增援。目下看來，顯是到了最要緊的時刻，趙括親率十五萬大軍輪番猛攻，王陵縱是死撐，只怕也到時候了。

「稟報武安君：王陵營壘告急！」中軍老司馬一指望樓下急速擺動的一面紅旗，銳聲急喊，滿臉青筋都暴了起來。

看看紅日西沉，白起臉色倏地一沉：「下令桓齕部立即出動！」

「嗨！」老司馬立即急速轉動望樓上的一面大紅旗，這是秦軍對總策應大軍的緊急號令。與此同時，白起已經快步下瞭望樓飛身上馬大喝一聲：「鐵鷹劍士出動！」一馬下山，幕府山嶺的三百鐵騎已颶風般捲了下來。到得山下大營，桓齕的五萬鐵騎已經隆隆去了。白起一馬當先，帶著鐵鷹飛騎銜尾急追上去。

趙莊大軍正與秦軍主力死死糾纏，卻見側後煙塵大起，心知不妙，卻根本無力分兵，竟眼睜睜看著黑色鐵騎怒潮般掠陣北去了。在趙軍一分神間，王齕一聲怒吼帶領所部鐵騎奮力衝殺，瞬間突破趙軍防線，秦軍漫山遍野衝了出去。趙莊大急，一聲斷喝，立率一彪騎士硬插過來，又死死堵住了秦軍後隊。如此這般衝衝堵堵，王齕部鐵騎陸續衝過趙軍的大約也有三四萬之多。趙莊本想分軍尾隨追擊，又被蒙驁部的幾萬步兵繞道側後結陣攔截，密集箭雨呼嘯而來，正面又是步騎混戰，雙方誰也不教對方脫身，幾十萬大軍死死混戰糾纏在了一起。

桓齕大軍風馳電掣般殺到北戰場時，恰逢趙軍南北會合攻入壁壘之際。桓齕遙望秦軍旗號湮沒，便知大事不好，一聲大吼：「死戰號角！」身邊三十多支牛角號短促激烈地淒厲響起，這支一直沒有參戰的生力軍排山倒海撲向了營壘。趙括五萬鐵騎本已在攻壘步軍之後布好陣勢，卻硬是抵擋不住這黑色洪流般的衝擊，堪堪從背後捲上掩殺，卻恰逢白起的鐵鷹飛騎隊狂飆般殺到。這三百騎士是秦軍中真正的重甲騎士，人各重鎧面具，馬各鐵甲護身，人手一口特鑄的十五斤重劍，但在平川衝鋒，便是當者披靡。更有奇特處，這支鐵騎既無旗幟，又無號角，也不喊殺，只是展開隊形山岳般向趙括中軍大旗壓來，實在令人驚駭莫名。

趙括本在號令騎兵全數從秦軍之後向營壘掩殺，以與步軍夾擊桓齕鐵騎，陡然聽得山坡千騎將軍一聲高喊：「百人隊護持山丘！千騎隊隨我截殺！」趙括轉身一看，一片凶猛的黑色浪潮正無聲地向這座小山包壓來，一看氣勢便知這是秦軍赫赫大名的鐵鷹銳士。驟然之間趙括熱血沸騰，舉刀大喊：「全體上馬！截殺鐵鷹騎士！送他們去見白起！」飛身上馬揮舞戰刀率領最後一個百騎隊衝下山來。

為將以來，白起但上戰場，從來都是鐵甲面具無旗號不顯露主帥身分。也是每當此時，戰場全局已經不需要他來號令，最需要的便是他這支鐵鷹銳士隊的衝鋒陷陣。行伍之時，白起便是軍中猛士，十五斤重劍是他為鐵鷹劍士特鑄的兵器。這支鐵騎上陣，從來不需要整體號令，尋常都是單人獨騎肆無忌憚地橫衝直撞，直到完全殺光身邊對手。今日對手卻是趙軍，白起在路上只大喊了一聲：「今日戰場三騎陣！」便算部署了面臨最強對手的戰法。

趙括的千人飛騎也全部是趙軍一流騎士，其坐下戰馬更是天下絕無僅有，況且兵力又超過白起兩倍有餘，便在山下四面包抄與鐵鷹騎隊硬碰硬搏殺起來。趙軍飛騎隊以輕猛見長，秦軍鐵鷹騎隊以重甲見長，更兼雙方主帥都在陣中，雙方將士也都是第一次遇到勢均力敵之對手，便是水火不容你死我活的生死大搏殺。趙軍飛騎雖多，怎奈鐵鷹劍士的三騎陣配合得流暢有如神妙機關，威力有如絞殺機器，饒是趙軍飛騎十對三也占不得先機。而在秦軍鐵鷹騎士看來，趙軍飛騎直是天上流雲，眼看在你身邊，四尺特長劍一伸卻沒了蹤影，收劍回身之際，他卻又如影隨形般殺到，若無演練精熟的實戰配合，還當真難以抵擋這支眼花繚亂威猛凌厲的騎射勁旅。

在這半個時辰的搏殺中，猛將王齕率領的四五萬鐵騎陸續趕到。一看鐵鷹騎隊纏住了趙括飛騎，毫不猶豫地全數撲向攻壘趙軍。先到的桓齕鐵騎雖則是生力軍，兵力畢竟只有趙軍四成；趙軍兵力雖優，卻是激戰半日且傷亡慘重，如此兩軍在營壘上下展開了反覆糾纏廝殺，一時誰也無法得手。及至王齕大軍陸續殺到，情勢立時大變，秦軍立即反守為攻，兩個衝鋒便將戰場推到了營壘以南。

此時天色已經大黑，雖有中秋明月，戰場之上也是朦朧無邊。趙括雖在戰陣之中，心卻在營壘攻防，見王齕大軍殺到，飛騎出陣馳向步軍邊緣大喊：「退兵！騎兵衝殺！步軍先退！」聽得趙括公然號令，鐵鷹騎隊便有三騎衝殺出戰陣飛馳到王齕大旗下。片刻之間，秦軍號角大響，步騎大軍列陣於營壘之南，不衝殺，不追擊，竟眼看著趙軍撤回了長平關以南。

秦軍點起火把清點戰場，營壘守軍戰死五萬餘，其餘兩萬步騎人人浴血重傷。當兵士將一具血人抬到王齕大旗下時，白起驟然掀掉面具，大喊一聲：「王陵！」將血人抱了起來。血人卻齜著白牙嘶啞地笑了：「武安君，狗日的趙軍，果然有種，殺，殺得來勁……」一語未了，昏厥了過去。

見軍醫緊張救治王陵，白起對王齕低聲下令：「立即調遣蒙驁八萬步軍來替換王陵，桓齕鐵騎補充蒙驁兵力，桓齕代替王陵守壘，接防妥當後，你部回老馬嶺。」王齕領命之後，白起立即召來桓齕一陣祕密叮囑，桓齕所部鐵騎立即從營壘河谷偃旗息鼓地北上了。

白起回到狼城山洞穴幕府時，天色堪堪放亮。剛剛咥完一頓軍飯，老司馬匆匆進來稟報：嬴豹桓齕兩部夾擊，石長城營壘已經攻陷。

「好！」白起猛力拍案一聲長吁，「此戰已是六成也。」

六、車城大堅壁　白起說陣法

石長城營壘陷落的消息傳到長平，整個趙軍大營都沉默了。

趙括立即下令趙莊帶領兩萬步軍進入長平關做大搜索，看能否有意外發現。然則三日過去，兩萬士卒搜遍了民居、倉廩與所有房屋，最後掘地三尺，也只尋刮了十來車倉底土穀與一些早已經風乾如鐵且爬滿了螞蟻的獸肉。這長平關原本是韓國上黨的十七座城堡之一，因處上黨腹地衝要，自然有囤積軍糧的大倉。但在秦國奪取河外渡口之後，上黨的河內後援基地野王成了一座孤城。韓國眼看上黨難保，停止了向野王輸送糧草。韓國早成貧弱之國，其上黨駐軍歷來只有兩三月糧草儲備。在馮亭周旋將上黨獻給趙國的那段時日裡，十七座城堡的糧草已經是難以為繼了。及至上黨交接，韓國的上黨民眾悉數接受趙王賜爵一級，全部遷徙到了趙國腹地，上黨的衝要城堡便沒有了士農工商諸般庶民，全部成了大軍駐紮的軍營。到了秦趙兩方百餘萬大軍進入上黨對峙的三年期間，更連最是靠山吃山的獵戶藥農都流奔異鄉了。此等城堡，如何有暗藏糧草之奇蹟？

這些實在算不得軍糧的土穀鐵肉，趙括也下令交付輜重營嚴加保管，只供斷糧之重傷士兵日每一餐。此事安頓完畢，趙括下令清點全軍隨身攜帶軍食。整整查了一天，趙莊與軍務司馬報來的結果是：目下全軍活口三十萬人，大約一半將士隨身軍食可保三日，有七八萬人大約可保兩日，有五六萬人僅餘一日軍食，還有兩三萬人已經斷糧，全部傷兵三日前已經斷糧。

「傷兵食量小，為何斷糧反而早？」趙括臉色驟然沉了下來。

「行伍生死交，傷兵軍食，都讓給能打仗的弟兄們了……」趙莊哽咽了。

「還有，」軍務司馬囁嚅著，「方才之數，都是以日每一餐計。」

良久默然，趙括拿開了摀在臉上的雙手，咬牙切齒道：「升帳聚將！」

大將聚齊，趙括站在帥案前只凜然一句：「三日連番大戰！拚死突圍！諸位以為如何？」大將們沒有絲毫猶豫同聲一喊：「追隨大將軍！死戰突圍！」趙括立即做了部署，事實上，突圍也只有這一條路可走——北出死戰，打通王陵營壘與石長城營壘，再東奪滏口陘出太行山。部署完畢，將領們匆匆回營連夜備戰去了。

一連三日，趙括三十萬大軍全部出動，分成兩部背靠背大戰：南部趙莊阻截秦軍，北部趙括猛攻營壘。然則，不吃不喝不紮營潮水般猛攻三日三夜，仍然不能攻陷秦軍壁壘。到了第三日深夜，饑腸轆轆卻又灌得滿腹河水的趙軍士卒遍野癱臥，再也無力發動攻勢了。趙括長歎一聲，下令回軍。說也奇怪，趙軍退兵大鑼一響，南部秦軍立即收隊讓道，不做任何追殺，任趙軍大隊緩慢地蠕動去了。

三日大戰，趙軍戰死十萬餘，全部活口二十餘萬，人人帶傷。

趙括自己也是身中三劍，頭上裹著大布，臂膀吊著夾板，卻咬著牙走遍了二十多處營地。所到之處，躺臥在枯黃草地上的士兵們，都只是木然地望著這位形容枯槁的大將軍，不期然號啕大哭：「大將軍，兵娃子不怕打仗，就怕餓死人啊！」趙括總是硬生生挺著自己，嘶聲安撫著這些曾幾何時還生龍活虎的精壯後生：「弟兄們，挺住了！趙王正向列國求援，天下戰國不會看著趙國大軍覆滅。撐持得些許時日，趙括定然領著弟兄們回到趙國，重振雄風，向秦人復仇！」士兵們都只靜靜地聽著，再也沒有了氣力慷慨激昂地回應了。

這一日，趙括拖著疲憊已極的身子回到行轅時，已經是三更天了。衛士們要他騎馬，他卻搖搖頭：「戰馬也沒了糧草，還要馱著我等衝殺，教它們歇歇。」衛士們要抬著他巡營，他笑了：「傷兵都要打仗，有人抬麼？」固執地自己走路了。原本貴冑公子，動輒高車駟馬，趙括何曾有過如此艱難的徒步生涯？一日半夜走下來，傷口火辣辣疼，身子痠軟沉重得直是要癱倒。當那個少年兵僕為他洗腳時，捧著趙括滿是血泡的一雙瘦腳，哭得話也說不出來了。趙括矇矓癱倒軍榻，一個呼嚕卻又猛然坐起：「來人，立即請趙莊將軍。」

趙莊匆匆來了，見趙括肅然端坐在帥案之前，驚訝得連參見禮節都忘記了。趙括卻只一擺手請趙莊席地坐在了對面，淡淡一笑道：「我軍糧盡兵疲，秦軍卻不攻我，將軍以為其圖謀何在？」趙莊思忖道：「秦軍雖則困我，卻也是傷亡慘重，顯是不想逼我軍做困獸之鬥，只要生生困死我軍……除非，我軍降秦。」趙括冷冷一笑：「王齕好盤算！只可惜還沒到山窮水盡處，我還有一法撐持，力爭拖到戰場外有變。」「上將軍是說，拖到列國援兵來救？」趙莊興奮得聲音都變調了。「正是。」趙括沉重道，「舉國之兵皆在長平，趙王安得不心急如焚？平原君定然也在列國奔走，我軍將計就計，以拖待變。若撐持得到那一日，誠趙國之大幸也！」說著一聲粗重喘息，「我軍首戰大勝後，平原君回邯鄲報捷未及歸來，此不幸中之萬幸也！否則，我軍無救了。」

「上將軍但說，何法可固守待變？」

「車城圓陣。」

「車城圓陣？」

「正是。」

「聞得這是孫臏陣法，早已失傳，上將軍如何通曉？」

「人言趙括熟讀天下兵書，當真汗顏也。」趙括淡淡一笑，百味俱在，「少時曾得《孫臏兵法》一讀，與老父論爭車城圓陣之效用，至今言猶在耳……」驟然之間，趙括眼圈紅了，「老父言說，此等陣法唯守不攻，絕地之用也；孫臏生平未曾一試，實效如何，誰也不明……如今我軍已是絕境，趙括也是嘗試，將軍多有實戰，若以為可行則試之，否則……」趙括驟然打住不說了。

「只要上將軍記得此陣擺設演化之法，自當可行。」

趙括頓時精神一振：「孫臏有言，此陣山岳難撼，擺成無須演化。至於擺設之法，也是簡便易行。你來看。」順手拖過一張羊皮大紙，提起筆劃了起來。趙括原本智慧過人才思敏捷，邊畫邊說條縷分明，不消半個時辰，將這車城圓陣說得個淋漓盡致。

「大哉孫臏也！無愧實戰兵家！此陣大是有用！」趙莊嘖嘖讚歎，不禁一聲感喟，「若在尋常時日，當為此陣浮一大白！」

「好！」趙括一拍帥案，「那明日擺陣。」

次日清晨，趙軍開始輪番忙碌輪番歇息，將長平城堡內所有老舊戰車與可用物事都搬運了出來。整整五日勞作，一座曠古未見的車城圓陣終於巍巍然矗立在了長平大戰場。

趙軍只要不出營激戰，秦軍便不做理會。然則車城圓陣一起，立即驚動了秦軍。遠處秦軍擁滿了山頭營壘觀看指點，人人嘖嘖稱奇。白起接報，立即帶領眾將登上狼城山最高處瞭望。遠遠看去，這座大陣幾乎是方圓十餘里的一個巨大的火焰圓圈，旌旗錯落，金鼓隱隱，馬鳴蕭蕭，若非趙軍殺氣已經大減，這座軍營城堡當真震懾心神。

細看半個時辰，白起下得望樓一聲感喟：「秦趙大決，此其時也！若趙括此戰不死，必是天下名將，大秦剋星。」王齕笑道：「武安君高估這小子了，此等物事經得甚折騰？有五萬鐵騎，兩個衝鋒踹翻它！」白起卻掃視著將軍們淡淡冷笑道：「諸位都是百戰之身，誰能說出此陣來歷？所長所短？如何打法？」又目光炯炯地看著王齕，「五萬鐵騎踹翻？只怕五萬鐵騎死光了，你還是一片懵懂。身為大將，便是邦國干城，盲人瞎馬踹將上去，能打勝仗？今日諸位只說，誰能說得個子丑寅卯，便是我秦國大幸，我秦軍大幸也。」

雖然白起並不激烈，甚至從來沒有過聲色俱厲地指斥將士的個例，但卻有一種誰也說不清的威嚴，高爵如王齕、王陵、蒙驁一班大將也對白起敬畏有加，從來不敢公然談笑。然則，最重要的卻是全軍上下對白起的無比信服。發於卒伍的白起，做卒長時便是鐵鷹劍士，騎戰步戰以及各種器械無不精通，但在校軍場走得一圈看誰一眼，必是此人技藝有差。尋常大將但有此長，士卒便服。然則白起又遠遠不止於此，戰場算計之精到，戰法部署之高明，殺敵勇氣之豐沛，決斷膽識之果敢，幾乎是樣樣爐火純青。三十多年來，只要是白起領軍，任是大戰惡戰，秦軍都是戰無不勝。久而久之，秦軍士兵都將白起說成了上天派來秦國的軍神。軍營便流傳開一則兵謠：「但跟白起，唯有老死。若得戰死，天命如斯。」說的是跟白起打仗死了也不冤枉。如此之白起，偏偏卻從來沒有狂躁倨傲之氣，永遠那般冷靜，永遠那般清醒，永遠那般孜孜不倦地揣摩敵人。除了一個「神」字，當真是解無可解也。

今日白起如此肅然，大將們方才還浮動在心頭的那種對敗軍之將的蔑視，頓時蕩然無存了。一時寂然無聲，王齕紅著臉抓耳撓腮道：「嘿嘿，武安君如此考問，肯定是誰也不行，還是請武安君明示了，我等只管打仗。」

「也好，借這裡看得清楚，我便說說這陣法。」白起在地上點著那口戰時總是拄在手裡的長劍，「古戰無陣。戰而有陣，發於春秋之期。晉平公大將魏舒，於晉陽山地驟遇戎狄突襲，毀棄戰車，將甲士與步卒混編為方隊大敗戎狄騎兵。陣法之戰，由此而生。然則，春秋以車戰為主，無鐵騎，陣法僅為非常之用。故春秋之期，常戰無陣。《孫子兵法》亦無戰陣之說。進入戰國，戰車淘汰而鐵騎大盛，天下兵爭皆成步騎野戰。步騎快速多變，是故陣法應時而生。所謂陣法，即以兵士之諸般隊形變化，或輔以地形，或輔以器械，而列成整體為戰之勢。小如我軍鐵騎之三騎配伍，大如中央步軍成方而兩翼騎兵突出的常戰之法，皆為陣法。陣法之變，以三形為根本：一曰方，二曰圓，三曰長。天下所有陣法，皆以方圓長三形相互組合，再借地形、器械、旗幟、兵器之特性而列成。然則，兵無常形，水無常勢。陣戰有長處，亦有短處。陣戰之長，首在能將全軍結為整體，尤其能使兵力單薄之一方，依靠整體之變化配合，而抗擊兵力優勢之一方。三騎配伍精到，可抗十騎。是故，我軍三百鐵鷹騎隊能抗擊趙軍一千飛騎也。大陣之短，在於僻處一隅，過分借重地形與已成器械，不能快速轉移作戰，缺乏對戰場全局勝負板蕩之影響力。戰國之世，大戰頻仍，卻無一次大戰為陣法之戰，更無一次為陣法制勝。此中根本，便在陣法之短也。唯其如此，非常陣法多為兵處弱勢而用以自保，無法改變戰場之大勢。」

將軍們聽得入神，無不頻頻點頭。王陵突然問道：「武安君，末將曾聽得人說，《孫臏兵法》有十陣之說，不知趙括此陣可在這十陣之內？」

白起看看滿身包裹白布猶自血跡斑斑的王陵，目光中流出一片欣慰道：「戰國之世，孫臏為實戰有成且兵法有著之唯一大家。然孫臏一生，未曾一次用陣戰，唯留下十陣之圖形，其用如何，未嘗明也。所謂孫臏十陣，即方陣、圓陣、一字陣、疏陣、數陣、錐形陣、雁行陣、鉤形陣、玄襄之陣、水火陣。此十陣者，前三陣為常戰陣法，實是孫臏以實戰入書也。最後之水火陣，也是實戰中水戰火戰之法，並非陣形也。其餘六陣，當為孫臏所創，然如何使用，卻沒有定式，因人因地因器械，變化多多也。目下趙括此陣，依據孫臏十陣，以圓陣配以壕溝、戰車、步軍而成，名曰車城圓陣。」

「車城圓陣，威力大麼？」桓齕摩拳擦掌。

「你等便看。」白起長劍遙遙一指，「這大陣共是五層：最外圍一道壕溝鹿砦，第二道是戰車固定相連的車城圍障，戰車後配有刀盾步卒；第三道是有序間隔的步兵阻截方陣；第四道是連綿軍帳，駐紮換防士兵與傷殘老弱；第五道是中央那座十餘丈高，有一面「趙」字大纛旗的金鼓軍令樓，主將居上號令全軍。車城圓陣之威力，在於結全軍為配伍，全軍將士流水轉圜之間相互策應。我軍若集中

車城圓陣圖

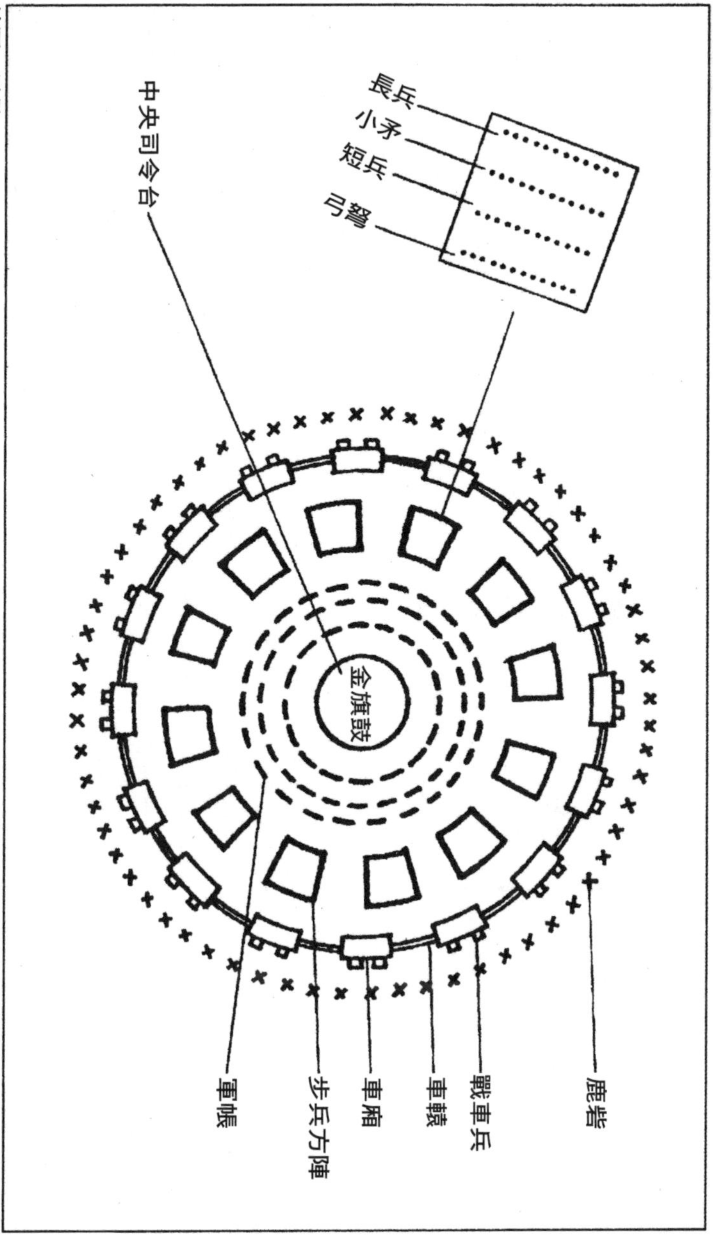

繪圖：馬丹

兵力攻其一處，則其餘捲來攻我側後；我軍若全部包圍而攻之，則兵力拉開成數十里一個大圓，頓時分散單薄，何能攻破營壘？」

「如此說來，奈何不得這小子了？」王齕頓時大急。

白起冷冷一笑：「天下兵爭，勝負常在戰場之外。任他金城湯池，我只不理會他便了。」一轉身又是長劍拄地，「傳我將令：全軍營壘堅壁防守，封堵百里之內所有隘口。趙軍不出圓陣，我軍不戰。趙軍但出圓陣，我軍全力逼回。但有輕敵而疏於防守者，軍法從事。」

「嗨！」方略如此簡單，大將們頓時膽氣大增，齊齊一聲虎吼。

七、惶惶大軍嗟何及

從此，趙軍大營開始了度日如年的煎熬。

進入九月，這番大勢誰都看得明白了。秦軍是下死心要活活困死趙軍了。你有車城圓陣，他卻不來攻你。你若攻出突圍，那精銳鐵騎便如潮水般逼你回陣。這不分明是要你回到陣中挨餓等死麼？前心貼後背，整日氣息奄奄，當真還不如死了。若來攻，趙軍尚可在拚死搏殺中搶得一些戰馬軍食，可他偏是不來，你卻奈何？倏忽旬日，趙軍的車城圓陣已經完全喪失了開始的些許歡騰，陷入了一種無邊的寧靜恐慌之中。

趙括幾乎瘦成了一支人乾，顴骨高聳的刀條臉，兩隻眼窩陷得黑洞一般可怕，亂蓬蓬的鬍鬚連著亂蓬蓬的長髮毫無章法地張揚開來，昔日緊身合體的胡服甲胄，如今空蕩蕩地架在身上。曾幾何時，最是講究尊嚴的一個倜儻公子面目全非了。饒是如此，趙括依舊在終日奔忙，查軍情、撫傷兵、分配軍食，沒有片刻歇息。

這夜三更回帳，趙括仍是久久不能平靜。

目下最教他刻刻在心又大為頭疼的，是兩件事：一是處置越來越多的軍食糾紛，二是搜集越來越渺茫的援軍消息。軍食越來越少，糾葛便越來越多。昔日情同手足的戰場兄弟，大是生分了。各營各隊常常為了一片挖掘出來的草根山藥爭得你死我活，連將軍們都捲了進去，每次都教趙括心驚不已費盡心力，回到行轅猶是唏噓不已。但最揪心的，還是援軍無望。喬裝的祕密斥候派出了一撥又一撥，雖然回來的不多，零星消息畢竟還是有的，但每次消息都教趙括心驚一次心涼一次。先是魏國韓國首鼠兩端，信陵君強爭救趙被罷黜；再便是齊王建不納藺相如與老蘇代苦諫，拒絕出兵出糧；後來又是楚國冷落平原君，對秦趙大戰作壁上觀；最可恨的是燕國這個早已經變蔫了的夙敵，竟在此時謀劃要偷襲趙國，奪黃雀之利。如此看去，這列國援兵當真是畫餅充饑了。人情冷暖，世態炎涼，邦國無恆交，唯利是圖耳，如此等等之尋常時日趙括大為蔑視的諸般諺語格言，此刻都翻江倒海般湧上心頭，心中鼎沸，百味俱出。

驀然之間，趙括想起了平原君說給他的一個故事：

老廉頗當年被貶黜，回到邯鄲賓朋門客盡去，門可羅雀。後又復職，賓朋門客驟然俱來，又是門庭若市。老廉頗喟然長歎：「客如潮水，來去何其速也？令爾等退去，一個不見！」一老門客長吁一聲從容笑道：「此乃人心世道，君何見之晚也！方今天下以市道而交，君有勢，客則從君。君無勢，客則去。此固常理也，何怨之有也。」是啊，天下以市道而交。「市道」者何？唯「勢、利」二字焉，豈有他哉！勢則為利，利可成勢，無勢無利，所交者何圖？

猛然，趙括打了一個冷顫。

「大將軍，你一整日沒吃飯了。」少年軍僕站在案前，鋥亮的銅盤中只有拳頭大一塊焦黑的乾肉、一塊烤得焦黃的芋根、半盞已經發餿的馬奶子。

趙括罕見地笑了：「小弧子，你還只有十五歲，都皮包骨頭了。你吃了它。」

「大將軍，這如何使得？」少年軍僕哽咽了。

「如何使不得？來，這裡坐下吃。」

「大將軍……」少年軍僕大哭拜倒，「你是三軍司命，小弧子縱是粉身碎骨，也不能奪大將軍之軍食啊！」

「那好，我兩人各一半。否則我也不吃。」趙括拿過案邊切肉短劍，將乾肉芋根一切兩半，「來！吃也！」

少年軍僕哭著吃著，突然跳了起來：「大將軍你聽！」

夜風呼嘯，刁斗之聲隱隱可聞，在死一般的沉寂中沉悶的慘號一聲又一聲傳來，清晰而又恐怖。

趙括凝神側耳，臉上滲出豆大汗珠，面目獰厲地霍然跳起大喊：「中軍飛騎隊出巡！」提起戰刀大步衝了出去。

片刻之後，趙括帶著一支稍微能大跑一陣的百騎隊，終於衝到了一座有微微火光的帳篷前。一陣奇異的腥膻肉香遠遠隨風鑽進了每個人的鼻孔，倏忽之間，百夫長的臉刷地白了。趙括飛身下馬一聲大吼：「包圍軍帳！挑開帳門！」騎士們嘩地圍住了大帳，當先一排長矛齊出頓時挑開了帳門。趙括挺劍大步搶入，一望之下目瞪口呆。

小小軍帳中，兩具屍體血淋淋地攤在草席上，四肢已經成了帶血的白骨架。小地坑中燃著粗大的乾木柴，鐵架上吊著的鐵盔兀自淌著血水咕嘟嘟冒著蒸騰霧氣。十餘名兵士正在埋頭大啃帶著血絲的白骨肉，臉部扭曲變形，猙獰可怖之極。

「他們吃傷兵！」百夫長指著屍體嘶聲大吼。

「全部斬決！」趙括尖嘯一聲，戰刀砍翻了一個食肉者。百人隊一齊擁入，吼叫連連長矛齊伸，所有食肉兵士頃刻被釘在了地上。

趙括一聲大喝：「急號！三軍集合！」

牛角大號淒厲地響徹了軍營，雜亂無力的腳步漫無邊際地向中央金鼓將樓下匯聚著。整整磨蹭了半個時辰，二十萬大軍才聚集起來。昏黃的軍燈下，兵士們密密麻麻擠在一起，人人青黑乾瘦，全然是望不到邊際的排排人乾，燈光暗影裡閃動著片片幽幽青光。所有的戰馬都被集中在旁邊，它們也是瘦骨嶙峋，微弱的噴鼻聲不斷起伏著。

趙括站在一輛戰車上，手拄長長的彎月戰刀，嘶啞的聲音驟然炸出一句：「將士們，我等是人！」再也說不下去了。良久，趙括抬起頭來，「弟兄們，秦人有一首軍歌，叫作〈無衣〉，有人會唱麼？」全場死一般的沉寂中，趙括嘶啞的聲音在夜空中飄盪起來：

豈曰無衣　與子同袍
王於興師　修我戈矛　與子同仇
豈曰無衣　與子同澤
王於興師　修我矛戟　與子偕作
豈曰無衣　與子同裳
王於興師　修我甲兵　與子偕行
……

說是唱，毋寧說是悲憤激越的嘶喊。萬千兵士們先是低聲飲泣，接著嗚咽著一齊哼唱起來。雖說這是秦人軍歌，卻也是天下流傳的軍營血肉之歌。趙人原本多有慷慨豪邁之士，最看重的便是軍旅骨肉之情誼，誰堪如此痛徹心脾之慘劇？唱著唱著，喊著喊著，萬千將士放聲大哭……

「弟兄們，別哭了。」趙括戰刀一舉，「我軍已經撐持四十六天，再不能等死了。今晚，殺掉所有戰馬，全部煮掉吃光。而後收拾備戰兩個時辰，我等兄弟開營突圍，再做最後一次衝殺！」

雖然沒有了山呼海嘯般的呼喊怒吼，但那片晶瑩閃爍的幽幽青光與那迎風挺直的乾瘦身板卻告訴趙括：將士們是有死戰之心的！趙括向臉上一抹一摔：「各營殺馬。」一跳下戰車，向將樓下的戰馬群走來。這是趙括千人飛騎隊僅剩的六百匹戰馬，每匹都是邊軍精心挑選的陰山野馬馴化而成，對於騎士，那可當真是血肉相托萬金不換的生死伴侶。尤其是趙括那匹坐騎陰山雪，身高一丈，通體雪白，大展四蹄如風馳電掣，曾引起不知多少相馬師與騎士的嘖嘖歎羨。當真要殺死這些戰馬，三軍將士心頭顫抖，瞬息之間無邊無際地跪了下去，默默地低下了頭。

「大將軍——不能殺陰山雪！不能啊——」少年軍僕小弧子尖聲喊著飛也似衝了過來，死死抱住了趙括雙腿，「大將軍，陰山雪是我餵大的，小弧子願意替它死啊！大將軍……」小弧子從戰靴中倏然抽出一口短刀，向自己小腹猛然一捅。趙括手疾眼快，一把抓住短刀一聲喝令：「架開他！看好！」待百夫長拖開哭叫連聲的小弧子，趙括走向了那匹雖已瘦骨稜稜卻依舊不失神駿的雪白戰馬。

百夫長與幾名老兵突然瘋狂地衝進馬群，揚起馬鞭亂抽狂喊：「馬啊馬！快跑吧！跑啊——」饒是如此，戰馬群卻一動不動，只是無聲地低頭打著圈子。

陰山雪咴咴噴著鼻息，一雙大眼下的旋毛已經被淚水打濕得擰成了一縷，馬頭卻在趙括的頭上臉上蹭著摩著，四蹄沓沓地圍著趙括遊走。趙括緊緊抱住了陰山雪的脖頸，熱淚奪眶而出。陰山雪仰頭一嘶，蕭蕭長鳴久久在夜空迴盪。趙括退後一步，雙手抱著戰刀對著陰山雪跪倒在地。良久，他起身猛然後跨一步，回身一刀洞穿馬頸，頓時鮮血如注將趙括一身噴濺得血紅。

百夫長大號著：「馬呀馬！升天吧！來生你殺我——」

次日清晨，太陽爬上了山頭，廣袤的河谷山原一片血紅一片金黃。趙軍的車城圓陣中淒厲的牛角號直上雲空，隆隆戰鼓如沉雷般在河谷轟鳴開來。須臾之間，車城圓陣全部打開，大片各式紅色旗幟如潮水般湧出。「趙」字大旗下，趙括冷酷木然地走在最前列，短衣鐵甲，長髮披散，一口戰刀扛在肩上赳赳向前。身後是無邊無際全部步戰的趙軍將士，長矛彎刀一律上肩，視死如歸地踏著鼓聲轟隆隆向秦軍北營壘壓來。

白起在狼城山瞭望片刻，斷然下令：「打出本帥旗號，列強弩大陣正面攔擊。」山頭望樓上黑色大纛旗急速擺動，號角戰鼓連綿響起，四面山川頓時沸騰起來。秦軍營壘的鐵騎步軍一隊隊飛出，頓飯之間在長平關以北列好了橫貫谷地的一道大陣。陣前一杆「白」字大纛旗迎風招展，旗下戰車上頂盔貫甲黑色金絲斗篷鬚髮灰白一員大將，赫然正是白起。

趙軍大陣隆隆壓來。堪堪一箭之地，秦軍明是萬千強弩引弓待發，卻是一箭不射任趙軍轟轟走來。走著走著，將及半箭之地，趙括一聲令下：「停！」端詳有頃，突然哈哈大笑：「天意也！天意也！」戰刀一指高聲喝問：「秦軍戰車上，可是武安君白起？」

「趙括，老夫正是白起。」

趙括一陣冷笑：「白起，你既名震天下，何須稱病隱身，兵外詐戰？」

「趙括，兵爭非一己之私鬥。老夫不稱病，趙王如何能任你為將也。」

「白起，長平之戰，若是王齕統兵鋪排，趙括佩服！」趙括戰刀直指，「既是你親自隱身統兵，如此戰法多有疏漏，趙括不服也！」

「願聞少將軍高見。」白起平靜淡漠。

「其一，上黨對峙三年，不攻不戰，空耗國力多少？其二，以先頭五千鐵騎分割我軍，全然是鋌而走險，若我早攻，豈有你之戰績？其三，等而圍之，又是孤注一擲。若我軍糧道不斷，抑或列國救援，此等野心豈能得逞？其四，既困我軍，卻不攻殺，便是貽誤戰機。若我軍有一月之糧，你破得車城圓陣麼？」趙括侃侃評點，不假思索。

「少將軍經此一役，仍有就兵論兵偏離根基之痕跡，誠為憾事也！」白起渾厚的聲音隨風飄來，不緊不慢道，「嘗聞馬服君之言，少將軍輕看兵事，今足證也！其一，上黨之地易守難攻，老廉頗深溝高壘，堪稱善守如山岳，何攻之有？然則若不對峙，則趙國必在天下成勢也。這便是不攻又不退之理。其二，五千鐵騎雖少，卻是輕刃初割不為你看重，待你察覺來攻，我軍已經增兵五萬，談何鋌而走險？其三，等而圍之，亦是借重兵外之地利也。老夫相信，少將軍已經揣摩透了這個道理。至於糧道不能斷絕，列國能來救援，此乃少將軍不察天下也。若我軍不圍趙軍，列國或可來援。而我軍既圍趙軍，列國則必不來援。邦國之道，雪中不送炭。少將軍何獨天真至此？最後，長平大戰，我軍也是傷亡慘重，能圍能困，何須血戰？兵士鮮血，畢竟比戰機更重要。只要能最終戰勝，白起寧願保持兵力。」

默然良久，趙括對著戰車深深一躬：「趙括謹受教。」

「在我堅兵之下，少將軍能絕糧防守四十六天，且大軍不生叛亂，已是天下奇蹟也！」白起喟然一歎，「老夫今日出陣，是念你有名將才質，教你來去清明了。」

「多謝武安君。」趙括冷冷一笑，「今日趙括若突圍而出，三五年後便與你白起再見高下。若趙括死了，來生仍要與你為戰！」

白起淡淡一笑：「為大秦計，少將軍今日必須死在陣前。至於來生，老夫沒興致再做將軍了。」

「好！今日最後一戰！」趙括戰刀一舉，大喝一聲，「殺——」趙軍紅色海潮般呼嘯捲來。

王齕令旗一劈大吼一聲：「強弩大陣起！」陣前萬千強弩齊發，粗大長箭暴風驟雨般迎著趙軍傾

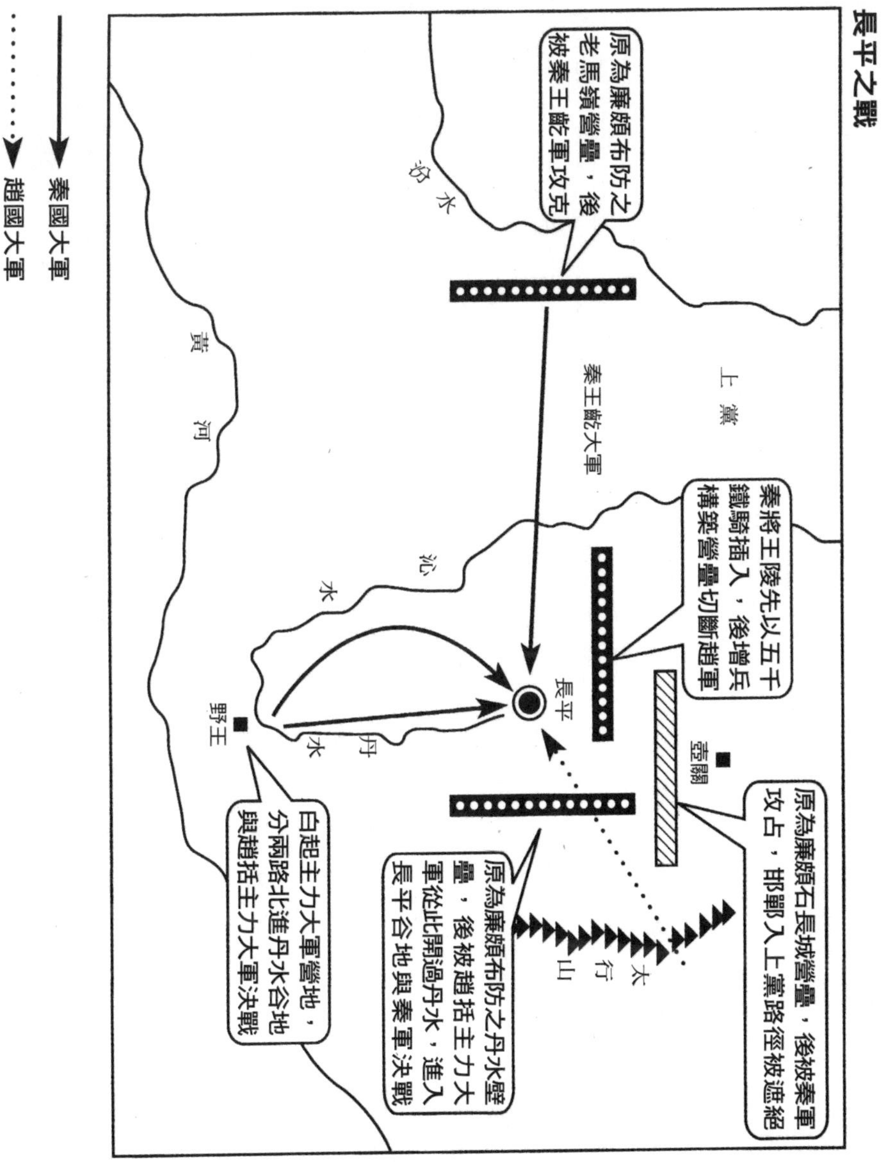
長平之戰
原為廉頗布防之老馬嶺營壘，後被秦王齕軍攻克
汾水
上黨
秦王齕大軍
秦將王陵先以五千鐵騎插入，後增兵構築營壘切斷趙軍
沁水
長平
壺關
原為廉頗石長城營壘，後被秦軍攻占，邯鄲入上黨路徑被遮絕
丹水
野王
黃河
太行山
原為廉頗布防之丹水壁壘，後被趙括主力大軍從此開過丹水，進入長平谷地與秦軍決戰
白起主力大軍營地，分兩路北進丹水谷地與趙括主力大軍決戰
秦國大軍
趙國大軍

瀉而去，兩翼鐵騎尚未殺出，趙軍浪潮已經嘩地捲了回去。中軍司馬一聲驚喜的喊叫：「武安君，趙括中箭！眼看五六箭，必死無疑！」白起冷冷一揮手：「各軍仍回營壘堅壁，趙軍不出，我軍不戰。」

趙軍又退回了沒有徹底拆除的車城圓陣。身中八支大箭的趙括被抬到廢墟行轅前時，已經是奄奄一息了。粗大的長箭幾乎箭箭穿透了他單薄精瘦的身軀，兵士們不敢將他放上軍榻，只有屏住氣息將他抬在手裡，一圈大將圍著趙括，外面紅壓壓層層兵士，人人渾身顫抖全無聲息。

趙括終於睜開了眼睛，費力地喘息著擠出了一句話：「弟兄們，趙括，走了，投降……」大睜著一雙深陷的眼洞驟然擺過頭去，永遠地無聲無息了。大將們嘩地跪倒了。兵士們也層層海浪退潮般跪倒了，軟倒了。在這一刻，趙軍將士才驟然發現，這位年輕大將軍對於他們是何等重要。若沒有他在最後關頭的非凡膽識，誰能活到今日？趙軍早就在人相食的慘烈吞噬中瓦解崩潰了。

次日清晨，一面寫有血紅的一個「降」字的大白旗高高掛上了中央將樓。二十餘萬趙軍緩緩湧出了車城圓陣。在原來兩軍的中間地帶，秦軍列成了兩大方陣，中間是寬闊通道。趙軍沉默地流動著，流向了黑色甲士林立的大山深處。

秦軍沒有歡呼。降兵沒有怨聲。整個戰場一片沉寂。

第十六章 ◎ 秦風低徊

一、長平殺降　震撼天下

大戰結束了，趙軍投降了，白起心頭卻更沉重了。

二十餘萬趙軍將士在戰場投降，這可是亙古以來未曾有過的兵家奇蹟。然則，有這二十多萬降卒，戰場善後立即就變得難堪起來。首先是這二十多萬人要吃要喝要駐紮，其次是最終如何處置。降卒一開出車城圓陣，白起的眉頭便皺了起來。回到狼城山幕府，白起立即教老司馬草擬了一份緊急戰報，然後又緊急召來穩健縝密的蒙驁祕密商議。一個時辰後，蒙驁帶著一名白起的軍務司馬兼程趕回咸陽去了。回過頭來，白起召來幾員大將，商議如何在戰場先行安置這二十多萬人。可說來說去幾乎兩個時辰，誰也說不出一個人皆認可的辦法。也就是說，誰的辦法都有顯而易見的缺陷。趙軍素來強悍不屈，這次迫於饑餓悲於失將而降，原為無奈之舉。二十多萬活人，顯然不能編入秦軍，更不能放回趙國，剩下的只有一個思路：在秦國如何安置？

眼見莫衷一是，白起先行確定了三則部署：其一，降卒駐地定在利於從高處看守且有水流可飲的王報谷，由桓齕率領十萬秦軍駐屯山口及兩側山嶺，以防不測；其二，立即從各營分撥三成軍糧，只運進谷口，交由降卒自己起炊；其三，將車城圓陣內趙軍丟棄的所有衣物帳篷，全數搜集運進王報谷，以做軍帳禦寒。

此間難處在於，秦軍糧草輜重雖可自足，但也只有三月盈餘，驟然增加二十萬人軍食，立即捉襟見肘。秋風漸寒，秦軍寒衣尚且沒有運來，更顧不上趙軍降卒了。雖則如此，秦軍既為戰勝之師，受降之宗主，理當支撐降卒之衣食，是以雖然心有難堪，大將們還是默認了。

六日之後，蒙驁與秦昭王特使車騎同歸。白起長吁一聲，立即大會眾將接王書。特使宣讀了冗長的王書，將士人人受賞晉爵，自是一片歡呼。然則直至王書讀完，也沒有一個字提及降卒如何處置。白起大是困惑，忍不住在慶功酒宴上將特使拉到隱蔽處詢問，特使紅著臉哈哈笑道：「武安君身負軍國大任，戰場之事，秦王何能以王命掣肘也？」白起心下頓時一沉，也不再奉陪這位特使，向蒙驁一招手到後帳去了。

蒙驁備細敘說了在咸陽請命的經過，白起越聽越是鎖緊了眉頭。

秦王拿著白起的請命書，凝神沉思了小半個時辰，最後對著蒙驁笑道：「軍旅之事，本王素不過問。大戰之前，本王有書：武安君得抗拒王命行事。今日卻教本王如何說法？」說罷逕自去了。蒙驁心下忐忑，到應侯府找范雎商議。范雎在書房轉了也是足足小半個時辰，才長長地歎息了一聲：「武安君所請，天下第一難題也！戰國相爭，天下板蕩，外戰內事處處吃緊，哪裡卻能安置這二十多萬異邦精壯軍卒？關中、蜀中為秦國腹地，能安置麼？河西、上郡為邊地，能安置麼？隴西更是秦國後院，原本便得防著戎狄作亂，能再插一支曾經成軍的精壯？分散安插麼，無法監管，他們定然會悄悄潛逃回趙。送回趙國麼，這仗不白打了？將軍啊，老夫實在也是無計。」范雎只是無可奈何地苦笑著，再也不說話了。蒙驁思忖一陣，將秦王的話說了一遍，請范雎參詳。范雎沉吟片刻笑道：「以老夫之見，秦王此言只在八個字：生殺予奪，悉聽君裁。」又是一聲歎息道，「將軍試想，武安君百戰名將，殺伐決斷明快犀利，極少以戰場之事請示王命。縱是茲事體大，難住了武安君，秦王之說似乎也是順理成章也。老夫之見，將軍不要再滯留咸陽了。」蒙驁驚訝道：「應侯是說，秦王不會再見我，也不會有王命了？」范雎呵呵一笑：「將軍以為還有王命？」

蒙驁還是等了兩日，兩次進宮求見，長史都說秦王不在宮中。此時各種封賞事務早已經辦妥，特使也來相催上路，蒙驁無奈，也只有回來了。

「豈有此理！」白起黑著臉啪地一拍帥案，「這是尋常軍務麼？這是戰場決斷麼？這也不能，那也不能，君王無斷，丞相無策，老夫卻如何處置！」

「武安君莫急。」蒙驁第一次見白起憤然非議秦王丞相，連忙壓低聲音道，「一路揣摩，我看秦王與應侯之意，只有一個字。」

「一個字？」

「殺！」

「殺？殺降？」白起眉宇突然一抖。

「正是。否則何須遮遮掩掩，有說無斷？」

白起頓時默然，良久，粗重地喘息了一聲：「切勿外洩，容老夫想想再說。」

蒙驁去了。白起思忖一陣，漫步到了狼城山頂。時下已是十月初，白日雖有小陽春之暖，夜來秋風卻已經是蕭瑟涼如水了。天上星斗璀璨，山川軍燈閃爍，旬日之前還是殺氣騰騰的大戰場，目下已經成了平靜的河谷營地。若非目下這揪心的難題，白起原本是非常輕鬆的。他率領著五十多萬大軍，業已鑄就了一場亙古未聞的大功業——一戰徹底摧垮趙國六十萬餘大軍，斬首三十餘萬，受降二十餘萬。曠古至今，但凡兵家名將，何曾有過如此皇皇戰績？假如不是這突如其來的火炭團，他本當要與三軍將士大醉一場，而後再原地築營休整，來春便直逼邯鄲。滅趙之後，他便可解甲歸田了。自做秦國上將軍以來，他年年有戰，一年倒有兩百餘日住在軍營裡，以至於荊梅每次見了他都要驚呼：「天也！一回一變老！你白起非老死軍營麼？」多年以來，他內心只有一個願望：但滅一國，便是他白起離軍之時。這願望眼看要變成事實了，白起心頭常常湧動出一種遠道將至的感喟。眼見趙括湮沒在箭雨之中時，白起心田的那道大堤轟然決開了。可目下這降卒之難，卻又在心頭猛然夯下了一錘，他煩躁不能自已了。

王命不干軍，將在外君命有所不受，歷來為將者所求。秦王在戰前也確曾將白起的兵權與戰場決斷權擴大到了無以復加。也就是說，本當掌握在國君之手的那部分兵權都一併交給了白起，還加了一句「得抗拒王命行事」，當時連范睢都大為驚訝了。即或在長平大戰之前，白起事實上也從來沒有就兵事與戰場難題請命過秦王。那時若秦王對戰場事亂命，他也會毫不猶豫地奉行「將在外君命有所不受」之準則行事。然則，所有這一切都是為了打仗，為了戰勝敵國。如今戰事結束，降卒處置關涉諸方國政，秦王與丞相不置可否，教他全權獨斷，豈非滑稽？可是，秦王與丞相何等明銳，為何要如此含糊其辭？自己又為何對此等含糊大是煩躁惱怒？

漸漸地，白起完全清楚了，清楚了秦王，清楚了范睢，也清楚了自己。說到底，這二十多萬大軍一進降營，一個誰也不願觸及的字眼就在隱祕閃爍了。毋寧說，一開始這個字眼就已經在秦國君臣的心頭跳動了。戰國大勢誰都清楚，秦國無法萬無一失地融化一支如此巨大的成軍精壯人口，是明擺著的事實。自己快馬急報請命，是害怕觸及那個字眼。秦王不置可否，也是害怕觸及那個字眼。范睢虛與委蛇，同樣是害怕觸及那個字眼。自己一聽蒙驁回報便煩躁惱怒，更是害怕觸及那個字眼。幾員大將莫衷一是，便不是害怕那個字眼麼？

那個可怕的字眼，便是殺降。

從古至今，「殺降不祥」都是深深烙印在天下人心頭的一則軍諺。雖然不是律法，卻是比律法更為深入人心的天道人道。自從大地生人，三皇五帝開始，人世便有了殺伐征戰。為了土地為了牛羊為了財貨為了女人為了權力，人們總能找出各種各樣的理由，做你死我活的相互殘殺。然則，不管如何征戰殺伐，有一點始終都是不變的，這便是不殺已經放棄任何抵抗的戰俘。戰勝一方教戰俘做奴隸做苦役，以種種方式虐待戰俘，人們固然也會譴責也會聲討，然則僅此而已。弱肉強食是人間永恆的法則，人們對戰勝者總是懷著敬畏之心，也在道義上給予了更多的寬容。然則，人世間的事也總是有極限的。一旦你跨越了這道極限，即便強力不能將你立即摧毀，那驟然齊心的天道人道也會將你永遠埋葬。諸多的人間極限之中，戰場不殺降，是最為醒目的一條。自春秋以來，兵爭無計其數，進入戰國，更是大戰連綿。然則，也是這春秋戰國之世，反戰非兵之論也隨之大起，天下對殺伐征戰的聲討也形成了史無前例的大潮。春秋有「弭兵」大會，要天下息戰。戰國之世對兵爭的聲討更是其勢洶洶。儒、墨、道三家顯學可謂對殺伐征戰深惡痛絕。「春秋無義戰」，「善戰者服上刑」是老孟子的警世之論。老子則說：「兵者，不祥之器。」「樂殺人者，不可得志於天下。」更有墨家兼愛非攻之說風靡天下，大斥兵爭之不義，倡行以「義」為兵戰之本。

凡此等等，對征戰尚且洶洶咒罵，況乎殺降？果真殺降，且一舉二十餘萬之眾，天下便會祭起天道人道的大旗，將你永遠埋葬在可怕的詛咒之中，如此而已，豈有他哉！那時，名將將變作猙獰的屠夫，戰神將變作萬劫不復的惡魔。千古功業安在？青史聲譽安在？然則，不走這一步，君臣失和國家動盪後果不堪設想。白起倒是有了青史盛譽，誰卻來管邦國興亡天下一統？

夜空還是那般碧藍如洗，星星漸漸少了，山下傳來了一陣消失已久的雄雞長鳴。起霧了，落霜了，遍野軍燈隱沒在無邊霜霧之中，撕扯成了紅濛濛的河谷紗帳，天地萬物都是一片混沌了。太陽漸漸從漫無邊際的混沌中拱了出來，山川河谷也漸漸清晰了。

狼城山頂的「白」字大纛旗左右三擺，一陣急促的牛角號響徹了長平山谷。

白起拄著長劍，看著大將們冰冷得石雕一般：「立即，對趙軍降卒放開乾肉鍋盔米酒，教他們盡情吃喝。」

「武安君，趙軍斷糧四十餘天，會撐死的！」蒙驁大是驚訝。

「這是戰場。撐死，總比餓死強。」

闊大的山洞中一片寂靜，大將們情不自禁地一陣顫抖。誰都明白了，那個令人心悸的時刻正在一步步地迎面逼來。蒙驁張了張嘴，不知道自己要說甚了。

只有白起沙啞的聲音在山洞中飄盪著：「王齕王陵，率所部軍馬並全軍火器弓弩，祕密開入，包圍王報山谷地兩側山嶺，不能教降卒覺察，不能發生任何意外。桓齕部封堵山口。蒙驁部外圍二十里設防，不許任何人進出山谷。今夜三更開始。」

沒有一個人高聲應命，大將們的臉色驟然一片蒼白。白起一點長劍：「此乃軍令，盡在老夫一人，毋得戒懼猶疑。」說罷轉身便走，卻又突然回過身來低聲補了一句，「都是勇士，教他們走得痛快些。」轉身大步去了。

是夜三更，沒有金鼓之聲，狹長的王報谷驟然燃起了漫山遍野的熊熊大火，大石滾木酒桶肉塊鍋盔，隨著密集箭雨一齊傾瀉進山谷。谷中翻騰著海嘯般的慘號吶喊，瘋狂奔竄的降卒們混成了汪洋人浪……直到次日大霧消散，山谷終於漸漸平息下來。

十月初寒之時，長平戰場的紅色營地徹底消失了，只留下隨山原起伏的黑色營帳與戰旗。號角悠揚戰馬蕭蕭，秦國大軍恢復了整肅狀態。在第一場大雪即將來臨之前，白起下令秦軍退出上黨山地，進入河內野王駐紮休冬。白起的謀劃是：野王乃秦軍在河內的總後援要塞，糧草輜重極是便捷，強如駐軍上黨長途運糧多矣；退入河內休整一冬，來春秦軍可分兵兩路，北路進上黨出滏口陘，南路北上出安陽，如一把大鐵鉗夾擊邯鄲，做大舉滅趙的最後一戰。

然則，這個寒冷多雪的冬天，秦軍「坑殺趙軍四十萬降卒」（註：長平殺降之人數，《史記》曰四十萬。經諸多軍事史家多方考證：趙軍參戰總兵力不超過六十萬，秦軍亦是五十餘萬；秦軍尚且有「亡卒過半」之記載，趙軍傷亡當更為嚴重；取二十萬之說，當為相對接近）的消息風暴般席捲天下，各國無不驚恐變色。按照春秋以來的傳統，秦國取得了如此曠古大勝，以「市道」為邦交準則的天下大小諸侯當爭相派出特使慶賀，洛陽周天子更會「賞賜」天子戰車戰服與諸般「代天征伐」的斧鉞儀仗，咸陽當是車馬盈城之大慶氣象。但這次卻是奇特，咸陽城沒有一家特使前往慶賀，邯鄲道卻是車馬絡繹不絕，非但原本在長平大戰之時拒絕援助趙國的楚國、齊國派出特使去了趙國，連從來在趙國身後搗亂的燕國都去了邯鄲。

驟然之間，山東列國的脊梁骨都發涼了！

春水化開河冰，白起正要大舉北上滅趙之時，卻接到了秦昭王的快馬特書：大勢有變，武安君立即班師。白起憤然將王書摔在了帥案之上，一聲長歎：「老夫承擔一錯，何堪君王再錯也！」良久思忖，終是下令全軍班師。

二、心不當時連鑄錯

秦昭王大費躊躇，無法權衡范雎與白起誰對誰錯了。

處置降卒之事最是棘手，白起卻再也沒有請命便斷然做了，秦昭王自是如釋重負。按照本心，對白起一鼓作氣連戰滅趙的方略，他是毫不猶豫贊同了，事先也徵詢了范雎謀劃，范雎也是贊同了的。可就在二三月之間，范雎卻突然上書，歷數列國之變，斷言「若連續滅趙大戰，有逼成山東合縱之險」。反覆思慮，秦昭王最後還是下書白起班師了。但白起回到咸陽之後進宮一次晉見，秦昭王卻又頓時覺得大軍班師太輕率了。白起畢竟是戰無敗績威震天下的名將，對戰場大勢的洞察從來都是沒有失誤的。那天白起說的話至今都在他耳邊轟轟作響：「天下惶惶，趙國震恐，徵發成軍尚且不及，何有戰陣之力？列國空言撫慰，卻無一國出兵力挺，談何合縱抗秦？」不能說白起有錯，若是連戰，秦國實在是勝算極大也。而一舉滅趙，那是何等皇皇功業！

秦昭王第一次為自己的決斷後悔之時，范雎進宮了。

這次范雎帶來了鄭安平從列國快馬發來的所有急報：趙國任用樂乘、樂閒為將，緊急徵發新軍防守邯鄲；魏國信陵君復出，楚國春申君復出，齊國魯仲連復出，以趙國平原君為大軸，正在連結合縱；山東戰國都在加緊成軍，預備抗秦自保。

「應侯之意，當如何？」秦昭王笑了。

范雎侃侃道：「老臣以為，秦國當持重行事，毋得急圖滅國之功也。趙國雖遭大敗，民氣猶在。以趙國之強，一敗不致全盤瓦解。更有一則，長平戰罷，我糧秣空虛，士卒傷亡過半，兵員不足補充。當此之時，宜於養精蓄銳再待時機。」

「也是一理。」秦昭王點點頭卻又恍然笑了，「這個鄭安平頗有才具也，三五年總領斥候密事，功勞不小。大戰已罷，毋得屈了應侯恩公，召他回來，應侯以為何職妥當？」

「鄭安平唯知軍旅。」

「好！做藍田將軍，與蒙驁王陵等爵。」

「謝過我王。」

之後的整個夏天，秦昭王都在章臺琢磨范雎白起的各自主張。七月流火的酷暑時節，他終於忍耐不住，在一個雨後的晚上趕回了咸陽，沒有進王宮，徑直進了武安君府。想不到的是，白起已經病了，榻邊圍著一圈大冰，荊梅出出進進地忙碌著，滿庭院都是草藥氣息。秦昭王大吃一驚，一邊下令宣召太醫，一邊將荊梅叫到旁邊詢問。荊梅說，白起自班師回來常常一個人在後園「小天下」徘徊，有一晚在「大河」岸邊躺了一夜，此後斷斷續續發熱，這次已經發熱三日不退了，醫家也斷不出甚病，開了一些養息安神之類的藥，同時叮囑以大冰鎮暑。

說話之間，白起已經醒來，見秦昭王在廳，散衣亂髮地下榻過來參見。秦昭王連忙叮囑他躺到榻上說話。白起笑道：「不妨事，山洞住長了寒熱不均。老卒了，撐得住。」請秦昭王到正廳就座。一時飲得兩盞青茶，秦昭王笑道：「武安君，不記恨我麼？」白起拱手笑道：「我王何出此言？國事決斷，誰保得事事無差，老臣只可惜失去了一次大好戰機。如今老臣已經想開，失便失了，不定過幾年又來了。」秦昭王突然壓低聲音道：「武安君，今秋再度發兵如何？」白起愕然，一時回不過神來，好大一陣愣怔才恍然醒悟過來，搖頭苦笑道：「我王何其如此驟變？老臣始料不及也。」

「你只說，病體尚能撐持否？」秦昭王認真急迫，顯然不是隨意說來。

「我王且聽老臣一言。」驟然之間，白起臉上大起紅潮，額頭汗珠涔涔而下，「非關老臣病體也。若果有戰機，老臣便是教人抬著走，也是要去。惜乎流水已去，戰機已逝，再度發兵，已經是對我不利了。」

「滅國之戰，不在一時。大半年而已，如何便失了戰機？」

「我王差矣！」白起一抹額頭汗水，粗重地喘息著，「時光雖只半年，軍勢卻已大變也。軍駐上黨之時，趙國朝野震恐，我軍士卒則人懷一鼓而下之心，雖只有三十餘萬大軍，卻是泰山壓頂之勢。大軍一旦班師，士卒之氣大洩，須得休整補充方能恢復。全軍士卒五十餘萬，在上黨征戰四年未歸，將士家小望眼欲穿。方得短暫桑田天倫之樂，今非國難而急驟召回，何有戰心？再則，長平大戰，我軍士卒傷亡三四成，一鼓作氣猶可，若班師而後出，便得以尋常戰力計。如此我軍縱能開出三十萬大軍，以趙國之力死守邯鄲，我軍若急切不能下，山東戰國便必然來援。其時我軍進退維谷，便是大險。萬望我王勿存此念也。」

秦昭王聽得眉頭大皺，臉上卻呵呵笑著：「武安君，你也說得太過了。」說著一揮手，廳外一名老內侍捧著一個大木匣走了進來放在案上，「武安君，這是列國斥候密報，還有商人義報，你看看，山東無甚大變。」

「無須看。」白起搖搖頭，「老臣對戰場兵事，只信心頭之眼。」

「心頭之眼？」秦昭王苦笑搖頭，「武安君莫非當真老了？信鬼神之說？」

「心頭之眼非鬼神，乃是老臣畢生征戰之心感也。我王明察。」

相對無言，秦昭王默然去了。回到王宮，秦昭王立即急召范雎入宮，說了一番自己的再度起兵謀劃，要范雎參商定奪。范雎聽得雲遮霧障，好容易才弄清了秦昭王謀劃的來龍去脈，一時默然了。然則，范雎畢竟急智出色，思忖間拱手笑道：「老臣以為，大戰之事最當與武安君共謀，多方權衡而後定。」

「應侯何其無斷也？」秦昭王目光閃爍著笑了，「當初應侯獨主班師，本王斟酌贊同，其時武安君何在？」

驟然之間，范雎心下一個激靈，臉上卻呵呵笑道：「原本也是。老臣不諳軍爭，平日斷事多以列國之變化為據。目下，列國之變雖向趙國而動，然則滅國之戰畢竟以軍力為本。老臣魏人，對我軍戰力委實不詳，我王若對軍力有本，何慮之有。」

「然也！」秦昭王哈哈大笑，「老秦人國諺：『赳赳老秦，共赴國難！』放眼天下，最是老秦人耐得久戰，連打兩仗而已，有何難哉！」

進入九月，秦昭王親自巡視藍田大營，下書命五大夫將軍王陵為大將，統兵二十萬攻趙。王陵大是意外，在向各郡縣發出緊急召回士卒的軍令後，夜入咸陽拜會武安君。誰知白起的熱病又驟然轉作畏寒，摀著三層絲棉大被猶是嘴唇發青，根本無法說話。王陵本意是來探詢武安君不為將統兵的因由，若是秦王生疑或大臣攻訐殺降之事，王陵便要找個由頭辭了這統兵大將。如今見白起病勢沉重，以為秦王在軍中選將事屬自然，身為大將，自不能畏難退讓。回到藍田大營將武安君病勢一說，眾將心急如焚，次日立即進咸陽探視，不想卻又逢白起正在發熱，守候得一個時辰，只有忐忑不安地告辭了。

進入十月，王陵率領大軍東出函谷關重新北進上黨。

秦軍班師後，趙軍雖然無力搶回上黨十七座關隘，更無力在上黨全面布防，但卻也迅速將石長城、壺關、滏口陘這三處通往邯鄲的要塞占領了，在修復營壘城防之後駐軍三萬防守。王陵大軍激戰三場，在大雪紛飛的冬月攻下了滏口陘，大雪一停立即東進，終於在秦昭王四十九年的正月突破武安，進逼到邯鄲城下。不想新成之趙軍異常頑強，趙王與平原君親自上城坐鎮，趙國朝野一心死拚，三月之久奈何不得邯鄲城。王陵終於大急，入夏後連續猛攻，一連死傷了五校人馬。秦軍之校，大體千人隊以上之單元，每校八千到一萬人，折去五校，等於喪失了將近五萬人馬。

緊急戰報傳回咸陽，秦昭王大怒，決意拿下邯鄲震懾天下，立即到武安君府敦請白起統兵出征。這時白起病體雖然見輕，卻依舊是瘦骨稜稜行走艱難。秦昭王雖則於心不忍，終於還是說出了王陵受挫的消息，雖然沒有下令，但希望白起帶病赴軍的心意卻是明明白白的。白起一聲沉重歎息：「老臣死不足惜也！何我王偏要在此時滅趙？」秦昭王板著臉只不做聲，白起深深一躬道：「我王聽老臣一言：目下之勢，我軍遠絕河山而爭人國都，糧草輜重難以為繼，無法長圍久困也。況長平殺降，天下諸侯恨秦深也，必對邯鄲一力救援，其時我軍危矣！老臣願王權衡，撤回王陵之師，以全秦軍實力也。」

秦昭王聽白起說到長平殺降，心中老大不悅，冷冷一笑道：「武安君之意，若不殺降，列國便不恨秦國？」說罷拂袖去了。白起木然站在廳中，不知所措了。荊梅過來扶住白起笑道：「你有病便有病，不說病體不行，偏說人家謀劃有錯，瓜不瓜你？人家親政多少年了，都成老王了，不興自己做主，還聽你的？」白起一甩大袖生氣道：「這是打仗，不是賭氣，胡說個甚來！」荊梅還是笑著：「胡說？目下秦王不是昔日宣太后，知道不？走，吃藥。」走著走著，白起不禁長歎一聲：「有太后在，秦國何至於此也！」荊梅眼圈紅了：「一戰之敗，太后便自裁了……」

回到王宮，秦昭王越想越不是滋味。再度滅趙是本王決斷，如今看來，若不攻下邯鄲，竟是騎虎難下了。秦昭王也不再召范睢商議，立即車駕奔赴藍田大營，特下王書任命左庶長王齕代王陵為將，立率步騎大軍北上，再攻邯鄲。

這年秋天，王齕二十萬大軍再度包圍了邯鄲。驚駭之下，山東戰國終於出動了。魏國信陵君與楚國春申君各率二十餘萬大軍，合力從河內入趙，猛攻秦軍後背。邯鄲守軍趁勢殺出，秦軍大敗潰退。後撤到上黨清點兵馬，竟有十餘萬軍士傷亡逃散。消息傳到咸陽，秦昭王大急，立即召范睢商議應對之策。范睢思忖一陣，心知此時秦國已無大軍可調，提出派鄭安平帶領藍田大營最後兩萬多鐵騎馳援接應王齕，能攻趙則攻，不能攻則退回河內野王設防。

「此其人也！」秦昭王當即拍案，「鄭安平在趙掌密事斥候四年，熟悉趙國，便是如此。」立刻緊急下書：鄭安平率軍兼程北上。

鄭安平原本是個武士百夫長而已，少年時在大梁市井浸泡遊蕩，精細機警，領著一班密探斥候在邯鄲倒是得其所長，花錢買消息，傳播范睢謀劃的種種流言，倒實在是為秦國立了不小功勞。然則，鄭安平畢竟無甚正幹才具，沒有一次提大兵統帥戰陣的閱歷，更不說兵家之才了。一出函谷關，鄭安平便暈了，不知道走哪條路馳援。鐵騎將軍建言：王齕部秦軍最有可能沿上黨退回，當從野王入上黨接應。將軍不說還則罷了，將軍一說，鄭安平頓時有了主張：「上黨入趙為弓背，安陽入趙為弓弦，近一半路程。傳令三軍：從河內安陽直插邯鄲！」不想一過安陽，被正在回師的邯鄲守軍與信陵君大軍迎面包抄，圍困旬日，鄭安平率軍投降趙國。

倏忽兩年，大勢急轉直下。

原本赫赫震懾天下的秦國，頃刻之間大見艱難。秦昭王與范睢晝夜周旋，親自到函谷關坐鎮，派出函谷關守軍接應王齕十餘萬大軍班師，方才鬆了一口氣。剛剛喘息方定，又有快馬急報傳來：信陵君春中君統率六國聯軍攻秦！河內郡與河東郡岌岌可危！

三、曠古名將成國殤

白起的病勢時好時壞。然則，最教白起不安的，根本不是病情。王陵兵敗，白起是預料到的。王齕大敗，卻大大出乎白起預料。出乎意料處，在於魏國楚國同時發兵。更有甚者，那個銷聲匿跡多年的信陵君魏無忌，竟然盜取兵符，力殺大將晉鄙而奪兵救趙。如此看來，山東六國確實是將秦國看作亡國大敵了。當此之時，秦國便當穩妥收勢，先行連橫分化六國，而後再圖大舉，何能急吼吼連番死戰？白起實在不明白，素來以沉穩著稱的秦王，如何在長平之戰後判若兩人，一錯再錯還要一意孤行？正在白起憂心忡忡之時，又傳來鄭安平率軍降趙的消息，白起頓時怒火上衝。他第一次見鄭安平，便認定那小子不是正品，所以斷然拒絕了教他做實職將軍。如何以秦王之明銳，竟看不出此等人物之劣根？如何以范叔之大才，竟連番舉薦此等人物擔當大任？一己之恩，竟以邦國大任報之，豈有此等名士？

第一次，白起對范雎從心底裡產生了一種蔑視。長平班師回來，有人告知白起，這是應侯受齊國魯仲連遊說，畏懼武安君功高而說動秦王所致。白起當時大不以為然：「國策之斷，歧見在所難免也。如此說法，以小人之心度君子之腹。」在白起看來，范雎縱然睚眥必報恩仇之心過甚，然論國事，還從來都是坦蕩光明的，如何會生出如此齷齪手段？然則，此刻他卻隱隱看到了范雎的另一面——謀國夾帶私情，恩仇之心過甚。與「極心無二慮，盡公不顧私」的商君相比，實在令人萬般感慨！如此之人身居大位，再遇秦王老來無斷，秦國能有好？

反覆思忖，白起深夜走進書房，提筆給秦昭王上書，請求依法追究鄭安平降趙罪責。落筆之時，荊梅找了進來：「我說你個白起，有病不養，半夜折騰個甚？走，回去歇息。」白起對羊皮紙哈著氣道：「墨蹟乾了送走，我便歇息，你去。」荊梅走過來一瞄拿了過去，看完一副苦笑道：「老師哥啊，教我如何說你？秦王已經不信你了，還能信那范叔？你這一上書，范叔恩仇心本重，豈不與你記恨？消息傳開，便是將相相互攻訐！秦王如何處置？對秦國有甚好？對你有甚好？瓜得卻實！」白起思忖一陣點頭：「師妹此言，確是有理。好，不上了。」順手將羊皮紙拋進了燎爐，一片火焰立即飄了起來。

不想此日清晨，范睢卻登門拜會了。白起雖病體困倦，但一聽范睢來訪，抱病下榻，依禮在正廳接待了。范睢一臉憂色，良久默然，兩盞茶之後方才長吁一聲：「武安君啊，秦王之意，仍想請你統軍出戰。六國聯軍，已經攻陷河內了。」

白起目光一閃：「應侯之意，還要守住河內河東兩郡了？」

「武安君之意，河內河東不守了？」范睢大是驚訝。

「范叔啊，」白起重重一聲歎息，「公乃縱橫捭闔之大才，如何也懵懂了？我軍新敗，目下舉國只有二十餘萬大軍，九原五萬、隴西兩萬不能動，東路只有十餘萬步騎了。河內河東，縱橫千里，聯軍四十餘萬，我十萬大軍豈非疲於奔命？巧婦難為無米之炊。縱是白起統軍，又能如何？如今之計，只有放棄河內河東，盡速退防函谷關，而後分化六國，待兵勢蓄成再相機東出，豈有他哉！」

「武安君，范叔何嘗不是此意也！」范睢喟然一歎，驟然打住了。

「果真如此，范叔為何不力爭秦王定策？」白起大是困惑，「長平戰後，秦王不納我言，然對丞相還是一如既往也！」

范睢默然片刻，石雕一般突然道：「武安君只說，能否奉君命出戰？」

「防守函谷關，何須老夫？」白起冷冷一笑，「但要老夫，便是與六國聯軍大戰了。白起死，不足惜也！然則，若要老夫親手葬送秦國最後一支大軍，不敢奉命。」

「武安君，告辭了。」范睢一躬，揚長去了。

接范睢回報，秦昭王終於忍無可忍了。在他看來，只要白起出戰，六國聯軍便是一群烏合之眾，定然一舉戰勝立威。兩次攻趙，你白起拒絕統兵還則罷了，畢竟是長平班師本王也是錯了。然則，如今六國合縱來攻，大秦國難當頭，你白起祖祖輩輩老秦人，一世為將，此時拒絕王命分明便是於國不忠，是大大悖逆，若不懲治，國何以堪？片刻思忖，秦昭王召來長史，咬牙切齒地迸出了一道緊急王書：「罷黜白起一切職爵，貶為軍卒，流徙陰密（註：陰密，春秋有陰密國，戰國為秦荒僻之地，今甘肅靈臺西南）。」

王書，是宮中最老的內侍總管帶著二十名甲士來頒行的。甲士站在那片如同校軍場一般的庭院裡，不抬頭也不說話，全然一片木樁。老內侍只將王書遞給抱病出迎的白起，說了聲，武安君自個看了，也木然站著不動了。白起看得一眼，淡淡笑著一拱手：「老總管回覆秦王，白起領書。」正在這時荊梅趕來，見情勢有異，接過了白起手中王書，一看之下臉色蒼白，愣怔片刻一咬牙問道：「老總事，秦王可曾限定日期？」老內侍搖搖頭。荊梅道：「煩請轉報秦王：白起自長平班師回來，寒熱無定，來年開春赴刑如何？」老內侍道：「老朽定然如實稟報。武……保重，老朽去了。」轉身匆匆去了。甲士們圍過來對著白起深深一躬，也悄悄走了。

庭院裡頓時靜得幽谷一般。

「把官僕使女退回去，給每人帶些金錢，你我用不上。」白起平靜得出奇，見荊梅咬著嘴唇不說話，又道，「還是早走的好，剛入冬，我撐持得住。」

「不！」荊梅搖頭，「我就不信，他還當真不教你過一個冬天？」

白起淡淡地笑了：「看看，事到臨頭，還是你看不開。」

荊梅大袖在臉上一抹，氣恨恨笑了：「也好，陰密有河谷，有草地，我保你比在這石板府邸逍遙自在。走，該吃藥了。」扶住白起進了寢室。

那一夜，兩人都沒有合眼。幾件該安置的事說完，兩人便沒有了話說。白起只對著那半人高的銅燈發愣，荊梅只怔怔地看著白起。聽著更鼓一點點打去，偌大寢室入定一般。白起素來寡言，遇到大事更是不想透不說。荊梅則是深知白起此時之痛楚，不知道該說甚好。二十多年來，她與白起實際相處的歲月加起來還不到一年，如此長夜對坐，更是絕無僅有。

說起來，荊梅也是文武兼通的墨家弟子，本當遊歷天下做苦行救世的名士。可她卻不能忘懷少年時光與白起共同釀成的一片深情，終是做了白起的妻子。白起經年不在咸陽，荊梅曾經最想要的，是生幾個孩子，使這深闊的府邸活泛一些。可偏偏沒有，荊梅便沮喪起來。可白起全然不在意，反倒是拍著荊梅難得地呵呵笑著：「沒兒沒女全在我。斬首太多，殺氣太重，上天能教你有兒女了？」荊梅頓時生氣：「自己不沾家，怪上天甚個來由？你只說，這木榻你睡熱乎過沒有！」也是忒煞怪了，白起素來不苟言笑軍中朝堂人人敬畏，偏偏是對荊梅永遠沒有脾氣。荊梅尚在兀自生氣，白起卻已經呼呼大睡了。看著白起一臉的疲憊，荊梅還能說甚？久而久之，荊梅也習慣了，好在宣太后在世時，總是時不時召她進宮說話消遣。那說話，實則是讓荊梅給她講說天下諸子的學問主張，還跟著她學墨家劍術。那消遣，實則是幫著宣太后看各郡縣報來的公文，看完還要評點，宣太后總是聽得極為上心，也時不時與她折辯一番。有一次消遣完畢，宣太后笑道：「荊梅啊，這太子師叫作太傅，這太后師卻是個甚名號了？太后太傅麼？」荊梅咯咯笑著搖頭：「沒聽說過也。」「你只說，做不做？有了就有了，甚事不是做出來的？」宣太后一副認真的模樣。荊梅笑道：「不做不做。墨家弟子從來不入仕。」從那以後，荊梅便總是找出許多託詞，很少到宮中去了。後來，宣太后死了。再後來，魏冄也被罷黜了。咸陽，再沒有荊梅可以走動的地方了。有幾次白起在戰場久久不歸，她便到南山深處的秦墨院去了，一住一年多。後來，但凡白起大戰，她便到南山與師兄弟們一起遊歷天下倡行大義，重新過起了墨家子弟的苦行日月。直到長平大戰將近尾聲，她才結束了這段連續四年的遊歷。

雖然相聚時日斷斷續續，荊梅卻深知白起。依著墨家學說，荊梅當不贊同白起如此無休止地征戰，更不該在白起長平殺降之後不聞不問。可荊梅卻實在是既沒有反對過白起打仗，也沒有責問他何能殺降？荊梅是在從楚國歸來的路上聽到殺降消息的，同行的師兄弟們憤激難忍，一片指斥，見她過來又都不說話了。荊梅卻明明朗朗笑道：「殺降是秦王國策，白起做替罪羊罷了，瞞得誰個了？」有個弟子依舊憤憤不平：「無論如何，白起難辭其咎。」荊梅笑道：「只這無論如何，便不是墨家說辭，天下事沒個大理麼？」

雖則如此，荊梅卻從殺降之事開始，對秦昭王另眼相看了。一個君王如此不敢擔待，其心可知。她曾經再三提醒白起：從此對戰事閉口，最上策是託病退隱。誰知白起總是淡淡一笑：「兒戲。邦國興亡，將士性命，為將者不說誰說？」又是屢屢抗爭，不給秦王一個臺階。依著荊梅，最後上函谷關算了，住在行轅也是一樣養病，哪個大將還守不住函谷關了？可白起偏硬邦邦一句：「防守函谷關何須老夫。」再加一句，「若要老夫親手葬送秦國這最後一支大軍，不敢奉命。」范雎分明是被秦昭王逼著來的，為撇清自己，定然是絕不少說，如此能有好了？

但是，荊梅確實沒有想到秦昭王來得如此之快，直是比任何奔襲偷襲都猝不及防。白起能受得了麼？自從十五歲入軍旅，白起在戰事戰場從來都是直言不諱，即或是僅僅以一個千夫長之身面對暴烈的秦武王，白起依然是錚錚硬骨亢聲直諫，你要他明知荒謬決策而三緘其口，如何卻能做到？范雎可以做到，白起卻不行。這便是白起——縱然王命，也敢抗拒，只要他認定了自己沒錯。

如此抗命，白起果然沒有想到自己的下場麼？

驀然之間雄雞長鳴，白起終於說話了：「荊妹，你也熟知我那些大將，說說，誰能做上將軍？」

「噫！你是在想此等事？」荊梅哭笑不得了。

「我還能想甚？」

「也好，想想甚想甚。」荊梅摩挲著白起額頭歎息一聲，「白起呀，你是有將之能，無官之術啊。都甚時了，你縱建言，他聽麼？」

「會聽的。」白起兩眼盯著橫貫屋頂的大梁，「他只是恨我抗命而已，卻不是要當真毀了秦國。」

「你要想便想，左右我也無法。」荊梅站了起來，「雞都叫了，我去煎藥。」

天漸漸亮了。這座雄闊的府邸依舊是那般平靜，彷彿任何事情也沒有發生過。老僕在灑掃庭除，使女在擦拭收拾，白起在酣睡，荊梅在煎藥。突然，清掃小校場的老僕驚訝地喊了起來：「夫人快來看！這是甚？」荊梅匆匆來到布滿各種兵器的大庭院一看，滿院大青磚上都刻著種種古怪線畫，條紋粗大清晰且紋路新鮮，分明是刀劍利器在昨夜所刻。墨家原本有密行傳統，荊梅對各種神祕印記也算諳熟，一磚磚看去，轉了半個時辰，卻是沒有一磚看得明白。看看日色上窗，荊梅喚起白起服藥，將庭院磚畫的事說了。白起一聽，撂下藥碗便到了兵器庭院，挪著腳步挨磚看去，時而憤激時而喘息時而喃喃時而唏噓，一個早晨看罷，跌坐在兵器架前一動也不動了。

「甚個名堂？快說說我聽。」荊梅是真著急了。

白起喘息一陣回過神來，才緩緩道：「這是秦軍密畫，我與大將們數十年揣摩出來的。戰場之上，各部萬一失散，可在所過處留下種種密畫，約定聚集去向。千長以上之將，都要精熟這套密畫。」

「了不得也！」荊梅不禁一聲驚歎。要論密事密行，天下無出墨家之右。當年老墨子歸總密事準則，留下了一句話：密號不適軍行。也就是說，各種祕密聯絡之法，只適宜於少數人行動使用，而不適宜大軍。自古大軍，除旗號金鼓書簡口令之密外，沒有任何穩定常行的祕密聯絡方式。根本原因，在於大軍人眾，將士品格有差，但有降敵洩密，便是後患無窮。白起軍中有此等密畫三十餘年，竟連荊梅這個上將軍夫人墨家密行弟子也不知曉，當真天下大奇也！然則，荊梅此刻卻顧不得去想這些，只急迫一問：「他們說甚了？要擁你反秦麼？」

「甚話！」白起一瞪眼，沉重地一聲歎息，「天意也！秦軍如此劫難，為將者何堪？」白起從兵器架抽出一支長矛指點著，「你看，東北角那幾磚，是說王陵軍陣亡五校的經過：中了埋伏，教樂乘在武安截殺了。西北那幾磚，是說王齕軍潰敗經過：趙軍突有一支邊軍鐵騎殺出，李字旗號，衝垮了秦軍陣形，又遇背後魏楚軍夾擊。中間與下邊這幾磚，是說鄭安平叛軍降敵之經過：鄭安平錯選路徑，從河內安陽入趙，陷入大軍圍困，先自棄軍投降了；兩萬餘鐵騎拒不降趙，憑藉山谷激戰三日，幾乎全部戰死，只有三千餘傷兵做了戰俘……」

「那，這幾磚？」

「那是幾員大將的單畫，都是心念昔日軍威，說要全軍將士上書秦王。」

「為你開脫，請你領軍，可是？」

「還能有甚？」

荊梅心頭猛然一沉，抓住白起胳膊低聲急促道：「不能！上書只能適得其反！」

「怕甚？將士上書，只有好處。」

「瓜實也！有甚好處？」

「將士上書為我開脫，必然贊同我目下避戰之主張。三軍將士皆不主戰，秦王自會大有顧忌，如此可保秦國無亡國之險。」

「這是你說的好處？那你呢？也不為自己想想！」

「荊妹，我已年逾花甲，生平無憾，何須拘泥如何死法？」

荊梅默然了。這便是白起，只要認定自己謀劃無錯，只想如何實施這種謀劃，而從來不去想自己在實施中的安危。戰場如斯，廟堂如斯，永遠無可更改，任何人無可奈何。夫君若此，為妻者夫復何言？

旬日之間，三軍上書到了咸陽宮。這是一幅長達三丈的白布大血書，秦軍千夫長以上所有將領的鮮血都赫然凝固在每個名字上，密密麻麻觸目驚心。血書本身卻只有二十四個大字——白起無罪，白起大功，戰不當戰，三敗潰軍，復我大將，固我河山！

當這幅黑紫暗紅的大布長卷在正殿拉開時，所有大臣都驟然變色了。司馬梗不說話，范雎不說話，秦昭王也不說話。默然良久，秦昭王對長史一招手：「下書三軍：戰不當戰，本王之失也。三軍將士，忠心可嘉，人各晉爵一級。」轉身又對司馬梗道：「國尉立赴函谷關，撤回大軍於關外構築營壘，全力防守六國聯軍。」又踱步到范雎面前：「丞相坐鎮國事，兼領總籌函谷關大軍糧草輜重事。丞相以為如何？」

「老臣領命！」沒有絲毫猶豫，范雎幾乎是應聲而答。

沒過幾日，函谷關傳來急報：信陵君春申君四十萬大軍猛攻，激戰三日，函谷關外營壘失陷，司馬梗率十萬大軍撤回函谷關防守。與此同時，又有司馬梗密報傳來：三軍將士依然呼籲武安君復位領軍，請秦王三思。秦昭王思謀過日，親自擬就一道王書，立即派老內侍帶五百甲士下書武安君府。

五個百人隊隆隆湧進大庭院時，布衣散髮的白起罕見地笑了：「老總管，你宣了。」老內侍顫巍巍展開竹簡，尖銳的聲音在風中抖動著：「大秦王特書：國運不繫於一將之身，大秦國安如泰山。著老卒白起，當即出咸陽赴流刑之地，不得延誤。秦王稷五十年十一月。」白起接過王書，對著老內侍一拱：「請老總事轉稟秦王：目下之策，立即換將。司馬梗無戰陣之能，只堪糧草軍務；蒙驁穩健縝密，可為上將軍保得不敗。記住了？」老內侍抹著淚水頻頻點頭，白起轉身便走，又突然回頭，「對了，半個時辰後，老夫出咸陽。」

站在廊下的荊梅已經轉身進去收拾了。白起跟進來笑道：「甚都不要，只將老師當年贈我的兵書帶著便了，不定老夫也能收個傳人。」荊梅咬著牙一句話不說，只是出出進進與總管家老忙碌。白起看得一陣，逕自去了前廳，對一個老僕叮囑道：「對夫人說，我先出城，在十里杜郵亭等她。」

午後時分，一輛帶篷牛車咣噹咣噹地出了巍峨的咸陽西門，車後跟著一小隊步卒甲士。天色陰得越來越重，寒冷的北風將車篷布簾打得啪啪直響，眼看就要下雪了。牛車走得很慢，兵士們也走得很慢，馭手沒有一聲吆喝，兵士們也沒有一個人說話，彷彿一隊無聲飄悠的夢遊者。堪堪半個時辰，看到了那座灰濛濛的高大石亭與旁邊那座官驛。

這是西出咸陽第一亭。這十里郊亭，原本是天下大城都有的迎送亭。然而這座郊亭旁邊有一村落，叫做杜里，村外有一座傳送官府公文的郵驛。亭、里、郵三合一，這里便有了一個名字——杜郵。彤雲密布，寒風呼嘯，此刻的杜郵分外冷清。牛車將及杜郵亭，一陣隱隱如沉雷般的馬蹄聲從身後傳來。

「停車。」車篷裡傳來白起平淡渾厚的聲音。牛車咣噹停下，白起從牛車一步跨下，遙望馬隊喃喃自語，「一個千人隊，用得著麼？」片刻之間，馬隊煙塵捲到，老內侍從當先篷車中被扶下了車，顫巍巍走了過來，手中捧著一口金鞘劍。

「老總事，秦王聽我建言了麼？」渾厚的嗓音在風中沒有任何搖擺。

「稟報武安君，兩道王書已經下了，蒙驁為上將軍……」

「老夫無憾也！」白起喟然一歎，大手一伸，「拿過來。」

「武安君，你，你也不問問情由？」

「鎮秦劍本為殺將之用，問個甚來？」

老內侍抖抖地雙手捧上長劍，肅然大拜在地。一千騎士與押送步卒，也一齊在大風中跪倒了。白起撫摩著劍鞘對著老內侍一笑：「老總事啊，老夫原本想死在郿縣山塬，魂歸故里，咫尺之差，上天不容，誠可謂死生有命也！」老內侍銳聲哽咽道：「武安君走好。老朽與軍士們，送你回故里郿縣。」騎士們一聲齊吼：「我等護送武安君回歸故里！」

白起哈哈大笑：「趙軍降卒，老夫還命來也！」鏘然抽出長劍，倒轉劍格猛然刺進小腹，一股鮮血飛濺丈餘之外。再看白起，兩眼圓睜，雙手握著劍格挺立在曠野巋然不動。

「白起——」遙遙一聲哭喊，荊梅飛馬趕來，飛身下馬撲過去抱住了白起，「你瓜實了！不等我！」白起似乎笑了，腹中猛然一鼓，金劍帶著一道血柱呼嘯著飛到了老內侍面前。勉力向著荊梅一笑，白起終於仰面轟然倒地了。

陰霾之中一聲驚雷，大雪紛紛揚揚下了起來。

荊梅在牛車上抱著白起，騎士步卒們簇擁著牛車，在漫天大雪中向著郿縣去了。

四、君臣兩茫然　秦風又低徊

范雎的心事越來越沉重了。

白起之死，猶如一場寒霜驟降，秦國朝野立時一片蕭疏。關中老秦人幾乎是不可思議了，茫茫大雪之中絡繹不絕地擁向杜郵，擁向郿縣，憑弔白起，為白起送葬。郿縣本是老秦人大本營，更是白氏部族的根基之地。白起屍身回到故里的消息一傳開，整個郿縣都驚動了。人們捲著蘆席扛著木椽拿著麻繩，從四野三鄉冒著鵝毛大雪潮水般湧向白氏故里，三日之中，搭起了二十餘里的蘆席長棚，從白起靈堂直到五丈塬墓地。郿縣令飛報秦王的書簡說，郿縣八鄉十萬庶民，悉數聚攏白氏故里之外，外加關中老秦人，原野之上人海茫茫麻衣塞路，其勢洶洶，不可理喻。秦昭王與范雎商議一番，派出國中十三位世族元老做秦王特使，趕赴郿縣「以王侯禮儀」為白起送葬；並當即下令各郡縣：凡有為白起送葬者，不許阻攔。如此一番大折騰，白起葬禮風潮才伴著茫茫大雪漸漸終止。開春之後的清明前後，整個關中都在憑弔白起，幾乎縣縣都立了白祠，從杜郵西去，一路每隔三五里便有白起廟或白起祠堂，香火繚繞，貢品如山，比任何一代秦王的葬禮都要聲勢浩大且連綿持久。

僅僅如此還則罷了，偏是老秦人罵聲不絕。且不罵別個，一罵鄭安平狗賊降趙，坑我子弟，抹黑秦人。二罵長平班師是受賄攛掇，冤我上將，毀我長城。罵聲彌漫朝野，范雎聽得心驚肉跳。秦昭王畢竟明白，恐傷及范雎聲譽，立即頒布了一道王書：有敢言鄭安平事者，以其罪罪之！

雖然罵聲漸漸平息，事端卻接踵而來。

剛到秋收，掌管農事的大田令急報秦王：南郡賦稅少得八縣，大是蹊蹺，請派特使嚴查。這南郡是白起當年水陸並進血戰一年才奪來的楚國豐饒之地，計有二十三縣，目下已經成為與蜀中、關中兩地同等的豐厚稅源，八縣驟然不知去向且不為國府所知，豈非咄咄怪事？秦昭王大怒，立即下令廷尉府徹查嚴辦。三個月查下來真相大白，竟是王稽在七年前，也就是上黨對峙之初，受命為特使與楚國修好，接受了楚國的重金美女賄賂，竟擅自將八縣之地割給了楚國。雖然王稽竭力申辯，說當年不割八縣秦國便不能從南郡回兵，也無法對峙趙軍；自己也是為邦國計，收受重金美女不過是弱楚之策而已，非為一己之利也。誰知不說猶可，王稽申辯之下，秦昭王怒不可遏：「裡通外國，尚有說辭，無恥之尤！」立下王令：王稽絞首，三族連坐。

王稽事敗伏法，范雎頓時坐立不安了。秦法有定則：官員大罪，舉薦者連坐。王稽與鄭安平，恰恰是自己竭力舉薦的兩個恩人，如今先後出事，自己如何脫得罪責？事後細想起來，范雎也覺大是汗顏。分明是自己對這兩個人所知甚少，卻憑著恩仇之心一力舉薦，算得良臣風範麼？若非對自己有恩，這兩人自己能看得入眼麼？王稽在秦王身邊做謁者二十餘年，可謂心腹了。可秦王硬是沒有大用王稽，能說不是秦王看準了王稽之致命缺失？你范雎與王稽相交不過年餘，如何一身力薦？你將王稽看作知己至交，王稽使楚歸來如何卻對你不透一絲風聲？非但當時不透，而是七八年都瞞得你嚴嚴實實。

人心若此，誠可畏也。

再說這鄭安平也是匪夷所思！當初一介落魄市井子弟，敢於冒險救自己於虎口之下，誰能說他沒有膽色？流浪入秦尋覓自己，又捨身與刺客搏殺再救自己，誰能說他不是俠義勇士？縱是在做了秦國五大夫爵的將軍之後，也還在與趙國對峙中立下了不小功勞，單是那攪得趙國君臣七葷八素的漫天謠言，便是尋常人做不來的。可偏偏在真正要建功立業的關口上，他竟拋下兩萬多鐵騎投降了趙國。趙國給他高官了麼？沒有！趙國一個都尉將軍如何比得秦國五大夫高爵？那蒙驁王陵都是百戰大將了，也才是五大夫爵位啊。他能從趙國得到的一切，加起來也沒有在秦國的三成，他圖謀何在？怕死麼？降了趙國也是一死，且投降不過三個月，趙國便將他斬首軍前示眾了。怕打麼？他本來就是武士出身，皮粗肉厚膽子大，一副赳赳武夫的模樣，承受不得些許皮肉之苦？

人心若此，鬼神莫測也。

書房燈燭徹夜通明。天亮時分，丞相府領書將一卷上書飛馬呈送章臺宮。

整整一個夏天，秦昭王都在章臺，眼見將入九月，還是沒有回咸陽。白起死後，秦昭王莫名其妙地對咸陽宮膩煩起來，遠遠看見那巍峨高峻的宮殿樓臺，便隱隱有些頭疼。章臺清淨，大臣們也不可能說來便來，整日除了批閱長史與丞相府分頭送來的二十來斤公文，便是在山水間盡情徜徉，靜下心來細細咀嚼那種青澀滋味兒。

這日清晨陽光和煦，秦昭王正要到南山園囿獵兔，卻見丞相府傳車轔轔駛進了宮門。按宮中法度，除非緊急密件，文書傳車與丞相都是午後才能進入章臺的。此時傳車前來，顯然是范雎有急務了。秦昭王心下一緊，拿著弓箭站在廊下不動了。

「稟報秦王：丞相上書。」一名年輕文吏手中捧著一卷密封的竹簡。

隨行內侍剛剛開封，秦昭王接過竹簡便大步去了書房。這幾年大事紛紜，他真怕在這裡失態。掩上書房，打開竹簡，剛瞥得一眼，「辭官書」三個大字飛入了眼簾，及至看完，秦昭王茫然了。

范雎的言辭很是懇切，痛責王稽與鄭安平志節大墮，所犯罪行為人不齒，自己舉薦失察，當領罪辭官以謝國人。若當真依照秦法處置，舉薦此等兩個奸惡之徒，舉薦人連坐之罪何止辭官隱退？然則，范雎畢竟是范雎，入秦唯王是忠，剪除四貴權臣，力挺秦王親政，而後又出遠交近攻之長策，一舉確立抗衡趙國之方略；進軍上黨決戰長平，若沒有范雎的縝密謀劃與邦交斡旋，白起大軍之勝負也當真難料也。說到底，對於秦昭王而言，范雎的重要遠遠大於白起。秦昭王可以沒有白起，但是不能沒有范雎。白起認事不認人，不管是宣太后還是魏冄，抑或秦王，白起都認，又都不認。根本之點，在於白起唯謀國是從，只論事理，不論人際。閼與之戰前，白起不從太后、魏冄。滅趙大計，白起屢次抗命秦昭王。縱然最後都對了，可總教人不敢倚重。白起是國家干城，卻不是君王可以隨心所欲使用的利器。范雎則不然，既有長策大謀，又有認人之長，絕不會如白起那般老牛死頂。一開始，秦昭王便認準了范雎的這個長處，將范雎看成了對抗白起等一班秦國元老的自己人，一舉將范雎封侯，爵次幾與白起等高，又不遺餘力地以秦國威勢滿足范雎的恩仇之心，要將這個才具名士變成自己真正的心腹股肱。唯其如此，秦昭王不怕范雎有過失，只要這種過失不是背叛秦王自己。秦昭王嚴令王稽鄭安平之罪不得涉及范雎，甚或在元老大臣彈劾范雎的長平班師有「受人遊說」之罪時，也斷然擋了回去。說到底，秦昭王從來沒有想到過罷黜范雎，可范雎為何卻要辭官？

「來人，立即宣召應侯。」

暮色時分，范雎軺車進了章臺。秦昭王在書房設了小宴與范雎聚飲，燈燭之下，不僅感慨萬千：「范叔啊，你說這一國之本，卻在何處？」

「在君。」范雎的回答毫不猶豫。

「君之將老，根本何在？」

「在儲君。」

秦昭王哈哈大笑：「果然范叔也！在在中的！」突然壓低聲音一臉正色，「今日請范叔來章臺，便是要定下大計，立何人為儲君？」

「老臣不明我王之意。」范雎笑了，「我王四十一年便立了太子，四十二年重立太子，至今已經十年，何有再立儲君之說？」

「范叔有所不知也！」秦昭王長歎一聲，「當年第一個太子嬴倬，乃本王長子，算得文武兼通，不意卻在出使魏國時發寒熱病死了，委實教人傷痛也。次年重立的太子，乃本王次子嬴柱。可這嬴柱，當真一言難盡也！非但才具平平，且又羸弱多病，更有一樣教人放心不下，便是夫人當家。范叔啊，嬴柱果真為君，無才多病，再加一個王后干政，你說還有秦國麼？本王已經六旬有七，朝夕將去，如此儲君，如何安心也？」說話之間，秦昭王情不自禁地唏噓了。

范雎默然了。秦王能將如此重大密事和盤托出，隻字不提他上書請辭之事，足見秦王根本沒有罪他之心。即便一個尋常老人，身後難以為繼也是令人傷痛的，況乎一國之君？然則此等事又實在是太過重大，往往是涉密越深越是大險，秦王只是訴說而無定策，如何能輕易出謀？思忖間道：「我王深謀遠慮，對儲君之事必有所慮，老臣自當以我王之決斷謀劃行事。」

「范叔，」秦昭王灰白的長眉驟然揚起，一雙老眼目光炯炯，「要說本王之斷，便是由你來查勘十一位王子，選一立儲，而後你便兼領太傅教導太子。你小得本王十三歲，尚可輔佐新君定國。」

「秦王！」范雎聽得唏噓不已，撲拜在地一聲哽咽，「我王信得老臣，老臣卻是愧不敢當也！」

「豈有此理！」秦昭王佯怒一聲笑了，「本王留下遺書：新君定國之後，許你辭官如何？」

范雎實在是不能再執意提辭官之事了，只有唯唯領命去了。

從此，范雎開始了與王子們的頻繁來往。待到來年秋天，范雎已經對秦昭王的十一個王子有了大體的評判。這日午後，范雎進了咸陽宮禁苑，在湖邊見到了兀自在草地上鋪一張草席曬暖和的秦昭王，疲憊慈和之相，全然是一個山間老叟。見范雎來到，秦昭王笑呵呵坐起，吩咐老內侍準備小船下池。片刻之間，一隻四槳小舟輕盈地靠上了池邊碼頭，范雎隨著秦昭王上船了。說是小船，船艙卻甚是寬闊敞亮，除了船頭船尾的兩名武士，艙中只有那個忠實的老內侍。進得船艙坐定，小舟悠然漂進了湖中。

「范叔，這小舟最是萬無一失，你說。」

「啟稟我王。」范雎斟酌著字眼緩緩道，「一年多來，老臣對諸位王子多方查勘考校，大體有定。老臣以為：目下不宜動儲君之位，仍當觀之三五年，方可有定。」

秦昭王眉頭一挑：「范叔啊，這便是『大體有定』？」

「我王容老臣一言。」范雎肅然拱手，「安國君嬴柱為太子，雖非我王大才神明，卻也絕非低劣無能。其妻華陽夫人原本楚女，沒有生育，人言當家者，全然家事也。太子年近四旬，些許小病原是尋常，也不是常臥病榻之輩。此三者，不當大礙也。其餘十位王子，論體魄倒是多有強健者，論才具品格，卻似皆在安國君之下。更有根本處，諸王子之子共百三十二人，卻無一出類拔萃者。相比之下，安國君二十三子十三女，卻有三五人尚算正器之才。老臣思忖：子輩皆平，當看後。安國君後代有風雲之相，似不宜輕廢。臣言觀之三五年，原是多方考察，為安國君妥當立嫡之意。若得如此，大秦穩妥也。此老臣之心，當與不當，我王定奪也。」

「噫——」秦昭王恍然，老眼一亮，「有理也！子平看後。本王如何沒有想到此處？范叔好謀劃，一席話定我十年之憂也！」

范雎連忙起身深深一躬：「我王如此褒獎，老臣何敢當之？」

秦昭王悠然一笑：「范叔呵，甚時學得如此老儒氣象了？當年之范叔何等灑脫快意，視王侯若糞土，看禮儀作敝屣，何有今日老暮之氣也？」

范雎心中驟然一沉，惶恐笑道：「老臣當年狂躁桀驁，對我王不敬，老臣想來汗顏不已，何敢當灑脫快意四字？」

「哪裡話來？」秦昭王哈哈大笑，「擰了擰了，不消說得。」大袖一擺，「上酒，今日與范叔痛飲一番！」

一時酒菜搬來，是老秦鳳酒肥羊燉。秦昭王顯然是了卻了一樁多年的心事，輕鬆之情溢於言表，頻頻與范雎對爵大飲。及至明月初升，君臣兩人都是一臉紅潮。范雎酒量原是極大，臉潮之後更是善飲，只是得在放浪無拘形跡之時。今日面對老來性情無常的秦昭王，范雎心存戒懼節制為上，秦昭王說飲便飲，秦昭王不飲，自己絕不自飲。

飲著飲著，月亮在藍得透亮的夜空飄悠到了中天。秦昭王舉爵望月，一陣大笑又一陣唏噓，兀自走到船頭對著天中明月一聲呼喊：「白起，你若在月宮，嫦娥便是你妻，此乃本王最大賞賜也！」喊罷又將酒爵一翻，一爵酒汩汩銀線般落入湖面，口中兀自喃喃：「來，今日你我君臣再飲一爵，再飲一爵……」在船頭秋風中佇立良久，秦昭王似乎清醒了過來，一聲長歎：「內無良將，外多敵國，本王何其多憂也！」

蒼老的聲音在湖面隨風飄盪，范雎無言以對了。

回到丞相府已經是四更天了，家老卻還守在書房外等候。范睢一進書房，跟進來的家老恭敬地呈上了一支密封銅管：「此件是一個叫做唐舉的先生送來的。」

「唐舉？」范睢大是驚訝，「他來咸陽了麼？在何處下榻？」

「唐舉先生在燕國遊歷，此信乃商旅義士帶回。」

再不說話，范睢立即打開銅管泥封，抽出一卷羊皮紙展開，寥寥兩行，卻是意味深長：

范叔如晤：聞兄境遇有不可言說之妙，特告於兄：燕山蔡澤將下咸陽，兄當妥為權衡，毋失時機也。慎之慎之。

驟然之間，范睢哈哈大笑道：「知我者，唐舉也！」

國家圖書館出版品預行編目資料

大秦帝國．第三部，金戈鐵馬／孫皓暉著．-- 初版．-- 臺北市：麥田出版：家庭傳媒城邦分公司發行，2013.02
冊；　公分．--（歷史小說；46-47）
ISBN 978-986-173-882-6（上冊：平裝）
ISBN 978-986-173-867-3（下冊：平裝）

857.7　　101026820

歷史小說 47
大秦帝國　第三部 金戈鐵馬（下）

作　　者／孫皓暉
責任編輯／黃暐勝　吳惠貞　林怡君
校　　對／孫定康

副總編輯／林秀梅
編輯總監／劉麗真
總 經 理／陳逸瑛
發 行 人／凃玉雲
出　　版／麥田出版
104 台北市民生東路二段 141 號 5 樓
電話：(886)2-2500-7696　　傳真：(886)2-2500-1966；2500-1967
部落格：http://blog.pixnet.net/ryefield
發　　行／英屬蓋曼群島商家庭傳媒股份有限公司城邦分公司
104 台北市民生東路二段 141 號 2 樓
書虫客服服務專線：(886)2-2500-7718；2500-7719
24 小時傳真服務：(886)2-2500-1990；2500-1991
服務時間：週一至週五 09:30-12:00・13:30-17:00
郵撥帳號：19863813　　戶名：書虫股份有限公司
讀者服務信箱 E-mail：service@readingclub.com.tw
歡迎光臨城邦讀書花園　網址：www.cite.com.tw
香港發行所／城邦（香港）出版集團有限公司
香港灣仔駱克道 193 號東超商業中心 1 樓
電話：(852) 2508-6231　傳真：(852) 2578-9337
E-mail：hkcite@biznetvigator.com
馬新發行所／城邦（馬新）出版集團【Cite(M)Sdn. Bhd.】
41, Jalan Radin Anum, Bandar Baru Sri Petaling,
57000 Kuala Lumpur, Malaysia.
電話：(603) 9057-8822　傳真：(603) 9057-6622

封面設計／小子設計
印　　刷／一展彩色製版有限公司

■ 2013 年 2 月 1 日　初版一刷　　Printed in Taiwan.

定價／ 450 元

ISBN 978-986-173-867-3